Kohlhammer

Kira Ammann/Elmar Anhalt/Omar Ibrahim/
Thomas Rucker

Ignatianische Pädagogik

Eine Standortbestimmung aus
erziehungswissenschaftlicher Perspektive

Verlag W. Kohlhammer

Dieses Werk einschließlich aller seiner Teile ist urheberrechtlich geschützt. Jede Verwendung außerhalb der engen Grenzen des Urheberrechts ist ohne Zustimmung des Verlags unzulässig und strafbar. Das gilt insbesondere für Vervielfältigungen, Übersetzungen, Mikroverfilmungen und für die Einspeicherung und Verarbeitung in elektronischen Systemen.

Das Forschungsprojekt ›Ignatianische Pädagogik – Eine Standortbestimmung‹ wurde gefördert durch das Zentrum für Ignatianische Pädagogik.

1. Auflage 2025

Alle Rechte vorbehalten
© W. Kohlhammer GmbH, Stuttgart
Gesamtherstellung:
W. Kohlhammer GmbH, Heßbrühlstr. 69, 70565 Stuttgart
produktsicherheit@kohlhammer.de

Print:
ISBN 978-3-17-045772-0

E-Book-Formate:
pdf: ISBN 978-3-17-045773-7
epub: ISBN 978-3-17-045774-4

Für den Inhalt abgedruckter oder verlinkter Websites ist ausschließlich der jeweilige Betreiber verantwortlich. Die W. Kohlhammer GmbH hat keinen Einfluss auf die verknüpften Seiten und übernimmt hierfür keinerlei Haftung.

»Der die Übungen gibt, darf nicht den, der sie empfängt, mehr zu Armut oder einem Versprechen als zu deren Gegenteil bewegen noch zu dem einen Stand oder der einen Lebensweise mehr als zu einer anderen. (…) Der die Übungen gibt, soll sich also weder zu der einen Seite wenden oder hinneigen noch zu der anderen, sondern in der Mitte stehend wie eine Waage unmittelbar den Schöpfer mit dem Geschöpf wirken lassen und das Geschöpf mit seinem Schöpfer und Herrn.«
(Ignatius von Loyola – 1544)

»Der Mensch ist von Gott erschaffen, um durch den Dienst Gottes auf Erden sich des Lohnes Gottes im Jenseits würdig zu machen. Daraus ergibt sich für die Erziehung mit unabweisbarer Notwendigkeit ein primärer und ein sekundärer Zweck: Erziehung für das jenseitige Ziel vermittelst einer diesem Ziele möglichst entsprechenden Erziehung für den Lebensberuf in der Welt.«
(Bernhard Duhr – 1896)

»Today our prime educational objective must be to form men-for-others; men who will live not for themselves but for God and his Christ – for the God-man who lived and died for all the world.«
(Pedro Arrupe – 1973)

»Bildung aber soll die jungen Menschen in den verantworteten Umgang mit Freiheit einführen. Bildung befreit zum selbständigen Vernunftgebrauch.«
(Klaus Mertes und Johannes Siebner – 2010)

»Ignatianische Pädagogik hat eine ausdrücklich religiöse Seite.
Sie steht für eine Bildung, die auch die Frage nach Gott offen hält,
jungen Menschen Kritikfähigkeit beibringt und
zu selbständiger Orientierung in weltanschaulichen Fragen befähigt.«
(Johannes Spermann, Ulrike Gentner und Tobias Zimmermann – 2015)

Inhalt

Einleitung 9

1. **Vergewisserungen:**
   Ideengeschichtliche Hintergründe ignatianischer Pädagogik 21
   Omar Ibrahim
   1.1 Die Frage nach der Frage 22
   1.2 Traditionszusammenhänge 23
   1.3 Bezugspunkte 32

2. **Klärungen:**
   Die Idee einer ignatianischen Pädagogik 46
   Kira Ammann & Thomas Rucker
   2.1 Personalität als Maßgabe 47
   2.2 Pädagogik der Person 51
   2.3 Ignatianische Pädagogik als Pädagogik der Person 59

3. **Kontextualisierungen:**
   Ignatianische Pädagogik und ihre Pädagogizität 79
   Thomas Rucker
   3.1 Ignatianische Pädagogik – Variante 1 82
   3.2 Die Eigenlogik moderner Erziehung 88
   3.3 Ignatianische Pädagogik – Variante 2 94
   3.4 *Ignatianische* Pädagogik vs. Ignatianische *Pädagogik*? 97

4. **Spezifizierungen:**
   Erziehung des Charakters 115
   Thomas Rucker
   4.1 Tugenderziehung als Vorgabe der Tradition 116
   4.2 (Neo-)aristotelische Tugenderziehung 118
   4.3 Herausforderungen 123
   4.4 Alternativen denken 136

5.	**Problematisierungen:**	
	Ignatianische Pädagogik und Gesellschaft	145
	Elmar Anhalt	
5.1	Allgemeines | Besonderes: Das Problem der Universalien	146
5.2	Gesellschaft | in Gesellschaft sein: Das Problem der Ordnung	167
5.3	Erziehung als Verhältnis von Selbstverhältnissen: Das Problem der Sozialität	173

Schluss 194

Literatur 207

Einleitung

Am Beginn des 3. Jahrtausends ist deutlich zu erkennen, dass die als Säkularisierung bezeichnete Entwicklung hin zu spätmodernen Gesellschaftsformationen zahlreiche Probleme mit sich führt und vor der Erschöpfung steht. Die Probleme sind allenthalben greifbar, weil die Welt nicht dem technologisch-ökonomisch-politischen Verwertungsparadigma einverleibt werden kann. Die Kulturen fügen sich nicht vorbehaltlos diesem Paradigma und die Umwelten stellen nicht endlos Ressourcen bereit. In dieser Situation wird von verschiedenen Seiten ein Umdenken angemahnt, das sich wieder einer *Kultur der Sorge füreinander* zuwendet.

In den Diskussionen wird vermehrt den tief in die Kulturen eingewebten religiösen Formen der Sinnorientierung Beachtung geschenkt (vgl. Habermas 2001, 2005; Joas 2004, 2011, 2012, 2017; Taylor 2007/2009). Dies hat nicht nur dazu beigetragen, dass Wert- und Normfragen wieder vermehrt in ihrer gesellschaftsstabilisierenden Funktion thematisiert werden (vgl. Anhalt 2012b; Rucker 2021a), sondern auch dazu geführt, dass die Wissenschaft herausgefordert wird, ihren wertneutralen Standpunkt zu überdenken. Vor allem geistes-, kultur- und sozialwissenschaftliche Fächer sehen sich aufgerufen, ihr Verhältnis zu den sinnstiftenden Angeboten einer Gesellschaft zu klären (vgl. Anhalt & Binder 2020).

Religion und Erziehung spielen in diesen Überlegungen eine zentrale Rolle. Für Religion wie Erziehung ist es ausgemacht, dass der Mensch als ein *Gemeinschaftswesen* in den Blick genommen werden muss und dass alles, was im Umgang mit ihm veranstaltet wird, von der Tatsache auszugehen hat, dass Menschen *imperfekte Lebewesen* sind (vgl. Rahner 1964; Müllner 2007; Sünkel 2013; Benner 2015). Als solche stehen sie vor der Aufgabe, in Gemeinschaft mit ihresgleichen zu versuchen, sich sowohl die Welt als auch das einzelne Leben und das Zusammenleben in ihr verständlich zu machen und gemeinwohlverträglich zu gestalten (vgl. Butzer 2008; Rappel 1996). Vor diesem Hintergrund sollte die Erziehungswissenschaft ein Interesse daran haben, noch besser als bislang zu verstehen, welches Angebot durch religiöse Sichtweisen, die ein »Ergriffensein von einem letzten, unbedingten Anliegen« (Tillich 1962, S. 9) zum Ausdruck bringen, bereitgestellt wird und wie das Verhältnis von Religion und Erziehung in seinen differenzierten Verzweigungen konkret beschaffen ist und in der täglichen Praxis gestaltet werden kann.

Problemstellung

Im Mittelpunkt der vorliegenden Untersuchung steht das Angebot, das von einer *ignatianischen Pädagogik* bereitgestellt wird, in der Erziehung im Lichte der Tradition des Jesuitenordens, wie sie mit dem Werk von Ignatius von Loyola (1491–1556) ihren Ausgang nimmt, bestimmt wird (zur Geschichte des Jesuitenordens vgl. Friedrich 2020, 2021). Ignatius war mit einer Gruppe von Mitstudenten der Gründer der ›Gesellschaft Jesu‹ und ist – auch innerhalb der Pädagogik und Erziehungswissenschaft – vor allem als Autor der *Geistlichen Übungen*, der *Exerzitien*, bekannt (vgl. u. a. Knauer 2006). Bei diesem Werk handelt es sich um eine Anleitung, um Übungen zu begleiten, die darauf gerichtet sind, dass eine Person ihren Glauben vertieft und darüber hinaus lernt, dem eigenen Glauben entsprechende Entscheidungen in der Nachfolge Jesu Christi zu treffen. In diesem Sinne fasst Ignatius unter dem Begriff der geistlichen Übungen »jede Weise, die Seele darauf vorzubereiten und einzustellen, um alle ungeordneten Anhänglichkeiten von sich zu entfernen und nach ihrer Entfernung den göttlichen Willen in der Einstellung des eigenen Lebens zum Heil der Seele zu suchen und zu finden« (von Loyola 1544/2008, S. 27). Die *Exerzitien* fungieren bis heute als ein maßgeblicher Bezugspunkt von Bestrebungen, Erziehung im Lichte der Tradition ignatianischer Spiritualität zu bestimmen.

Mit unserem Fokus auf die ignatianische Pädagogik wird dem Umstand Rechnung getragen, dass der Jesuitenordnen bereits zu einem frühen Zeitpunkt seiner Geschichte dem Umgang mit der nachwachsenden Generation Aufmerksamkeit geschenkt und diesen Umgang zum Gegenstand der Reflexion gemacht hat. Mehr noch: Das »Bildungswesen« avancierte zum »charakteristischen Bereich jesuitischen Engagements« – eines Engagements, das bis heute anhält. »Auch wenn Ignatius und seine ersten Gefährten ihre ›Sendung‹ in einem allgemeineren Sinn verstanden hatten, wurden die (religiöse) Unterweisung, Unterricht und Erziehung in all ihren unterschiedlichen Ausprägungen schon sehr bald, verstärkt dann im Kontext der konfessionellen Auseinandersetzungen, zum wichtigsten Betätigungsfeld der Jesuiten« (Conrad 2000, S. 205). Aus Sicht der Erziehungswissenschaft wäre es vor diesem Hintergrund wichtig zu wissen, worin das spezifische Angebot einer ignatianischen Pädagogik besteht.

Eine Standortbestimmung ignatianischer Pädagogik aus erziehungswissenschaftlicher Sicht, auf die man sich an dieser Stelle berufen könnte, liegt bislang nicht vor. Neben den *Geistlichen Übungen* von Ignatius werden in der Rede über ignatianische Pädagogik heute vor allem zwei Referenztexte bemüht, nämlich zum einen das Dokument *The Characteristics of Jesuit Education* aus dem Jahre 1986 und zum anderen das Dokument *Ignatian Pedagogy: A Practical Approach* von 1993 (jeweils abgedruckt in Neulinger 1998, S. 11 ff. und S. 97 ff.). Auf dieser Grundlage sind bis heute eine Reihe von Beiträgen verfasst worden, in denen die ignatianische Pädagogik zum Thema gemacht wird (für den deutschsprachigen Raum vgl. u. a. Funiok & Schöndorf 2000; Mertes 2004, 2009; Zimmermann 2009; Mertes & Siebner 2010; Spermann, Gentner & Zimmermann 2015; Gentner, Spermann & Zimmermann 2019).

Zwar wird Ignatius teilweise sogar als ein Klassiker der Pädagogik angeführt (vgl. Erlinghagen 1979/2000; März 2000; Prange 2007), doch bleibt festzuhalten, dass die ignatianische Pädagogik bis heute kaum zum Gegenstand der Erziehungswissenschaft avanciert ist – schon gar nicht unter systematischen Gesichtspunkten (vgl. Lundberg 1966; zur Geschichte jesuitischer Schulen und Hochschulen vgl. die Beiträge in Funiok & Schöndorf 2000 und Pavur 2017). Doch auch der Klassikerstatus ist umstritten, der Ignatius bisweilen zugesprochen wird. So glaubt z. B. Fritz März, die »Geschichte der Pädagogik« könne Ignatius »allenfalls eine Fußnote zum – zugegebenermaßen gewichtigen – Kapitel über die Pädagogik der Jesuiten« zugestehen (März 2000, S. 266). Im Unterschied hierzu argumentiert Karl Erlinghagen, dass die »Pädagogik des Jesuitenordens« ihren Ausgang von der »Spiritualität« des Ordensgründers nehme und ohne diese nicht hätte entwickelt werden können. Ignatius habe zwar selbst keine Beschreibung von Erziehung angefertigt, doch wäre der Erfolg des vom Jesuitenorden getragenen Schul- und Hochschulsystems nicht möglich gewesen ohne »die Person, das Werk und das Fortwirken des Ignatius«, weshalb dieser durchaus als Klassiker der Pädagogik gelten könne (Erlinghagen 1979/2000, S. 90). Darüber hinaus, so könnte man hinzufügen, gibt es durchaus gute Gründe, die *Exerzitien* selbst als eine Beschreibung von Erziehung zu interpretieren – dies jedenfalls dann, wenn Erziehung nicht von vorneherein an einen schulischen Kontext geknüpft wird. So spricht Klaus Prange Ignatius ausdrücklich das Verdienst zu, in den *Exerzitien* »ein allgemeines Schema des Erziehens« und – damit verbunden – »die rechte Ordnung eines existenziell bedeutsamen Lernens« entwickelt zu haben (vgl. Prange 2007, S. 97 f.).

Avanciert eine ignatianische Pädagogik in der deutschsprachigen Erziehungswissenschaft zum Gegenstand, so werden in der Regel spezifische Problemstellungen verfolgt (z. B. Brinkmann 2008), allerdings wird dem allgemeinen Problem einer ›Ortsbestimmung‹ ignatianischer Pädagogik nicht die gebührende Aufmerksamkeit geschenkt. In neueren Geschichten zur Pädagogik avanciert die ignatianische Pädagogik lediglich zu einer ›Randnotiz‹ (vgl. Böhm 2007, S. 52; Koerrenz et al. 2017, S. 107 ff.). Aktuellere Entwürfe einer ignatianischen Pädagogik sind in der Erziehungswissenschaft bislang nicht berücksichtigt worden – von einigen sporadischen Hinweisen einmal abgesehen (vgl. Tenorth 2017, S. 17 f.). Schon gar nicht liegt bis dato eine historisch-systematische Zusammenschau der verschiedenen nationalen und internationalen Beiträge zur ignatianischen Pädagogik vor. Entsprechend ist unklar, ob es überhaupt sinnvoll ist, von ›der‹ ignatianischen Pädagogik zu sprechen, oder ob es sich nicht vielmehr bei dem, was heute mit diesem Namen bezeichnet wird, um einen mehr oder minder kohärenten Zusammenhang verschiedener Beschreibungen von Erziehung handelt, die im Laufe der Geschichte zusammengetragen worden sind.

Unsere Untersuchung verfolgt das Ziel, Grundzüge einer Standortbestimmung der ignatianischen Pädagogik aus erziehungswissenschaftlicher Perspektive zu entwickeln, indem Ansätze zu einer entsprechenden Pädagogik historisch-systematisch rekonstruiert sowie in die Problemgeschichte pädagogischen Denkens und Handelns eingeordnet werden. Eine solche Standortbestimmung erweist sich als notwendig, wenn heute eine erziehungswissenschaftlich reflektierte Antwort auf die Frage gegeben werden soll, welche Bedeutung einer ignatianischen Pädagogik unter den gegenwärtigen und voraussichtlich zukünftigen gesellschaftlichen Bedingungen zukommt, zukommen könnte und vielleicht auch zukommen sollte (klassisch: vgl. Schwickerath 1903). In diesem Sinne ist mit unserer Untersuchung nicht nur das Anliegen verbunden, ein Desiderat in der erziehungswissenschaftlichen Forschung zu bearbeiten. Der Anspruch lautet ferner, über Voraussetzungen, Möglichkeiten und Grenzen sowie über Entwicklungspotentiale ignatianischer Pädagogik unter den Bedingungen einer spätmodernen Gesellschaft und den damit verbundenen Herausforderungen aufzuklären. Für die Arbeit an ignatianischen Schulen, wie sie heute weltweit betrieben wird, könnte eine solche Standortbestimmung einen wichtigen Beitrag zur Selbstreflexion darstellen.

Blinde Flecke

Die Arbeitshypothese, von der wir ausgehen, lautet, dass eine ignatianische Pädagogik eine Alternative zu dem offeriert, wie (schulische) Erziehung in der Gegenwart üblicherweise verstanden wird, nämlich als die möglichst effizient gestaltete Ausstattung von Heranwachsenden mit ökonomisch verwertbaren Qualifikationen und Kompetenzen. Von einer solchen Annahme auszugehen, erscheint durchaus als sinnvoll, wenn man berücksichtigt, dass in neueren Schriften zur ignatianischen Pädagogik eine gegenwärtig dominante Rede von Bildung problematisiert wird. Damit reiht sich eine ignatianische Pädagogik in die Stimmen derer ein, die an einem instrumentellen Bildungsverständnis Kritik üben, in dem Heranwachsende als ›Humankapital‹ erscheinen, statt als Personen, die nicht auf einen vorgegebenen Lebensentwurf festgelegt werden sollten (vgl. Mertes 2004, S. 44). Zugleich wird von Seiten einer ignatianischen Pädagogik für ein Bildungsverständnis votiert, wie es in der Moderne entwickelt worden ist, und in dem die pädagogische Sorge um Kinder und Jugendliche unter den Anspruch gestellt wird, diesen dabei zu helfen, sich zu den Bedingungen, unter denen sie aufwachsen, in ein Verhältnis zu setzen sowie zu lernen, dass und wie man die Abhängigkeiten, in denen man sein Leben führen will, selbst wählen kann (vgl. Mertes & Siebner 2010, S. 139; Gentner, Spermann & Zimmermann 2019, S. 6).

Sowohl die Kritik an einem instrumentellen Bildungsverständnis als auch das Votum für die Wiederaneignung eines ›christlichen Humanismus‹ werden relational zur ignatianischen Tradition begründet (vgl. Funiok & Schöndorf 2000, S. 13). Hierbei ist auffällig, dass gleichsam wie selbstverständlich von einer prinzipiellen Kompatibilität zwischen einem modernen Begriff von Bildung und einer Beschreibung von Erziehung, die in einem religiösen Selbst- und Weltverständnis gründet, ausgegangen wird. Überraschend ist dies allein schon dann, wenn man berücksichtigt, dass eine Ausrichtung an Bildung Erziehung unter den Anspruch stellt, Heranwachsende nicht auf vorgegebene Orientierungsmuster festzulegen, sondern diesen zu einer Lebensführung aus gedanklicher Selbständigkeit zu verhelfen (vgl. Rucker 2014). In diesem Sinn konfligiert eine Erziehung als Ermöglichung von Bildung in der Tat damit, Bildung auf die Aneignung gesellschaftlich erwarteter Qualifikationen und Kompetenzen zu reduzieren und (schulische) Erziehung an den Anspruch zu knüpfen, Heranwachsende für den internationalen Wettbewerb der Staaten auszurüsten. Jedoch sollte hierbei nicht übersehen werden, dass eine Erziehung als Ermöglichung von Bildung auch mit dem Anspruch konfligiert, Heranwachsende auf vorgegebene religiöse Orientierungsmuster zu verpflichten, was in Beiträgen zur ignatianischen Pädagogik durchaus eingeräumt wird (vgl. Mertes 2009, S. 283 f.; Zimmermann 2009, S. 65 f.). Dieser Umstand schließt zwar nicht aus, die ›Frage nach Gott‹ als eine unverzichtbare Komponente von Bildung zu bestimmen und zu begründen. Kinder und

Jugendliche in die ›Frage nach Gott‹ zu verstricken und ihnen dabei zu helfen, in der selbsttätigen Auseinandersetzung mit tradierten Antworten auf diese Frage ihren eigenen Standpunkt in Sachen Religion zu suchen und zu finden, bedeutet aber doch eine andere Ausrichtung von Erziehung, als sie in der Tradition ignatianischer Pädagogik ursprünglich bestimmt und realisiert worden ist, nämlich Heranwachsende in eine christliche Lebensführung einzuweisen und sie damit ihrer Bestimmung als Geschöpfe Gottes zuzuführen (vgl. Lundberg 1966).

Schon allein die These von der Kompatibilität einer in ignatianischer Tradition situierten und in diesem Sinne religiös fundierten Pädagogik mit einem modernen Begriff von Bildung sollte auf der Seite der Erziehungswissenschaft ein Interesse dafür erzeugen, die Beschreibung von Erziehung genauer in Augenschein zu nehmen, die von Seiten einer ignatianischen Pädagogik offeriert wird. Darüber hinaus wäre im Fach zur Kenntnis zu nehmen, dass der Jesuitenorden »weltweit das größte zusammenhängende internationale Schul- und Ausbildungssystem« unterhält, »das von einer nichtstaatlichen Institution getragen wird« (Mertes 2004, S. 8). Nach Angaben der *Internationalen Kommission für das Apostolat Jesuitischer Erziehung* (ICAJE 2024) besuchen aktuell rund 1.700.000 Schüler:innen Jesuitenschulen. Ferner sind in diesem Jahr etwa 1800 Jesuiten und 100.000 Laien an rund 3450 Schulen in der Trägerschaft des Ordens tätig. Diese Schulen sind auf 79 Länder verteilt. Vor diesem Hintergrund mag es dann doch überraschen, dass die ignatianische Pädagogik für die (deutschsprachige) Erziehungswissenschaft scheinbar allenfalls von historischem Interesse ist, und bisher entsprechend keine ernsthafte Thematisierung, Prüfung und Problematisierung aktueller Entwürfe einer ignatianischen Pädagogik sowie der darin offerierten Thesen und Argumenten erfolgt ist.

Umgekehrt kann festgestellt werden, dass in Beiträgen zur ignatianischen Pädagogik kaum eine diskursive Auseinandersetzung mit dem aktuellen Stand erziehungswissenschaftlicher Theoriebildung und Forschung stattfindet. Überblickt man die Literatur, so dominiert klar die Binnenperspektive, worauf Autor:innen ausdrücklich aufmerksam machen, ohne diesen Umstand jedoch weiter zu problematisieren (vgl. Funiok & Schöndorf 2000, S. 16). Hinzu kommt, dass Beiträge zur ignatianischen Pädagogik selbst relativ unverbunden nebeneinanderstehen und sich bei näherer Betrachtung keinesfalls als deckungsgleich erweisen. Wie wir zu zeigen versuchen, lassen sich auch heute Beiträge zur ignatianischen Pädagogik ausfindig machen, in denen Erziehung daraufhin ausgerichtet wird, Heranwachsende dazu zu bewegen, sich als Christen zu verstehen und aus einem entsprechenden Selbstverständnis heraus das eigene Leben zu führen. All dies bleibt nicht ohne Konsequenzen. So ist bis heute unklar, was unter ignatianischer Pädagogik zu verstehen ist, wie ihr Verhältnis zu alternativen pädagogischen Entwürfen bestimmt werden kann, aber auch welche Bedeutung einer ignatianischen Pädagogik unter den Bedingungen einer spätmodernen Gesellschaft zukommen könnte, sollte oder gar müsste.

Kategoriale Differenzen

Diese Untersuchung ist mit dem Anspruch verbunden, erste Antworten auf diese Fragen zu geben. Hierzu bedarf es zunächst der Einführung bestimmter kategorialer

Differenzen, die für die vorliegende Arbeit grundlegend sind. Die Klärung dieser Differenzen bedeutet nicht nur eine Konturierung der für uns maßgeblichen Perspektive, sondern eröffnet darüber hinaus die Möglichkeit, dass die Forschung sowohl an der erziehungswissenschaftlichen Außen- als auch an der jesuitischen Binnenperspektive anschließen und diese methodisch kontrolliert untersuchen kann.

Die Untersuchung beruht auf einer Unterscheidung dreier Kategorien, nämlich der Kategorie des Sachverhalts, der Kategorie der Beschreibung eines Sachverhalts und der Kategorie der Reflexion auf die Beschreibung eines Sachverhalts. Diese Unterscheidungen können fachspezifisch konkretisiert werden. In diesem Fall gilt es, zwischen der Erziehung, Beschreibungen dieses Sachverhalts sowie der Reflexion auf Beschreibungen von Erziehung zu unterscheiden.

Ignatianische Pädagogik wird von uns als ein spezifischer Sachverhalt aufgefasst, nämlich als ein Vorschlag, wie man Erziehung bestimmen kann. Daneben gibt es andere pädagogische Entwürfe, in denen Erziehung anders beschrieben wird. Der Vorschlag gibt an, wie es sich mit der Sache ›Erziehung‹ verhält. Eine Erziehung, wie sie aus der Perspektive ignatianischer Pädagogik bestimmt wird, bezeichnen wir als *ignatianische Erziehung*. Die von uns eingenommene *erziehungswissenschaftliche Perspektive* kommt darin zum Ausdruck, dass auf Beschreibungen von Erziehung reflektiert wird. Aus dieser Perspektive haben wir es mit zwei Sachverhalten zu tun: einmal mit der Frage, wie es sich mit der Sache ›Ignatianische Pädagogik‹ verhält, und einmal mit der Frage, wie es sich mit der Sache ›Erziehung‹ aus Sicht der ignatianischen Pädagogik verhält. Aus diesem Grund können wir nicht aus einer Binnenperspektive heraus argumentieren, d. h. aus der Warte von Vertreter:innen einer ignatianischen Pädagogik, sondern müssen stattdessen die Position einer externen Beobachterin einnehmen. Es macht für uns folglich einen Unterschied, ob an einer Schule z. B. Sozialpraktika vorbereitet, durchgeführt und reflektiert werden, oder ob Beschreibungen ignatianischer Erziehung angefertigt werden, in denen argumentiert wird, es sei die Aufgabe von Erziehung, ›Männer und Frauen für Andere‹ hervorzubringen. Und hiervon wiederum sind Versuche zu unterscheiden, in denen ein solcher Anspruch z. B. historisch kontextualisiert (›Dieser Anspruch steht in der Tradition von ...‹), zu alternativen pädagogischen Entwürfen in Beziehung gesetzt (›Dieser Anspruch verhält sich zu ...‹) oder unter den Bedingungen einer modernen Gesellschaft auf seine Überzeugungskraft hin beurteilt wird (›In der Moderne erweist sich dieser Anspruch als ...‹). Die für uns maßgebliche Perspektive auf einen Sachverhalt, der Aussagen über einen Sachverhalt macht, ist die einer Beobachtung zweiter Ordnung – und damit eine Perspektive, in der die ignatianische Pädagogik selbst zum Gegenstand der Betrachtung avanciert (vgl. Rucker 2014, S. 54 ff.).

Von dieser Warte aus können verschiedene Pädagogiken als Standpunkte in den Diskussionen über adäquate Beschreibungen von Erziehung verstanden und als Optionen behandelt werden, zwischen denen man wählen kann. Um dies tun zu können, müssen sie unter eine Alternative gestellt, d. h. in ein Verhältnis gesetzt werden. Als wählbare Option ist ein Standpunkt ein Gegenstand wissenschaftlicher Betrachtung wie jeder andere Gegenstand, dem sich die Aufmerksamkeit zuwendet. In dieser Hinsicht genießt die ignatianische Pädagogik keinen Vorzug gegenüber anderen Gegenständen. Als Gegenstand der wissenschaftlichen Betrachtung wird sie genauso behandelt wie jeder andere vergleichbare Gegenstand. Man bemüht sich, in möglichst neutraler, objektiver und um Sachlichkeit bemühter Haltung Erkenntnisse über diesen Gegenstand zu erlangen, die der Prüfung in einer wissenschaftlichen Kommunikationsgemeinschaft standhalten können.

Von daher kann in einer wissenschaftlichen Einstellung zwar für die Notwendigkeit der Einnahme eines Standpunktes argumentiert werden. Dies würde aber bedeuten, dass ein Sollen als verbindlich erklärt wird, das in der Gesellschaft durch den Austausch zwischen den Positionen ermittelt werden muss – wenn man sich von der Idee eines demokratischen Austausches leiten lässt. In diesem Austausch fungiert auch die wissenschaftliche Perspektive selbst nur als eine wählbare Perspektive.

Wissenschaftliche Urteile

Wer sich wissenschaftlich betätigt, hält für eine gewisse Zeit an Regeln fest, damit eine Methode vorliegt, mit der gearbeitet werden kann. Eine Methode ist ein Weg, auf dem die Schritte, die gegangen werden, unter Kontrolle stehen. Man schreitet in einem Verfahren voran. Es gibt keine Regel, die alle Regeln und deren Befolgung regelt, weshalb der Anwendung einer Methode eine Wahl vorausgeht. Methoden sind folglich optional und damit von Voraussetzungen abhängig, die nicht durch sie selbst unter Kontrolle gebracht werden können. Zugespitzt formuliert: Die Wahl einer Methode ist selbst nicht vollständig als Verfahren durchführbar. Man muss sich in Freiheit entscheiden für eine Methode und sollte auf Anfrage in der Lage sein, diese Entscheidung zu begründen. Für die erforderliche Begründung gilt ebenso, dass es keine Begründung für die Begründung gibt, von der alles abhängt. In diesem Sinne setzt das wissenschaftliche Denken und Arbeiten aus methodischen Motiven ›Haltepunkte‹. Diese werden (oft unbemerkt) gesetzt, in theoretischer Reflexion meist nur unvollständig durchschaut und entweder anerkannt oder der Kritik ausgesetzt. Dies führt dazu, dass sich das Problembewusstsein ausdifferenziert. Es entfaltet sich in einem ›Zirkel der Problemgenerierung‹ (vgl. Anhalt 2007, 2010, 2012; Rucker 2014, 2017; Rucker & Anhalt 2017; Anhalt & Welti 2018; Ammann 2020).

Wer in einer wissenschaftlichen Einstellung seine ›Haltepunkte‹ in Gebrauch hat, tut dies in der Erwartung, sein Vorgehen in geordneter Form zu vollziehen. Mit einem ›Haltepunkt‹ wird ein Startpunkt gesetzt, hinter den zurück nicht weiter gefragt werden soll, damit an einer Stelle begonnen werden kann. Mit einem ›Haltepunkt‹ wird gleichzeitig ein Rahmen gesetzt, innerhalb dessen Problemstellungen und Lösungsvorschläge formuliert und bearbeitet werden können, weil das Fragen und die Suche nach Antworten sich in diesem Rahmen als sinnvoll erweisen. In Orientierung an einem ›Haltepunkt‹ wirkt es wenig überzeugend und oft sinnlos, Probleme jenseits des gesteckten Rahmens zu vermuten.

Im Unterschied zu ›Haltepunkten‹, die außerhalb der wissenschaftlichen Einstellung Orientierung bieten, weiß die Wissenschaft um die Funktion von ›Haltepunkten‹, weil sie diese zum Gegenstand von Reflexionen macht. Im Zirkel der

Problemgenerierung machen sich die wissenschaftlichen Positionen gegenseitig aufmerksam auf die Begrenzungen, die gewählte ›Haltepunkte‹ mit sich bringen, und die Möglichkeiten, die sie eröffnen. Es werden die Abhängigkeiten diskutiert, in die man sich begibt, wenn man einen ›Haltepunkt‹ setzt. Auf diese Weise relativieren sich die wissenschaftlichen Positionen wechselseitig in ihren spezifischen Geltungsansprüchen. Die Form, auf die man sich im Zirkel der Problemgenerierung einigen kann, ist die *Perspektivität*, in der die Fachwissenschaften sich wechselseitig als je spezifische Perspektiven auf eine Welt platzieren, die sie in einer spezifischen Kultur der Problemorientierung zum Gegenstand machen.

In ihrer Gegenstandsorientierung und Methodenwahl kultiviert eine Fachwissenschaft ihre besondere Problemorientierung. Ihr ist im Prinzip der akademischen Freiheit das Recht gegeben, ›Haltepunkte‹ zu setzen, wie es aus fachwissenschaftlichen Gründen als sinnvoll ausgewiesen wird. Dieser Ausweis kann nur als eine *methodische* Absicherung in Anspruch genommen werden. Das bedeutet, dass die Wissenschaft bemüht ist, sich allein von methodischen ›Haltepunkten‹ abhängig zu machen. Diese sind prinzipiell austauschbar und daher von befristeter Gültigkeit. Sie können im Zirkel der Problemgenerierung zum Thema gemacht und unter Umständen als problematisch diskutiert werden. In diesem Sinne korrespondiert der wissenschaftlichen Problemorientierung die Setzung von methodischen ›Haltepunkten‹.

Da zahlreiche Fachwissenschaften ihre eigenen Perspektiven entfaltet haben, weist die Perspektivität der wissenschaftlichen Problemorientierung, in der heute Aufklärung über die Welt angestrebt wird, einen hohen Grad der Ausdifferenzierung auf. Es gibt in dieser Perspektivität keine wissenschaftlich durchführbare Begründung dafür, eine Perspektive gegen die anderen auszuzeichnen, um auf diesem Wege die Perspektive ausfindig zu machen, aus der alle anderen Perspektiven abgeleitet werden können oder die alle anderen ersetzen kann. In diesem Sinne vertreten wir in dieser Untersuchung nicht die Auffassung, eine erziehungswissenschaftliche Perspektive sei den Perspektiven anderer Fachwissenschaften übergeordnet. Wir gehen stattdessen von der Annahme aus, dass die von uns eingenommene Perspektive einen Blick auf die ignatianische Pädagogik eröffnet, wie er aus der Warte alternativer Fachwissenschaften nicht möglich ist. Der Titel unserer Studie bringt diese Annahme zum Ausdruck: Es geht uns um eine Standortbestimmung der ignatianischen Pädagogik aus *erziehungswissenschaftlicher Perspektive*. Wie die ignatianische Pädagogik aus anderen Perspektiven zum Gegenstand der Betrachtung gemacht wird, ist kein Gegenstand unserer Studie.

Limitationen

Die Perspektivenwahl kommt u. a. in bestimmten inhaltlichen Schwerpunktsetzungen zum Ausdruck, die für unsere Untersuchung maßgeblich sind und auf die wir noch zu sprechen kommen werden. In dem von uns gezogenen Rahmen erfolgt beispielsweise eine Fokussierung auf den deutschsprachigen Raum, wobei deutschsprachige Publikationen zur ignatianischen Pädagogik durch englischsprachige Publikationen ergänzt werden.

Ein solcher Zuschnitt ist insbesondere dem Umstand geschuldet, dass es im Kontext der Erziehungswissenschaft kaum Vorarbeiten zu einer Standortbestimmung ignatianischer Pädagogik gibt, auf die man zurückgreifen könnte. Zwar wird in Werken zur Geschichte der Pädagogik immer wieder auf Ignatius Bezug genommen. Wie bereits erläutert, steht hierbei zumeist die Ausdifferenzierung des vom Jesuitenorden getragenen Schul- und Hochschulsystems im Mittelpunkt, weniger jedoch die Frage, ob es eine im Kontext ignatianischer Spiritualität begründete Idee von Pädagogik gibt und, falls ja, wie diese in Alternative zu anderen Pädagogiken bestimmt werden könnte. Stattdessen wird die ignatianische Pädagogik auf eine Spielart katholischer Pädagogik reduziert, die v. a. im 16. und 17. Jahrhundert auch über den europäischen Kontext hinaus eine gewisse Dominanz entfaltete.[1] Aus dem Blick geraten dabei Neuentwürfe einer ignatianischen Pädagogik, die insbesondere seit den 1980er Jahren international, vor allem aber auch im deutschsprachigen Raum entwickelt werden. Die vorliegende Untersuchung verfolgt vor diesem Hintergrund den Anspruch, die ignatianische Pädagogik nicht nur unter historischen, sondern auch und vor allem unter systematischen Gesichtspunkten als einen Gegenstand erziehungswissenschaftlicher Theoriebildung und Forschung zu erschließen.

Wenn hier von einer Standortbestimmung die Rede ist, so sind zunächst bestimmte Unterscheidungen vorzunehmen, die zugleich auf Limitationen unserer Untersuchung verweisen. Diese zielt nicht auf ein *Gutachten* ab, in dem eingeschätzt wird, ob eine ignatianische Pädagogik den Ansprüchen gerecht wird, denen Beschreibungen von Erziehung heute Rechnung tragen müssen, um nicht Kritik auf sich zu ziehen. Wir fassen die ignatianische Pädagogik vielmehr, wie bereits erwähnt, als einen spezifischen Vorschlag auf, Erziehung zu denken und zu gestalten, und möchten den Versuch unternehmen, dieses Angebot in seinen Möglichkeiten, Grenzen, Herausforderungen und Entwicklungspotentialen besser zu verstehen.

Wir erforschen hierzu nicht die *Praxis* an jesuitischen Schulen und auch nicht das *Selbstverständnis* der verschiedenen Akteur:innen vor Ort. Unser Interesse gilt vielmehr der spezifischen Beschreibung von Erziehung, die sich auf der Grundlage von Texten zur ignatianischen Pädagogik rekonstruieren lässt. Solch eine Rekonstruktion erweist sich in mehrfacher Hinsicht als bedeutsam. So erlaubt es erst eine Klärung dessen, was ignatianische Erziehung ›ist‹ bzw. was unter ignatianischer Erziehung in diesen Texten verstanden wird, bestimmte Formen des Miteinanderumgehens *als* ignatianische Erziehung zu erkennen. Dieser Hinweis ist nicht trivial, will man nicht von der fragwürdigen Voraussetzung ausgehen, dass *jegliches* Miteinanderumgehen an Schulen, die sich in der Trägerschaft des Jesuitenordens befinden, als ignatianische Erziehung bezeichnet werden kann. In diesem Sinne leistet

---

1 Die Bedeutung des Jesuitenordens zu dieser Zeit ist im Fach durchaus gesehen worden, wie eine Einschätzung Albert Rebles verdeutlicht: »Schon gegen 1600 ist der ganze katholische Klerus durch die Jesuiten ausgerichtet, und auf 200 Jahre hinaus beherrschen sie dann das ganze Schulwesen in den katholischen Ländern, weit über Europa hinaus. Ignaz von Loyola ist im 16. und 17 Jahrhundert der tatsächliche Herrscher in der katholischen Welt« (Reble 1993, S. 97).

unsere Untersuchung nicht zuletzt einen Beitrag dazu, ignatianische Erziehung zukünftig auch zum Gegenstand gehaltvoller empirischer Forschung zu machen.

Ignatianische Pädagogik wird von uns als ein spezifischer Antwortversuch auf eine Frage rekonstruiert, die Friedrich Schleiermacher wie folgt formuliert hat: »Was will denn eigentlich die ältere Generation mit der jüngeren?« (Schleiermacher 1826/2000, S. 9) Diese Frage bringt ein Grundproblem einer jeden Pädagogik zum Ausdruck. Das Erziehungsverständnis, das in der Tradition ignatianischer Pädagogik als eine Antwort auf diese Frage offeriert wird, muss sich nicht mit dem Selbstverständnis z. B. einzelner Lehrer:innen an jesuitischen Schulen decken. Umgekehrt gilt ebenso: Was ignatianische Pädagogik ›ist‹, ist nicht einfach davon abhängig, was einzelne Personen, die an jesuitischen Schulen tätig sind, für ignatianische Pädagogik halten. Darüber, was ignatianische Pädagogik ›ist‹, geben zunächst einmal die einschlägigen Schriften Auskunft, in denen eine Beschreibung von ignatianischer Erziehung angefertigt und begründet wird, und die einen spezifischen Traditionszusammenhang stiften sollen.

Es ist bekannt, dass Selbstbeschreibungen sich nach Gewohnheiten richten, die sich aus der Perspektive einer Fremdbeschreibung als widersprüchlich und wenig überzeugend darstellen können. Auf die von Immanuel Kant aufgeworfene Frage, mit der jeder ernsthafte Versuch, eine Theorie der Erziehung unter demokratischen Bedingungen zu entwickeln, rechnen muss, können die Beschreibungen widersprüchliche Auffassungen zum Ausdruck bringen. Kant hatte gefragt: »Wie kultiviere ich die Freiheit bei dem Zwange? (Kant 1803/1982, S. 711). Es ist zu erwarten, dass die ignatianische Pädagogik eine andere Antwort auf diese Frage anbietet als eine Pädagogik, bei der sich die Generationen nicht auf einem religiösen Boden begegnen. Was die ältere Generation mit der jüngeren will und was die jüngere Generation mit sich machen lässt, wenn sie dem Zwange der älteren Generation ausgesetzt ist, dürfte von den Grundüberzeugungen abhängen, die in den Beschreibungen zum Ausdruck kommen.

Die von uns verfolgte Problemstellung hat u. a. zur Folge, dass bestimmte Debatten, die um den Jesuitenorden und das von ihm getragene Schul- und Hochschulsystem geführt werden, im Folgenden ausgeklammert bleiben. Hierzu zählt zum einen die Debatte um sexuellen Missbrauch an Schulen in der Trägerschaft des Ordens (vgl. Mertes 2021; Hilpert et al. 2020). Hierzu zählen zum anderen die kolonialen Verstrickungen des Ordens, die mit zur Entstehung und Aufrechterhaltung globaler Ungerechtigkeitsverhältnisse beigetragen haben, wie sie heute insbesondere von Seiten der post- und dekolonialen Theorie problematisiert werden (vgl. Blackburn 2000; Molina 2015; zur postkolonialen Theorie vgl. Castro Varela & Dhawan 2015; Kerner 2021). Die damit aufgeworfenen Fragen werden von uns nicht deshalb ausgeklammert, weil wir diese für unwichtig erachten. Das Gegenteil ist der Fall: Sie sind aus unserer Sicht zu wichtig, um sie ›nebenbei‹ abzuhandeln.

Überblick

Für unsere Untersuchung sind mehrere inhaltliche Schwerpunktsetzungen kennzeichnend, die jeweils spezifische Aspekte einer historisch-systematischen Verortung ignatianischer Pädagogik betreffen:

Im *ersten Kapitel* werden ideengeschichtliche Hintergründe ignatianischer Pädagogik thematisiert. Dabei wird von der Annahme ausgegangen, dass die *Exerzitien* des Ignatius bis heute als der maßgebliche Referenztext sowohl einer ignatianischen Spiritualität als auch einer ignatianischen Pädagogik fungieren. Zur Kontextualisierung der ignatianischen Pädagogik werden in den *Exerzitien* ›Spuren‹ griechischrömischer Philosophie, christlicher Spiritualität sowie einer neuzeitlichen Selbstbeschreibung des Menschen nachgewiesen. Darüber hinaus werden Facetten eines ignatianischen Selbst-, Welt- und Gottesverständnisses herausgearbeitet, die als Bezugspunkte einer ignatianischen Spiritualität und Pädagogik fungieren, sowie entlang der Dimensionen des Glaubens, der Praxis und der Gemeinschaft systematisiert. Die Rekonstruktion ist von der Annahme geleitet, dass eine ignatianische Pädagogik nicht angemessen verstanden und beurteilt werden kann, ohne die umfassenderen ideengeschichtlichen Zusammenhänge zu berücksichtigen, in denen diese Pädagogik situiert ist.

Das *zweite Kapitel* ist darauf gerichtet, aktuelle Selbstbeschreibungen ignatianischer Pädagogik zu rekonstruieren und – damit verbunden – die Frage zu klären, ob es eine Idee von ignatianischer Pädagogik gibt, die ausfindig gemacht werden kann. Was sind die Aufgaben, Inhalte, Methoden und Mittel, die mit ignatianischer Erziehung verbunden werden? Und was sind die anthropologischen, gesellschaftstheoretischen, moralisch-ethischen sowie theologischen Voraussetzungen, die in Beschreibungen ignatianischer Erziehung in Anspruch genommen werden? Mit Blick auf neuere Arbeiten zur ignatianischen Pädagogik im deutschsprachigen Raum wird der Vorschlag entwickelt, ignatianische Pädagogik als eine besondere Spielart einer Pädagogik der Person aufzufassen.

Im *dritten Kapitel* wird untersucht, wie sich aktuelle Selbstbeschreibungen zu traditionellen Entwürfen einer ignatianischen Pädagogik verhalten, um so mögliche Kontinuitäten und Brüche in den Blick zu rücken. Die Frage lautet, ob gewisse Muster ausgemacht werden können, wenn man auf die Selbstbeschreibungen schaut, die in den Jahrhunderten angefertigt worden sind. An solchen Mustern wäre zu erkennen, wie die ignatianische Pädagogik als Angebot in der Geschichte in Erscheinung tritt und was sie durch die Veränderungen im Wandel der Zeit hindurch aufbewahren möchte. Dabei wird in diesem Kapitel insbesondere der Frage nachgegangen, wie eine ignatianische Pädagogik im Verhältnis zur Eigenstruktur moderner Erziehung bestimmt werden kann, wie sie in pädagogischen Entwürfen zwischen 1700 und 1850 beschrieben worden ist und in der Erziehungswissenschaft bis heute eine zentrale Rolle spielt. Auf diese Weise soll eine Verortung ignatianischer Pädagogik im Kontext der pädagogischen Problemgeschichte vorgenommen werden.

Im Rahmen des *vierten Kapitels* rückt ein spezifisches Moment, das in traditionellen und aktuellen Entwürfen einer ignatianischen Pädagogik von großer Bedeutung ist, in den Mittelpunkt der Betrachtung – das Problem der Charaktererziehung. Dabei wird für die These argumentiert, dass ignatianische Pädagogik in ihrer Orientierung an der Idee einer Erziehung des Charakters nicht nur eine Alternative zu aktuell dominant gewordenen Auffassungen von Erziehung offeriert, sondern sich damit auch in eine Tradition moderner Pädagogik einreiht – einer Tradition, in der Erziehung an die Aufgabe geknüpft wird, Heranwachsenden dabei zu helfen, die

Fähigkeit und Bereitschaft zu entwickeln, zur Entwicklung einer Gesellschaft beizutragen, in der *der Mensch* im Mittelpunkt der Verantwortung steht.

Schließlich wird im *fünften Kapitel* das Verhältnis von ignatianischer Pädagogik und Gesellschaft in den Blick genommen. Eine Klärung dieses Verhältnisses erweist sich als eine anspruchsvolle Problemstellung. Hierbei muss nicht nur in Rechnung gestellt werden, dass es sich bei Erziehung selbst um eine spezifische Form des ›In-Gesellschaft-Seins‹ handelt. Darüber hinaus muss der Umstand berücksichtigt werden, dass eine Bestimmung des Verhältnisses von ignatianischer Pädagogik und Gesellschaft unter den Bedingungen einer modernen und in diesem Sinne funktional differenzierten Gesellschaft erfolgt, nämlich aus der Warte des Wissenschaftssystems, das einer eigenen Logik folgt und spezifische Anforderungen an Beschreibungen von Sachverhalten richtet. Umgekehrt offeriert eine Bearbeitung der Problemstellung aus unserer Sicht wichtige Erkenntnismöglichkeiten. Dabei arbeiten wir insbesondere heraus, dass Erziehung im Kontext ignatianischer Pädagogik als eine spezifische Form von Kommunikation zwischen Selbstverhältnissen (Personen) konzipiert wird, und stellen wir die These zur Diskussion, dass eine solche Gegenstandsorientierung gute Gründe dafür offeriert, in der Erziehungswissenschaft praxeologischen Theorieofferten wieder verstärkt Aufmerksamkeit zu schenken.

Jedes Kapitel ist für sich lesbar. Es gilt jedoch zu berücksichtigen, dass die einzelnen Kapitel Aspekte eines Zusammenhangs thematisieren, der erst dann in den Blick kommt, wenn die Kapitel auch im Zusammenhang studiert werden. Jedes Kapitel wurde unter Federführung eines Autors bzw. einer Autorin verfasst. Wenn wir dennoch durchgehend von ›wir‹ und ›uns‹ sprechen, so soll damit nicht nur zum Ausdruck gebracht werden, dass in die einzelnen Kapitel immer auch Hinweise der weiteren Koautor:innen eingeflossen sind. Darüber hinaus zeigt das ›wir‹ auch an, dass in dieser Arbeit ein Zusammenhang von Aspekten thematisiert wird, der die einzelnen Kapitel verbindet und der von uns hier gemeinsam zur Diskussion gestellt wird.

Die vorliegende Arbeit geht auf ein Forschungsprojekt zurück, das unter dem Titel ›Ignatianische Pädagogik – Eine Standortbestimmung‹ vom 1. April 2021 bis zum 31. März 2023 an der Universität Bern durchgeführt worden ist. Dem Projektteam gehörten in dieser Zeit Kira Ammann (Mitarbeiterin), Elmar Anhalt (Leitung), Jana Bratschi (Hilfsassistentin), Fion Emmenegger (Mitarbeiter), Omar Ibrahim (Mitarbeiter), Deborah Kölliker (Hilfsassistentin) und Thomas Rucker (Leitung) an. Das Projekt wurde von Seiten des Zentrums für Ignatianische Pädagogik (Ludwigshafen, Deutschland) gefördert. Wir danken der Leitung des ZIP, namentlich Tobias Zimmermann SJ und Ulrike Gentner, für die reibungslose Zusammenarbeit und insbesondere für die Bereitschaft, den ›externen‹ Blick auf die ignatianische Pädagogik zu unterstützen, ja geradezu einzufordern. Wichtige Ideen sind im Austausch mit Kolleg:innen entstanden. Dabei sind wir insbesondere Michael N. Ebertz, Mathias Molzberger, Barbara Schellhammer, Jörg Schulte-Altedorneburg und Jochen Sautermeister zu Dank verpflichtet.

Bern und Landau, im Sommer 2024
Kira Ammann, Elmar Anhalt, Omar Ibrahim und Thomas Rucker

1. Vergewisserungen: Ideengeschichtliche Hintergründe ignatianischer Pädagogik

Omar Ibrahim

Die *Geistlichen Übungen* (1544/2008) von Ignatius gelten bis heute als der maßgebliche Referenztext sowohl einer ignatianischen Spiritualität als auch einer ignatianischen Pädagogik. Zwar gibt es weitere Texte, auf die bis heute immer wieder Bezug genommen wird, um das Selbstverständnis ignatianischer Pädagogik zu artikulieren, doch wird in diesen Texten selbst wiederum auf die *Exerzitien* rekurriert (vgl. Mertes 2004, S. 9 f.), wodurch ein Traditionszusammenhang gestiftet wird, der berücksichtigt werden will, insofern eine Standortbestimmung ignatianischer Pädagogik entwickelt werden soll. Diese hat den *Geistlichen Übungen* besondere Beachtung zu schenken, und zwar auch dann, wenn man in der darin beschriebenen Form des Miteinanderumgehens zwischen einem Exerzitienbegleiter (Person, die die Übungen gibt) und einem Exerzitanten (Person, die die Übungen durchläuft) gar keine Erziehung erkennt – was selbst wiederum eine umstrittene Deutung der *Exerzitien* bedeuten würde (vgl. Merz 2000, S. 266; Funiok & Schöndorf 2000, S. 10).

Die *Geistlichen Übungen* sind in ideengeschichtlichen Zusammenhängen situiert, die vor allem in ihrer Bedeutung für eine ignatianische Pädagogik in ihren verschiedenen Spielarten kaum aufgearbeitet sind (vgl. jedoch Lundberg 1966). Eine Vergewisserung der entsprechenden Zusammenhänge erlaubt es nicht nur, die ideengeschichtlichen Hintergründe ignatianischer Pädagogik ›sichtbar‹ zu machen, sondern eröffnet darüber hinaus die Möglichkeit, Kontinuitäten, Brüche, partielle Verschiebungen sowie grundlegende Neuorientierungen in den offerierten Beschreibungen von Erziehung in den Blick zu rücken. Allerdings sollte man sich hierbei vor einem ›naiven‹ Herangehen hüten, denn es ist keineswegs selbstverständlich, wie eine entsprechende Vergewisserung erfolgen sollte.

Vor diesem Hintergrund beschäftigt sich der erste Teil unserer Untersuchung mit der Frage, wie die ignatianische Pädagogik vergewissert werden kann und auf welche ideengeschichtlichen Zusammenhänge man stößt, wenn man eine entsprechende Vergewisserung unternimmt. Wenn Hans Urs von Balthasar fragt, was das »Christliche am Christentum« (von Balthasar 2019, S. 5) sei, so ist diese Frage nicht rhetorisch zu verstehen, sondern drängt diese in theologischer Hinsicht auf eine Antwort. Entsprechend kann auch die Frage, was das *Ignatianische* an der ignatianischen Pädagogik sei, gestellt werden. Im Folgenden werden unterschiedliche Aspekte dieser Problemstellung bearbeitet und damit Zusammenhänge in den Blick gerückt, an die in den weiteren Teilen der Arbeit angeschlossen wird.

1.1 Die Frage nach der Frage

Sich im Kontext einer Vergewisserung der Tradition ignatianischer Pädagogik vor einer ›naiven‹ Herangehensweise zu hüten, bedeutet insbesondere, dass man sich im Hinblick auf eine entsprechende Vergewisserung zuerst vergewissern muss, *wie* überhaupt vergewissert werden kann. Die folgenden Überlegungen kombinieren drei Formen der Vergewisserung, die hier als *analytische*, *genealogische* und *allegorische Vergewisserung* bezeichnet werden.

In der *analytischen* Vergewisserung wird eine transzendentalkritische Analyse eines Phänomens oder eines Begriffes angestrebt. Es werden in diesem Sinne unterschiedliche Möglichkeitsbedingungen aufgedeckt, welche eine Reidentifikation des besagten Phänomens möglich machen (vgl. Niquet 1991, S. 26 ff.). Die Möglichkeitsbedingungen bilden also die notwendigen – und gemeinsam eventuell hinreichenden – Bedingungen dafür, dass ein Phänomen als genau jenes Phänomen bestimmt und unter anderen Umständen reidentifiziert werden kann. Dies soll sowohl in synchroner als auch diachroner Weise möglich sein. Das Ergebnis einer analytischen Vergewisserung bildet damit eine Begriffs- oder Phänomenbestimmung. Ein entsprechender Zugriff kann zur Folge haben, dass bisherige oder spätere Entwicklungen eines Phänomens sowie leichte Abweichungen nicht mehr zu diesem Phänomen gerechnet werden können.

In der *genealogischen* Vergewisserung werden diskursive Formationen und deren Entwicklung in der Geistes- und Ideengeschichte nachgezeichnet sowie latente Strukturen und Prozesse aufgedeckt. Es wird versucht aufzuzeigen, woher Gedanken und Ideen kommen, woher sie ihre Überzeugungskraft erhalten und wie sie sich im Verständnis von Gesellschaften und Gruppierungen über die Zeit hinweg verändert haben. Dazu gehört es auch, über Machtmechanismen nachzudenken, die dazu beitragen, dass eine Diskursordnung oder ein Paradigma über gesellschaftlichen Einfluss verfügt und damit alternative Positionen verdrängt.

Die letzte Form der Vergewisserung die hier zum Einsatz kommen soll, kann als *allegorische* Vergewisserung bezeichnet werden. In ihr wird ein Phänomen oder ein Begriff anhand eines Vergleichs verstanden. Es wird hier also nicht erklärt oder bestimmt, sondern man versucht, etwas *als* etwas zu verstehen, indem man es durch etwas anderes beleuchtet. Das Andere muss nicht völlig anders sein, sondern kann lediglich zu einem typologischen Vergleich dienen. Dabei sind für die Art und Auswahl der Vergleichskandidaten stets Gründe vorzubringen. So kann das Verstehen in einen Kontext eingebettet werden, der zur Ergründung des Phänomens beiträgt, ohne die eigene Perspektivität aus den Augen zu verlieren.

Die folgenden Überlegungen sind Ausdruck des Einsatzes aller drei Formen der Vergewisserung. Der Mehrperspektivität der Untersuchung wird folglich ein Primat gegenüber der Spezialisierung zugesprochen. Dies geschieht vor allem aus Gründen der Anschlussfähigkeit für weitere Überlegungen. Ohnehin schließen sich die verschiedenen Formen der Vergewisserung nicht aus, sondern stehen in einem Ergänzungsverhältnis zueinander.

Es dürfte sinnvoll sein, am Ursprung der ersten Werke zu beginnen, um sich darüber zu vergewissern, was ignatianische Pädagogik ist, zumindest aber sein könnte. Die ignatianische Pädagogik beginnt nicht erst mit den Ordenskonstitutionen der Gesellschaft Jesu und auch nicht mit der später erschienenen Studienordnung. Vielmehr können schon die *Geistlichen Übungen* des Ordensgründers als pädagogisches Werk betrachtet werden. Der Titel der Übungen, auch *Exerzitien* genannt, weist bereits auf den pädagogischen Charakter dieses Werkes hin. »Übung«, so Malte Brinkmann, »erscheint bei Ignatius als primäre Lernform. Auf der Grundlage einer leiblich-situativen Anthropologie der Sinne werden in Wiederholungen existenzielle Haltungen und Einstellungen ein- und umgeübt« (Brinkmann 2012, S. 344). Dieser Prozess wird zwar von einer Person durchlaufen, doch ist stets eine zweite Person präsent, die diesen Prozess initiiert und unterstützt. Insofern kann hier durchaus von einer erzieherischen Situation gesprochen werden, die damit auch die erziehungswissenschaftliche Aufmerksamkeit auf sich ziehen sollte. Die Annahme, dass das Üben ein zentrales Moment im pädagogischen Prozess bildet, die dahinterliegende christliche Anthropologie, Welt- und Gottesvorstellung sowie die damit verbundene Zielsetzung der zu erlernenden Haltungen und Einstellungen bilden Problemkomplexe, die im Hinblick auf eine ignatianische Pädagogik vergewissert werden können.

Im Folgenden werden zunächst Traditionszusammenhänge vergewissert, in denen die *Exerzitien* entstanden sind. Da die *Exerzitien* des Ignatius für die ignatianische Pädagogik sowohl als Inspirations- als auch als Legitimationsquelle durchgehend Bedeutung hatten, wird der Fokus auf dieses Werk gelegt – wohlwissend, dass auch anderen von Jesuiten verfassten Schriften Bedeutung im Hinblick auf die Entwicklung und Weiterentwicklung einer ignatianischen Pädagogik zukommt.

1.2 Traditionszusammenhänge

Blickt man auf ein beinahe halbes Jahrtausend Geschichte des Jesuitenordens zurück, scheint es sinnvoll zu sein, von einem Traditionszusammenhang – als narrative Zeitgestalt einer gemeinsamen Wahrnehmung und Erfahrung – zu sprechen (vgl. Assmann 2022). Darüber hinaus gilt es aber auch zu konstatieren, dass die *Geistlichen Übungen* nicht ex nihilo entstanden sind, sondern sich selbst – wenngleich zumeist implizit – auf tradierte Vorstellungen, Praktiken etc. beziehen. Auch wenn Ignatius und seine Ordensbrüder mit der jesuitischen Lebensform einige wesentliche Neuerungen in die Geistesgeschichte eingebracht haben, waren sie selbst schon in spezifische Traditionen verstrickt. Entsprechend situiert auch Malte Brinkmann die *Exerzitien*, wenn er diese als ein »paradigmatisches Modell der Übungen« kennzeichnet, das »im Übergang von Mittelalter und Neuzeit« entstanden ist und »in seinen Tiefenstrukturen antike, christliche und neuzeitliche Elemente vereint« (Brinkmann 2012, S. 323). Die *Geistlichen Übungen* stellen somit eine Kombination unterschiedlicher Elemente dar, die zusammen die theologisch-philosophischen Voraussetzungen einer ignatianischen Pädagogik bilden. Diese Elemente lassen sich im Anschluss an Brinkmann in antike, christlich-katholische und neuzeitliche Aspekte unterscheiden.

Bevor auf die damit angesprochenen Traditionszusammenhänge eingegangen wird, soll zunächst geklärt werden, was überhaupt unter den *Geistlichen Übungen* zu verstehen ist. Ignatius gibt in seinem Werk schon zu Beginn eine Antwort auf diese Frage: »Unter diesem Namen ›geistliche Übungen‹ ist jede Weise, das Gewissen zu erforschen, sich zu besinnen, zu betrachten, mündlich und geistig zu beten, und anderer geistlicher Betätigungen zu verstehen« (von Loyola 1544/2008, S. 27). Diese Antwort weist zwei miteinander verbundene Aspekte auf, denen auch im Kontext ignatianischer Pädagogik bis heute eine zentrale Stellung zukommt. Zum einen geht es um die Entwicklung des eignen Selbst, zum anderen wird eine Hinwendung zu Gott angestrebt. Die Entwicklung des Selbst und – damit verbunden – die Hinwendung zu Gott wird als prozessoffen bestimmt, da die Gnade und Zuwendung Gottes nicht vom Menschen hergestellt werden kann. Hinzu kommt, dass dem Exerzitienbegleiter und dem Exerzitanten ein mehr oder minder großer Spielraum von Freiheit zugestanden wird, den diese wiederum Gott gegenüber verantworten müssen. Entsprechend werden auch die Wirkmöglichkeiten der *Exerzitien* bestimmt: »Sie wollen Hilfestellung geben, aber nicht den Anschein erwecken, Gott könne durch bestimmte Techniken herbeigezwungen werden« (Leppin 2007, S. 84). Die einzige Möglichkeit für den Menschen besteht darin, sich für die Gnade Gottes vorzubereiten. Und genau hierfür wird die Selbstentwicklung im Sinne einer purgatorischen Askese notwendig. Purgatorisch sind die Exerzitien in dem Sinne, dass der Exerzitant sich von seinem Fehlverhalten abwendet und sich einer tugendhaften, frommeren Lebensführung zuwendet. Die Askese kann als Form der Übung verstanden werden und bezieht sich nicht auf die umgangssprachlichen Verzichtsleistungen. Volker Leppin erläutert diese Form der Übung treffend, wenn er »Askese« als fortwährenden »Kampf gegen die Dämonie der Versuchungen« deutet, »der sich vor allem als Kampf gegen die eigenen Leidenschaften äußerte« (ebd., S. 41).

Es ist wichtig darauf hinzuweisen, dass die *Geistlichen Übungen* nicht allein durchgeführt werden, sondern stets in Begleitung eines erfahreneren Jesuiten oder geistlichen Führers (teils auch Führerin). Die *Exerzitien* sind sowohl für die Übenden als auch für die Begleitpersonen verfasst (vgl. Friedrich 2021, S. 15). Das Miteinanderumgehen zwischen demjenigen, der die Übungen gibt, und demjenigen, der die Übungen vollzieht, findet sich in einem biblisch begründeten und theologisch reflektierten Rahmen sowie im Kontext einer spezifischen Anthropologie situiert (vgl. Winkler 2000, S. 12). Diesen Rahmungen gilt es im Folgenden nachzugehen, um die Traditionszusammenhänge der *Exerzitien* herauszuarbeiten und diese entsprechend zu verorten.

1.2.1 Griechisch-römische Philosophie

Das frühe, sich zunehmend verbreitende Christentum, sowohl in West- als auch in Osteuropa, ist stark von der griechischen und römischen Philosophie geprägt. Dies liegt daran, dass viele Kirchenväter – man denke hier bspw. an Augustinus – sich ausgiebig mit beiden Kulturgebieten auseinandergesetzt haben. Entsprechend hält Volker Leppin fest: »Die christliche Theologie nahm die sie umgebende Philosophie auf und hätte ohne dies schwerlich überleben können, denn nur so konnte die Wahrheit der Bibel vor den denkenden Menschen der Zeit erwiesen werden« (Leppin 2007, S. 27).[1]

Während in der griechisch-römischen Philosophie beinahe zahllose Strömungen existierten, erwiesen sich zwei Strömungen als besonders bedeutsam für die christliche Theologie: Der späte Neuplatonismus und die Stoa. Pseudo-Dionisios von Areopagita hebt diese Verbindung von neuplatonischer Philosophie und Christentum explizit hervor. Er unterstreicht in seinem Werk, dass das Christentum in seiner Praxisform von seinen Anfängen an auch eine Anwendungsform neuplatonischer Philosophie gewesen sei (vgl. ebd., S. 26). Hierbei wird nicht (nur) die ethische, sokratische Lebensführung heraufbeschworen, sondern im Zentrum steht insbesondere die platonische Metaphysik und Epistemologie. Claus Priesner weist auf dieselbe Verbindung hin, wenn er darauf aufmerksam macht, dass zu dieser Zeit das christliche Gottesbild tiefgreifend der neuplatonischen Philosophie angepasst wurde. »Die neoplatonische Suche nach Erkenntnis – *Gnosis* – ist nicht mehr gottesfern, indem sich [nämlich] Gott auch in der Natur ausdrückt« (Priesner 2011, S. 46). Griechisch-römische Metaphysik und Epistemologie verschmelzen hier mit christlicher Gotteslehre. Zu erkennen, was wahr, gut und schön ist, kann dem Menschen, so die Gnosis, bis zu einem gewissen Grad zugänglich sein. Neben der Offenbarung, bspw. in Form der zehn Gebote, der Apostelbriefe etc. verfügt der Mensch u. a. über die Fähigkeit zu erkennen, was moralisch-ethisch richtig ist und was nicht. Diese Ansicht findet sich nicht nur im neuplatonischen Denken, sondern ganz besonders auch in der Stoa. So weist etwa Seneca darauf hin, dass der Mensch danach streben sollte, zu erkennen, was das Gute ist: »Durch eine einzige Sache wird die Seele vervollkommnet, durch das unwandelbare Wissen von Gütern und Übeln« (Seneca 2022, S. 389).

Beide Dimensionen, Ethik und Metaphysik/Epistemologie, sind bei Ignatius und dem christlich-katholischen Denken seiner Zeit stark vom Neuplatonismus und der Stoa geprägt, was sich an ausgewählten Beispielen veranschaulichen lässt. Bezeichnend für die platonische Philosophie ist die metaphysische Unterteilung des Menschen in Leib und Seele sowie der Welt in Materie und Geist. Wenige Konzepte haben die Ideengeschichte Europas so stark geprägt wie diese. So schreibt auch noch im 20. Jahrhundert Pierre Teilhard de Chardin, wie schwer es fällt, sich hiervon zu lösen: »Nirgends empfinden wir stärker, in welche Schwierigkeiten wir noch immer geraten, wenn wir Geist und Materie mit einem einheitlichen verstandesmäßigen Blick zusammenfassen wollen« (Teilhard de Chardin 2022, S. 51). Eine solche Auffassung kommt auch bei Ignatius zum Ausdruck. Wichtig ist es dabei hervorzuheben, dass schon bei Platon und später auch im Christentum die Stellung des

---

1 Der Umstand, dass die alttestamentlichen Menschen- und Gottesvorstellungen innerhalb dieses Prozesses oft auch verdrängt oder gar vergessen wurden, sollte hierbei nicht übersehen werden (vgl. Wagner 2017).

Geistigen/Seelischen dem Materiellen/Leiblichen vorgezogen wurde. Der Körper bildet nur ein irdisches Gefäß für die unsterbliche Seele. Entsprechend formuliert auch Ignatius seine christlich platonische Anthropologie, wenn er dazu auffordert, »mit der Sicht der Vorstellungskraft zu sehen und zu erwägen, daß meine Seele in diesem verderblichen Leib eingekerkert ist« (von Loyola 1544/2008, S. 48). Dass der Leib sterblich und somit vergänglich ist, bildet jedoch keine arbiträre Akzidenz, sondern hebt den Wert der eigenen Seele nochmals hervor. Indem die Seele unsterblich ist, ist der Mensch dazu veranlasst, sich um diese Seele bestmöglich zu kümmern, auch wenn dabei der Körper und dessen Pflege zu kurz kommen können. Und ganz besonders im Hinblick auf das irdische Ableben des Körpers bis zum Tag des Gerichts wird die Sorge um das Seelenheil nach christlicher Auffassung nochmals bedeutungsvoll. Pointiert formuliert: »Angesichts des [leiblichen] Todes verstehen wir unser Leben verändert« (Winkler 2000, S. 247). Weil der Mensch im irdischen Reich sterblich ist und die Seele das irdische Leben überdauert, ist der Mensch dazu angehalten, sich um das eigene Seelenheil zu kümmern. Dieser Gedanke spielt im Kontext einer ignatianischen Pädagogik bis heute eine wichtige Rolle.

Dabei lässt sich zeigen, dass die Bestimmung der irdischen Lebensführung und der damit verbundenen Kultivierung des Seelenheils unterschiedliche Elemente aus der sokratischen Philosophie und der Stoa aufgenommen hat. Auch Ignatius bezieht sich auf die griechisch-römische Philosophie, worauf Brinkmann hinweist, der nachweist, dass »Aus-, Selbst- und Fremdführung in den Geistlichen Übungen mittels rhetorischer und sokratischer Technologien vermittelt werden« (Brinkmann 2021, S. 324). In der sokratischen und späten platonischen Philosophie findet man erste methodisierte Ansätze, wie man sich um das eigene Seelenheil kümmern kann, indem man die richtige Lebensführung anstrebt. Hierfür ist eine philosophische Praxis, die dialektische Form, durchgehend prägend. Die philosophische Ethik der Antike war daher eine praktische Einübung in das gute und gelungene Leben (vgl. Leeten 2019). Sokrates bspw. »ist überzeugt, dass nur die eigenen, mühsam herausgearbeiteten Überzeugungen und Erkenntnisse dazu beitragen, sie anschließend auch *zu leben*« (Stavemann 2015, S. 29; Hv. i. O.). Der Mensch kann also durch Einsicht sein Leben verändern und sich dem Guten zuwenden. Dies ist jedoch kein einfaches Unterfangen, sondern bedarf der Übung und in diesem Zusammenhang zumindest *auch* des Beistands durch andere Menschen. Harlich Stavemann hält zur sokratischen Praxis entsprechend fest, dass es »etlicher Anstrengungen« bedürfe, »um die unangemessenen Vorurteile, Annahmen und Schemata, die das Weltbild eines Menschen bestimmen, dauerhaft zu verändern« (ebd., S. 47). Eine entsprechende Transformation im Selbst- und Weltbezug zu initiieren und zu unterstützen, ist heute auch Anspruch einer ignatianischen Pädagogik, die Heranwachsenden die Entwicklung von sachlichen Einsichten und eigenen Werturteilen zu ermöglichen sucht.

Es ist dennoch Vorsicht geboten, die Aspekte griechisch-römischer Philosophie unmittelbar auf das christliche Denken zu übertragen. Wie bei Sokrates und Platon das Gute noch nicht zwangsläufig mit dem Göttlichen gleichgesetzt wird, so wäre auch mit Blick auf die Stoa quasi von einer säkularen philosophischen Praxis zu sprechen. In dieser Selbstkultivierung ist der Mensch noch derjenige, an dem die

Übung gemessen wird. Der Mensch tut dies um seinetwillen. Praktische Ethik wird in diesem Sinne als humanistisch aufgefasst. »Befreie Dich für Dich selbst« (Seneca 2022, S. 5) findet sich als Maßgabe in den stoischen Schriften. Ein solcher Humanismus war für das (frühe) Christentum nicht akzeptabel, da der Heilsweg Gottes nicht mit säkular orientierten Lebensführungen konkurrieren sollte. Entsprechend wurde bei der Integration des römisch-griechischen Denkens das platonisch Gute mit dem christlich Göttlichen gleichgesetzt. Dasselbe gilt für die Zwecksetzung der Selbstkultivierung. Die Annahme, dass eine gelungene Lebensführung durch Einsicht und Einübung methodisch angestrebt werden kann, wurde hingegen aufrechterhalten.

Entsprechend diesem Traditionszusammenhang finden sich sowohl die Idee der stoischen *Ataraxie* als auch die Idee der aristotelischen *Phronesis* in jesuitischen Schriften wieder.[2] Ein wesentlicher Unterschied zwischen den philosophischen Positionen und einem ignatianischen Selbst- und Weltverständnis liegt darin, dass das Erstreben des menschlichen Glücks nicht den höchsten Zweck darstellt. »Dieses Glück ist weder das zentrale Motiv, das die Menschen bewegt – noch der Segen des Himmels, der dem Menschen dies Glück als Prämie für gutes Verhalten verleiht. Das Glück ist höchstens eine ganz angenehme Zugabe« (Marcuse 1972, S. 93). Stattdessen wird die Gnade Gottes angestrebt, und diese wiederum setzt eine im christlichen Sinne tugendhafte Lebensführung voraus.

1.2.2 Christliche Spiritualität

Der Spiritualitätsbegriff ist ein moderner Begriff mit einer spezifischen Geschichte und kann daher nicht ohne weiteres auf die Vergangenheit appliziert werden. Wenn hier von christlicher Spiritualität gesprochen wird, so ist damit kein individuelles Verständnis von Sinn und Transzendenz im Kontext eines postsäkularen Zeitalters gemeint (vgl. Peng-Keller 2021). Stattdessen wird der Begriff in seiner ursprünglichen Bedeutung aufgefasst – und zwar in einem pneumatologischen und teilweise auch in einem parakletischen Sinne.[3] Es geht also um den Geist, um denjenigen des Menschen und denjenigen Gottes.

---

2 Mit *Ataraxie* wird in der stoischen Philosophie der Gleichmut respektive die Seelenruhe beschrieben. Dabei geht es um einen Habitus, welcher gelassen und im stoischen Sinne rational auf Befindlichkeiten reagiert. Die *Phronesis*, ein Konzept, das besonders bei Aristoteles prominent wird, bezeichnet die Fähigkeit eines Menschen, kluge Schlüsse innerhalb einer Situation zu ziehen. Die *Phronesis*, so die Annahme, kann hierbei durch Übung entwickelt werden (vgl. Kapitel 4).
3 *Pneumatologisch* meint hier eine auf das Wirken des Heiligen Geistes bezogene Reflexion. Die Person des dreifaltigen Gottes im Christentum wird dabei als Kraft verstanden, die den Menschen direkt beeinflussen kann. Der Ausdruck *parakletisch* wird hier ebenfalls im Zusammenhang mit dem Wirken des Heiligen Geistes gebraucht. Das Wirken des Heiligen Geistes erfüllt in dieser Bedeutung eine tröstende und ermahnende Funktion, indem bspw. in liturgischen oder asketischen Praktiken das Wirken des Heiligen Geistes aufmerksam vergegenwärtigt wird.

Eine christliche Lebensführung ist nicht als ein Zusammenhang von Aktivitäten zu verstehen, die neben anderen Formen der Lebensführung existieren, geschweige denn simuliert werden können. Sie betrifft, so ihr zentrales Merkmal, den Menschen in seiner Ganzheit. Daher bedarf es auch der aufrichtigen Entscheidung, sich der christlichen Lebensführung und der damit einhergehenden Einübung zuzuwenden. Entsprechend hält Michel de Certeau fest: »Es ist ein Wollen, das ein Wissen einführt. Erkenntnis wird nur möglich durch eine vorgängige Entscheidung: *volo*« (De Certeau 2010, S. 274). Vor diesem Hintergrund wird nun gefragt, was genau unter christlicher Spiritualität zu verstehen ist, die in einer entsprechenden Lebensführung praktiziert wird. Selbstverständlich lässt sich hierzu eine allgemeingültige, überzeitliche Definition nur schwer finden. Die folgenden Überlegungen schließen sich dem Vorschlag von Leppin an: »Der gemeinsame Grundzug ist eine religiöse Haltung, die eine Transzendenz Gottes gegenüber dem glaubenden Menschen als gemeinsame Erfahrungstatsache voraussetzt und diese Transzendenz schon im Diesseits punktuell zu überwinden trachtet: Das Transzendente wird wenigstens momenthaft immanent – und hebt dabei die Begrenzungen des innerweltlichen Gläubigen auf« (Leppin 2007, S. 9). Das bedeutet, dass der Art und Weise, wie die Geister miteinander in Kontakt treten, eine existenziale und zugleich transformative Bedeutung zukommt. Für das jesuitische Denken ist diese Überzeugung besonders zentral, weshalb Thomas Philipp ausdrücklich festhält: »In den Exerzitien begegnet der Einzelne Gottes Willen unmittelbar. Ohne dass ein Priester ihn vermitteln müsste« (Philipp 2013, S. 74).

Der Mensch ist also dazu angehalten, mit seinem Geist auf Gott hinzustreben. Dies betont auch Malte Brinkmann, wenn er von der christlichen Spiritualität der *Geistlichen Übungen* schreibt: »Die Dynamik der Exerzitienerfahrung speist sich aus dem Ziel des Über-sich-hinaus-Strebens, das einem antik-christlichen Dreierschema entspringt: Reinigung, Durcharbeitung, Vereinigung« (Brinkmann 2012, S. 339). Dieses Dreierschema zur Kultivierung und Verbindung des Geistes entspricht grob den Wochenabschnitten der Exerzitien. In der ersten Woche werden die eigenen Sünden betrachtet und bereut. Die darauf anschließenden Wochen helfen, sich dem neuen Leben zuzuwenden sowie mögliche Lebensentwürfe durchzuarbeiten. Das Ziel der gesamten Exerzitien ist letztlich die Nachfolge Jesu und in diesem Sinne die mit Gott und dem Sohn vollzogene geistige Vereinigung.

Das von Brinkmann erwähnte antike Dreierschema ist im Ursprung nicht unbedingt christlich motiviert, sondern speist sich aus der alchemistischen Tradition, die sowohl innerhalb als auch außerhalb des Christentums und schon deutlich früher praktiziert wurde. Der Prozess von Reinigung (katharsis), Durcharbeitung (photismos) und Vereinigung (henosis) wurde sowohl bei der Verarbeitung von Metallen als auch bei der Kultivierung des Menschen angestrebt (vgl. Coreth 2001, S. 63; Priesner 2011, S. 22 ff.). Menschen und Metalle, so die damalige Vorstellung, funktionieren auf eine ähnliche Weise. Dies hängt unter anderem damit zusammen, dass zur damaligen Zeit gewisse ontologische Kategorien noch nicht trennscharf voneinander geschieden wurden. Zwar sind einige Kategorien zur Lebzeit von Ignatius schon deutlicher gefasst, es finden sich dennoch Gegenstimmen, die jene Kategorien wieder zu vermengen suchen, darunter auch Pico della Mirandola, Marsilio Ficino oder Agrippa von Nettesheim. Bei ihnen wird die alchemistische Kunst sowohl auf die Metallverarbeitung als auch auf die Kultivierung des Menschen bezogen und dabei mit einem Gottesbezug versehen, der den »Weg der Selbstreinigung, wenn nicht gar Selbsterlösung« (Priesner 2011, S. 47) in spezifischer Hinsicht justiert. Um ein Meister der Alchemie zu werden, bedarf es eines gottesfürchtigen Lebens, und dieses muss ebenfalls entsprechend kultiviert werden: »Um zum Adepten, also zum Meister der Kunst Alchemia zu werden, muss sich der Alchemist nicht nur dem Studium der Schriften und der Natur widmen und von geeigneten Lehrern unterwiesen werden, er muss auch charakterlich geeignet, ja göttlich begnadet sein« (ebd., S. 27).

Das antike Dreierschema, das sich in den *Geistlichen Übungen* wiederfinden lässt, soll hier nochmals eingehender betrachtet werden, um die christliche Spiritualität, wie sie bei Ignatius und seinen Zeitgenossen verstanden worden ist, klarer zu fassen. Die Exerzitien beginnen mit der *Läuterung* des Menschen. Eine solche Läuterung kann durch die Einsicht und Explikation sowie die damit einhergehende Reue der eigenen Sünden durchgeführt werden. Hierfür gibt Ignatius an, dass man sich anhand von Biografie- und Erinnerungsarbeit darin übt, die eigenen begangenen Fehler zu vergegenwärtigen: »Alle Sünden des Lebens ins Gedächtnis bringen, indem ich Jahr für Jahr oder Zeit für Zeit schaue« (von Loyola 1544/2008, S. 51). Die Vergegenwärtigung bedarf im zweiten Schritt zusätzlich der Explikation. Sünden müssen (mehr oder minder) öffentlich zugegeben werden, damit der Mensch diese tatsächlich einsieht und Verantwortung für seine Fehltaten übernimmt. Dies wurde und wird in der katholischen Kirche durch die Beichte zeremoniell strukturiert. Die regelmäßige Beichte in der Kirche ermöglicht es den Gläubigen, sich der sündhaften Seite des eigenen Lebens sowie der Erfahrung des Bösen immer wieder bewusst zu werden. Die Beichte bietet daher die unmittelbare Gelegenheit, das auszusprechen, was den eigenen Geist und die Seele belastet, und so neue Freiheit zum Handeln und letztlich zum tieferen Glauben zu erlangen (vgl. Ziemer 2015, S. 64). Nach der Beichte wird Buße getan, um zu zeigen, dass die Reue tatsächlich vorhanden ist und der Mensch sich um eine Umwendung im Leben bemüht. Entsprechend heißt es in den *Exerzitien*: »Erbitten, was ich will. Hier wird dies sein: um gesteigerten und intensiven Schmerz und Tränen über meine Sünden bitten« (von Loyola 1544/2008, S. 51). In vergleichbarer Weise schreibt Agrippa von Nettesheim, ein Zeitgenosse von Ignatius, über die Buße: »Die Buße ist das vorzüglichste Mittel zur Sühnung unserer Sünden, indem sie dem Vergnügen das Leid entgegenstellt, die törichte Fröhlichkeit aus der Seele austreibt und ihr eine besondere Kraft, die zum Himmlischen zurückführt, verleiht« (von Nettesheim 2021, S. 460).

Es ist das Gewissen, in dem sich jener Prozess abspielt, der überhaupt erst zur Läuterung und zur Reue führen kann. Im ignatianischen Kontext wird das Gewissen auch als eine Kammer im Seeleninnenraum des Menschen verstanden, die über mehrere Eingänge verfügt. Durch die eine Tür tritt der menschliche, durch einen weiteren Eingang der böse und durch die dritte Pforte der göttliche Geist (vgl. Poltrum 2016, S. 12 f.). Das Gewissen wird daher verbaliter zum Kampfplatz unterschiedlicher Geister, auf dem sich entscheidet, wie sich der Mensch (weiter)entwickeln kann. Ein Mensch, der Gott und dessen Einwirkungen auf den eigenen Geist anhängt, wird schließlich *ein* Geist mit ihm, da er seine Offenbarung hört und in seine Nachfolge tritt. Die bösen Geister hingegen sind danach bestrebt, sich mit dem Menschen durch böse Werke zu vereinigen und das Gewissen ihnen gleich zu machen (vgl. von Nettesheim 2021, S. 363). Der Mensch wird also nicht als abgeschlossene Monade oder einheitliche Substanz aufgefasst, sondern ist perforiert und offen gegenüber äußeren, teils mächtigeren Einflüssen. Er kann sowohl vom göttlichen Geist gelenkt als auch von bösen Geistern verführt werden. Geister, so glaubte man im 16. Jahrhundert, können im Menschen Platz finden und diesen steuern, wenn nicht sogar Besitz von ihm ergreifen. Hierzu als Exemplifizierung nochmals Agrippa von Nettesheim, der die damals vorherrschende Weltsicht wie folgt auf den Punkt bringt: »Wenn die Seele von dem melancholischen Naturell getrieben unaufgehalten die Zügel des Körpers und die Bande der Glieder abschüttelt und ganz in die Einbildungskraft übergeht, so wird sie plötzlich ein Wohnsitz von Dämonen« (ebd., S. 159).

Der Mensch ist in seiner Lebensführung also darauf angewiesen, achtsam zu sein, welche Mächte in ihm wirken. Für die Läuterung bedarf es daher auch der Gegenkraft der Hoffnung, damit die eigene Reue nicht in Verzweiflung umschlägt und eine solche Stimmung Platz für böse Geister schafft. Nach der Reinigung erfolgt daher notwendigerweise die *Durcharbeitung*. Der Mensch, der seine Sünden erkannt hat und sich fortan bessern will, kann dies nicht aus eigener Kraft heraus, sondern nur in Relation zu Gott. Ignatius hält entsprechend für die Übenden fest: »Schauen, wer ich bin, indem ich mich durch Beispiele geringer mache« (von Loyola 1544/2008, S. 52). Wenn sich der Mensch geringer denkt, sprich Demut übt, so sieht Ignatius in dieser Reue die Möglichkeit, von Gott errettet zu werden, da Gottes Macht diejenige des Menschen unendlich übertrifft: »Gott als absolutes Geheimnis, Gott als völlige Unbegreiflichkeit und doch unentrinnbares Ziel des Menschen« (Vorgrimler 2011, S. 188).

Der geläuterte Mensch ist darauf angewiesen, von Gott errettet zu werden, damit er in dessen Nachfolge treten kann. Insofern wird in diesem Durcharbeitungsprozess Menschen die Eigenmächtigkeit bis zu einem gewissen Grad abgesprochen. Menschen sollten zwar einen Weg der Vorbereitung durch die Exerzitien gehen, aber am Ende hängt doch alles von Gott selbst und seiner Zuwendung zum Menschen ab (vgl. Leppin 2007, S. 52).

Die christliche Erlösungsgeschichte findet Analogien schon in den Konzeptionen der vorchristlichen Chaldäer, welche den Makrokosmos dem Mikrokosmos gleichsetzten (vgl. Priesner 2011, S. 8). Das bedeutet, dass der Kampf zwischen Gut und Böse – der Kampf zwischen Gott und dem Teufel – sowohl auf der Welt als Schöpfung insgesamt als auch in jedem einzelnen Menschen stattfindet. Makrokosmos und Mikrokosmos sind daher als strukturelle Abbilder zueinander zu verstehen. Dies beschreibt auch Hermes Trismegistos, der diesen Gedanken aufnimmt: »Was unten ist, gleicht dem, was oben ist, und was oben ist, gleicht dem, was unten ist, damit die Wunder des Einen sich vollenden« (Trismegistos 2014, S. 23). Die Schöpfung gilt in ihren Teilen als ähnlich strukturiert sowie teleologisch festgelegt. Gott selbst ist jedoch kein Teil seiner eigenen Schöpfung, so die orthodoxe Lehre, und daher selbst nicht dieser Struktur unterworfen. Gott ist und bleibt ewiges Geheimnis (vgl. Leppin 2007, S. 29). So formuliert es auch Emerich Coreth: »Wir können von Gott niemals sagen, was er ist, immer nur, was er nicht ist, weil er über alles hinausgeht, was wir sagen oder benennen können« (Coreth 2001, S. 29). Daher ist die Durcharbeitung im Prozess der christlichen Lebensführung nicht primär durch die Selbsttätigkeit von Menschen bestimmt, sondern vielmehr im Verhältnis zur unvorhersehbaren und unberechenbaren sowie unfassbaren Gnade Gottes situiert. So können die Pläne Gottes und dessen Wirken nicht vorhergesehen, deduziert oder berechnet werden. Die Geistlichen Übungen dienen schlicht dazu, den Menschen auf Gottes Gnade vorzubereiten. Denn »Gott ist begrifflich durch die Eigentätigkeit des Verstandes gar nicht zu erreichen, sondern ausschließlich durch eine Teilhabe, die er selbst ermöglicht« (Leppin 2007, S. 30). Indem Gott auf den Menschen einwirkt, kann der Mensch die göttliche Gnade erfahren. Er erhält dabei die göttliche Gnade nicht als Lohn für die Übungen, sondern als Geschenk. Erst an diesem Punkt ist es möglich, den letzten Schritt des Prozesses – die *Vereinigung* – anzugehen, die in der Nachfolge Jesu und damit einem Bekenntnis zur Offenbarung Gottes besteht.

1.2.3 Neuzeitliche Renaissance

Neu an der Renaissance war vor allem das sich zunehmend etablierende neue Menschenbild, welches sich zur Aufklärung hin weiterentwickelte und im globalen Norden auch darüber hinaus wirksam geblieben ist. Dieses neue Menschenbild der Renaissance bezieht sich nicht nur auf antike und späthellenische Schriften (vgl. z. B. Ficino 2014; Pico della Mirandola 1990, 2018), die wieder vermehrt und auch breiter zugänglich wurden, sondern auch auf die Anstöße der jüdischen Kabbalistik (vgl. Scholem 2020) und der islamischen Philosophie (vgl. Yousefi 2016). Die damit einhergehende Anthropologie zeichnet sich durch eine Teilung in physischer und pragmatischer Hinsicht aus. Gernot Böhme fasst dies wie folgt zusammen: »Die Anthropologie in physischer Hinsicht handelt von dem, was der Mensch als seine Natur hinnehmen muss, während die Anthropologie in pragmatischer Hinsicht das bestimmt, was der Mensch aus sich machen kann und soll« (Böhme 1994, S. 96 f.). Auch wenn vor der Gründung des Jesuitenordens über die Freiheit des Menschen schon ausgiebig diskutiert worden war, so wird die Freiheit in der Renaissance nun in einem existenzialen Sinne aufgefasst, und zwar so, dass der einzelne Mensch und die Menschheit als Ganzes *als Projekt* in den Blick kommen. Die Freiheit ist nicht nur eine Akzidenz seiner menschlichen Wesenheit, sondern die Freiheit ist dasjenige, mit dem der Mensch in die Welt entlassen und sich überlassen wird, weshalb dieser auch zur Verantwortung aufgerufen ist. Das unterscheidet den Menschen von den anderen Teilen der Schöpfung, dass er eben nicht nur der Notwendigkeit eines Naturgeschehens folgt, sondern zugleich, wenn auch darin eingebunden, von diesem gelöst ist, und somit in Freiheit und Verantwortung das eigene Leben führen kann (vgl. Coreth 2001, S. 18).

Von den Menschen in der Renaissance wird also nicht nur eine Rückbesinnung auf überkommene Konzeptionen angestrebt, man befindet sich zugleich auch in

Aufbruchsstimmung. Augenfällig wird in diesem Spannungsverhältnis nicht nur die Teilung von Vorgegebenem und Existenzialem, sondern auch die Teilung zwischen der Menschheit als Gesamtheit und dem je einzelnen Menschen. Mit der neuen Anthropologie rückt das Subjekt, der einzelne Mensch, das Individuum, die Person o. ä. verstärkt in den Fokus.

Auch die *Geistlichen Übungen* nehmen dieses Menschenbild bis zu einem gewissen Grad in ihre Konzeption auf. Die Seelenführung passt sich nämlich an die Individualität der je einzelnen Übenden an. So sollen die Anweisungen von Ignatius nicht in einem dogmatischen oder mechanischen Sinne verstanden werden. Vielmehr sollen die Individualität und je eigene Besonderheit der Übenden im Mittelpunkt stehen (vgl. Brinkmann 2012, S. 326). Dies zeigt sich nicht nur daran, dass Ignatius in seinen Hinweisen hervorhebt, die Exerzitien seien den Fähigkeiten und Umständen der Übenden anzupassen. Es wird auch klar, wenn erklärt wird, dass Gott für jeden einzelnen Menschen einen eigenen Plan hat. Man solle, so Ignatius, »erwägen, wie der Herr der ganzen Welt so viele Personen, Apostel, Jünger usw. auswählt und sie über die ganze Welt hin sendet und so seine heilige Lehre über alle Stände und Lebenslagen von Personen ausbreitet« (von Loyola 1544/2008, S. 75). Jeder Mensch ist in Gottes Plan involviert. Von daher muss jeder Mensch als je individuelles Geschöpf wahrgenommen und geschätzt werden. Gottes Wille findet viele Wege und diese drücken sich im je einzeln gelebten Leben von Menschen stets individuell aus. Daher kann die Aktivität der Begleitpersonen während der Exerzitien nicht direktiv, methodisch starr angewandt werden, da das Vorhaben Gottes mit dem je einzelnen Menschen für Außenstehende nicht einsehbar ist. Diejenigen, die die Übungen geben, können nur dabei assistieren, dass der je einzelne Mensch dahin kommt, sich dem individuellen Plan Gottes zuzuwenden.

Der Mensch, so können wir festhalten, wird in der Renaissance als ein Projekt seiner selbst verstanden, das sich selbst entwickeln und weiterentwickeln kann. Menschliche Entwicklung, wie sie im Kontext eines ignatianischen Selbst-, Welt- und Gottesverständnisses bestimmt wird, soll jedoch in Relation zu Gott stattfinden, der diese Freiheit überhaupt erst ermöglicht. Hier drängt sich die Frage auf, wie der Mensch sich selbst beschreibt, wenn er als ein Wesen bestimmt wird, das sich zu dem macht, was es ist und sein kann. Im Folgenden gehen wir dieser Frage vertiefend nach, indem wir drei zentrale Bezugspunkte herausarbeiten, die für ein ignatianisches Selbst-, Welt- und Gottesverständnis maßgeblich sind und entsprechend auch im Kontext einer ignatianischen Pädagogik eine zentrale Rolle spielen.

1.3 Bezugspunkte

Bislang wurden spezifische Traditionszusammenhänge rekonstruiert, die es erlauben, eine ignatianische Pädagogik ideengeschichtlich zu situieren. Im Folgenden werden die Überlegungen in drei Einzelstudien exemplarisch vertieft. Dabei werden Facetten eines ignatianischen Selbst-, Welt- und Gottesverständnisses herausarbeitet, die als Bezugspunkte einer ignatianischen Spiritualität und Pädagogik fungieren. Maßgeblich ist die Annahme, dass eine Bestimmung des Bezugsrahmens einer

Beschreibung von ignatianischer Erziehung mindestens drei Dimensionen zu berücksichtigen hat, nämlich die des *Glaubens*, der *Praxis* und der *Gemeinschaft*. Zuerst wird auf den Personenbegriff eingegangen, der in jesuitischen Schriften immer wieder auftaucht. Hier werden Überlegungen zu spezifischen Glaubensinhalten betrachtet. Danach richtet sich der Fokus auf die Kultivierung der Tugenden im ignatianischen Sinne. Hier wird weniger der Glaubensaspekt hervorgehoben, sondern vielmehr ein wichtiges Moment ignatianischer Praxis thematisiert. Schließlich werden die jesuitische Lebensform allgemein sowie deren Wandelbarkeit innerhalb der Geschichte behandelt. Die drei Grunddimensionen – Glaube, Praxis und Gemeinschaft – bilden drei Achsen, die berücksichtigt werden wollen, soll eine ignatianische Pädagogik sinnvoll kontextualisiert werden (vgl. Appiah 2019). Gerade die *Vergewisserungen* müssen diese Triade bedenken, sollen wesentliche Voraussetzungen einer ignatianischen Pädagogik nicht aus dem Blick geraten.

1.3.1 Person und Persönlichkeit

Wie ist der Mensch im Rahmen eines christlichen Selbst-, Welt- und Gottverständnisses und insbesondere im Hinblick auf eine ignatianische Pädagogik zu verstehen? Das 13. Jahrhundert als Ausgangspunkt für die Renaissance wird für die Geschichte der zentraleuropäisch christlichen Anthropologie insofern von großer Bedeutung, als hier der Begriff der Person in großem Umfang für die Reflexion über den Menschen Verwendung findet (vgl. Böhme 1994, S. 106). Dadurch erhält die Idee, was der Mensch ist und sein soll, eine neue Perspektive. Selbstverständlich wurde der Personenbegriff schon weitaus früher verwendet, besonders in den frühchristlichen Konzilien, als es um die Bestimmung der Dreifaltigkeit Gottes ging. Im griechisch-römischen und auch im frühchristlichen Denken ist jedoch der Personenbegriff noch nicht so aufgefasst worden, wie er erst später im Christentum und noch später insbesondere in der Renaissance bestimmt wird (vgl. Coreth 2001, S. 68). Wenn der Mensch also in der Renaissance als Person betrachtet wird, so muss geklärt werden, was hierunter zu verstehen ist.

Der Begriff der Person verweist in der christlichen Tradition der Renaissance insbesondere auf die Gottesebenbildlichkeit des Menschen. Diese Tradition orientiert sich an einer schöpfungstheologischen Fokussierung der Anthropologie. In der Idee der Gottesebenbildlichkeit finden sich anthropologische Bestimmungen verdichtet, die vom Alten und Neuen Testament ausgehen. Darunter fallen die schon erwähnte Schöpfungsbeziehung zwischen Gott und Mensch (schöpfungstheologische Dimension), aber auch der von Gott ausgehende Auftrag an den Menschen in Bezug auf die Schöpfung (eschatologische Dimension) sowie das Grundverhältnis der Menschen zueinander (christologische, soteriologische Dimension). Mit dem Blick auf die schöpfungstheologische Dimension ist die Überzeugung maßgeblich, dass der Mensch dem Schöpfer ähnlich ist, was jedoch nicht mit Identität gleichgesetzt werden kann. Dabei bezieht sich die Ähnlichkeit nicht auf physiologische Merkmale (wie es in Götzenbildern bspw. dargestellt wurde), sondern auf Fähigkeiten, Dispositionen und Verantwortungen (ausführlich vgl. Wagner 2017).

In der Gottesebenbildlichkeit gründet das Personsein, d. h. die prinzipielle Möglichkeit eines jeden Menschen, sich zu den Abhängigkeiten, in die er bzw. sie verstrickt ist, qua *Vernunft* in ein Verhältnis zu setzen, sein bzw. ihr Leben in diesem Sinne *frei* zu führen sowie den eigenen Standpunkt *sprachlich* zu artikulieren und zu vertreten (vgl. Kapitel 2). Die menschliche Personalität zeichnet sich freilich durch Spezifika aus, die sie von der göttlichen Personalität unterscheidet. Martin Poltrum hält hierzu Folgendes fest: »Person ist störbar, z. B. bei psychotischem Geschehen, Person kann abwesend sein, z. B. im Schlaf oder bei unnatürlichen Bewusstseinsstörungen, aber zerstörbar ist die Person nicht. Gleichwohl kann die Person aber leiden bzw. von geistigen bzw. existentiellen Nöten bedrängt werden« (Poltrum 2016, S. 57). Diese Bedrängnisse betreffen Gott, zumindest als Vater und als Heiliger Geist, nicht. Natürlich war auch Jesus, der Sohn, emotional und existenziell bedrängt, wenn man sich die Szene in Gethsemane vergegenwärtigt. Hier werden Verzweiflung und Angst auch im Sohn Gottes sicht- und greifbar. Jesus Christus ist in bestimmter Hinsicht auch menschlich und trägt daher in seiner Personalität auch menschliche Merkmale – ist also vollständig Mensch und zugleich vollständig Gott (vgl. Engel 2022, S. 77).

Entscheidend ist die schöpfungstheologische Annahme, dass Gott den Menschen als Person will: »Die Freiheit des Menschen ist für Gott ein so hoher Wert, dass er die Möglichkeit ihres Missbrauchs durch Fehlentscheidung zum Bösen statt des Guten, zum Unheil statt zum Heil, zulässt, gewissermaßen in Kauf nimmt, um die Freiheit des Menschen zu wahren« (Coreth 2001, S. 88). Dieser ›Wert‹ avanciert in der Folge auch zu einem Anspruch an die Lebensführung von Menschen, soll nicht nur das eigene Personsein, sondern auch das Personsein aller Menschen als Teil der Schöpfung gewahrt werden. Jeder Mensch muss als einmaliges, unwiederholbares Geschöpf und gottgewolltes Wesen betrachtet werden. Von daher könnte man mit Blick auf die weiteren Dimensionen der Idee von der Gottesebenbildlichkeit formulieren, dass sich das Personsein insbesondere darin zeigt, das eigene Leben so zu führen, dass auch andere Menschen die Möglichkeit haben, ihr Leben als Personen zu führen. Mit diesem Anspruch korreliert die pädagogische Aufgabe, eine Erziehung zu bestimmen (und praktisch zu vollziehen), in der Heranwachsende als Personen adressiert und zugleich dazu angehalten werden, auch andere Menschen in ihrer Personalität zu achten. Gelingendes Zusammenleben ist in diesem Sinne nur unter der Voraussetzung möglich, dass ein Mensch seine Mitmenschen in der unbedingten, von Gott aus Liebe geschaffenen Eigenständigkeit des Personseins gelten lässt, sie in dieser Weise anerkennt et vice versa (vgl. ebd., S. 272).

Interessant ist nun, dass sich die ignatianische Pädagogik nicht nur das Ziel steckt, Heranwachsende als *Personen* zu betrachten. Es geht zusätzlich auch darum, *Persönlichkeiten* hervorzubringen (vgl. Hüdepohl 2015, S. 67). *Persönlichkeit* kann dabei als »Inbegriff der individuellen Eigenart einer Person im Unterschied zu anderen Personen« verstanden werden (Schweidler 2011, S. 29). Dieser Anspruch steht in einer langen Tradition. So macht Markus Friedrich darauf aufmerksam, dass das »Erziehungsideal der Jesuiten« sich durch eine »umfassende Einbindung der gesamten Persönlichkeit« auszeichnete. »Bildung, Frömmigkeit, Kontrolle und Weltläufigkeit sollten verschmelzen« und die Heranwachsenden in ein »anspruchsvolles«, durch verschiedene Komponenten ausgezeichnetes »Persönlichkeitsmodell hineinwachsen« (Friedrich 2020, S. 305).

In der Tat hat der Jesuitenorden verschiedenste, aber stets bemerkenswerte Persönlichkeiten hervorgebracht. Man denke hierbei bspw. an Franz Xaver (vgl. Haub 2002), Jean-Joseph Surin (vgl. de Certeau 2010), Karl Rahner (vgl. Vorgrimler 2011) oder auch an Pedro Arrupe (vgl. Friedrich 2020). Wie wird im Hinblick auf eine ignatianische Pädagogik festgelegt, was als eine gelungene Persönlichkeit zählt? Gibt es ein klares Ziel, auf das die Erziehung hin finalisiert wird? Eine Antwort hierauf findet sich bei den Heiligen der katholischen Kirche und schließlich auch bei Jesus als dem christlichen Vorbild schlechthin.

Die Spannung, die sich an dieser Stelle andeutet, bestand schon vor dem Jesuitenorden und entsprechend auch vor einer ignatianischen Pädagogik. Sie zeichnet sich schon bei den Übungen der ersten christlichen Mystiker:innen ab. Die Annahme lautet, dass sich erst in der Selbstverleugnung, also der Aufgabe eigener Ansprüche und der Orientierung an Gott sich die Bestimmung des Menschen erfülle (vgl. Leppin 2007, S. 19). In der Selbstverleugnung geht es darum, sich von bisherigen falschen Vorstellungen zu lösen. Diese erwachsen nach christlichem Selbst-, Welt- und Gottesverständnis u. a. durch die Bindung an irdische Gelüste, Ruhm, Macht und Kapital, und können dabei als Form der Sünde gedeutet werden. Auch Ignatius war, wie es in seiner Biografie dargestellt wird, vor seiner Verletzung in Pamplona den irdischen Freuden erlegen (vgl. von Loyola 2002).

Der Mensch muss sich also zuallererst von den Fesseln der irdischen Begierden und einem damit einhergehenden falschen Selbstbild lösen. Vor diesem Hintergrund rät Ignatius dazu, dass der Mensch hierfür seine Situation auch äußerlich ändern sollte. Er empfiehlt den Übenden, sich aus dem bisherigen Umfeld zu lösen, bevor man die Exerzitien beginnt – denn derjenige, der die Übungen durchläuft »wird in ihnen normalerweise um so mehr Nutzen ziehen, je mehr er sich von allen Freunden und Bekannten und von jeder irdischen Sorge absondert« (von Loyola 1544/2007, S. 36). Löst sich der Mensch von seinem bislang maßgeblichen Selbstbild, wird er offen für die Botschaft Gottes. Er wird leer. Diese Leere kann für Gott und die Verbindung mit ihm vorbereiten. Dabei ist dieser Weg zu Gott in gewissem Sinne auch ein Weg in das Innere des Menschen, eben zu jenem ›Ort‹, der ihn mit dem Göttlichen verbindet (vgl. Leppin, 2007, S. 21). Erst auf diesem Weg, so die Überzeugung, kann eine Persönlichkeit im angestrebten Sinne überhaupt erst entstehen.

Ein besonderes Beispiel hierfür findet sich beim Kirchenvater Augustinus. Die ersten drei Jahrzehnte lebte er ohne prägend christliche Ausrichtung. Obwohl er sich glücklich schätzte, blieb dennoch eine Sehnsucht in seinem Leben bestehen, wie er in seinen *Bekenntnissen* (vgl. Augustinus 2008) anschaulich beschreibt. Erst in der berühmten Gartenszene, kommt es zu einer radikalen Umkehr seiner eigenen Lebensführung: »Er nahm und las die Briefe des Apostels Paulus. Da stieß er auf einige kernige Sätze gegen das Fressen und Saufen und Huren. Und er unterwarf sich diesen Sätzen und begehrte Mädchen nicht mehr. Und hing keiner irdischen Hoffnung mehr nach. Und wurde nicht mehr hin- und hergerissen. Und lebte friedlich« (Marcuse 1972, S. 129). Erst in dieser Umkehr, so könnte man sagen, fand

Augustinus zu seinem wahren Selbst und entwickelte sich dieser zu einer für die christliche Tradition überaus bedeutsamen Persönlichkeit. Entsprechend wurde er als Kirchenvater heiliggesprochen.

Heiligkeit hat zwar mit dem Abstreifen irdischer Güter zu tun, jedoch nicht mit vollständiger Weltflucht. Eine *vita contemplativa* als Absage an alle Tätigkeit ist von daher auch nicht das Ziel, sondern eine Lebensform, welche die *vita activa* in sich integriert und durch Aktivität vordringt zur wahren Heiligkeit. Eine solche Lebensführung bedeutet nicht einen Rückzug aus der Welt, sondern einen Ruf in die Welt hinein: Die Schau Gottes und der Einsatz für den Nächsten schließen sich nicht aus, sondern bedingen sich gegenseitig (vgl. Leppin 2007, S. 105). Was also die Heiligen auszeichnet, ist nicht eine bestimmte Tätigkeit, sondern die Art und Weise, wie diese verrichtet wurde. Volker Leppin nennt diese Art und Weise »Andacht« (ebd.).

Jesus Christus ist dabei das vortrefflichste Vorbild für die Menschen und darüber hinaus (Jaspers 2019). Er ist jene Persönlichkeit, die im Christentum wegweisend für alle anderen Heiligen und mystischen Personen war. Das Werk von Jesus ist daher auch das Leuchtfeuer aller Bemühungen der Lebensführung. Emerich Coreth bringt diesen Gedanken wie folgt auf den Punkt: »Gott ist der Vater, der sich der Menschen erbarmt, in Jesus Christus seine Liebe offenbart. Er ist der Gott der Menschen, der seine Allmacht in den Dienst der Liebe stellt und damit als sein tiefstes Wesen die Liebe bezeugt« (Coreth 2001, S. 70). Nun ist der gewöhnliche Mensch nicht der Sohn Gottes und kann nicht mit Jesus und dessen bedeutungsvollem Leben und Wirken verglichen werden. Karl Rahner weist ausdrücklich auf diesen Umstand hin: »Gewiss haben wir nicht eigentlich Jesus in seinem Leben zu kopieren und zu reproduzieren. Wir leben in anderen geschichtlichen Situationen als Jesus selbst, wir haben eine andere, je einmalige Aufgabe« (Rahner 2022, S. 26). Daher ist die Nachfolge und nicht die Replikation des Lebens von Jesus der Wegweiser für die eigene Lebensführung. Eine solche Nachfolge zeigt sich u. a. in der Gestalt einer tugendhaften Lebensführung.

1.3.2 Tugend und Tugendhaftigkeit

Wie die beispielhaften Ausführungen zu Person und Persönlichkeit gezeigt haben, ist die ignatianische Pädagogik in ein System von Glaubenssätzen eingebunden, die mehr oder minder explizit und systematisiert sind. Im Lichte einer solchen Vorstellung von einer christlichen Persönlichkeit ist der einzelne Mensch in hohem Maße dazu angehalten, selbstverantwortlich zu entscheiden und zu handeln (vgl. Ziemer 2015, S. 40). Entsprechend darf die Begleitperson der Geistlichen Übungen die Übenden nicht affirmativ bearbeiten, um deren Lebensentwürfe nach eigenem Ermessen zu formen. Ignatius weist darauf hin, die Freiheit des Gegenübers in jedem Fall zu achten: »Der die Übungen gibt, soll sich also weder zu der einen Seite wenden oder hinneigen noch zu der anderen, sondern in der Mitte stehend wie eine Waage *unmittelbar* den Schöpfer mit dem Geschöpf wirken lassen und das Geschöpf mit seinem Schöpfer« (von Loyola 1544/2009, S. 33 f.).

Bei der Entwicklung eines Menschen hin zu einer Persönlichkeit wird nun auch der Zusammenhang von Glauben und Praxis deutlich. Es geht hierbei nämlich im Kern um die tugendhafte Lebensführung eines Menschen (vgl. Kapitel 4). Die Tugendlehre im Christentum fußt primär auf den philosophischen Vorläufern Platon und Aristoteles, wird aber durchaus auch wesentlich umgestaltet.

Zuerst bedarf es einer Klärung dessen, was gemeint ist, wenn in der Tradition von Tugend, genauer: von Charaktertugend gesprochen wird. »Definiert wird die Charaktertugend auf klassische Weise, durch Gattung und Art. Der Gattung nach gilt sie als eine Haltung oder Einstellung (*hexis*), der Art nach als eine Mitte für uns« (Höffe 2014a, S. 225). Besagte ›Haltung oder Einstellung‹ bezieht sich im Kontext eines ignatianischen Selbst-, Welt- und Gottesverständnisses auf die bereits erwähnte Andacht der Heiligen, d. h. sie steht unter der Prämisse, dass alles Handeln in Bezug auf Gott geschehen soll. Die Rede von der Charaktertugend als einer ›Mitte für uns‹ besagt, dass tugendhaftes Handeln keiner strikten Regelmoral folgt, sondern der Zugang zur richtigen Handlung durch die jeweils gegebene Situation sowie in Bezug auf den einzelnen Menschen erfolgt, auch wenn dies aus einer Orientierung an christlichen Maßgaben heraus geschieht. Denn ohne Orientierung findet gar kein Bezug zu moralischen Aspekten innerhalb der Situation statt. Die Orientierung an christlichen Maßgaben kann daher als Erwartungserwartung verstanden werden, welche an die Menschen in einer gegebenen Situation herangetragen wird (vgl. Bohnsack 2020, S. 38).

Geistliche Übungen lassen sich daher als der Versuch interpretieren, den Kampf zwischen Gut und Böse zu adressieren und Menschen in diesem Zusammenhang dabei zu helfen, sich für das Gute zu entscheiden (vgl. Brinkmann 2012, S. 338). Der Anspruch, dass der Mensch dieses Ziel (das christlich Gute) erreicht, strukturiert die Exerzitien. Da der Mensch in der Gefahr steht, von bösen Geistern getäuscht oder verführt zu werden, bedarf es einer Erziehung zum Guten hin.

Durch die Sünde ist der Mensch, so die gängige Anthropologie im Christentum, von Gott getrennt (vgl. Leppin 2007, S. 63). Die Praxis zur Tugend sollte daher dem Menschen dazu verhelfen, wieder zurück zu Gott zu finden und dessen Gnade zu erlangen. Damit kann er wieder in den Bund mit Gott aufgenommen werden. Agrippa von Nettesheim schreibt dazu: »Zur Erlangung der Gunst des Himmels ist es daher bei einem jedem Werke von großem Nutzen, wenn wir uns mit unseren Gedanken, Neigungen, Vorstellungen, Wahlen, Entschlüssen u. dgl. mit dem Himmel in Übereinstimmung zu setzen suchen« (von Nettesheim 2021, S. 171). Der Mensch muss das Gute erkennen *und* wollen. Erst dann ist er ein tugendhafter Mensch. Deshalb bedarf es neben den charakterlichen Tugenden und deren grundsätzlicher Ausrichtung – der Andacht – auch der *Phronesis*, um in spezifischen Situationen ermessen zu können, was getan werden soll, um den Charaktertugenden zu entsprechen. Nur wer über beides, Klugheit und charakterliche Tugend verfügt, führt sein Leben tugendhaft im eigentlichen Sinne (vgl. Höffe 2014a, S. 224).

Nun sind die aristotelische und stoische Tugendethik nicht mit einer christlichen Tugendethik, geschweige denn mit einer jesuitischen Tugendethik identisch. Pointiert formuliert: »Die aristotelische Ethik, so gut und vernünftig sie ist, bleibt ohne Beziehung zu Gott« (Coreth 2001, S. 54). Während die Tugendethik bei Aristoteles und in der Stoa ohne Gott auskommt, wird sie durch die Christianisierung direkt auf Gott, den Schöpfer, bezogen und konzipiert. Bei Thomas von Aquin erhält die christliche Tugendethik eine entsprechende Ausdifferenzierung, die auch eine pädagogische Dimension umfasst, womit wiederum an die aristotelische Tradition angeschlossen wird. So hält Rolf Schönberger für die christliche Tugendethik nach Thomas ausdrücklich fest: »Der Mensch bedarf der Erziehung durch andere und durch sich selbst. Die Konsistenz im Handeln stellt sich beim Menschen nicht automatisch, soll heißen von Natur aus her« (Schönberger 1998, S. 153). Tugendhaftes Handeln wird in diesem Zusammenhang als eine gelernte sowie eine in ihrer Entwicklung edukativ initiierte und unterstützte Form von Praxis begriffen, für die eine Ausrichtung auf Gott hin maßgeblich ist.

Anders als in der aristotelischen Tugendethik entstand im Christentum schon früh die Vorstellung einer zweigeteilten Natur des Kosmos und damit auch im einzelnen Menschen. Auch wenn die manichäische Lehre von der Unterteilung in Gut und Böse als eigenständige Mächte nicht zur orthodoxen Lehre des Christentums wurde, blieb dieses dualistische Weltbild dennoch durchgängig existent (vgl. Marcuse 1972, S. 117). Pointiert formuliert: Es gibt Gutes und es gibt Böses.

Gott wird als das absolut Gute begriffen. Der Vater, der Heilige Geist und der Sohn sind notwendigerweise gut, genauso wie die Heerscharen ihrer himmlischen Engel. Hingegen gibt es nach dieser Vorstellung auch böse Geister, gefallene Engel und Dämonen, die den Menschen heimsuchen und ihn zum Bösen verführen. Der Mensch steht in einem Zwischen. So führt Ignatius in seinen Übungen aus, es sei »dem bösen Geist eigen, zu beißen, traurig zu machen und Hindernisse aufzustellen, indem er mit falschen Gründen beunruhigt, damit man nicht weitergehe« (von Loyola 1544/2008, S. 127). Es liegt am Menschen, sich bewusst zu werden, woher die inneren Regungen kommen und wer an deren Walten maßgeblichen Einfluss hat. Auch Agrippa von Nettesheim hält fest: »Die Leidenschaften der Seele sind nichts anderes als gewisse Bewegungen oder Neigungen, die aus der Auffassung einer Sache, je nachdem man sie als gut oder bös, als günstig oder ungünstig ansieht, entspringen« (von Nettesheim 2021, S. 164). Wenn Gott notwendigerweise gut ist und die bösen Geister notwendigerweise schlecht, auch wenn letztere sich unter dem Deckmantel des vermeintlich Guten ihren Zugang zum Menschen verschaffen, ist es für den Menschen erforderlich, das Gute jeweils vom Bösen unterscheiden zu können.

Im Menschen selbst, und das war schon eine frühe augustinische Lehrmeinung, ist also nicht nur ein einzelner (der menschliche) Geist am Werk, sondern es streiten unterschiedliche Geister im Menschen mit- und untereinander (vgl. Marcuse 1972, S. 127). Wenn sich ein Mensch nun in den Geistlichen Übungen daran macht, die verschieden Geister voneinander zu unterscheiden (von Loyola 1544/2008, S. 127 ff.; Sintobin 2023), so hat dies keinen rein epistemischen Zweck, sondern die Erkenntnis des Guten fällt mit der Motivation zusammen, diese Einsicht auch wirksam werden zu lassen. Die Erkenntnis soll in eine praktische Einstellung und in entsprechende Handlungen überführt werden. Eine menschliche Handlung ist dabei nie vollständig gut, sie ist nie vollkommen, aber sie soll sich nach dem absolut Guten ausrichten.

1.3 Bezugspunkte

Diese Deutung einer Tugendethik, die auch pädagogische Konsequenzen nach sich zieht, setzt die Existenz Gottes voraus, der an sich gut ist und als das höchste Gut (summum bonum) fungiert (vgl. Coreth 2001, S. 98). Nur in einer solchen Ausrichtung, so die Grundüberzeugung im Christentum, kann der Mensch überhaupt gut werden und Erlösung finden (vgl. Marcuse 1972, S. 131). Ignatius geht davon aus, dass diese Orientierung am Guten der Weg zum menschlichen Heil ist. Man wandte sich damit u. a. von Johannes Calvins Prädestinationslehre ab. Wenn der Mensch sich um Gutes bemüht, d. h. Tugenden kultiviert, und sich so dem absolut Guten graduell angleicht, so wird er von Gott unterstützt. Diese Unterstützung fällt Menschen aber nicht automatisch zu, sondern ist von Gottes Gnade abhängig. Diese Gnade kann durch das Wirken des Geistes selbst wiederum erfahren werden. Entsprechend werden der eigene Geist und dessen Regungen in der Seele auch beruhigt und erfreut. Der Mensch sollte im tugendhaften Handeln Glückseligkeit finden, auch wenn dies nicht das primäre Ziel einer christlichen Tugendethik war. Im griechisch-römischen Denken stand hingegen seit jeher das Glück (*eudaimonia*) im Zentrum der Überlegungen. Für das Christentum stand im Unterschied hierzu die Verbindung mit dem persönlichen Gott im Vordergrund, einem Gott, dem man sich durch das Gebet anvertrauen und dessen Liebe durch tugendhafte Taten sogar noch verstärkt werden konnte (vgl. ebd., S. 132).

Dass ein Mensch dazu aufgefordert ist, ein guter Mensch zu werden, ist Teil des von Gott offenbarten Heilsplans. Da der Mensch von der Erbsünde her zur Sündhaftigkeit verdammt war und eines unwürdigen Lebens fristete, wurde Jesus als Christus, der Erlöser, vom Vater unter die Menschen gesandt, um diese von den Sünden zu befreien. Er starb für deren Missetaten und versöhnte sich damit mit der gesamten Menschheit. In der Menschwerdung Gottes, so die christliche Lehre, fällt daher diese neu ermöglichte Gottesbeziehung mit dem erlösenden Moment zusammen (vgl. Winkler 2000, S. 18). Wer sich für die Nachfolge Jesu entscheidet, kommt so wieder in ein Verhältnis zu Gott und kann von daher überhaupt erst glücklich und selig werden. Die Tugenden sind so gesehen immer auch Indikator dafür, dass der Mensch sich auf dem richtigen Weg befindet, der auf Gott hin ausgerichtet ist. Eine solche Frömmigkeit, so Leppin, »entzieht sich der Welt nur, insofern diese der Begegnung mit Gott im Wege steht, nicht aber dort, wo das Handeln in und an der Welt zur Begegnung mit Christus führt. Sie ist damit gerade als Ruf aus der Welt heraus auch ein Ruf in die Aufgaben der Welt hinein« (Leppin 2007, S. 91 f.).

Was sind nun aber die christlichen Tugenden, die zu einem solchen Verhältnis zu Gott führen? Es kann hier nicht auf sämtliche Tugenden im Detail eingegangen werden. Jedoch soll unterschieden werden zwischen den menschlich kultivierbaren Tugenden wie Gerechtigkeit (iustitia), affektive Mäßigung (temperantia), Tapferkeit (fortitudo) und Klugheit (prudentia). Daneben kommen noch Glaube, Liebe und Hoffnung hinzu, die nicht vom Menschen eingeübt werden können, sondern vielmehr als ein Geschenk Gottes betrachtet werden müssen. Die drei göttlichen Tugenden sind von den anderen vier Tugenden unabhängig, können jedoch auch auf diesen aufbauen. Dabei sind die göttlichen Tugenden den so genannten Kardinaltugenden vorgeordnet (vgl. Pieper 2018).

Die christliche Tugendethik ist eine Ethik, die sich insbesondere dadurch auszeichnet, dass eine caritative, diakonische Lebensführung in das Zentrum der Überlegungen gestellt wird. Es geht darum, sich *allen* Menschen *als Personen* gegenüber anerkennend zu verhalten, also verständnisvoll, sensitiv und aufmerksam zu sein, sowie besonders gut mit anderen mitfühlen zu können, u. a. in Bezug auf Schicksale, psychische Schmerzen und negative Erfahrungen. Menschen sehen sich also dazu angehalten, ihre Leben so zu führen, dass darin Glaube, Liebe und Hoffnung zum Ausdruck kommen. Das aber bedeutet »Ja-Sagen zur Welt und zum Leben mit all seinen Lasten, Beschwernissen und Sorgen, heißt Annehmen des anderen und unserer selbst als Aufgabe« (Zdarzil 2012, S. 194). Dies führt immer wieder in Situationen, die einen Menschen zur Abwägung veranlassen, wann es geboten ist, die Sorge um sich selbst zugunsten der Sorge um die Nächsten zurückzustellen et vice versa. Entscheidend ist, dass eine »letztgültige Antwort« auf diese Frage nicht in »allgemeinen Regeln« gefunden werden kann, sondern Urteilskraft auf der Seite eines Menschen verlangt, der in einer spezifischen »Situation aus seinem Gewissen eine Entscheidung fällen« muss, »die ihm niemand abzunehmen vermag« (ebd., S. 195). Rahner bringt diesen Gedanken wie folgt auf den Punkt: »Nur wenn wir uns mühen, auch wenn es mühsam ist, unser Herz offen, unsern Geist wach, unsere Aufmerksamkeit und Bereitschaft gespannt zu halten, nur dann werden die großen Gnadenstunden des Lebens nicht verpasst, die Stunden, in denen Gott uns plötzlich neu begegnet« (Rahner 2019, S. 37). Die christliche Tugendethik ist daher nicht einfach eine responsive Ethik, die gewissermaßen auf Hilferufe antwortet, sondern dadurch bestimmt, proaktiv den Geist offen zu halten für die Belange der anderen Menschen.

Die Überprüfung einer Kultivierung von Tugenden findet nicht nur durch äußere Reaktionen der Mitmenschen statt, sondern zeigt sich unmittelbar an den Reaktionen des Gewissens, welches durch die Exerzitien geschult werden sollte. Das Gewissen ist ein komplexes Phänomen, das sich in seiner Deutung in der Geschichte nicht nur wesentlich verändert hat, sondern zu verschiedenen Zeitpunkten auch auf unterschiedliche, teils widersprechende Art und Weise thematisiert worden ist. Entsprechend können hier für die Bestimmung des Gewissens im Kontext eines ignatianischen Selbst-, Welt- und Gottesverständnisses nur einzelne Aspekte behandelt werden, die für eine Vergewisserung der Traditionszusammenhänge ignatianischer Pädagogik relevant sind.

Die Stimme des Gewissens stammt, so die christliche Auffassung, von anderswo her. Für das Christentum kommt verständlicherweise nur *ein* Ursprungsort des Gewissens in Frage, nämlich der »Wille Gottes« (Coreth 2001, S. 272). Wenn das Gewissen nun die innere Stimme ist, die den Menschen mit Gott in Verbindung bringt, so stellt sich die Frage, wie sich das Gewissen überhaupt als Phänomen erfassen lässt. Von Bedeutung ist hierbei, dass sich das Gewissen als emergente Summe von Einsichten auf alle drei Zeitdimensionen bezieht. So können bspw. unmittelbare Entscheidungen und zukünftige Entschlüsse im Gewissen verhandelt werden. Das Gewissen prüft demzufolge das Für und Wider der Möglichkeiten und man wird vor dem Hintergrund all dessen, was man bereits eingesehen hat, gegebenenfalls eine Entscheidung treffen. Gewissensentscheidungen setzen in diesem Sinne die

Freiheit voraus, Positionen mehr oder minder unbefangen abzuwägen (vgl. Depner 2020, S. 226f). Es ist aber auch möglich, dass sich das Gewissen auf vergangene Handlungen und Unterlassungen bezieht. Das Gewissen zeigt an, dass eine Schuld begangen wurde. Schuld ist in diesem Sinne eine unerfüllte Verantwortung einer vergangenen Situation. Wer seiner Verantwortung nicht nachkommt, macht sich schuldig (vgl. ebd., S. 391).

Wichtig ist das Gewissen in der christlichen Tugendethik auch deshalb, weil das Gewissen selbst kultiviert werden kann und es zugleich einen transformativen Charakter aufweist. Das bedeutet, man kann üben, sein inneres Ohr für die Stimme Gottes zu schärfen und dessen Mitteilungen besser von den niederen Einflüsterungen böser Geister zu unterscheiden. Indem sich der Mensch darin übt, die Geister zu unterscheiden und in Andacht tätig zu sein, entstehen die Voraussetzungen für eine tugendhafte Lebensführung.

In diesem Kontext kann zwischen einer Kultivierung von außen (angeregt durch Begleitpersonen) und der Gewissenskultivierung eines Menschen durch sich selbst unterschieden werden. Für die Kultivierung von außen ist es wichtig, dass der Mensch nicht von der Auseinandersetzung mit seinem je eigenen Gewissen entmutigt oder zurückgehalten wird. So gibt Ignatius den folgenden Hinweis, wie Begleitpersonen in bestimmten Situationen mit den Übenden umgehen sollen: »Wenn der, welcher die Übungen gibt, sieht, daß sich der, welcher sie empfängt, in Trostlosigkeit und Versuchung befindet, soll er sich ihm gegenüber nicht hart und mürrisch, sondern freundlich und sanft verhalten« (von Loyola 1544/2008, S. 30). Begleitpersonen sind in diesem Sinne gerade nicht dazu angehalten, das Gewissen der Übenden von außen zu formen. Stattdessen sollen sie sich darum bemühen, eine Situation zu ermöglichen, in der sich die Übenden mit ihrem eigenen Gewissen auseinandersetzen können. Darüberhinausgehende Eingriffe wären eine Verzerrung der direkten Kommunikation Gottes mit dem je einzelnen Menschen und eine Umgangsform, die keiner Person als Geschöpf würdig wäre Für die Kultivierung des Gewissens durch den einzelnen Menschen hat Ignatius ebenfalls eine klar definierte Strategie vorgeschlagen. So ist es für die Übenden wichtig, den eigenen Geist zur Ruhe zu bringen, damit dieser nicht von den Affekten, Trieben und Wünschen bestimmt ist und so möglichst unverzerrt die Botschaft Gottes vernehmen kann. »Deshalb ist es nötig, daß wir uns gegenüber allen geschaffenen Dingen in allem, was der Freiheit unserer freien Entscheidungsmacht gestattet und ihr nicht verboten ist, indifferent machen« (ebd., S. 39).

Diese Idee ist keine neue Erfindung der Jesuiten, sondern findet sich bereits in der Stoa. Nach der stoischen Lehre sind die seelischen Zustände als Reaktionen eines Individuums auf einen äußeren Reiz zu verstehen, welchen man jedoch erst als einen solchen erfassen kann, nachdem man eine spezifische Einstellung hierzu entwickelt hat (vgl. Stavemann 2015, S. 50). Erkennt der Mensch, dass seine Gefühle nur Einstellungen auf bestimmte Reize sind, so können diese Einstellungen verändert und abgeschwächt werden. Umgekehrt ist ein »Fordern nach einem Leben ohne emotionale Turbulenzen« nicht sinnvoll möglich, ohne von der Annahme auszugehen, dass »emotionale Reaktionen willentlich beeinflussbar sein müssen« (ebd., S. 48). Der Mensch vermag es also nach dem Verständnis sowohl der Stoa als auch des Ignatius, den eigenen Geist durch Übung so zu beruhigen, dass die Mitteilungen Gottes klar und unverzerrt erkannt werden können. Der Mensch tritt dadurch unmittelbar in Kontakt mit Gott und kann so auch in dessen Nachfolge treten, wie sie in einer tugendhaften Lebensführung Gestalt gewinnt.

1.3.3 Lebensform und Leben formen

Obwohl die Praxis auf Glaubensinhalte angewiesen ist und durch diese begründet wird, lässt sich die Praxis nicht auf diese reduzieren. Die Praxis zielt nicht nur darauf ab, glaubensspezifische Überzeugungen zu vermitteln, sondern auch die Lebensführung dergestalt zu formen, dass sie im Einklang mit den entsprechenden Überzeugungen steht. Diese Lebensführung – und darin besteht ihre pädagogische Dimension – kann gelernt, genauer: eingeübt und in dieser Einübung unterstützt werden. Um dies sicherzustellen, bedarf es neben der Praxis und den Glaubensüberzeugungen auch noch die dazugehörige Gemeinschaft, welche die besagte Lebensform trägt und ermöglicht. Lebensformen erfüllen die Funktion, Leben zu formen, sie zu strukturieren und damit zugleich Orientierung zu bieten. Lebensformen können nie alleine etabliert werden, sondern entwickeln sich nur in Gemeinschaften, welche diese Formen praktizieren und an neue Mitglieder tradieren.

Ausgangsprämisse der folgenden Überlegungen ist, dass es *die* christliche Lebensform nicht gibt (vgl. Grethlein 2022, S. 2 f.). Und vielleicht sollte dies auch keine normative Forderung sein. Die Kirche ist, wie jede Gemeinschaft, in »Entwicklung« (Philipp 2013, S. 61). Wie Christ:innen ihr Leben führen, unterscheidet sich daher sowohl historisch als auch kulturell. Von daher existiert auch nicht die *eine* ignatianische Lebensform. Vielmehr verhalten sich Lebensformen in einer *Familienähnlichkeit* – im Sinne Wittgensteins (2014) – zueinander, was bedeutet, dass einzelne Elemente beibehalten werden, während sich andere verändern oder differenzieren. Diese These soll im Folgenden plausibilisiert werden.

Rahel Jaeggi hat den Vorschlag entwickelt, die Lebensform durch ihre Funktion zu bestimmen: »Lebensformen als Problemlösungsstrategien beanspruchen, die angemessene und jeweils beste Lösung für ein sich stellendes Problem zu sein. Verschiedene Varianten von Lebensformen können also als je unterschiedliche Antworten auf solche Probleme gesehen werden« (Jaeggi 2020, S. 227). Das Problem, auf das eine ignatianische Lebensform reagiert, besteht insbesondere darin, Menschen zum absolut Guten zu führen, um dadurch ihre Seelen zu retten. Ignatius strebte eine besondere Art der christlichen Lebensform an, als er mit seinen Gefährten den Jesuitenorden gründete. Er belebte, wie bereits ausgeführt worden ist, einen Reformismus der Vergangenheit (Aristoteles, Stoa, christliche Mystik etc.) in einer neuen soziopolitischen Ordnung der Frühen Neuzeit (vgl. de Certeau 2010, S. 330). Altes und Neues wurden hier zusammengebracht. Die *Geistlichen Übungen* stellen dabei ein schriftliches Zeugnis dar, wie diese Lebensform Gestalt gewinnt und Menschen ein Hineinfinden in diese Lebensform ermöglicht werden sollte.

Interessant ist hierbei, dass für Ignatius und seine ersten Ordensbrüder eine Lebensform kennzeichnend war, die sich als charismatische Bewegung bezeichnen lässt. Das bedeutet, die Entschlüsse, was wer wie glauben, tun und unterlassen sollte, wurde gemeinschaftlich ausgehandelt, auch wenn dabei stets die Orientierung an der katholischen Kirche im Blick behalten wurde. Im Rahmen der charismatischen Bewegung spielten aber größtenteils jene Normen und Regeln eine Rolle, die aus dem Wechselspiel der einzelnen Figuren in ihrer unmittelbaren Beziehung entstanden sind (vgl. Ikäheimo 2014, S. 83).

Warum aber sollten sich Menschen überhaupt zu einer Gemeinschaft zusammenschließen und sich bestimmten Regeln unterwerfen? Folgt man der Überlegung Jaeggis, so geht es darum, dass für die Mitglieder die Überzeugung maßgeblich ist, einen bestimmten Wert zu verfolgen bzw. ein Problem zu lösen, das den Zugang zu diesem Wert erschwert oder gar versperrt. Etwas als Wert auffassen, bedeutet eine spezifische Einstellung einzunehmen, in der Menschen ihr Handeln von Orientierungsgrößen leiten lassen, die sie affektiv berühren (vgl. Fellmann 2015, S. 89). In diesem Sinne bedeutet eine ignatianische Lebensform nicht nur eine instrumentell-praktische Angelegenheit für den einzelnen Menschen. Man übt die Lebensform nicht nur als Mittel zum Zweck aus. Das Verhältnis zu Gott muss vielmehr zugleich auch als intrinsisch wertvoll angesehen werden. Nur so wächst auch die Bereitschaft, den Geboten Gottes und denen der Gemeinschaft zu folgen und dadurch ein ›wirkliches‹ Mitglied dieser Lebensform zu werden. Es geht also bei der Regelbefolgung nicht nur um eine Abwehr möglicher Sanktionen oder um das Erreichen eines persönlichen Ziels. Vielmehr muss die Regelorientierung als Bestandteil eines spezifischen Selbstverständnisses betrachtet werden, das in dem Anspruch gründet, in der Nachfolge Jesu und damit in Übereinstimmung mit Gott ein gelingendes Leben zu führen und zu einem gelingenden Zusammenleben beizutragen (vgl. Hartmann 2022, S. 374).

Wenn sich eine Gemeinschaft bildet, wird von unterschiedlichen Menschen ein gemeinsames Problembewusstsein an den Tag gelegt und – damit verbunden – ein spezifischer Wert erkannt. Ein solches Erkennen der Problemlage in Bezug auf einen angestrebten oder aber verschütt gegangenen Wert erfüllt eine orientierende Funktion im Hinblick auf Praktiken, die vollzogen werden (vgl. Coreth 2001, S. 291). Wie schon erwähnt, war die frühe Neuzeit eine Ära von großen Umbrüchen in beinahe jeder erdenklichen Weise. Diese Umbrüche führten zu einem Wandel, der auch ausschlaggebend für die Entwicklung der Moderne (als historische Epoche) in Europa wurde. In einer solchen Umbruchsphase standen Einzelpersonen und soziale Organisationen nicht mehr in einem stabilen Ordnungszusammenhang. Vieles was universal Geltung beanspruchte, wurde widerlegt. Anderes wurde kritisch hinterfragt. Soziopolitische, ökonomische, religiöse und gesellschaftliche Änderungen fassten Fuß. Im Hinblick darauf, dass die frühe Neuzeit sich mit solch grundlegenden Veränderungen auseinanderzusetzen hatte, wurde nicht nur bei Ignatius, sondern auch bei anderen Zeitgenossen ein Problem festgestellt, nämlich dass eine stabile orientierende Instanz fehlte, an der sich die Menschen ausrichten konnten. Die Bedeutung der unterschiedlichen gesellschaftlichen Veränderungen konnte zur damaligen Zeit noch nicht erfasst, geschweige denn in ihrer Tragweite für die Zukunft vorhergesehen werden. Entsprechend befand man sich in einer Orientierungskrise, da man nicht wusste, wie mit diesen Transformationsprozessen am besten umzugehen war (vgl. Rosa 2023, S. 22).

Auf diese Problemlage haben Ignatius und seine Ordensbrüder reagiert, indem sie in einer christlichen Lebensform die maßgebliche Antwort auf das Problem der Orientierung eines gelingenden Lebens und Zusammenlebens in der frühen Neuzeit erkannten. Dabei war es nötig, um überhaupt Orientierung bieten zu können, Regeln zu etablieren, die sowohl instrumentell als auch intrinsisch als wertvoll erachtet wurden. Dies hatte zur Konsequenz, dass eine Autorität in der Deutung von gelingendem Leben und Zusammenleben beansprucht wurde, die Mitgliedern sowie Aspirierenden in Form von Regeln und Konventionen, Glaubensinhalten und Praktiken entgegentrat (vgl. Kügler 2022, S. 34). Der Autoritätsanspruch wurde freilich nicht willkürlich gesetzt, sondern war bezogen auf die übergeordnete Autorität des christlich-katholischen Glaubens, der zur Gründungszeit des Ordens in Europa vorherrschend war.

Wenn die Jesuiten sich daran versuchten, Menschen zu einer Verpflichtung auf ihre Lebensform zu bewegen, so wurde dies durch die eigenen Praktiken und Glaubensüberzeugungen begründet. Die praxisdefinierenden Regeln, die in den Glaubensüberzeugungen gründen, mussten dabei allgemein mehr oder minder bekannt sein, um Autorität beanspruchen zu können. Andernfalls hätte sich keine für die Gemeinschaft verbindliche Praxis etablieren können (vgl. Hartmann 2022, S. 237). Deshalb war es nötig, all diese Regeln schriftlich zu fixieren – auch was die schulische Erziehung betrifft (Ratio Studiorum).

Während charismatische Bewegungen Regeln noch miteinander aushandeln konnten, wird für eine großflächige Stabilisierung der Lebensform eine Reihe von kontraktuellen Operationen erforderlich (vgl. de Certeau 2010, S. 265). Das bedeutet, dass Regeln, die für die Mitglieder einer Gemeinschaft Verbindlichkeit beanspruchen, verschriftlicht werden müssen. Die Mitglieder selbst werden in der Regeldeutung hierarchisiert und mit verschiedenen Macht-, Deutungs- und Urteilspositionen versehen. Wichtig ist hierbei, dass die Praxis allen ihren Mitgliedern bis zu einem gewissen Grad verbieten muss, den Nutzwert der Regeln zur Grundlage individueller Entscheidungen zu machen (vgl. Hartmann 2022, S. 235). Daher war es bis ins 20. Jahrhundert hinein nicht oder kaum möglich, sich als katholischer Christ oder als katholische Christin zu verstehen und *nicht* den Glaubenssätzen, Praktiken, Regeln und Normen der Kirche zu folgen. Und entsprechend war es in der frühen Neuzeit auch nicht möglich, Jesuit zu sein und die eigene Lebensführung nur als Selbstverwirklichung zu begreifen.

Die jesuitische Lebensform drückt das Bemühen aus, Orientierung zu bieten, indem Autorität in der Bestimmung eines gelingenden Lebens und Zusammenlebens erhoben wird, die selbst wiederum in spezifischen Glaubensüberzeugungen gründet und in bestimmen Praktiken, die in Gemeinschaft vollzogen werden, zum Ausdruck kommt. Diese Praktiken sind nichts vollkommen Feststehendes, sondern wandeln sich mit den individuell variablen Deutungen der Praktiken und Glaubensüberzeugungen, die an bestimmten Konfliktpunkten zwischen den Mitgliedern immer wieder in Übereinstimmung gebracht werden müssen, wenn weiterhin von einer gemeinsam geteilten Lebensform und schließlich auch von einem Traditionszusammenhang ausgegangen werden soll (vgl. ebd., S. 325). Durch den raschen Zuwachs beim Jesuitenorden und die damit einhergehende Notwendigkeit der Regulierung der Lebensform wurde die charismatische Bewegung zwangsläufig mehr und mehr in eine bürokratische Struktur überführt. Regeln wurden nicht mehr intersubjektiv ausgehandelt, sondern schriftlich festgelegt und den gesamten Mitgliedern normativ vorgeschrieben.

Hier lässt sich ein erster, nicht zu vernachlässigender Wandel der jesuitischen Lebensform feststellen. Die so entstandene bürokratisch geregelte Bewegung legt Wert darauf, spontane Entwicklungsdynamiken einzelner Personen zugunsten einer Anpassung an traditionelle Glaubensinhalte und Praktiken einzuschränken, um sich so zu stabilisieren (vgl. Depner 2020, S. 129). Damit entsteht unvermeidlich ein Spannungsfeld zwischen Tradierung und Entwicklung sowie Stabilisierung und Veränderung, welches verschiedene Entwürfe einer ignatianischen Pädagogik bis in die Gegenwart hinein durchzieht.

2. Klärungen:
Die Idee einer ignatianischen Pädagogik

Kira Ammann & Thomas Rucker

In den vorangegangenen Ausführungen haben wir zu zeigen versucht, auf welchem Weg eine Vergewisserung ignatianischer Pädagogik möglich ist. Der Vorschlag lautete, Glaube, Praxis und Gemeinschaft in ihrer gleichursprünglichen Verbundenheit zu betrachten. Die Verkürzung auf einen einzelnen Aspekt würde eine ungerechtfertigte Vereinseitigung in der ideengeschichtlichen Verortung einer ignatianischen Pädagogik bedeuten. Vor diesem Hintergrund haben wir – analytisch, genealogisch und allegorisch – ausgewählte Facetten eines ignatianischen Selbst-, Welt- und Gottesverständnisses herausgearbeitet, insbesondere mit Blick auf die Gründungszeit des Ordens. Am Ende haben wir argumentiert, dass Gemeinschaften übereinstimmender Urteile bedürfen, um stabil bleiben zu können – Urteile, die sich auf das Selbstverständnis der an der Gemeinschaft Beteiligten beziehen. Driften solche Urteile zu weit auseinander, ist die Einheit der Gemeinschaft in Gefahr (vgl. Hartmann 2022, S. 25). Hierbei gilt es jedoch ebenfalls zu bedenken, dass übereinstimmende Urteile – man könnte auch von Urteils*mustern* sprechen – selbst wiederum der Deutungspraxis der je einzelnen Mitglieder unterworfen sind, wodurch – potenziell jedenfalls – Veränderungen angestoßen werden können. Diese geschehen meistens graduell und weniger revolutionär, und können sogar außerhalb des Bewusstseins einer Gemeinschaft, also unmerklich stattfinden (vgl. Priesner 2011, S. 88).

Diese Überlegungen sind im Blick zu behalten, wenn wir uns im Folgenden der Frage nach der *Idee einer ignatianischen Pädagogik* zuwenden, d. h. der Frage, ob ein »durchtragender Gedanke« (Böhm 2003, S. 108) markiert werden kann, der sich bei aller Variation der Details in Entwürfen einer entsprechenden Pädagogik durchhält (vgl. auch Koinzer 2015). Dabei ist anzunehmen, dass eine solche Idee immer als in ein ignatianisches Selbst-, Welt- und Gottesverständnis eingebettet betrachtet werden muss, wobei der Glaube an die Existenz und Wirksamkeit des christlichen Gottes zentral sein dürfte.[1] Gleichwohl lässt das durch die *Vergewisserungen* geschärfte Problembewusstsein die Annahme als fraglich erscheinen, dass es möglich sei, die *eine* Idee von ignatianischer Pädagogik zu rekonstruieren. Entsprechend sind die folgenden Ausführungen mit einem bescheideneren Anspruch verbunden und beziehen sich auf die Rekonstruktion einer Idee von ignatianischer Pädagogik, wie sie in neueren Beiträgen vor allem im deutschsprachigen Raum zum Ausdruck kommt,

---

1 Der Glaube an die Existenz und Wirksamkeit des christlichen Gottes stellt freilich kein Alleinstellungsmerkmal der ignatianischen Pädagogik dar, sondern wird von anderen christlich orientierten Pädagogiken ebenfalls angenommen.

und die von alternativen Bestimmungen dessen, was ignatianische Erziehung bedeutet, unterschieden werden kann (vgl. Kapitel 3).

Im Zentrum der Überlegungen steht der Vorschlag, Personalität als Maßgabe, d. h. als übergeordneten Bezugspunkt einer Beschreibung von ignatianischer Erziehung zu bestimmen. Wie wir zu zeigen versucht haben, lässt sich diese Maßgabe bereits in den *Geistlichen Übungen* finden, ohne dass Ignatius hier ausdrücklich vom Menschen als Person sprechen würde. Dies ist etwa dann der Fall, wenn derjenige, der die Übungen gibt, von Ignatius darauf verpflichtet wird, eine freie Gottesbegegnung zu ermöglichen, ohne denjenigen, der die Übungen nimmt, durch bestimmte Maßnahmen vorab in eine bestimmte Richtung zu lenken. Zugleich offeriert Ignatius in diesem Zusammenhang zumindest im Ansatz eine Begründungsfigur für eine auf Freiheit hin ausgerichtete Erziehung. Geht man davon aus, dass ›Gott in allen Dingen‹ gesucht und gefunden werden kann – eine spezifisch ignatianische Annahme (vgl. Hallensleben 1994, S. 20) –, so muss dies konsequenterweise auch im Hinblick auf Kinder und Jugendliche gelten, die sich unter erzieherischen Bedingungen entwickeln.

In einem *ersten* Schritt zeigen wir auf, dass der Anspruch, Heranwachsende als Personen zu adressieren, im Kontext einer modernen Variante von ignatianischer Pädagogik virulent ist, darin jedoch nicht systematisch entfaltet wird. Aus diesem Grund greifen wir in einem *zweiten* Schritt die Tradition einer personalistischen Pädagogik auf, die an dieser Stelle weiterführende Impulse für die zukünftige Ausarbeitung einer ignatianischer Pädagogik bereithält. Nach einer Rekonstruktion der grundlegenden Prämissen einer Pädagogik der Person verknüpfen wir diese Tradition in einem *dritten* Schritt mit aktuellen Selbstbeschreibungen ignatianischer Pädagogik, indem wir Momente einer solchen Pädagogik relational zu dem besagten Prämissenrahmen systematisieren. Ignatianische Pädagogik kommt so als besondere Spielart einer christlichen Pädagogik in den Blick, die an der Maßgabe der Personalität orientiert ist. Eine ignatianische Pädagogik zeichnet sich dieser Interpretation zufolge dadurch aus, dass eine originäre Antwort auf die Grundfrage einer christlichen Pädagogik offeriert wird, nämlich was es bedeutet, eine Erziehung zu bestimmen, in der Heranwachsende als Ebenbilder Gottes adressiert werden.

2.1 Personalität als Maßgabe

Der Begriff der Person nimmt in neueren Beiträgen zur ignatianischen Pädagogik eine zentrale Stellung ein. So heißt es an prominenter Stelle, dass »jenes vollständige Wachstum der Person, das zum Handeln führt«, als das »letztendliche Ziel jesuitischer Erziehung« angesehen werden müsse (ICAJE 1993/1998, S. 105). Peter Hans Kolvenbach, von 1983 bis 2008 Generaloberer der *Societas Jesu*, spricht davon, dass »jesuitische Erziehung« die »Bildung der ganzen Person« umfasse (Kolvenbach 1993/1998, S. 154). Im Kontext eines neueren Grundsatzpapiers zur ignatianischen Pädagogik heißt es, das »ignatianische Bildungskonzept« beruhe »auf einer sehr grundsätzlichen Wertschätzung der menschlichen Person und ihrer Fähigkeit, dem eigenen Leben Inhalt und Bedeutung zu geben« (Gentner, Spermann & Zimmermann 2019, S. 4). »Ziel« einer ignatianischen Erziehung, so heißt es an anderer Stelle, sei »die mündige Person, die in der Lage ist, sich ein eigenes reflektiertes Urteil zu bilden, dieses zu artikulieren und zu vertreten (gerade auch in moralisch relevanten Entscheidungsfragen und in politischen Angelegenheiten). Vor allem aber hat sie gelernt, entsprechend dieses mündigen Urteils zu handeln – wenn es sein muss, auch im Widerspruch bis hin zum Widerstand gegen Unrecht und Gewalt« (ebd., S. 7). Ein solches Ziel hat u. a. zur Konsequenz, das Miteinanderumgehen von Erziehenden und Zu-Erziehenden in spezifischer Hinsicht bestimmen zu müssen. An dieser Stelle ist in Beiträgen zur ignatianischen Pädagogik häufig vom »Dialog« die Rede, verstanden als ein »Hin- und Herfließen von Person zu Person, mit Respekt vor dem Personenkern, ohne Ausnutzen oder Verschmelzen, ein Austausch freier Beziehungspole« (Kiechle 2006, S. 245).

Damit ist noch keine Antwort auf die Frage gegeben, was es bedeutet, *Erziehung* – verstanden als eine spezifische Form des Miteinanderumgehens zwischen mindestens zwei Menschen (vgl. Anhalt 1999; Ammann 2020) – dialogisch zu bestimmen. Auch die Rede vom ›Kind als Person‹, die in diesem Kontext häufig anzutreffen ist, erweist sich als interpretationsbedürftig. Dies ist schon allein daran erkennbar, dass eine entsprechende Formulierung unter verschiedenen Schwerpunktsetzungen interpretiert werden kann. So macht es einen Unterschied, ob nach dem *Kind* als Person oder nach dem Kind *als Person* gefragt wird.

Was die erste Frage betrifft, so kann festgehalten werden, dass sich in den von uns untersuchten deutschsprachigen Primär- und Sekundärtexten nur wenige Hinweise auf das Kind finden. Die Gründe dafür mögen vielfältig sein. Vielleicht ist das heranwachsende Kind in der Literatur stets mitgedacht, wobei der Umstand einer fehlenden expliziten Thematisierung des Kindes nicht allein für (neuere) Beiträge zur ignatianischen Pädagogik kennzeichnend ist. Zwar deuten die griechischen Begriffe *paidion* (Kleinkind), *pais* (Kind) und *paideia* (Kindheit) sowie die lateinischen Begriffe *infans* (Kleinkind), *puer* (Knabe), *puella* (Mädchen), *liberi* (Kinder) und *pueritia* (Kindheit) darauf hin, dass sowohl in der Antike wie auch im Mittelalter unterschiedliche Vorstellungen von Kindheit als Lebensalter existierten. Mit Blick auf pädagogische Lexika, Handbücher und Enzyklopädien lässt sich allerdings festhalten, dass der Begriff ›Kind‹ noch im 19. Jahrhundert entweder gar nicht oder nur in Komposita, die auf Erziehung verweisen, gebräuchlich war (vgl. Ammann 2020, S. 24; Blaschke-Nacak, Stenger & Zirfas 2018, S. 13 f.).

In der Zwischenzeit hat die Auseinandersetzung mit Kindern im Kontext der Theologie zwar zugenommen, doch wurde bis vor zwei Jahrzehnten immer noch problematisiert, dass es sich hierbei um ein Nischenthema handele: »In the first place, until very recently, issues related to children have tended to be marginal in almost every area of contemporary theology. For example, systematic theologians and Christian ethicists have said little about children, and they have not regarded serious reflection on children as high priority« (Bunge 2001, S. 3). Kind und Kindheit sowie der theologisch bedeutsame Begriff der Kindschaft hängen eng miteinander zusammen, wobei letzterer die Funktion erfüllt, das spezifische Verhältnis des Menschen zu Gott zu bestimmen (vgl. Biser 2007; Roser 2017). Wie die Verbindung von Kindschaft sowie Kind und Kindheit genau zu bestimmen ist, gilt bis heute als eine offene Frage, was u. a. damit zu tun haben dürfte, dass kaum aufgearbeitet ist, wie das Kind in traditionellen theologischen Entwürfen bestimmt wird. »The current literature still lacks a full account of past theological perspectives on children«. Aus diesem Grund »we know little about what theologians in the past have actually said about children or how they have treated them, especially when compared to other themes or ethical concerns in theology« (Bunge 2001, S. 7; vgl. Wood 1994; Whitmore & Winright 1997).

Es sollte nicht übersehen werden, dass Fragen zu Kind und Kindheit beispielsweise im Hinblick auf kindliche Entwicklung und (religions-)psychologische Aspekte[2] im Kontext der Religionspädagogik thematisiert wurden und werden (vgl. Schweitzer 2000; Grom 2000; Biesinger & Kießling 2005; Görtz 2015).[3] Gleichwohl könnte der Umstand, dass entsprechende Fragen in der theologischen Tradition eher randständig behandelt worden sind, mit ein Grund dafür sein, weshalb das Thema ›Kind‹ auch in neueren Beiträgen zur ignatianischen Pädagogik bis heute eher unterbelichtet geblieben ist.

Auch mit Blick auf die Rede vom Kind *als Person* kann konstatiert werden, dass in Beiträgen zur ignatianischen Pädagogik vage bleibt, was als Person zu verstehen ist (vgl. Harth-Peter 1991). Explizite Ausführungen finden sich kaum. In den *Geistlichen Übungen* taucht der Personenbegriff an einigen Stellen auf, bleibt jedoch ungeklärt.[4]

Im Wissen darum, dass nie alle Texte berücksichtigt werden können und die lateinischen Quellen im Folgenden unberücksichtigt bleiben, ist festzuhalten, dass der Personenbegriff erst in neueren Texten zur ignatianischen Pädagogik ab den 1990er Jahren häufiger verwendet wird. Doch auch hier bleibt der Begriff inhaltlich weitgehend unbestimmt. Eine Ausnahme bildet ein Glossareintrag von Gentner, Spermann und Zimmermann (2019, S. 23), in dem die Person bestimmt wird als »Gesicht, Antlitz oder sichtbare Gestalt des Menschen, wo die Einheit von Bewusstsein, Denken, Wollen und Handeln ihren Ausdruck findet«. Diese Bestimmung orientiert sich an der etymologischen Bedeutung des Ausdrucks.

Damit ist und bleibt unklar, was gemeint ist, wenn ignatianische Erziehung unter den Anspruch gestellt wird, Kinder und Jugendliche als Personen anzuerkennen und entsprechend zu adressieren. Dieser Umstand bleibt nicht ohne Konsequenzen. Bereits in den oben zitierten Aussagen lassen sich Spannungsverhältnisse ausfindig machen, die ungeklärt bleiben. So soll die menschliche Person zum einen ›grund-

---

2   Hierzu gehören beispielsweise auch die Untersuchungen von Fritz Oser und Paul Gmünder (1988), die eine Stufenhierarchie des religiösen Urteils von Kindern und Jugendlichen entwickelten.
3   Was aber insbesondere aus der Perspektive einer erziehungswissenschaftlichen Kindheitsforschung nicht ausreicht (vgl. Ammann 2020, S. 36f.). Kinder und Jugendliche sprechen und denken anders und sehen die Welt aus einer originären Perspektive, die es entsprechend zu berücksichtigen gilt (vgl. ebd.).
4   Was auch damit zu tun haben könnte, dass die Definition des Begriffes aufgrund gewisser vorherrschender Glaubensüberzeugungen und Diskursordnungen nicht als besonders dringlich erschien.

sätzlich‹ wertgeschätzt werden. Zum anderen heißt es, dass eine ignatianische Erziehung darauf gerichtet sei, die Entwicklung von Heranwachsenden zu ›mündigen‹ Personen zu unterstützen. Warum aber, so könnte man fragen, sollten Heranwachsende in der Entwicklung hin zu mündigen Personen unterstützt werden, wenn diese angesichts ihrer ›Fähigkeit, dem eigenen Leben Inhalt und Bedeutung zu geben‹ doch bereits grundsätzlich schätzenswert sind? Oder kommt die ›Wertschätzung der menschlichen Person‹ gerade darin zum Ausdruck, dass diese *nicht* in einem bestimmten Zustand belassen wird? Mündigkeit wiederum wird mit einem ›eigenen, reflektierten Urteil‹ in Verbindung gebracht. An anderer Stelle ist von der ›autonomen Selbstentfaltung der Person‹ die Rede. Hier wäre u. a. zu fragen, ob ›Selbstentfaltung‹ stets an das ›eigene, reflektierte Urteil‹ rückgebunden sein muss. Zugespitzt gefragt: Kann die Aufforderung zu einer entsprechenden Urteilsbildung nicht auch als eine Zumutung aufgefasst werden, die der eigenen ›Selbstentfaltung‹ zuwiderläuft?

Mit diesen Hinweisen möchten wir zweierlei deutlich machen: Zum einen verstehen sich die formulierten Aussagen nicht von selbst, zum anderen stehen die Aussagen nicht notwendigerweise in einem kohärenten und konsistenten Zusammenhang. Ob dies der Fall ist, hängt davon ab, wie die verschiedenen Ausdrücke begrifflich bestimmt werden. An dieser Stelle könnte es hilfreich sein, auf eine Tradition in der Erziehungswissenschaft Bezug zu nehmen, in der Erziehung von der Maßgabe der Personalität her bestimmt wird (klassisch: Flores D'Arcais 1992, 2002, 2017). Aus diesem Grund werden wir im Folgenden mögliche Anknüpfungspunkte zwischen einer ignatianischen Pädagogik und der Tradition einer personalistischen Pädagogik herausarbeiten. Ein solcher Rückgriff erlaubt es nicht nur, dass die ignatianische Pädagogik ein begriffliches Instrumentarium zur kontrollierten Beschreibung von Erziehung gewinnt. Darüber hinaus wird die Möglichkeit eröffnet, ignatianische Pädagogik als einen spezifischen, nämlich im Kontext ignatianischer Spiritualität begründeten Antwortversuch auf die Frage zu interpretieren, was es bedeutet, Kinder und Jugendliche im Kontext von Erziehung als Personen zu adressieren.

Der Personbegriff bietet dieses Potential, weil er insbesondere in der christlichen Tradition entwickelt worden ist. Wie wir in den *Vergewisserungen* bereits herausgestellt haben, erfüllt der Begriff in diesem Zusammenhang mehrere Funktionen: *Erstens* dient er dazu, »das innertrinitarische Beziehungsgeschehen – *ein Gott in drei Personen* – einzufangen«. *Zweitens* wird der Begriff dazu herangezogen, »ein in dem Gottmenschen Jesus Christus Gestalt gewordenes Spannungsverhältnis – *zwei Naturen in einer Person* – auszudrücken« (Böhm 1997/1997, S. 124; Hv. i. O.). *Drittens* – und hierauf kommt es uns im Folgenden an – fungiert der Begriff der Person dazu, den spezifischen Status zu bezeichnen, der einem Menschen in der christlichen Tradition aufgrund seiner Gottesebenbildlichkeit zugesprochen wird. Diese Funktionen lassen den Begriff als geeignet erscheinen, um Strukturmomente einer christlichen Erziehung in den Blick zu rücken. Hinzu kommt, folgt man Harth-Peter, Wehner und Grell, dass der Personbegriff »nicht an eine spezielle christliche Theologie« gebunden ist (Harth-Peter, Wehner & Grell 2002, S. 9). Von daher bietet der Personbegriff das Potential, das Spezifikum einer ignatianischen Pädagogik zu erfassen, nämlich aus der Tradition ignatianischer Spiritualität heraus eine Beschreibung von Erziehung anzufertigen, die an der Maßgabe der Personalität Orientierung findet.

2.2 Pädagogik der Person

Der Grundgedanke einer christlichen Pädagogik im Sinne einer Pädagogik der Person kann wie folgt auf den Punkt gebracht werden:

> »Seit der Patristik sieht das christlich-abendländische Denken den Menschen nach dem Ebenbild (*imago*) eines personalen Schöpfergottes geschaffen, der die Welt, ehe er sie nach freiem Ratschluss aus dem Nichts hervorbrachte, als Idee gedacht und entworfen hatte. Diese ebenbildliche Gestaltung des Menschen verleiht ihm zwar potentiell das Personsein Gottes kraft der Ausstattung mit Vernunft, Freiheit und Sprache, aber eben nur der Möglichkeit nach, und es ist die personale Berufung und zugleich die Erziehungsaufgabe des Menschen, diese Möglichkeit auf ganz eigentümliche, einmalige und unwiederholbare Weise *Wirklichkeit* werden zu lassen, indem er dem Gleichnis (*similitudo*) seines Vorbildes folgend, Vernunft, Freiheit und Sprache aktuiert, sich im Prozess seiner Bildung immer vernünftiger, freier und kommunikativer gestaltet und sich seine ureigene, unverwechselbare und unaustauschbare Form gibt« (Böhm 1997/1997, S. 124; Hv. i. O.).

Im Folgenden werden wir zunächst ausgewählte Aspekte einer Pädagogik der Person erläutern, ehe wir den Versuch unternehmen, Bestimmungen einer ignatianischen Erziehung relational zu diesen Strukturmomenten zu systematisieren.

2.2.1 Person

Im Kontext einer Pädagogik der Person erfüllt der Personbegriff die Funktion, Menschen einen spezifischen Status zuzusprechen, wobei auf die Idee von der Gottesebenbildlichkeit Bezug genommen wird, um den Personstatus zu begründen. Dieser Idee zufolge ist es die Gottesebenbildlichkeit, auf der die Fähigkeit beruht, das eigene Leben zu entwerfen und zu gestalten, und die einem Menschen Würde im Sinne eines unvergleichbaren Wertes verleiht.

Eine solche Anthropologie, die Menschen als »Repräsentation des Unbedingten in der geschaffenen Welt« (Schweidler 2011, S. 30) auffasst, gilt als inkompatibel mit einem instrumentellen Erziehungsverständnis, demzufolge Erziehung allein daraufhin ausgerichtet ist, eine vorgegebene gesellschaftliche Ordnung entweder stabil zu halten oder zu transformieren. Mit dem Personstatus ist nämlich die Maßgabe verbunden, Heranwachsende prinzipiell niemals nur als »Mittel für irgendetwas anderes« zu gebrauchen – und sei es für die Veränderung einer gesellschaftlichen Ordnung »hin zu Zielen, die ein möglicherweise humaneres Leben in die Welt bringen« (ebd., S. 26). Dies bedeutet in der Konsequenz, dass Heranwachsende auch nicht für einen gesellschaftlichen Fortschritt im Sinne der christlichen Botschaft instrumentalisiert werden dürfen. Eine Erziehung, die Heranwachsende als Personen anerkennt und entsprechend adressiert, steht nicht nur der Funktionalisierung von Heranwachsenden etwa für ökonomische Zwecke entgegen. Heranwachsenden einen Personstatus zuzusprechen bedeutet vielmehr, *jegliche* Form der Funktionalisierung als illegitim zurückzuweisen – und damit auch entsprechende Versuche, Heranwachsende für die christliche Mission zu vereinnahmen (vgl. Scheuerl 1994, S. 21). Wir betonen dies deshalb, weil diese Form der Selbstanwendung der Idee von der Gottesebenbildlichkeit des Menschen auf eine Beschreibung von christlicher Erziehung häufig außen vor bleibt.

Menschen, so die grundlegende Voraussetzung einer christlichen Pädagogik, sind nach dem Bilde Gottes geschaffen. In dieser Gottesebenbildlichkeit gründet ihr Personsein, d. h. ihre grundsätzliche Möglichkeit, das eigene Leben entwerfen und gestalten zu können. Als Personen ist es Menschen prinzipiell möglich, sich zu den Abhängigkeiten, in die sie verstrickt sind, qua *Vernunft* in ein Verhältnis zu setzen und ihr Leben in diesem Sinne *frei* zu führen. Menschen als Personen zu begreifen, bedeutet indes *nicht*, die Abhängigkeiten zu bestreiten, in denen diese ihr Leben im Umgang mit Anderen führen. Umgekehrt werden Menschen aber auch nicht als Spielball interner und externer Abhängigkeiten aufgefasst. »Personen sind Wesen, die nicht einfach sind, was sie sind, sondern die sich zu sich selbst verhalten können« (Fuchs 2002, S. 239).

Charles Larmore erkennt in diesem Umstand eine »fundamentale Kontingenz, die dem Menschen innewohnt« und darin besteht, dass »wir unserer gegenwärtigen Lebensweise nie so verhaftet« sind, »dass wir nicht die Freiheit hätten, über sie hinauszugehen« (Larmore 1998, S. 459). Menschen als Personen aufzufassen bedeutet, diese als Lebewesen zu begreifen, die potenziell fähig dazu sind, Stellung zu nehmen und im Zuge eigener Entscheidungen als Autor:innen ihres Lebens in Erscheinung zu treten. Dies impliziert, sich von bereits entwickelten Festlegungen distanzieren und diese – auch immer wieder neu – überschreiten zu können.

Hierbei ist es wichtig zu betonen, dass ein entsprechender Transformationsprozess keine Emanzipation in toto bedeutet. *Erstens* ist allein schon das Sich-Verhalten eines Menschen zu einem bestimmten Sachverhalt stets in Abhängigkeiten eingebunden, die zu dem jeweiligen Zeitpunkt nicht zur Disposition stehen und womöglich auch gar nicht zur Disposition gestellt werden können. *Zweitens* führt auch ein Handeln im Lichte eigener Entwürfe nicht nur aus bestimmten Abhängigkeiten hinaus, sondern stets zugleich in neue Abhängigkeiten hinein. Aus der Warte einer christlichen Pädagogik ist es an dieser Stelle von zentraler Bedeutung, dass Menschen die Abhängigkeiten, in denen sie ihr Leben im Umgang mit anderen führen, selbst wählen können. Zugespitzt formuliert: »Der Mensch ist nur da wirklich Mensch, wo er sich die Geschichte seines Lebens nicht diktieren oder gar (vor-) schreiben läßt, sondern *selber* schreibt, freilich innerhalb der jeweils existentiell gegebenen Möglichkeiten« (Böhm 1992/1997, S. 188; Hv. i. O.).

2.2.2 Bildung als ›Aktuierung‹ der Person

Bildung wird im Kontext einer Pädagogik der Person als ein Prozess der ›Aktuierung‹ bestimmt. Mit dieser Formulierung wird der missverständliche Ausdruck der Person*werdung* vermieden, der suggeriert, Menschen würden sich allererst zu Personen entwickeln. Demgegenüber wird im Sinne der christlichen Tradition für die Position votiert: »Personen können sich entwickeln. Aber es kann sich nicht etwas zur Person entwickeln. Aus *etwas wird nicht* jemand« (Spaemann 1996, S. 261; Hv. i. O.). Aktuierung der Person bedeutet entsprechend nicht, dass Menschen erst einmal bestimmte Fähigkeiten entwickeln müssten, um als Personen zu gelten. Dies würde in der Konsequenz bedeuten, dass Menschen ihren Personenstatus verlieren, wenn sie der Aufgabe der Aktuierung nicht, noch nicht oder nicht mehr nachkommen. Für eine Pädagogik der Person ist vielmehr der Anspruch maßgeblich, dass Menschen *immer schon* als Personen zu achten und im Kontext von Erziehung entsprechend zu adressieren sind. Dies impliziert ein grundsätzliches Verbot, »den personalen Status menschlicher Wesen zur Disposition des Urteils von ihresgleichen zu stellen« (Schweidler 2012, S. 133). Wenn im Kontext einer Pädagogik der Person von Bildung als einem Prozess der Aktuierung die Rede ist, so soll damit der Blick darauf gelenkt werden, dass das Personsein eines Menschen nicht nur *gegeben*, sondern auch *aufgegeben* ist.[5]

Aktuierung der Person heißt nicht, dass Menschen sich *zu Personen* entwickeln, sondern bedeutet, dass Menschen sich *als Personen* entwickeln, indem sie sich in ihrem Leben im Umgang mit anderen – immer wieder neu – als vernunft- und freiheitsbegabte Lebewesen ins Spiel zu bringen. Der Personenstatus gründet in dieser Begabung eines jeden Menschen mit Vernunft und Freiheit. Diese hat der einzelne Mensch »von seiner Geburt, genauer: sogar schon von seiner Empfängnis her« (Böhm 2006, S. 110 f.). Der Begriff der Aktuierung bezeichnet den Prozess, in dem Menschen die ihnen gegebene Möglichkeit des Vernunft- und Freiheitsgebrauchs ergreifen und in diesem Sinne Wirklichkeit werden lassen. Dies schließt mit ein, bereits entwickelte Festlegungen im Wahrnehmen, Denken, Urteilen und Handeln in den Blick zu nehmen und – unter Umständen – zu überschreiten. Bildung bedeutet einen Prozess der »Selbst*gestaltung*« sowie – damit verbunden – einen »permanenten und grundsätzlich unbeendbaren Proßeß der Selbst*transzendenz*«, in dem Menschen Festlegungen in ihrem Selbst- und Weltbezug transformieren (Böhm 1992/1997, S. 188; Hv. i. O.).

Bildung wird im Kontext einer Pädagogik der Person als ein Prozess bestimmt, in dem Menschen die Fähigkeit und Bereitschaft entwickeln, sich zu internen oder externen Abhängigkeiten in ein Verhältnis zu setzen. Sich von entsprechenden

---

5 Ähnlich argumentiert Ludger Honnefelder: »Mit dem Prädikat der *Person* bezeichnen wir nicht bestimmte Eigenschaften, die dem Menschen zukommen oder nicht zukommen können, sondern den Menschen, insofern ihm seiner Natur nach die Entwicklungsform eines Subjekts zukommt« (Honnefelder 1997, S. 234; Hv. i. O.).

Abhängigkeiten (gesellschaftlichen Erwartungen, ansozialisierten Voreinstellungen, ›eigenen‹ Bedürfnissen etc.) zu distanzieren, um diese zu prüfen, so dass Spielräume für eigene Positionsbestimmungen entstehen, ist kein ›Selbstläufer‹. Vielmehr handelt es sich hierbei um einen scheiterungsanfälligen Prozess, müssen Menschen in diesem Zusammenhang doch eine doppelte Aufgabe bewerkstelligen: Bildung wird *zum einen* als ein Prozess bestimmt, der damit ansetzt, dass ein Mensch an einer widerständigen Welt tätig ist und in diesem Zusammenhang Differenzerfahrungen erleidet, in denen bislang maßgebliche Muster der Orientierung fraglich werden. *Zum anderen* wird Bildung als ein Prozess beschrieben, in dem ein Mensch erlittene Differenzerfahrungen vermittelt über ein Selber-Denken, Selber-Urteilen und Selber-Handeln durcharbeitet, d. h. sich an eigenen Positionsbestimmungen versucht. Hierbei handelt es sich um keinen selbstverständlichen Umgang mit Differenzerfahrungen. Dieser kann nämlich auch darin bestehen, dass entsprechende Erfahrungen ›abgeblockt‹ oder aber vorgegebene Positionen unbefragt übernommen werden, um erlittene Irritationen zu beseitigen. Bildung im Sinne einer Aktuierung der Person hat demgegenüber in Spielräumen ihren Ort, die zwischen internen und externen Abhängigkeiten aufgespannt sind. Diese Spielräume entstehen dadurch, dass Menschen an einer widerständigen Welt tätig sind, Differenzerfahrungen zulassen und sich schließlich daran versuchen, im Durchgang durch entsprechende Erfahrungen die eigene Position zu bestimmen.

Böhm bestimmt Bildung vor diesem Hintergrund als einen »*eminent spannungsreichen dialektischen Prozess der Auseinandersetzung von Mensch und Welt*« (Böhm 1988/1997a, S. 160; Hv. i. O.). Für diesen Prozess, so Böhm, sei eine »doppelte Distanzierung« (ebd.) auf der Seite des einzelnen Menschen kennzeichnend. Dieser Distanzierungsprozess bestehe zum einen in der Distanzgewinnung eines Menschen »*von sich selbst* in der Hingabe an das andere, an das Nicht-Ich« und zum anderen in einem Abstandnehmen »*von der Welt*« durch die »(Rück-)Besinnung auf sich selbst« (ebd.; Hv. i. O.). Bestimmt man Bildung in diesem Sinne als einen Prozess, der eine doppelte Distanzleistung impliziert, so dürfte unmittelbar einleuchten, dass Bildung nicht sinnvoll als ein Prozess der *Anpassung* an eine gegebene oder stellvertretend-antizipierte Ordnung bestimmt werden kann. Bildung sollte darüber hinaus aber auch nicht als ein Prozess der *Selbstverwirklichung* expliziert werden, wenn darunter eine Form der Lebensführung verstanden wird, in der für einen Menschen allein »die eigenen Wünsche« (Böhm 1988/1997b, S. 55) maßgeblich sind. Die Aktuierung der Person schließt vielmehr immer auch mit ein, dass ein Mensch zu den eigenen Wünschen, Bedürfnisse, Interessen etc. in eine distanzierte Beziehung tritt, um diese auf ihre Rechtfertigbarkeit hin zu beurteilen – mit Blick auf das eigene Leben und in Bezug auf das Zusammenleben mit anderen in einer gemeinsam geteilten Welt.

Ein Mensch aktuiert sein Personsein, indem er die ihm durch Gott eröffnete Möglichkeit ergreift, das eigene Leben zu entwerfen und zu gestalten. Dieser Prozess des Sich-Verhaltens wird im Kontext einer Pädagogik der Person nicht als ein unbegrenzt offener Prozess bestimmt. Vielmehr gilt dieser Prozess als in spezifischer Hinsicht umgrenzt, nämlich durch eine Haltung, die darin zum Ausdruck kommt, auch andere Menschen als Personen anzuerkennen und entsprechend Verantwortung für ein gelingendes Zusammenleben zu übernehmen.

Diese Überlegung kann wie folgt begründet werden: Geht man davon aus, dass *jeder* Mensch als Ebenbild Gottes aufzufassen und entsprechend in seiner Würde als Person zu achten ist, so wäre es unzureichend, Bildung als einen Prozess bestimmen, in dem ein Mensch allein *seine* Möglichkeit realisiert, das eigene Leben zu entwerfen und dieses aus entsprechenden Entwürfen heraus zu gestalten. Damit potenziell *alle* Menschen als Personen in Erscheinung treten können, bedarf es nämlich Spielräume, die Voraussetzung dafür sind, dass Menschen überhaupt Möglichkeiten offenstehen, ihr Personsein zu aktuieren. Diese Spielräume sind nicht notwendigerweise gegeben, sondern müssen im Miteinanderumgehen von Menschen immer wieder neu hergestellt und stabilisiert werden. Vor diesem Hintergrund ist es nur konsequent, wenn Bildung daran geknüpft wird, dass Menschen eine Haltung entwickeln, die darin zum Ausdruck kommt, zu einem Zusammenleben beizutragen, in dem auch andere Menschen als vernunft- und freiheitsbegabte Lebewesen Achtung erfahren. Bildung geht im Kontext einer christlichen Pädagogik folglich nicht darin auf, dass ein Mensch die eigene Möglichkeit verwirklicht, sich eine »eigene Gestalt« zu geben. Eine Aktuierung der Person schließt vielmehr den Einsatz für eine »personale Ordnung« mit ein, in die jemand den »eigenen personalen Entwurf hineinstellt, ihn mit den Entwürfen der anderen Personen abstimmt und so auf einen gemeinsamen Konsens hinarbeitet« (Böhm 1997/1997, S. 125 f.).

Bildung bedeutet nicht, sich unbefragt in eine vorgegebene Ordnung einzufügen. Gemeint ist vielmehr, dass Menschen sich aus Einsicht auf überindividuelle Verbindlichkeiten verpflichten und diesen im Handeln zu entsprechen suchen. Um entsprechende Verbindlichkeiten bestimmen zu können, ist es erforderlich, dass Menschen sich gemeinsam auf die Suche nach Orientierung eines gelingenden Lebens und Zusammenlebens begeben, indem sie in einen Dialog treten, um herauszufinden, ob und, falls ja, wie die je individuellen Auffassungen von einem gelingenden Leben und Zusammenleben sinnvoll aufeinander abgestimmt werden können. Operiert man mit einem Begriff von Bildung als Aktuierung der Person, so kann das »objektiv Verpflichtende« nicht sinnvoll in Form einer »vorgegebenen Ordnung« bestimmt werden, die sich z. B. in einer »ausfigurierten Pflichten- und Tugendlehre« ausdrückt, die dann edukativ verbindlich gemacht wird. Das ›objektiv Verpflichtende‹ wäre vielmehr in einem permanenten Dialog zu klären, in dem Menschen sich über Fragen eines gelingenden Lebens und Zusammenlebens »immer wieder verständigen und aus dieser Verständigung heraus miteinander handeln« (Böhm 1988/1997b, S. 59). Ein solcher Dialog ist freilich nur möglich, wenn von Beginn an eine bestimmte Grundorientierung im Spiel ist, nämlich dass Menschen sich wechselseitig als Personen achten. Hieraus folgt u. a., dass christliche Erziehung immer auch unter dem Anspruch steht, Kinder und Jugendliche für eine entsprechende Haltung zu begeistern, die in einer »Anerkennung des Anderen, auch in seiner Alterität« (Seichter 2012, S. 316) zum Ausdruck kommt.

2.2.3 Erziehung als Unterstützung einer ›Aktuierung‹ der Person

Erziehung kann allgemein als die Form des Miteinanderumgehens bestimmt werden, in der Menschen darin unterstützt werden, sich lernend kulturelle Sachverhalte anzueignen (vgl. Sünkel 2013, S. 29 ff.). Erziehende vollziehen in diesem Zusammenhang Aktivitäten, die darauf gerichtet sind, zwischen Zu-Erziehenden und einem bestimmten Wissen, einem bestimmten Können oder bestimmten Haltungen zu vermitteln, d. h. eine Beziehung zu stiften, in der die jeweiligen kulturellen Sachverhalte durch die Zu-Erziehenden angeeignet werden können. Entscheidend ist: Erwachsene präsentieren Heranwachsenden in diesem Zusammenhang nolens volens eine spezifische Lebensform. »Sofern wir mit Kindern leben, müssen wir – es geht gar nicht anders – mit ihnen *unser* Leben führen; wir können uns als gesellschaftliche Existenzen nicht auslöschen, können uns nicht tot oder neutral stellen. Das ist zwar eine Trivialität, aber die gleichsam erste und ernsteste pädagogische Tatsache. Erziehung ist deshalb zuallererst Überlieferung, Mitteilung dessen, was uns wichtig ist« (Mollenhauer 2003, S. 20; Hv. i. O.).

Dies gilt ebenfalls für die Erziehung, wie sie im Kontext einer ignatianischen Pädagogik bestimmt wird. Für diese sind nämlich spezifische Orientierungsmuster maßgeblich, mit denen sich Heranwachsende konfrontiert sehen. Wie in den *Grundzügen* ausgeführt wird, zählen hierzu, dass Gott als Schöpfer und Herr der Welt aufgefasst wird, der in allen Dingen entdeckt werden kann; dass Menschen als von Gott geschaffene Abbilder und – damit verbunden – als von Gott geliebte Personen begriffen werden; dass Jesus Christus als maßgebliches Vorbild für menschliches Leben angesehen wird, der uns in seiner Lebensführung dazu auffordert, ihm nachzufolgen; dass ein wahrhaft menschliches Lebens sich in zwischenmenschlichen Beziehungen verwirklicht, die durch wechselseitige Achtung gekennzeichnet sind; dass Gott insbesondere dadurch Ehre erwiesen wird, dass Menschen Verantwortung für ein gelingendes Zusammenleben übernehmen und sich für eine Entwicklung der gesellschaftlichen Verhältnisse im Sinne der christlichen Botschaft einsetzen etc. (vgl. ICAJE 1986/1998).

Mit diesen Orientierungsmustern sind Geltungsansprüche verbunden und es stellt sich die Frage, welche Bedeutung diesen Geltungsansprüchen im Miteinanderumgehen von Erziehenden und Zu-Erziehenden zukommt. Ein Begriff von Bildung als Aktuierung der Person bleibt in diesem Zusammenhang nicht ohne Konsequenzen, was die Beschreibung von Erziehung anbetrifft – dies jedenfalls dann, wenn Erziehung als Initiierung und Unterstützung von Bildungsprozessen konzipiert wird. Erziehung bedeutet dann diejenige »Hilfe, die dem Kinde ermöglicht, sein Personsein zu aktuieren« (Böhm 1992/2015, S. 181).[6] Umgekehrt blieben die bisherigen Überlegungen zu einer christlichen *Pädagogik* unvollständig, würde man über

---

6 Ähnlich argumentiert Alfried Längle, wenn er von der »Aktualisierung der Person« spricht und auch Therapie an den Anspruch knüpft, »die Person aufzusuchen und ihr zum Durchbruch zu verhelfen« (Längle 2014, S. 16).

eine Beschreibung von Bildung als einem Prozess der Aktuierung personaler Möglichkeiten hinaus nicht auch das Problem behandeln, wie eine Erziehung bestimmt werden kann, die diesen Prozess initiiert und unterstützt. Dieses Problem zu formulieren und zu bearbeiten bedeutet, eine christliche Pädagogik zu entwickeln, die sich von traditionellen Entwürfen insbesondere dadurch unterscheidet, dass Erziehung nicht länger daraufhin ausgerichtet wird, Heranwachsende auf eine christliche Lebensform zu verpflichten. »Christliche Pädagogik« wäre vielmehr als »eine von der menschlichen Person her entworfene Theorie der Erziehung« zu verstehen (Böhm 1992, S. 12). Eine solche Theorie hätte u. a. zu klären, wie eine Erziehung möglich ist, in der Heranwachsenden unter Berücksichtigung ihrer Individuallage dabei geholfen wird, die subjektiven Voraussetzungen dafür zu entwickeln, ihr Leben aus eigenen Entwürfen heraus zu gestalten und sich darüber hinaus für eine Ordnung menschlichen Zusammenlebens einzusetzen, die an der Idee von der »Würde der Person« (Böhm 2003) orientiert ist.

Es ist nur folgerichtig, wenn eine entsprechende Erziehung als »christliche Erziehung« (Böhm 2005, S. 230) bestimmt und als eine Form des Miteinanderumgehen explizit wird, in der Heranwachsenden der Raum gegeben wird, sich selbst ins Spiel zu bringen und sich mit originären Gedanken an der gemeinsamen Geschichte zu beteiligen, statt sie mithilfe von Technik in einen Zustand zu bringen, der von der Erwachsenenwelt vorgängig als positiv ausgezeichnet worden ist. Für eine Erziehung, die Heranwachsende als Personen anerkennt und entsprechend adressiert, ist charakteristisch, dass in ihr nicht nur in eine Lebensform eingeführt, sondern die Kommunikation für ein mitunter zähes Ringen um die Gültigkeit von Vorstellungen über ein gelingendes Leben und Zusammenleben geöffnet wird. Die Heranwachsenden sollen darin unterstützt werden, die Fähigkeit zu entwickeln, sich zu sich selbst und zur Welt (Mit- und Umwelt) in ein Verhältnis zu setzen. Dies verlangt danach, »einen ›Freiraum‹ zu schaffen und zu gewährleisten, in dem eine dialogische Konfrontation der verschiedenen Standpunkte (auch der Streitpunkte) stattfinden kann, die einerseits vom Erzieher her und andererseits vom Educandus, aber auch von einer sich hartnäckig behauptenden Tradition hier und dem Bedürfnis nach Veränderung und Innovation dort vertreten und vorgebracht werden« (Böhm, Schiefelbein & Seichter 2015, S. 179).

Um es noch einmal hervorzuheben: Bemerkenswert an diesem Vorschlag ist, dass christliche Erziehung nicht begriffen wird als eine Form des Miteinanderumgehens, die unter dem Anspruch steht, Heranwachsende auf eine vorgegebene Ordnung festzulegen, für die eine »Berufung auf die Autorität einer authentischen Auslegung der christlichen Botschaft« (Böhm 1992, S. 25) maßgeblich ist. Als ›christlich‹ gilt vielmehr eine Erziehung, in der Heranwachsenden nicht nur eine spezifische Lebensform präsentiert wird, sondern diese auch und vor allem darin Hilfe erfahren, eigene Standpunkte in Fragen eines gelingenden Lebens und Zusammenlebens zu suchen, zu finden und weiterzuentwickeln. Christliche Erziehung in diesem Sinne ist auf die »Freisetzung des einzelnen zu personaler Selbstverantwortung« gerichtet und in diesem Sinne »von einem tiefen Vertrauen in die Selbstgestaltungskräfte des Menschen getragen« (ebd.). Sich selbst als Christ:in verstehen zu lernen, bedeutet hierbei nur *eine* Möglichkeit, die von Gott gegebene Möglichkeit zu realisieren, das eigene Leben zu entwerfen und zu gestalten. Christliche Erziehung führt Heranwachsende nicht in eine bereits vorab als maßgeblich feststehende Lebensform ein, sondern hält deren Zukunft offen, und zwar gerade deshalb, *weil* Heranwachsende als Ebenbilder Gottes aufgefasst werden.

Wir betonen dies deshalb, weil mit Blick auf neuere Entwürfe einer ignatianischen Pädagogik ebenfalls festgestellt werden kann, dass das religiöse Moment einer solchen Pädagogik vor allem in der spezifischen *Begründung* einer Erziehung ausgemacht werden kann, die Heranwachsende in der Entwicklung der Fähigkeit und Bereitschaft zu einem »verantworteten Umgang mit Freiheit« (Mertes & Siebner 2010, S. 154) zu unterstützen sucht. Entsprechend wird es als zwingend erforderlich angesehen, dass Lehrkräfte an ignatianischen Schulen, der »Versuchung« widerstehen, Heranwachsenden bestimmte »Sichtweisen aufzudrängen« (ICAJE 1993/1998, S. 126). Maßgeblich müsse vielmehr eine konsequente »Berücksichtigung der Freiheit der Lernenden« (ebd.) sein. Dies schließt nicht aus, mit Heranwachsenden einzuüben, die Welt als Schöpfung in den Blick zu nehmen, oder diese »zur Entscheidung und zum Engagement für das magis, den besseren Dienst an Gott und an unseren Schwestern und Brüdern zu ermutigen« (ebd., S. 128). Im Gegenteil: Ignatianische Erziehung ist ›zuallererst Überlieferung‹ dessen, was Jesuiten ›wichtig ist‹. *Weil* es für Jesuiten aber auch und vor allem bedeutsam ist, Menschen als Ebenbilder Gottes zu achten, wird im Hinblick auf Erziehung zugleich von Bestrebungen Abstand genommen werden, Heranwachsende auf bestimmte Überzeugungen festzulegen. Der »Respekt vor der menschlichen Freiheit« (ebd.) macht es aus ignatianischer Warte vielmehr erforderlich, Heranwachsende als vernunft- und freiheitsbegabte ›Nächste‹ zu adressieren und diese darin zu unterstützen, sich auch zu den Geltungsansprüchen, die in ignatianischer Traditon erhoben und an sie herangetragen werden, in ein Verhältnis zu setzen.

Vor diesem Hintergrund erscheint uns eine Pädagogik der Person als ein sinnvoller Rahmen, um Beiträge zur ignatianischen Pädagogik zu systematisieren. Umgekehrt eröffnet eine solche Systematisierung die Möglichkeit, ignatianische Pädagogik als eine spezifische Variante einer christlichen Pädagogik zu interpretieren, in der Erziehung als die »zwischenmenschliche Hilfe« begriffen wird, »die dem Heranwachsenden und noch Orientierungsunsicheren zuteil wird, damit er seinen eigenen Standort in der flutenden Fülle der Werte, seinen Selbstand im Pluralismus der Meinungen, vor allem aber den Fixpunkt für die Ausrichtung seines eigenen Lebensplanes findet« (Böhm 1992/1997, S. 201).

Heranwachsende im Kontext von Erziehung als Personen zu adressieren bedeutet, das Miteinanderumgehen von Erziehenden und Zu-Erziehenden für die Perspektive der Kinder und Jugendlichen zu öffnen, indem diese die Möglichkeit zu eigener Urteilsbildung und zu einem Handeln aus eigenem Urteil erhalten (vgl. Seichter 2012, S. 317; zum Entwurf einer ›Schule der Person‹ vgl. Weigand 2004). Bildung als Aktuierung der Person kann im Miteinanderumgehen immer nur ermöglicht, nicht aber im strengen Sinne hergestellt werden. Dabei ist Erziehung als Unterstützung einer Aktuierung der Person nicht finalisiert auf einen bereits vorab feststehenden Endzustand, sondern in ihrem Ausgang offen und ungewiss. Entscheidend ist: Erziehung ist nicht nur in dem Sinne offen, dass Bildung auch ausbleiben und scheitern kann. Die Unterstützung einer Aktuierung der Person avanciert vielmehr auch und vor allem dann zu einem in die Zukunft hinein offenen Prozess, wenn Bildung gelingt. Indem Heranwachsende die Möglichkeit ergreifen, sich zu internen und externen Abhängigkeiten in ein Verhältnis zu setzen, nehmen diese nicht nur eine Positionsbestimmung vor, die unvorhersehbar ist. Darüber hinaus können die Heranwachsenden dabei die Erfahrung des Stellungnehmen*könnens* machen und sich so fortschreitend als Personen verstehen lernen. Die Entwicklung eines entsprechenden Selbstbildes dürfte von zentraler Bedeutung dafür sein, dass Heranwachsende von sich her damit beginnen, erste »Versuche der Person« (Hopfner 2006) zu unternehmen, so dass Erziehung fortschreitend überflüssig werden kann.[7]

2.3 Ignatianische Pädagogik als Pädagogik der Person

Unsere These lautet, dass eine ignatianische Pädagogik als eine spezifische Variante einer christlichen Pädagogik im Sinne einer Pädagogik der Person interpretiert werden kann (ähnlich Babiarz & Mótka 2013, S. 215). Diese These kann präzisiert werden, wenn man davon ausgeht, dass jede Beschreibung von Erziehung unter anthropologischen, teleologischen und methodischen Gesichtspunkten betrachtet werden kann (vgl. Mikhail 2016, S. 119). Als christliche Pädagogik geht ignatianische Pädagogik in *anthropologischer* Hinsicht davon aus, dass Heranwachsende Personen sind, d. h. Wesen, die potenziell dazu in der Lage sind, ihr Leben zu entwerfen und aus entsprechenden Entwürfen heraus zu gestalten (1). Unter *teleologischen* Gesichtspunkten wird Erziehung als eine Form des Miteinanderumgehens beschrieben, in der Heranwachsende in der Entwicklung ihres Vernunft- und Freiheitsgebrauchs unterstützt werden (2). *Methodisch* betrachtet hat dies zur Konsequenz, dass Heranwachsende als Personen adressiert, d. h. darin unterstützt werden, ihre eigene Stimme in die gemeinsame Klärung von Fragen eines gelingenden Lebens und Zusammenlebens einzubringen (3).

Diese drei Prämissen markieren die anthropologischen, teleologischen und methodischen ›Haltepunkte‹ einer christlichen Pädagogik im Allgemeinen sowie einer

---

7 Die Ausarbeitung einer entsprechenden Theorie der Erziehung hätte insbesondere auch die *Entwicklungstatsache* mit zu reflektieren – und damit etwas zu leisten, was im Kontext einer Pädagogik der Person bislang allenfalls in Ansätzen gelungen ist. Gemeint ist, dass eine Beschreibung von christlicher Erziehung den Umstand zu berücksichtigen hätte, dass sich das Personsein im Kontext menschlicher Entwicklung auf unterschiedliche Weise realisiert, worauf die Rede vom *Kind* als Person aufmerksam macht. Entsprechend wäre z. B. der Frage nachzugehen, wie das Sich-Verhalten von Heranwachsenden in unterschiedlichen Lebensphasen Gestalt gewinnt. In diesem Sinne findet sich bei einigen Autor:innen die Kritik, dass Kindheit in ihrer pädagogischen Eigenart nicht erfasst und der Kulturwandel vom Kind als Objekt hin zum Subjekt und hin zu einer kindgerechteren Erziehung weder inhaltlich noch formal nachvollzogen worden sei (vgl. Friedrich 2020, S. 305f.; Snyders 1964, S. 47; Gill 2010, S. 69).

ignatianischen Pädagogik im Besonderen. Das bedeutet, dass mit einer Klärung dieser Grundannahmen noch keine Auskunft über ein mögliches Spezifikum einer ignatianischen Pädagogik gegeben wird. Dieses Spezifikum, so unsere These, gewinnt eine ignatianische Pädagogik dadurch, dass im Rekurs auf die Tradition ignatianischer Spiritualität expliziert wird, was es bedeutet, zumindest aber bedeuten könnte, eine Erziehung zu denken und zu gestalten, in der Heranwachsende als Ebenbilder Gottes adressiert werden. Um diese Behauptung zu begründen, werden wir im Folgenden zentrale Aspekte einer ignatianischen Pädagogik relational zu den rekonstruierten Grundannahmen einer Pädagogik der Person bestimmen. Damit wird nicht nur der Nachweis geführt, dass diese Annahmen auch für eine ignatianische Pädagogik maßgeblich sind. Darüber hinaus kommt auf diese Weise in den Blick, wie im Kontext ignatianischer Pädagogik der durch die Prämissen einer Pädagogik der Person gesteckte Rahmen gleichsam ausgefüllt wird, indem auf die Tradition ignatianischer Spiritualität zurückgegriffen wird.

Insbesondere neuere Beiträge zur ignatianischen Pädagogik im deutschsprachigen Raum lassen sich als der Versuch interpretieren, inspiriert durch die Tradition ignatianischer Spiritualität zu erläutern und zu begründen, wie eine an der Maßgabe der Personalität orientierte Erziehung bestimmt werden kann. Eine ignatianische Pädagogik ist von daher ohne die Tradition einer ignatianischen Spiritualität nicht sinnvoll zu verstehen. Aus diesem Grund haben wir im ersten Teil dieser Arbeit die *Exerzitien* des Ignatius in den Mittelpunkt unseres Versuchs gerückt, ideengeschichtliche Zusammenhänge einer ignatianischen Pädagogik zu vergewissern. In neueren Beiträgen zur ignatianischen Pädagogik wird ausdrücklich auf die Bedeutung der »Ordensspiritualität« hingewiesen und – damit verbunden – auf die Bedeutung der »Prinzipien der Begleitung von Menschen« aufmerksam gemacht, »wie sie im Exerzitienbuch des Ignatius von Loyola aufscheinen« (Zimmermann 2009, S. 65). Bisweilen ist sogar davon die Rede, dass diese Prinzipien »das wichtigste überzeitliche Element der ignatianischen Pädagogik« darstellen, womit die Annahme verbunden ist, dass diese Prinzipien nicht an den »spirituellen Kontext« gebunden sind, in dem sie ursprünglich entwickelt wurden (Funiok & Schöndorf 2000, S. 10). Barbara Hallensleben spricht an dieser Stelle von den »Exerzitien als Vermittlung der Pädagogik Gottes« (Hallensleben 1995, S. 14), von denen »ein geschichtswirksamer pädagogischer Impuls« ausging (ebd., S. 17), wenngleich diese »zunächst keineswegs von pädagogischen Absichten im engeren Sinne geleitet waren« (ebd.).

Tatsächlich lassen sich kaum Beiträge finden, in denen die besagten Prinzipien ›ungebrochen‹ zur Beschreibung von Erziehung herangezogen werden, was nicht zuletzt damit zu tun haben dürfte, dass aktuelle Entwürfe einer ignatianischen Pädagogik vor allem die *schulische* Erziehung thematisieren und damit einen institutionellen Kontext berücksichtigen müssen, der sich doch deutlich von dem der Exerzitien unterscheidet. Von daher verwundert es nicht, dass die von Ignatius entwickelten Prinzipien der Begleitung von Menschen eher als ›Inspirationsquelle‹ (vgl. Zimmermann 2009, S. 65 f.; Mertes 2004, S. 7) fungieren, um schulische Erziehung zu bestimmen. Umgekehrt dürfte es kaum möglich sein, eine ignatianische Pädagogik zu entwerfen und zu begründen, die *ohne* Rekurs auf die *Exerzitien* auskommt oder gar dem darin artikulierten Selbst-, Welt- und Gottesverständnis zuwiderläuft.

Bei dem Entwurf einer an der Maßgabe der Personalität orientierten ignatianischen Pädagogik handelt es sich um einen kreativen Prozess, der immer noch anhält und den wir an dieser Stelle nicht fortführen können, ohne unsere Beobachterposition aufzugeben. Umgekehrt lässt sich aus dieser Perspektive zeigen, dass der Entwurf einer ›Schule im Geist der Exerzitien‹ (Mertes 2004) nicht notwendigerweise den Entwurf einer Schule zur »Einübung in das Christentum« (Prange 2007, S. 93) bedeutet, d. h. die Bezugnahme auf die *Exerzitien* nicht zwingend ein traditionelles Verständnis von ignatianischer Erziehung zur Konsequenz hat.

2.3.1 Gott in allen Dingen

Ignatius lehrt, Gott sei »in allen Dingen« zu suchen und zu finden (von Loyola 1993, S. 350). Fasst man diese Einstellung als eine »Grundhaltung« (Knauer 2006, S. 36) auf, die für ein ignatianisches Selbst-, Welt- und Gottesverständnis maßgeblich ist, so muss diese Haltung konsequenterweise auch das Verständnis von Erziehung bestimmen. Geht man davon aus, dass Gott ›in allem‹, d. h. »in der gesamten Wirklichkeit einschließlich der Lebensgeschichte des Exerzitanten« (Hallensleben 1994, S. 284) zu suchen und zu finden sei, so gilt dies auch im Hinblick auf den heranwachsenden Menschen.

Aus ignatianischer Warte kommt dieser als Ebenbild Gottes in den Blick. Vor diesem Hintergrund ist es nur folgerichtig, wenn im Kontext einer ignatianischen Pädagogik darauf hingewiesen wird, dass »das ignatianische Bildungskonzept« auf einer »grundsätzlichen Wertschätzung der menschlichen Person und ihrer Fähigkeit« beruhe, »dem eigenen Leben Inhalt und Bedeutung zu geben«. Diese Fähigkeit, das eigene Leben zu entwerfen und aus eigenen Entwürfen heraus zu gestalten, wird ganz im Sinne einer Pädagogik der Person als diejenige »Fähigkeit« bestimmt, die »gleichzeitig die Würde und die Bürde des Menschseins« auszeichnet (Gentner, Spermann & Zimmermann 2019, S. 4).

Der Gedanke, dass dem Menschen eine Würde eignet, die Achtung verdient, lässt sich bereits bei Ignatius finden, der dem Menschen eine gegenüber anderen Geschöpfen herausgehobene Stellung zuspricht – ohne hierbei jedoch selbst den Ausdruck ›Würde‹ zu verwenden: »Die übrigen Dinge auf dem Angesicht der Erde sind für den Menschen geschaffen und damit sie ihm bei der Verfolgung des Ziels helfen, zu dem er geschaffen ist« (von Loyola 1544/2008, S. 38). Wir erfahren hier, dass Menschen eine Sonderstellung zugesprochen wird, die man als *Würde* bezeichnen kann, und die letztlich in der *Gottesebenbildlichkeit* des Menschen gründet. Entsprechend heißt es in den *Grundzügen*: »Gott offenbart sich auf besondere Weise im Geheimnis der menschlichen Person, die ›als sein Abbild‹ [...] geschaffen ist« (ICAJE 1986/1998, S. 20). In *Jesuit Schools* wird die Menschenwürde schließlich ausdrücklich auf die Gottesebenbildlichkeit zurückgeführt: »No culture or society lies outside God's saving love, and each person has the dignity of being a child of God« (ICAJE 2020, S. 75).

Eine solche anthropologische Prämisse geht notwendigerweise mit einer spezifischen Haltung gegenüber Heranwachsenden einher, die in einer prinzipiellen Achtung ihres Personstatus besteht und in Aktivitäten zum Ausdruck kommt, die Heranwachsenden die eigene »Würde als Mensch erfahren« (Gentner, Spermann & Zimmermann 2019, S. 6) zu lassen. Eine solche Erfahrung, so eine weithin geteilte Annahme im Kontext ignatianischer Pädagogik, müsse als eine zentrale Voraussetzung dafür aufgefasst werden, dass Heranwachsende gleichermaßen ein Verständnis für die eigene Würde *und* für die Würde anderer Menschen entwickeln können (vgl. Kerber-Ganse 2009, S. 242; vgl. Molzberger 2015, S. 164).

Darüber hinaus – und hierauf möchten wir im Folgenden den Blick lenken – verlangt eine entsprechende Haltung danach, *Erziehung* – als eine spezifische Form des Miteinanderumgehens – auf *bestimmte* Art und Weise zu denken, nämlich so, dass Heranwachsende auch in *diesem* Zusammenhang als Personen anerkannt und entsprechend adressiert werden. Diese Problemstellung ist im Kontext einer ignatianischen Pädagogik freilich präsent. Umgekehrt ist eine Beschreibung von ignatianischer Erziehung nur zu verstehen, wenn man den Umstand berücksichtigt, dass Erziehung hier von spezifischen anthropologischen Prämissen aus bestimmt wird. »Von Ignatianischer Pädagogik inspirierte Menschen leben, prägen und entwickeln Pädagogik aus einer bestimmten Haltung heraus« (Spermann, Gentner & Zimmermann 2015, S. 17) – einer Haltung, die darin besteht, Heranwachsende als Personen anzuerkennen und entsprechend zu adressieren. »Ignatianisch geprägte Menschen«, so heißt es an anderer Stelle, »begreifen die Welt als Schöpfung Gottes« und den Menschen als »ein von Gott geschaffenes und gewolltes Wesen« (ebd., S. 18). Dabei wird die Nichtfestgelegtheit von Menschen und – damit verbunden – ihre Fähigkeit, die Beziehungen zu sich selbst, zur Welt und zu Gott zu gestalten, explizit auf die Ebenbildlichkeit Gottes zurückgeführt: »Gott will uns Menschen als freies und selbstverantwortetes Gegenüber« (ebd.).

Eine solche Überzeugung besitzt normative Kraft und verlangt danach, ignatianische Erziehung so zu bestimmen, dass Heranwachsende als Ebenbilder Gottes adressiert werden. Stellt man die Frage, was es bedeutet, die Würde von Heranwachsenden im Kontext von (schulischer) Erziehung zu achten, so wird diese Frage im Kontext einer ignatianischen Pädagogik durchaus modern beantwortet. Die »Würde des Schülers«, so Klaus Mertes und Johannes Siebner sei darin zu sehen, dass »er selbst denken, erkennen und einsehen kann« (Mertes & Siebner 2010, S. 139). In diesem Sinne ist es nur folgerichtig, wenn Mertes schreibt: »Der Schüler wird nicht für bestimmte Zwecke erzogen: um später in der Gesellschaft, in der Wirtschaft oder im Beruf gut zu funktionieren« (Mertes 2004, S. 44). In dieser Interpretation verlangt die Achtung menschlicher Würde danach, Erziehung so zu konzipieren, dass Heranwachsende nicht für gesellschaftliche Zwecke instrumentalisiert werden. Eine Erziehung, die Heranwachsende als Personen adressiert, darf diese nicht auf eine spezifische Lebensorientierung festlegen, sondern muss ihnen dabei helfen, ihre Zwecke selber zu setzen und sich als Zwecke setzendes Wesen begreifen zu lernen.

2.3.2 Indifferenz

Die Prämisse einer ignatianischen Pädagogik, dass im Heranwachsenden Gottes Ebenbild erkannt werden kann, verlangt auf der Seite der Erziehenden u. a. danach, sich von Bestrebungen freizumachen, Heranwachsende in ihrem Denken, Urteilen und Handeln zu formieren. Mertes greift an dieser Stelle auf das Bild der Waage zurück, das Ignatius in den *Exerzitien* bemüht, um die Haltung des Exerzitienbegleiters gegenüber dem Exerzitanten zu erläutern. »Der die Übungen gibt, darf nicht den, der sie empfängt, mehr zu Armut oder einem Versprechen als zu deren Gegenteil bewegen noch zu dem einen Stand oder der einen Lebensweise mehr als zu einer anderen« (von Loyola 1544/2008, S. 32). Diese Haltung wird in der ignatianischen Tradition als ›Indifferenz‹ bezeichnet, wobei damit im Kontext einer Beschreibung von ignatianischer Erziehung nicht gemeint ist, Erziehende sollten sich gegenüber den Heranwachsenden gleichgültig verhalten, d. h. eine antipädagogische Einstellung an den Tag legen. Vielmehr ist mit der Haltung der Indifferenz gemeint, dass Erziehende die Heranwachsenden in Situationen der Wahl nicht dahingehend beeinflussen, dass diese eine bestimmte Entscheidung treffen. Dies wäre etwa dann der Fall, wenn Positionen explizit als wertvoller gegenüber anderen dargestellt werden oder die Kontexte so gestaltet werden, dass sich die Tendenz zu einer solchen Bewertung verstärkt (vgl. Fischer 2017, S. 31). Die Erziehenden unterstützen die Zu-Erziehenden vielmehr darin, *selbst zu wählen*, d. h. eigene Entscheidungen zu treffen (vgl. Mertes 2004, S. 13 f., 44). Indem Heranwachsende nicht auf vorgegebene Orientierungsmuster festgelegt, sondern zu eigenem Urteil aufgefordert werden, erfahren sie in ihrer Würde Achtung und gewinnen sie die Möglichkeit, sich selbst als Wesen begreifen zu lernen, denen Würde zukommt. Umgekehrt wird diese Würde gerade darin erkannt, dass Heranwachsende als Ebenbilder Gottes prinzipiell dazu fähig sind, ihre Leben aus eigenen Entwürfen heraus zu gestalten. »Die Würde des Schülers besteht darin, dass er diese ›Waage‹ in sich hat, durch die er selbst denken, erkennen und einsehen kann. Diese Würde dem Schüler oder der Schülerin erfahrbar zu machen bedeutet, ihm beziehungsweise ihr den Zugang zu der ›Waage‹, genauer: zu der ›Mitte der Waage‹ zu zeigen« (Mertes & Siebner 2010, S. 139). Kurzum: Ignatianische Erziehung zielt auf eine Aktuierung des Personseins von Heranwachsenden.

Wie eine solche Unterstützung näher bestimmt werden kann, ist damit noch nicht geklärt. Eine *freie* Entscheidung setzt jedoch u. a. voraus, dass Heranwachsende sich zu bereits entwickelten Festlegungen, z. B. zu bestimmten Vorurteilen oder Willensstrebungen, in ein Verhältnis setzen. Erst ein solches Sich-Verhalten eröffnet die Möglichkeit einer eigenen Positionsbestimmung. Dieser Gedanke findet sich in den *Exerzitien* des Ignatius zumindest angedeutet. Dort heißt es: »Ich muß mich somit indifferent finden, ohne irgendeine ungeordnete Anhänglichkeit, so daß ich nicht dazu mehr geneigt bin noch danach verlange, die vorgelegte Sache zu nehmen, als sie zu lassen, noch mehr dazu, sie zu lassen, als sie zu nehmen« (von Loyola 1544/2008, S. 84). So wie die Erziehenden sich frei machen sollen von dem Bestreben, Heranwachsende in deren Wahl zu beeinflussen, so sollen letztere sich davon frei machen, in einer Wahl unmittelbar ihren Vorurteilen oder Willensstrebungen zu folgen. Es geht vielmehr darum, sich von entsprechenden Festlegungen, die immer schon mit einer bestimmten Neigung der Waage einhergehen, zu *distanzieren*, um einen *Spielraum* zu gewinnen, der notwendig ist, um eigene wohlüberlegte Entscheidungen treffen zu können. Da nicht davon ausgegangen werden kann, dass dies ohne edukative Unterstützung gelingt, können wir zumindest festhalten, dass eine Anerkennung von Heranwachsenden als Personen in diesem Zusammenhang u. a. Aktivitäten impliziert, die diesen ein *Sich-Verhalten zu ihren Vorurteilen und Willensstrebungen* ermöglichen, aber auch zumuten. »Beim Schüler beziehungsweise bei der Schülerin soll es wirklich zu einer eigenen Erkenntnis kommen«. Das aber bedeutet: »Freiheit im Vorgang der Erkenntnis ist entscheidend. Dorthin zu führen ist das Ziel ignatianischer Pädagogik« (Mertes & Siebner 2010, S. 137).

Ignatianische Erziehung ist nicht allein darauf bezogen, dass Heranwachsende in Wahlsituationen verstrickt und dabei unterstützt werden, die ihnen offerierte Möglichkeit der eigenen Urteilsbildung zu ergreifen. Darüber hinaus wird die »Indifferenz« als »die Grundhaltung« bestimmt, in die der heranwachsende Mensch »selbst hineinkommen soll, um fähig zu werden, eine eigene Entscheidung zu treffen bzw. zu einer eigenen Einsicht zu gelangen«, statt »nur seinen Launen und hergebrachten Gewohnheiten unterworfen« zu sein (Mertes 2004, S. 14). Die Heranwachsenden sollen also selbst eine Haltung der Indifferenz einnehmen lernen, was nur konsequent ist, wenn man berücksichtigt, dass auch eine ignatianische Erziehung auf ihr eigenes Ende hin ausgerichtet ist. Das bedeutet, dass die Heranwachsenden ein Maß an Urteilskraft und Charakterstärke entwickeln sollen, das sie von erzieherischer Sorge freisetzt, so dass Erziehung an ein Ende kommt und Bildungsprozesse unter erzieherischen Bedingungen in solche jenseits von Erziehung übergehen.

Diese Überlegungen tragen nicht nur der Einsicht Rechnung, dass Erziehung in einem *basalen Sinne* immer schon als *Aufforderung zur Selbsttätigkeit* begriffen werden muss, denn Heranwachsende sind in ihrem Lernen unhintergehbar und in diesem Sinne nicht vertretbar. Zugespitzt formuliert: »Lernende sind keine Trichter, in die man Lerninhalte hinein schüttet« (ebd., S. 15). Damit eng verbunden ist die Einsicht, dass Heranwachsende »nicht zum Lernen gezwungen werden können«, weshalb es insbesondere darauf ankommt, diese »so zu motivieren, dass sie selber studieren« (Spermann, Gentner & Zimmermann 2015, S. 15), d. h. sich in Sachverhalte vertiefen und um Verständnis ringen.

Ignatianische Erziehung wird darüber hinaus in einem *anspruchsvollen Sinne* als *Aufforderung zur Selbsttätigkeit* bestimmt, indem Heranwachsenden die Freiheit eröffnet wird, sich zu tradierten Geltungsansprüchen in ein Verhältnis zu setzen, ohne sie in ihrer Urteilsbildung festzulegen. Ignatianische Erziehung bedeutet von daher, um es nochmals zu wiederholen, Heranwachsende dazu zu veranlassen, sich zu Gelerntem in ein Verhältnis zu setzen. Es geht nicht nur und auch nicht primär darum, Heranwachsende in tradiertes Wissen und Können sowie tradierte Werte und Normen einzuführen. Als eine Erziehung, die Heranwachsende in der Aktuierung ihres Personsein zu unterstützen sucht, ist ignatianische Erziehung auch und vor allem daraufhin ausgerichtet, Heranwachsenden Freiräume zu eröffnen, um

2.3 Ignatianische Pädagogik als Pädagogik der Person

sich »neben das Gelernte zu stellen«, »um es anzuschauen, es zu ›verkosten‹ und sich dazu zu verhalten«. Zugespitzt formuliert: »Gebildet ist nicht, wer viel weiß, sondern wer reflektieren kann« – wenngleich Wissen und Können für Bildungsprozesse freilich unverzichtbar sind (Mertes & Siebner 2010, S. 141). In diesem Sinne könnte man sagen, dass die Aneignung von Wissen und Können als eine zwar notwendige, nicht aber hinreichende Bedingung von Bildung fungiert.

Es stellt sich die Frage, wie das *Sich-Verhalten zum Gelernten* im Kontext ignatianischer Pädagogik konzipiert wird, wobei an dieser Stelle mindestens drei Optionen denkbar sind:

- Eine *erste Option* besteht darin, dass Heranwachsende in die Prüfung der Geltung tradierten Wissens und Könnens hineingezogen werden, indem ihnen die Möglichkeit gegeben wird, das jeweilige Wissen und Können neu zu entdecken – und in diesem Sinne selber denkend ›hervorzubringen‹, d. h. als *sachliche Einsicht* anzueignen.
- Eine *zweite Option* ist darin zu sehen, dass die Unterstützung der Entwicklung sachlicher Einsichten mit der Aufforderung kombiniert wird, die Bedeutung des jeweiligen Wissens und Könnens für ein gelingendes Leben und Zusammenleben zu erwägen, d. h. *eigene Werturteile* zu fällen.
- Die *dritte Option* besteht schließlich darin, dass Heranwachsende nach den Voraussetzungen von sachlichen Einsichten und eigenen Werturteilen fragen, um auf diese Weise Problembewusstsein zu entwickeln, d. h. zu erkennen, dass sachliche Einsichten und eigene Werturteile wiederum auf Voraussetzungen beruhen, die nicht selbstverständlich, sondern klärungsbedürftig sind.

Im Kontext ignatianischer Pädagogik wird die zweite Form eines Sich-Verhaltens zum Gelernten in den Fokus gerückt, wenn es heißt: »Am Ende wird es mitten in dem schlichten, mühsamen, unspektakulären Schulalltag im Sinne ignatianischer Pädagogik immer darum gehen müssen, dass die Schülerinnen und Schüler mit dem Lernstoff kreativ umgehen, sich anschließend auf sich selbst zurückbesinnen, um sich schließlich durch freies und reifes Urteil in ein eigenes Verhältnis zu dem Lernstoff zu setzen – in der Mitte stehend wie eine Waage, das Allgemeinwohl und das Wohl der Nächsten im Blick, immer zur größeren Ehre Gottes« (Mertes 2004, S. 72).

Mertes macht hier nachdrücklich darauf aufmerksam, dass ignatianische Pädagogik auf ein ›freies und reifes Urteil‹ von Heranwachsenden gerichtet sei – wobei das ›Allgemeinwohl‹ und das ›Wohl der Nächsten‹ Berücksichtigung finden sollen. Zugleich ist an dieser Stelle von dem Anspruch die Rede, damit ›zur größeren Ehre Gottes‹ beizutragen. Es ist nicht klar ersichtlich, ob hier von einer ignatianischen Erziehung die Rede ist, die mit ihrer Ausrichtung ›zur größeren Ehre Gottes‹ beitragen soll, oder ob sich der besagte Anspruch auf die Urteilsbildung der Heranwachsenden bezieht. Sollte letzteres der Fall sein, so bleibt weiterhin klärungsbedürftig, ob die freie, in einen moralischen Horizont eingebettete Urteilsbildung sowie ein hiervon angeleitetes Handeln von Heranwachsenden bereits als solche ›zur größeren Ehre Gottes‹ beitragen, oder ob es Anspruch ignatianischer Erziehung ist, dafür zu sorgen, dass Heranwachsende sich darüber hinaus von der Idee leiten lassen,

›zur größeren Ehre Gottes‹ beizutragen. Sollte es Anspruch ignatianischer Erziehung sein, Heranwachsende dazu zu bewegen, sich in ihrer Lebensführung an der Idee zu orientieren, ›zur größeren Ehre Gottes‹ beizutragen, so stünde dies durchaus in Spannung zu dem Anspruch, Heranwachsende in der Aktuierung ihres Personseins zu unterstützen. Dieser Anspruch kommt nämlich u. a. darin zum Ausdruck, dass die zukünftige Lebensführung von Heranwachsenden offengehalten wird. Mertes löst dieses Spannungsverhältnis nicht auf, sondern erzeugt es geradezu, wenn er einerseits festhält, »ignatianische Pädagogik« wolle »zu einem Glauben *ermutigen*, der sich für Gerechtigkeit einsetzt« (Mertes & Siebner 2010, S. 144; Hv. d. Verf.), und andererseits zustimmend aus den *Grundzügen* zitiert: »Jesuitische Erziehung *dient* dem Glauben, der Gerechtigkeit schafft« (Mertes 2004, S. 72, Hv. d. Verf.; ICAJE 1986/1998, S. 34).

2.3.3 Menschen für andere

Mit dem Bild der Waage wird ein *zentraler*, vielleicht sogar *der* zentrale Aspekt einer ignatianischer Pädagogik illustriert. So ist in Bezug auf die Haltung der Indifferenz auf der Seite der Erziehenden sowie im Hinblick auf die Einübung einer Haltung der Indifferenz auf der Seite der Zu-Erziehenden ausdrücklich vom »Herzstück der ignatianischen Pädagogik« die Rede. Dieser systematische Kern, wie man vielleicht auch sagen könnte, fungiert als der »Bezugspunkt für alle anderen pädagogischen Themen« (Mertes & Sieber 2010, S. 138).

Indem im Kontext ignatianischer Pädagogik die Aufgabe bestimmt wird, dass Heranwachsende darin unterstützt werden sollen, sich in einem »verantworteten Umgang mit Freiheit« (ebd., S. 154) zu üben, so handelt es sich hierbei nicht nur um eine Präzisierung dessen, was durch ignatianische Erziehung angestrebt wird, nämlich Selbständigkeit im Denken, Urteilen und Handeln. Darüber hinaus wird mit dieser Aufgabenbestimmung dem Umstand Rechnung getragen, dass *alle* Menschen als Ebenbilder Gottes einen Anspruch darauf haben, ihr Leben aus eigenen Entwürfen heraus zu gestalten.

Pedro Arrupe hat diesen Anspruch in die Formulierung gekleidet, dass es aus ignatianischer Warte »prime educational objective« sei, »to form men-for-others« (Arrupe 1973, o. S.). Diese Formulierung ist missverständlich, suggeriert sie doch, dass es möglich und erstrebenswert sei, Heranwachsende zu ›Menschen für Andere‹ zu *machen*. Darüber hinaus bleibt bei Arrupe (aber auch bei vielen anderen Autor:innen, die Arrupes Formulierung übernehmen) ungeklärt, wie dieser Anspruch einer ignatianischen Pädagogik in einen Zusammenhang gebracht werden kann mit der Forderung, dass Erziehende die Heranwachsenden nicht zu ›der einen Lebensweise mehr als zu einer anderen‹ bewegen dürfen.

Der besagte Anspruch lässt sich dahingehend begründen, dass eine Wahl zwischen Orientierungsmustern Freiräume voraussetzt, die im Miteinanderumgehen der Menschen nicht notwendigerweise gegeben sind, sondern immer wieder neu hergestellt und stabilisiert werden müssen. Das aber bedeutet, dass eine ignatianische Erziehung, die auf die Aktuierung des Personseins von Menschen bezogen ist,

Heranwachsende konsequenterweise auch dazu anhalten muss, andere Menschen ebenfalls als vernunft- und freiheitsbegabte Lebewesen zu achten.

In diesem Zusammenhang macht Mertes darauf aufmerksam, dass es auch und vor allem zu den »Zielvorstellungen ignatianischer Pädagogik« zähle, »Menschen heranzubilden, die sich mehr für das Allgemeinwohl einsetzen«, was bedeutet, »dass sie im Suchen nach dem Lebensziel überhaupt mehr Geschmack daran finden, sich für andere Menschen einzusetzen als für das eigene Fortkommen« (Mertes 2004, S. 57). Heranwachsende sollen edukativ nicht nur darin unterstützt werden, *ein gelingendes Leben zu führen*, sondern auch Hilfe dabei erfahren, *Verantwortung für ein gelingendes Zusammenleben zu übernehmen*, d. h. sich für »das Wohl der Gesellschaft, insbesondere für die Schwächsten, und für die Bewahrung der Schöpfung einzusetzen« (Gentner, Spermann, Zimmermann 2019, S. 4). Damit wird einer moralischen Orientierung ein prinzipieller Vorrang vor dem Eigeninteresse zugesprochen. Das heißt, in Situationen, in denen das Eigeninteresse mit moralischen Geboten bzw. Verboten kollidiert, stehen einander keine gleichberechtigten Alternativen gegenüber. Es handelt sich nicht um Situationen der Wahl, von denen oben die Rede war, sondern um Situationen, in denen bereits feststeht, was getan bzw. unterlassen werden soll. Damit wird aus der Warte einer ignatianischen Pädagogik – ohne dass dies ausdrücklich kenntlich gemacht werden würde – der These von der *Overridingness* der Moral gegenüber alternativen Werteorientierungen zugestimmt: »Im Sinne des kategorischen Imperativs bzw. des Gebots der Nächstenliebe ist der Einsatz für die Interessen anderer grundsätzlich vorrangig gegenüber dem Blick auf das eigene, vom Allgemeinwohl abgelöste Interesse« (Mertes 2004, S. 57). Damit ist eine moralische Grundorientierung angedeutet, die die Urteilsbildung von Heranwachsenden umgrenzt, und die im Kontext ignatianischer Erziehung selbst nicht noch einmal zur Debatte steht – was Mertes explizit herausstellt, wenn er schreibt, dass an dieser Stelle »seitens der ignatianischen Pädagogik eine inhaltliche Vorgabe« (ebd.) bestehe. Diese Vorgabe ist in der Tradition eines ignatianischen Selbst-, Welt- und Gottesverständnisses fest verankert. Hierauf weist nicht zuletzt eine wiederkehrende Formulierung in den *Satzungen der Gesellschaft Jesu* hin, wo von denjenigen die Rede ist, »die von größerer Bedeutung für das gemeinsame Wohl« (von Loyola 1556/1998, S. 770) seien.

Moralität geht nicht in moralischen *Urteilen* auf. Vielmehr verlangt der »Dienst am Allgemeinwohl« auch, dass Heranwachsende lernen, sich im *Handeln* an den eigenen Urteilen zu orientieren – und dies wiederum mag durchaus bedeuten, »zu widersprechen und Fragen zu stellen, Zivilcourage auch gegen Autoritäten zu zeigen«, oder aber »Spannungen auszuhalten« (Mertes 2004, S. 58). Vor diesem Hintergrund kann der Anspruch ignatianischer Pädagogik noch einmal präziser gefasst werden, nämlich »dass die Lernenden die Fähigkeit erwerben sollen, den jeweils *größeren* eigenen Beitrag für das Allgemeinwohl herauszufinden und zu realisieren, je nach dem Ort und den Umständen, die in ihrem Leben walten« (ebd., S. 58 f.; Hv. i. O.). Es geht letztlich darum, dass Heranwachsende die *Charakterstärke* entwickeln, den eigenen Urteilen im Handeln zu entsprechen, d. h. tatsächlich »Verantwortung für andere Menschen zu übernehmen« (ebd., S. 50). Methodisch hat dies u. a. zur Konsequenz, Heranwachsenden »Verantwortungsräume zu eröffnen und sie darin zu begleiten.« (ebd., S. 51). Jesuitenschulen werden vor diesem Hintergrund als »Orte« beschrieben, »wo jungen Menschen zugetraut – und zugemutet – wird, große Verantwortung für andere zu übernehmen, entsprechendes Handeln einzuüben und zu reflektieren. Dies geschieht in Sozialpraktika, in unterrichtlichen Projekten oder auch in außerschulischen Lernfeldern an Kollegien, wie in der verbandlichen Jugendarbeit oder in sozialen Diensten« (Gentner, Spermann, Zimmermann 2019, S. 18).

Weil ignatianische Erziehung ein Handeln im Lichte eigener Urteile zu unterstützen sucht, scheidet eine konditionierende Haltungserziehung ebenso aus wie eine Indoktrination in bestimmte moralische Überzeugungen: »Es geht nicht darum, Verhalten über moralischen Druck anzupassen oder eine Gesinnung von oben zu verordnen« (Mertes & Siebner 2010, S. 146). Positiv formuliert: »Moralische Erkenntnis im eigentlichen Sinn wächst nur im Raum der Freiheit« (ebd.). Ignatianische Erziehung impliziert von daher, Heranwachsenden auch in Fragen der Moralität einen »selbstständigen Vernunftgebrauch« zuzumuten (ebd., S. 139). Ein moralischer Umgang setzt nämlich u. a. voraus, dass eine Person dazu in der Lage ist, bestimmte Ansprüche als *moralische* Ansprüche zu erkennen. Ein solcher Umgang beruht ferner darauf, dass eine Person fähig ist, den eigenen Willen daraufhin zu beurteilen, ob dieser moralischen Ansprüchen entspricht. Schließlich setzt ein ›verantworteter Umgang mit Freiheit‹ voraus, dass eine Person die Fähigkeit entwickelt hat, unter Berücksichtigung der spezifischen Umstände, Handlungen zu entwerfen, die moralische Ansprüche berücksichtigen. An dieser Stelle wird im Kontext einer ignatianischen Pädagogik der epistemischen Tugend der *Phronesis* eine Schlüsselrolle zugeschrieben, worauf wir in den *Vergewisserungen* (Kapitel 1) bereits hingewiesen haben und in den *Spezifizierungen* (Kapitel 4) noch ausführlicher eingehen werden.

2.3.4 Reflexion

Erziehung wird in neueren Entwürfen einer ignatianischen Pädagogik als Unterstützung der Entwicklung von Urteilskraft und Charakterstärke konzipiert, wobei dieser Prozess in einem moralischen Rahmen situiert wird, der in der Erziehung selbst nicht zur Debatte steht. Dieser Rahmen bringt eine moralische Grundorientierung zum Ausdruck, die bestimmt ist durch die Idee einer wechselseitigen Achtung von Freiheit. Es stellt sich nun die Frage, wie die rekonstruierte Aufgabenbestimmung in eine Differenzierung von verschiedenen *Grundformen* einer ignatianischen Erziehung ›übersetzt‹ werden kann.

Wir unterscheiden im Rückgriff auf die Tradition moderner Pädagogik drei Grundformen von Erziehung, die im Kontext neuerer Beiträge zur ignatianischen Pädagogik rekonstruiert werden können. Diese Grundformen heißen Regierung, Unterricht und Beratung (vgl. Benner 2015, S. 216 ff.). Vor diesem Hintergrund gehen wir schließlich auf den Anspruch einer ignatianischen Erziehung ein, Heranwachsende in Aktivitäten der Reflexion zu verstricken, und erläutern wir diesen Anspruch als ein zentrales Moment ignatianischer Erziehung im Sinne der Unterstützung einer Aktuierung der Person.

Regierung

Die erste Grundform einer ignatianischen Erziehung kann als *Regierung* bezeichnet werden. Eine regierende Erziehung ist daran erkennbar, dass Regeln durchgesetzt werden, denen eine überindividuelle Geltung zugesprochen wird, die nicht von einer persönlichen Stellungnahme der Heranwachsenden abhängt. Dies schließt freilich nicht aus, dass Heranwachsende eigene Einsicht in diese Regeln gewinnen können. Im Gegenteil: Ignatianische Erziehung ist darauf gerichtet, Heranwachsenden dabei zu helfen, sich aus Einsicht auf überindividuelle Verbindlichkeiten zu verpflichten. Zunächst ist es aber oftmals erforderlich, entsprechende Regeln durchzusetzen, ehe die Frage ihrer Geltung thematisiert werden kann. »Wenn eine Meute sich auf ein Opfer stürzt, ist es nicht die Aufgabe von Lehrkräften, die Situation zu nutzen, um der Meute ein Lernerlebnis zum Stichwort ›Ausgrenzung‹ zu ermöglichen, sondern es ist Aufgabe der Autoritäten, einzuschreiten und die Gewalt zu beenden. Der zweite Schritt ist dann jedoch ein pädagogischer: Schülern helfen, ihre eigene Blindheit zu durchbrechen, indem ihnen ein Perspektivwechsel auf die Seite der Opfer ermöglicht wird« (Mertes & Siebner 2010, S. 147).

Im Kontext ignatianischer Erziehung gilt eine spezifische Grenzlinie als maßgeblich – und zwar sowohl auf der Seite der Erziehenden, als auch auf der Seite der Heranwachsenden: »Alle Gewalt« muss vor dem »Raum der Freiheit halt machen« (ebd., S. 139). Auf der Seite der *Erziehenden* stellt sich hier u. a. die Aufgabe, disziplinierende Aktivitäten in einer Weise zu konzipieren, die den Raum der Freiheit nicht zerstört, sondern sichert. Auf der Seite der *Zu-Erziehenden* erwächst aus diesem Gedankengang eine spezifische (Bildungs-)Aufgabe, nämlich die eigenen Urteile relational zu dem Anspruch anderer Menschen zu entwerfen, *ihrerseits* im Lichte eigener Urteile zu handeln.

In diesem Sinne ist im Kontext ignatianischer Pädagogik explizit von »Regeln« die Rede, »deren Geltung nicht von individuellen Abwägungsprozessen abhängig« gemacht werden könne, und zwar deshalb nicht, weil ihre Funktion gerade in der »Ermöglichung eines Freiheitsraumes« bestehe, der Bedingung dafür ist, dass überhaupt eigene Urteilsbildung und ein Handeln im Lichte eigener Urteile möglich ist (Mertes & Siebner 2010, S. 138 f.). So gesehen ist es »kein Widerspruch zum pädagogischen Prinzip der Waage« (ebd., S. 138), wenn bestimmte Regeln durchgesetzt werden, d. h. ein »Rahmen« in Anspruch genommen wird, »der seinerseits nicht mehr zur Disposition steht« (Mertes 2004, S. 24). Zugleich wird auf die Notwendigkeit aufmerksam gemacht, Übergänge von der Regierung in andere erzieherische Grundformen zu stiften: »Wo immer es nötig ist, muss es mindestens den Versuch geben, dem Kind Gründe einsichtig zu machen, warum seine Grenzen überschritten werden müssen« (Zimmermann 2015, S. 80).

Der Gedanke, dass die Haltung der Indifferenz Grenzen kennt, lässt sich bis zu den *Exerzitien* zurückverfolgen. Ignatius formuliert hier die Erwartung, »daß wir uns gegenüber allen geschaffenen Dingen in allem, was der Freiheit unserer freien Entscheidungsmacht gestattet und ihr nicht verboten ist, indifferent machen« (von Loyola 1544/2008, S. 39) – nicht aber gegenüber den Dingen, die dieser Freiheit *nicht* gestattet sind. Dies gilt insbesondere – so wäre aus der Warte einer modernen

Variante von ignatianischer Pädagogik zu präzisieren – in Bezug auf Regeln, die Bedingung der Möglichkeit von Freiheit selbst sind.

Vor diesem Hintergrund gilt, dass im Kontext einer ignatianischen Erziehung, die als Ermöglichung von Bildung konzipiert wird, bestimmte Bedingungen beachtet werden müssen, von denen die *Legitimität* disziplinierender Maßnahmen abhängt: *Erstens* müssen die Regeln als Bedingung der Möglichkeit der freien Urteilsbildung ausgewiesen werden können. *Zweitens* darf die Durchsetzung der jeweiligen Regeln nur die Form annehmen, dass Heranwachsende am Handeln gehindert werden. Die Heranwachsenden sollen nicht auf bestimmte Regeln hin konditioniert werden, sondern die jeweiligen Regeln aus Einsicht für ihr Handeln als maßgeblich bestimmen. *Drittens* muss die Disziplinierung in eine unterrichtliche und beratende Erziehung übergehen, sobald ein potenzieller Schaden abgewendet worden ist. *Viertens* muss eine disziplinierende Erziehung – wie überhaupt alle Erziehung – enden, sobald die Heranwachsenden dazu in der Lage sind, entsprechend der eigenen Urteile zu handeln.

Unterricht

Die zweite Grundform einer ignatianischen Erziehung kann als *Unterricht* bestimmt werden. Eine Erziehung durch Unterricht ist daran zu erkennen, dass Heranwachsende in ein tradiertes Wissen und Können eingeführt werden, dem überindividuelle Geltung zugeschrieben wird, und das in diesem Sinne ebenfalls nicht von der persönlichen Stellungnahme abhängig ist. Doch bedeutet dies nicht notwendigerweise, dass Unterricht auf eine Durchsetzung von Geltungsansprüchen hinausläuft. Unterricht, der unter Bildungsanspruch steht, wird im Kontext einer ignatianischen Pädagogik vielmehr als ein ›Ort‹ beschrieben, an dem Geltungsansprüche thematisiert werden, um Heranwachsenden *Einsicht* zu ermöglichen.

Dies gilt auch für die Regeln, die im Kontext einer regierenden Erziehung nicht zur Debatte stehen. Das für eine ignatianischen Erziehung maßgebliche »Wohlwollen«, das voraussetzungslos gewährt wird, d. h. »nicht an Bedingungen geknüpft« ist, kommt in diesem Fall dadurch zum Ausdruck, dass »Grenzsetzung« nur unter der Voraussetzung als legitim angesehen wird, dass die jeweils in Anspruch genommenen Regeln einsichtig gemacht werden. Kurzum: »Bei der Grenzsetzung geht es darum, ein Verstehen zu ermöglichen« (Mertes 2004, S. 31). Ob es zur Einsicht kommt, ist nicht vorhersehbar. Grenzsetzungen sind insofern immer auch riskant, als nicht vorhersagbar ist, ob Heranwachsende ihnen (retrospektiv) zustimmen werden. Dies ist die Situation, in der Erziehende stehen, wenn eine Entscheidung nicht aufgeschoben werden kann. Diese müssen eine Grenzsetzung »unabhängig von der Zustimmung des betroffenen Schülers verantworten, in der Hoffnung, dass dieser sie gut versteht. Wenn der Schüler die Grenze erkennt, nachdem sie ihm gesetzt worden ist, dann ist das ein Beitrag zu seiner Rettung« (ebd., S. 32).

Im Unterricht ist es prinzipiell möglich, mit der »Differenz zwischen richtig und falsch« zu operieren, denn die Geltung des thematisierten Wissens und Könnens ist nicht von der Einsicht der Heranwachsenden abhängig. Pointiert formuliert: »Ob

1+1 = 2 oder 3 ist, unterliegt nicht einem individuellen Abwägungsvorgang« (Mertes & Sieber 2010, S. 138). Freilich kann auch dann von einer entwickelten Urteilskraft gesprochen werden, wenn Heranwachsende z. B. gelernt haben, einfache Additions- oder Subtraktionsaufgaben zu lösen, ohne weiterhin auf die Hilfe durch Lehrer:innen angewiesen zu sein. Dies scheint allerdings nicht im Fokus zu stehen, wenn im Kontext ignatianischer Pädagogik von einer »selbständigen, immer reiferen Urteilskraft« (ebd.) die Rede ist, zu der Wissen und Können ›nur‹ in einem instrumentellen Verhältnis stehen. Vielmehr scheinen hier Situationen im Fokus zu stehen, in denen die Frage, was vorzuziehen bzw. zurückzustellen ist, (noch) offen ist – Situationen, die danach verlangen, dass Heranwachsende lernen, sich in einer ›Praxis des Gründe-Gebens und Nach-Gründen-Verlangens‹ zu orientieren (vgl. Rucker 2018), eben weil kein Halt an überindividuell gültigen Bezugspunkten gefunden werden kann.

Beratung

Dieser Typ von Situationen ›erzwingt‹ gleichsam ein ›Denken ohne Geländer‹ (Arendt 2023) und verlangt nach einer dritten Grundform einer ignatianischen Erziehung, die als *Beratung* bezeichnet werden kann. Die Heranwachsenden sehen sich einer Situation ausgesetzt, in der sie selbst ermessen müssen, weil keine Bezugsgrößen ausgemacht werden können, die stabilen Halt offerieren. Damit ändert sich auch die Rolle der Erziehenden, die nicht einfach disziplinieren und unterrichten können, sondern ebenfalls in einer Situation stehen, in der sie nicht um eine allgemeinverbindliche Antwort auf eine Frage wissen. Erziehung avanciert zu einer Form des Miteinanderumgehens, in der Heranwachsende Unterstützung dabei erfahren, selbst zu ermessen und die eigenen Positionsbestimmungen wiederum mit Anderen zu beraten.

Man kann sich die Differenz zwischen Unterricht und Beratung auch unter Rückgriff auf eine Unterscheidung der Komplexitätstheorie deutlich machen. In diesem Kontext wird zwischen einfachen, komplizierten und komplexen Problemstellungen unterschieden. *Einfache* Probleme sind solche, zu deren Lösung Regeln bekannt sind, die darüber hinaus störungsfrei eingesetzt werden können. Im Falle von *komplizierten* Problemstellungen sind Regeln zur Problemlösung ebenfalls bekannt. Allerdings können diese Regeln nicht störungsfrei eingesetzt werden – etwa deshalb, weil eine Person nicht um die erforderlichen Regeln weiß. Im Unterschied zu einfachen und komplizierten Problemstellungen stehen im Falle von *komplexen* Problemstellungen keine Regeln zur erwartbar erfolgreichen Lösung eines Problems zur Verfügung. Dies wäre etwa dann der Fall, wenn verschiedene Beschreibungen eines Sachverhalts miteinander konfligieren, ohne dass eine Regel bekannt ist, die es erlauben würde, die verschiedenen Beschreibungen in eine allgemein akzeptierte Ordnung zu überführen. Diese Regelunkenntnis – und das ist hier entscheidend – gilt auch auf der Seite von Expert:innen (vgl. Rucker & Anhalt 2017, S. 23 ff.).

Im *Unterricht* werden *komplizierte* Problemstellungen thematisiert. Diese sollen in einfache Problemstellungen transformiert werden, indem Heranwachsende in ein Wissen und Können eingeführt werden, das es ihnen erlaubt, die jeweiligen Problemstellungen erwartbar erfolgreich zu lösen. Dabei wird häufig von *einfachen* Problemstellungen ausgegangen, indem auf ein Wissen und Können Bezug genommen wird, das Heranwachsende sich bereits angeeignet haben. Einfache Probleme erfüllen die Funktion, Heranwachsende in die Bearbeitung komplizierter Problemstellungen einzuführen, sie stehen aber nicht im Zentrum des Unterrichts, denn in dem Fall, dass Heranwachsende ein gegebenes Problem lösen können, ist Unterricht entweder nicht erforderlich oder bereits an sein Ende gekommen. *Beratung* hat es im Unterschied zum Unterricht mit *komplexen* Problemstellungen zu tun, im Falle derer nicht nur die Zu-Erziehenden, sondern auch die Erziehenden nicht auf eine allgemeinverbindliche Regel zurückgreifen können, um ein gegebenes Problem erwartbar erfolgreich zu lösen. Die pädagogische Sorge ist hier nicht darauf bezogen, Heranwachsende in ein Wissen und Können einzuführen, dem die Erwachsenen vertrauen, sondern darauf gerichtet, ihnen dabei zu helfen, in Situationen des Widerstreits zwischen verschiedenen Positionen eigene Urteile zu fällen.

Erziehender Unterricht

Unterricht und Beratung stehen in einem Zusammenhang, über den eine ignatianische Pädagogik Auskunft zu geben hätte. Hierbei wäre zunächst einmal von dem Umstand auszugehen, dass unterrichtlich vermitteltem und angeeignetem Wissen und Können als solchem (noch) keine Bedeutung in Fragen eines gelingenden Lebens und Zusammenlebens zukommen. Dieser Umstand verlangt u. a. danach, dass Heranwachsende darin unterstützt werden, den Sinn des Gelernten im Hinblick auf ein gelingendes Leben und Zusammenleben zu beurteilen – was selbst noch einmal etwas anderes ist, als Heranwachsende in konkreten Fragen der Lebensführung im Umgang mit Anderen zu beraten.

Vor diesem Hintergrund wird Unterricht im Kontext ignatianischer Pädagogik als *erziehender* Unterricht konzipiert, was nicht bedeutet, dass Wissensvermittlung schlichtweg mit Wertevermittlung kombiniert wird (vgl. Rucker 2019). Vielmehr werden in der Dimension des Wissens *sachliche Einsicht* und in der Dimension der Werteorientierung *eigene Werturteile* angestrebt. Ohne selbst mit dem Terminus ›Erziehender Unterricht‹ zu operieren, wird die Notwendigkeit, sachliche Einsicht und eigene Werturteile zu verknüpfen, im Kontext ignatianischer Pädagogik deutlich gesehen. Explizit ist von der Unterstützung der Entwicklung von »Reflexionskompetenz« als einem »Exzellenz-Kriterium ignatianischer Schulen« die Rede – einem Anspruch, dem im Unterricht dadurch Rechnung getragen werden soll, dass Heranwachsende dazu aufgefordert werden, die »Bedeutung des Gelernten« zu ermessen (Mertes & Siebner 2010, S. 140). Umgekehrt ist es der Anspruch ignatianischer Erziehung, Heranwachsende in der Entwicklung von Werturteilen zu unterstützen, die auf sachlichen Einsichten beruhen. Zu betonen, dass im Kontext ignatianischer Erziehung die Frage nach der Bedeutung des Gelernten eine zentrale Rolle einnimmt, heißt nicht, dass tradiertem Wissen und Können eine untergeordnete Rolle zugesprochen werden. Die Frage nach dem Sinn des Gelernten zu stellen und zu beantworten, beruht *trivialiter* darauf, dass sachliche Einsichten gewonnen worden sind. Kurzum: »Reflexion setzt [...] Wissen voraus« (ebd.).

Erfahrung, Reflexion und Handeln

Heranwachsende in Praktiken der Reflexion hineinzuziehen – dieses Anliegen ist tief im ignatianischen Selbst-, Welt- und Gottesverständnis verankert. »Reflektieren im ignatianischen Sinne« steht für die Bezugnahme einer Person auf deren »innere Reaktionen«, die sich in der Konfrontation mit einem bestimmten Sachverhalt (z.B. infolge der Lektüre eines Textes) einstellen (Mertes & Siebner 2010, S. 140). Man könnte hier auch von einer *Erfahrung* sprechen, die sich in der *Tätigkeit an der Welt* einstellt, und die nun *reflexiv* bearbeitet wird, indem man erwägt, welche Bedeutung dem jeweiligen Weltgegenstand zukommt. »Sich aufhalten bei den inneren Erfahrungen ist das, was in der ignatianischen Pädagogik oder auch modern mit ›Reflexion‹ bezeichnet wird« (Mertes 2004, S. 20).

Ignatius selbst spricht in diesem Zusammenhang von einem »Innerlich-die-Dinge-Verspüren-und-Schmecken« (von Loyola 1544/2008, S. 28) und bezeichnet die inneren Reaktionen, die sich in der Tätigkeit an der Welt einstellen, als ›Bewegungen‹ oder auch ›Geister‹. Dabei führt die Bedeutung, die der Reflexion im ignatianischen Selbst-, Welt- und Gottesverständnis im Allgemeinen sowie im Kontext ignatianischer Pädagogik in Besonderen zukommt, letztlich auf die Biografie des Ordensbegründers zurück. In seiner Autobiographie heißt es etwa, dass Ignatius – aufgrund einer Verwundung im Kampf an das Krankenbett gefesselt – nicht nur einfach in Büchern las, die man ihm zur Lektüre gab, sondern darüber hinaus noch etwas anderes tat, nämlich auf das Gelesene zu reflektieren. »Wenn er aufhörte, sie zu lesen, verweilte er manchmal dabei, an die Dinge zu denken, die er gelesen hatte; andere Male an die Dinge der Welt, die er früher zu denken pflegte« (von Loyola 2002, S. 16). Diese Reflexion führte Ignatius schließlich zur Umkehr und zur Nachfolge Jesu.

»Die Begriffe Schmecken und Verspüren führen in das Zentrum ignatianischer Pädagogik«, denn die darin beschriebene Erziehung ist darauf gerichtet, Heranwachsende dazu zu veranlassen, sich in ein Verhältnis zum Gelernten zu setzen: »Sie sollen den Lernstoff reflektieren, nicht konsumieren, oder besser: nicht nur konsumieren, sondern vor allem reflektieren. Denn erst durch Reflexion, durch Innerlich-die-Dinge-Verspüren-und-Schmecken verbindet sich das Lernen mit Sinnerfahrung« (Mertes 2004, S. 18). Es ist dieses Schmecken und Verspüren, in dem sich ein »Verhältnis zu dem von außen eingegebenen Stoff« (ebd., S. 17) entwickelt, zumindest aber entwickeln kann. In der Reflexion besteht die Möglichkeit, den Sinn des Gelernten für ein gelingendes Leben und Zusammenleben zu erkennen. Entsprechend muss die Frage nach dem Sinn des Gelernten selbst zum Thema des Unterrichts zu avancieren – nicht im Sinne eines *Surplus*, sondern als *konstitutives Moment* eines Unterrichts, der darauf gerichtet ist, Heranwachsende zu einem »verantworteten Umgang mit Freiheit« (Mertes & Siebner 2010, S. 139) zu befähigen.

Reflexion kommt nicht nur im *Unterricht*, sondern auch im Kontext einer *beratenden Erziehung* eine wichtige Rolle zu. Dabei bedeutet Reflexion in diesem Zusammenhang nicht, nach der Bedeutung eines spezifischen Wissens und Könnens für die eigene Lebensführung zu fragen. Ignatianische Erziehung nimmt hier vielmehr die Form an, Heranwachsende in eine Bewegung hineinzuziehen, die in der Tradition ›Unterscheidung der Geister‹ genannt wird (vgl. von Loyola 1544/2008, S. 127 ff.; Sintobin 2023) und im Kern darin besteht, dass Heranwachsende mit einer Entscheidungssituation in Fragen der eigenen Lebensführung im Umgang mit Anderen konfrontiert sind. In einer solche Situation sieht sich der heranwachsende Mensch vor die Aufgabe gestellt, »seine innere Motivation zu klären«, »die Gründe hinter seinen Beurteilungen« zu eruieren sowie »mögliche Optionen abzuwägen und sie hinsichtlich ihrer wahrscheinlichen Konsequenzen zu werten«, um so schließlich den »Impuls«, der zum »Guten« führt, von demjenigen, der »ihn zum Schlechten« hinneigt, zu unterscheiden – dies freilich nicht ohne Grund, sondern um ein bestimmtes »Ziel« zu erreichen, nämlich »ein freier Mensch zu sein, der den Willen Gottes in jeder Situation sucht, findet und ausführt« (ICAJE 1993/1998, S. 124). Dies impliziert, dass Erziehende die Unterscheidung zwischen dem Guten, Bösen und Neutralen nicht stellvertretend fällen, sondern den Zu-Erziehenden die ›Unterscheidung der Geister‹ zugemutet wird, sollen diese sich in Freiheit auf überindividuelle Verbindlichkeiten verpflichten und aus einer entsprechenden Selbstverpflichtung heraus handeln lernen. Eine entsprechende Tätigkeit an der Welt kann wiederum zu neuen Erfahrungen führen, die reflexiv bearbeitet werden. Von daher ist es nicht weiter überraschend, wenn das »ständige Zusammenspiel von *Erfahrung*, *Reflexion* und *Handeln*« explizit als »Kern einer Ignatianischen Pädagogik« bestimmt wird (ebd., S. 114; Hv. i. O.).

Die Idee, die Aktuierung der Person in einem prinzipiell unabschließbaren Wechselspiel von Welttätigkeit, Erfahrung und Reflexion zu situieren, wäre nun – wie hier nur angedeutet werden konnte – relational zu der Differenz zwischen einer unterrichtlichen und einer beratenden Erziehung auszulegen. In Schriften zur ignatianischen Pädagogik wird diese Differenz nicht konsequent berücksichtigt, weshalb Reflexion *einerseits* als Klärung der Bedeutung unterrichtlich vermittelten und angeeigneten Wissens und Könnens für ein gelingendes Leben und Zusammenleben und *andererseits* als Bezugnahme auf den eigenen Motivationshorizont im Kontext realer Handlungssituationen bestimmt wird.

Zudem wäre festzuhalten, dass mit einer Beschreibung von ignatianischer Erziehung als einer »Erziehung zur Reflexion« der Zusammenhang zwischen ihren methodischen und anthropologischen sowie teleologischen Gesichtspunkten gestiftet wird: Erst dort, wo Heranwachsenden »eigene Räume des Übens, der Erfahrung« *und* »eigene Räume der Reflexion« bereitgestellt werden, gewinnen diese die Möglichkeit, sich zu sich selbst und zur Welt in ein Verhältnis zu setzen und ihr Personsein zu aktuieren, »erhalten Schüler ihre Würde im Lernprozess« (Zimmermann, Spermann & Gentner 2017, S. 19).

2.3.5 Die Frage nach Gott

Bleibt die Frage zu klären, welche Funktion das *Religiöse* im Kontext einer ignatianischen Erziehung spielt. In diesem Sinne geht es uns im Folgenden nicht um eine Klärung der religiösen Voraussetzungen einer Beschreibung von Erziehung im Kontext ignatianischer Pädagogik, sondern um eine Bestimmung des Stellenwertes von

Religion im Rahmen einer ignatianischen Erziehung. Zugespitzt gefragt: Welche Ausrichtung gewinnt religiöse Erziehung im Kontext einer ignatianischen Pädagogik, die als Pädagogik der Person konzipiert wird?

Die These lautet, dass auch die religiöse Erziehung in diesem Zusammenhang unter Bildungsanspruch gestellt, d. h. als Ermöglichung religiöser Bildung konzipiert wird. Diese These impliziert verschiedene Aspekte, die im Zusammenhang zu betrachten sind. *Erstens*: Religiöse Erziehung avanciert im Kontext ignatianischer Erziehung zu einer Dimension von Erziehung neben anderen. Religiöse Erziehung wird zwar als unverzichtbar verstanden, sie besitzt aber keinen Primat gegenüber anderen Dimensionen von Erziehung. Diese sind nicht länger auf das Religiöse ›hingeordnet‹, wie dies in traditionellen Entwürfen einer ignatianischen Pädagogik der Fall ist, in denen eine ›gelehrte Frömmigkeit‹ (docta pietas) angestrebt wurde (vgl. Kessler 1999/2000, S. 48 f.). *Zweitens*: Religiöse Erziehung wird nicht länger konzipiert als Einführung von Heranwachsenden in eine christliche Lebensform mit dem Anspruch, die darin formulierten Glaubenswahrheiten nicht nur zu kennen, sondern auch die eigene Lebensführung hieran auszurichten. Religiöse Bildung zu initiieren und zu unterstützen bedeutet etwas anderes, nämlich Heranwachsenden dabei zu helfen, in religiösen Fragen Urteilskraft zu entwickeln, was u. a. eine prüfende Auseinandersetzung mit tradierten Antworten auf religiöse Fragen voraussetzt bzw. einschließt.

Eine solche Ausrichtung von religiöser Erziehung ist nicht nur in der Orientierung an Bildung im Sinne einer Aktuierung des Personseins von Heranwachsenden begründet. Es gibt darüber hinaus auch eine theologische Begründung dafür, von dem Anspruch Abstand zu nehmen, Heranwachsende darauf zu verpflichten, das eigene Leben im Umgang mit Anderen aus einer christlichen Selbstdeutung heraus zu führen. Fasst man »Glauben im christlichen Verständnis« als »die freie Antwort auf einen Anruf« Gottes auf (Gentner, Spermann, Zimmermann 2019, S. 19), so scheint es angemessener zu sein, religiöse Erziehung als eine Form des Miteinanderumgehens zu bestimmen, in der Heranwachsenden die Möglichkeit eröffnet wird, die ›großen Fragen‹ zu stellen und in der Auseinandersetzung mit der Tradition nach Antworten auf diese Fragen zu suchen. Hierum wusste schon Ignatius, der in den *Exerzitien* ausdrücklich den Hinweis gibt: »Der die Übungen gibt, soll [...] *unmittelbar* den Schöpfer mit dem Geschöpf wirken lassen und das Geschöpf mit seinem Schöpfer und Herrn« (von Loyola 1544/2008, S. 32 f.; Hv. i. O.).

Es dürfte kaum sinnvoll möglich sein, eine ignatianische Pädagogik zu entwerfen, die dem Religiösen keine Bedeutung beimisst (vgl. Funiok & Schöndorf 2000, S. 14 f.). Vielmehr muss davon ausgegangen werden: »Ignatianische Pädagogik hat eine ausdrücklich religiöse Seite« (Spermann, Gentner & Zimmermann 2015, S. 19 f.). *Zum einen* wird ignatianische Erziehung in ihrer Ausrichtung in Bezug auf die Gottesebenbildlichkeit – und damit religiös – begründet. *Zum anderen* kommt dem Religiösen im Kontext einer entsprechend ausgerichteten Erziehung eine wichtige Rolle zu. Diese besteht nun allerdings nicht darin, Heranwachsende für eine christliche Lebensführung zu gewinnen, sondern diesen eine »Bildung« zu ermöglichen, die ihnen zu »selbständiger Orientierung in weltanschaulichen Fragen« verhilft und »die auch die Frage nach Gott offen hält« (ebd.).

Tradierte Antworten auf diese Fragen – dies scheint uns von entscheidender Bedeutung zu sein – geben nicht das Maß vor, an dem ignatianische Erziehung ausgerichtet wird. Diese Antworten avancieren im Kontext von Erziehung vielmehr zu Gegenständen der Auseinandersetzung. Heranwachsende sollen mit religiösen Fragen und mit tradierten Antworten auf diese Fragen konfrontiert sowie dazu aufgefordert werden, zu den besagten Fragen Stellung zu nehmen, ohne hierbei bereits gegebene Antworten zu ignorieren: »Wer ist Gott für mich? Welcher Anspruch entsteht aus der Anrede Gottes? Was bedeuten Lebenshaltung und Lebenspraxis Jesu für mich? Was in mir möchte von ihm angesprochen werden? Wofür brennt mein Herz wirklich? Was macht für mich und mein gesellschaftliches Umfeld Sinn? All diese Fragen werden an ignatianisch geprägten Schulen allen zugemutet. Wer sich mit diesen Fragen auseinandersetzt, ahnt und realisiert, dass die Welt mehr beinhaltet als das, was begreifbar ist, was nützlich ist und Erfolg verspricht« (Spermann, Gentner & Zimmermann 2015, S. 20). Der Anspruch religiöser Erziehung lautet, Heranwachsende darin zu unterstützen, die Frage nach dem Unbedingten als eine für ihr Leben bedeutsame Frage zu erkennen und damit einen Modus des Selbst- und Weltbezugs für sich zu entdecken, der einen originären Blick auf sich selbst und die Welt eröffnet.

Erziehung in diesem Sinne ist zu unterscheiden von einer religiösen Erziehung, die Heranwachsende zu bestimmten Antworten auf die Frage nach dem Unbedingten zu bewegen oder diese gar auf bestimmte Antworten festzulegen sucht. Ignatianische Erziehung wird vielmehr als eine Form des Miteinanderumgehens bestimmt, in der tradierte Antworten auf die Frage nach dem Unbedingten als etwas behandelt werden, zu dem Heranwachsende sich in ein Verhältnis setzen können sollten. Die Frage nach dem Unbedingten wird im Kontext ignatianischer Erziehung damit nicht nur *wachgehalten*, sie wird darüber hinaus auch *als Frage* tradiert. Ignatianische Erziehung spricht in diesem Sinne lediglich die Einladung an die Heranwachsenden aus, den Glauben als Möglichkeit für sich zu bedenken.

All diese Aspekte finden sich gebündelt, wenn im Kontext einer ignatianischen Pädagogik heute davon die Rede ist, dass die ›Frage nach Gott‹ in der Erziehung ›offengehalten‹ werden müsse. Indem religiöse Erziehung unter den Anspruch gestellt wird, die Frage nach Gott offenzuhalten, sucht sie »die freie Wahl der religiösen Orientierung« (Funiok & Schöndorf 2000, S. 15) sicherzustellen, was eben auch einschließt, bereits entwickelte Festlegungen von Heranwachsenden in Sachen Religion mit diesen gemeinsam auf den Prüfstand zu stellen. Demgegenüber würde der Versuch einer »Missionierung« der Heranwachsenden »dem Respekt vor der Freiheit und Würde des anderen« widersprechen (ebd.). An dieser Stelle droht vielmehr der Vorwurf der Indoktrination, auf den wir noch zu sprechen kommen werden. »Indoktrination aber zerstört beides, Bildung und die Möglichkeit eines freien Ja zum Glauben« (Zimmermann, Spermann & Gentner 2017, S. 16).

Die Frage nach Gott avanciert im Kontext ignatianischer Erziehung nicht nur zu einem Thema des Unterrichts, d. h. »es geht nicht darum, nur über Gott *zu reden*. Ganz im Gegenteil: Spirituelle und religiöse Vollzüge prägen die Schulwirklichkeit« (Spermann, Gentner & Zimmermann 2015, S. 20; Hv. i. O.). Jesuitische Schulen offerieren Heranwachsenden über den Religionsunterricht hinaus Möglichkeiten, sich

2.3 Ignatianische Pädagogik als Pädagogik der Person

in religiösen Praktiken zu versuchen – ohne dabei den Anspruch zu verfolgen, Heranwachsende auf ein *Bekenntnis* zu verpflichten. Dies wäre mit der Aufgabe, diesen zu ›selbständiger Orientierung in weltanschaulichen Fragen‹ zu unterstützen, inkompatibel.

Wie die Erziehung im Allgemeinen unter den Anspruch gestellt wird, Heranwachsende zu einem ›selbstständigen Vernunftgebrauch‹ und – damit verbunden – zu einem ›verantworteten Umgang mit Freiheit‹ zu befähigen, so steht auch die religiöse Erziehung im Besonderen unter dem Anspruch, »zu einem kritischen, verantworteten Umgang mit der Frage nach Gott hinzuführen« (Mertes & Sieber 2010, S. 150). In diesem Sinne erfüllt die »Freiheitsperspektive« auch an dieser Stelle die Funktion eines übergeordneten Bezugspunktes: »Es geht in der ignatianischen Pädagogik auch bei der Frage nach Gott darum, Erkenntnis in Freiheit zu ermöglichen« (ebd.). Zur näheren Bestimmung einer solchen Ausrichtung von religiöser Erziehung ist es erforderlich, zwischen *religiöser Praxis* und der *Thematisierung dieser Praxis* zu unterscheiden.

Geht man davon aus, dass religiöse Erziehung auch in ignatianischen Schulen zunächst einmal die Form des *Religionsunterrichts* annimmt, so erweist es sich als besonders dringlich, »Gotteslob« und das »Sprechen über Gott« zu unterscheiden (Mertens 2004, S. 38). Unterricht, der unter Bildungsanspruch steht, bedeutet zunächst einmal, dass Religion thematisch wird. Religion zum Thema zu machen, ist etwas anderes, als Heranwachsende in religiöse Praxis zu verstricken. Diese »findet in der Anbetung statt, im Hymnus, im Bekenntnis, im Gebet, im Gottesdienst, aber auch in Taten, in der Hinwendung zu den Armen, Notleidenden, Kleinen und Schwachen« (ebd., S. 38 f.). Im Religionsunterricht wird die frohe Botschaft einer Religion nicht verkündet, sondern thematisiert, geprüft und ggf. problematisiert. Auf diese Weise wird ein Freiheitsraum eröffnet, weshalb Unterricht als ein unverzichtbares Moment religiöser Erziehung begriffen wird. »Unterricht ist in der Regel sekundärer Diskurs – und soll es auch sein« (ebd., S. 39). Damit ist noch keine Aussage über die Legitimität einer Erziehung getroffen, in der Heranwachsende dazu eingeladen werden, religiöse Praktiken zu vollziehen – und zwar um diese zu *erproben*.

Der Umstand, dass es fortschreitend notwendig sein dürfte, Religionsunterricht mit solchen Erprobungen stärker zu verzahnen, hat u. a. damit zu tun, dass Unterricht an Vorerfahrungen anknüpft und diese zu erweitern sucht. Wenn aber die religiöse Sozialisation in Familien zunehmend ausbleibt, ist Religionsunterricht streng genommen nicht möglich, ohne dass in der Schule religiöse Praktiken inszeniert werden – und zwar um Ansatzpunkte für einen Religionsunterricht zu schaffen, in dem Heranwachsenden dabei geholfen wird, in Sachen Religion Urteilsfähigkeit zu entwickeln. Entsprechend wird im Kontext einer ignatianischen Pädagogik ausdrücklich betont: »Der Religionsunterricht ersetzt das Beten nicht, im Gegenteil. Er kann zur Ersatzhandlung für den fehlenden primären Diskurs [d. h. für eine fehlende religiöse Praxis; K.A./T.R.] werden und gerade dadurch verdecken, was aufgedeckt werden müsste: dass am Anfang der ›primäre Diskurs‹ steht« (Mertes 2004, S. 39). Wo die Sozialisation in eine religiöse Tradition fehlt, da kann Religionsunterricht Erfahrung und Umgang nicht erweitern. Vielmehr wären erst einmal kompensatorisch religiöse Praktiken zu inszenieren, weshalb religiöse Erziehung im Kontext ignatianischer Pädagogik als ein Hineinziehen von Heranwachsenden in ein offenes *Wechselspiel von Welttätigkeit, Erfahrung und Reflexion* konzipiert wird. Dabei wird von der Annahme ausgegangen, dass es »im Bereich des Religiösen neben dem Bekenntnis auch das ›Üben‹ gibt« (Mertes & Siebner 2010, S. 151). Das bedeutet: »Religiöse Praxis lässt sich sozusagen propädeutisch üben oder auch erproben« (ebd.), so dass sich an dieser Stelle die Möglichkeit ergibt, religiöse Erziehung in der Schule als Hineinziehen in einen experimentellen Vollzug religiöser Praktiken zu konzipieren – einen Vollzug, der gerade nicht an der Idee orientiert ist, Heranwachsende zu einem Bekenntnis zu bewegen, sondern vielmehr dem Anspruch unterstellt ist, Heranwachsenden Urteilsbildung in den ›großen Fragen‹ zu ermöglichen. Umgekehrt wäre im Kontext einer ignatianischen Pädagogik auf die Grenzen zu reflektieren, die mit einer entsprechenden Praxis verbunden sind, wenn die Sozialisation von Kindern und Jugendlichen unter bestimmten Bedingungen des Aufwachsens immer schon zur Entwicklung spezifischer Orientierungsmuster führt. Hier könnte es hilfreich sein, unsere Hinweise auf eine bislang unterbelichtete Kindheit aufzugreifen und für eine Klärung der Möglichkeiten und Grenzen einer religiösen Erziehung im Rahmen von Jesuitenschulen fruchtbar zu machen.

3. Kontextualisierungen: Ignatianische Pädagogik und ihre Pädagogizität

Thomas Rucker

Ausgangspunkt unserer Rekonstruktion einer ignatianischer Pädagogik als einer Pädagogik der Person war die Überlegung, dass die Maßgabe, Gott in allen Dingen zu suchen und zu finden, immer auch auf die Heranwachsenden bezogen werden muss. Aus einem ignatianischen Selbst-, Welt- und Gottesverständnis heraus kann auch im heranwachsenden Menschen Gott erkannt werden, womit sich ein beliebiger Umgang verbietet. Entsprechend wird Erziehung im Kontext ignatianischer Pädagogik als eine Form des Miteinanderumgehens beschrieben, in der Heranwachsende als Personen adressiert werden sollen. Dies impliziert, dass Kinder und Jugendliche Hilfe dabei erfahren, das eigene Leben zu entwerfen und zu gestalten. Die Prämisse, auf der eine Beschreibung von Erziehung in diesem Sinne beruht, lautet, dass Menschen als Personen nicht auf einen bestimmten Lebensentwurf festgelegt sind, sondern diesen prinzipiell die Möglichkeit offensteht, bereits entwickelte Festlegungen zu überschreiten.

Eine Adressierung von Heranwachsenden als Personen ist insbesondere von der Überzeugung getragen, dass für die Heranwachsenden nur so die Möglichkeit besteht, in ein freies Verhältnis mit Gott zu treten, um *ihre* ›Berufung‹, in der Tradition des Jesuitenordens gesprochen: um *ihr* Magis zu suchen und zu finden. Die Spannung von Freiheit und Verbindlichkeit, die eine ignatianische Pädagogik durchzieht, zeigt sich hier in aller Deutlichkeit. Eine ignatianische Erziehung kann nicht *nicht* versuchen, Heranwachsende für die religiöse Dimension von Wirklichkeit zu erschließen. Zugleich will eine ignatianische Erziehung Heranwachsende nicht auf eine christliche Lebensform festlegen. Heranwachsende zu einem Bekenntnis zu bewegen, kann nicht Aufgabe einer ignatianischen Erziehung sein, wenn an der Maßgabe der Personalität Orientierung gesucht wird. Der Ansatz, für den in neueren Beiträgen zur ignatianischen Pädagogik an dieser Stelle votiert wird, lautet, Heranwachsende in die Frage nach Gott zu verstricken, ohne diese auf vorgegebene Antworten zu verpflichten.

Im Kontext einer ignatianischen Pädagogik, die als Pädagogik der Person konzipiert wird, wird der Erfolg einer ignatianischen Erziehung nicht länger daran festgemacht, dass es gelingt, Heranwachsende zu einer christlichen Lebensform zu bewegen, die von der Überzeugung getragen ist, durch ein gottgefälliges Leben das eigene Seelenheil zu sichern. Die Maßgabe der Personalität gebietet es vielmehr, die zukünftige Lebensführung von Heranwachsenden offen zu halten. Dies schließt freilich nicht aus, dass z. B. Lehrkräfte christliche Überzeugungen mit Geltungsanspruch an die Heranwachsenden herantragen. In diesen Gottes Ebenbild zu erkennen bedeutet aber, dass es untersagt ist, Heranwachsende in ihrem

Selbst- und Weltverständnis festzulegen. Positiv formuliert bedeutet dies, dass es geboten ist, Heranwachsenden die Möglichkeit des Sich-Verhaltens zu eröffnen.

Vor diesem Hintergrund sucht eine ignatianische Erziehung Heranwachsenden dabei zu helfen, einen ›Selbststand‹ in Fragen eines gelingenden Lebens und Zusammenlebens zu entwickeln. Dies schließt u. a. mit ein, ein pures Selbstverwirklichungsstreben zu unterbrechen und Heranwachsende in die Frage zu verstricken, ob dasjenige, was sie erstreben, auch als erstrebens*wert* beurteilt werden kann – im Hinblick auf ein gelingendes Leben und im Hinblick auf ein gelingendes Zusammenleben in einer gemeinsam geteilten Welt. Es wäre geradezu widersinnig, Heranwachsende einerseits als Personen zu adressieren und diese andererseits *nicht* mit dem Anspruch zu konfrontieren, ihren Mitmenschen entsprechend zu begegnen. Heranwachsenden in der Aktuierung ihres Personseins zu helfen, schließt von daher immer auch mit ein, diese dazu zu veranlassen als ›Menschen für Andere‹ in Erscheinung zu treten. Es ist missverständlich, wenn in diesem Zusammenhang die Rede davon ist, dass es Aufgabe ignatianischer Erziehung sei, Menschen für andere zu ›bilden‹ oder ›hervorzubringen‹. Im Kontext einer Pädagogik der Person ist es untersagt, Heranwachsende zu ›machen‹ oder auch nur ›machen‹ zu wollen. Heranwachsende als Personen zu adressieren, verlangt vielmehr nach Aktivitäten, die Heranwachsende zu einer Selbstverpflichtung auf überindividuelle Verbindlichkeiten anhalten.

Erziehung so zu bestimmen, ist kennzeichnend für eine ignatianische Pädagogik, die als eine Pädagogik der Person konzipiert wird. Um diese Interpretation zu erhärten, werden wir zu zeigen versuchen, dass eine solche Spielart von ignatianischer Pädagogik von einer alternativen Spielart unterschieden werden kann, die mit der Idee einer geschlossenen Zukunft operiert. Zur Kontextualisierung einer ignatianischen Pädagogik werden wir beide Spielarten zu einer Bestimmung der Eigenstruktur moderner Erziehung in Beziehung setzen, um von dort her das Problem der ›Pädagogizität‹ ignatianischer Pädagogik zu adressieren (vgl. Heitger 2003).

Im Zuge gesellschaftlicher Transformationsprozesse insbesondere in Kontinentaleuropa in der Zeit von etwa 1700 bis 1850 kristallisiert sich in pädagogischen Entwürfen zunehmend die Überzeugung heraus, dass Erziehung nicht darin aufgehen dürfe, Heranwachsende in kulturelle Sachverhalte einzuführen, sondern dieser darüber hinaus auch und vor allem die Aufgabe zukommen müsse, ›Neuankömmlingen‹ in dieser Welt dabei zu helfen, sich zu tradierten Geltungsansprüchen in ein Verhältnis zu setzen. Die Idee, dass Erziehung auf die Freisetzung für ein Leben in Selbstbestimmung ausgerichtet sein soll, erfährt in den pädagogischen Entwürfen der sogenannten Sattelzeit ihren Durchbruch. Erziehung wird nun fortschreitend an den Anspruch geknüpft, *Bildung* zu ermöglichen. Erziehung als *Ermöglichung von Bildung* zu begreifen, bedeutet in diesem Zusammenhang, Erziehung an »die mit dem Bildungsbegriff gesetzte Norm« der »personalen Autonomie« zu knüpfen (Blankertz 2000, S. 42).

Bei allen *Differenzen* zwischen den im besagten Zeitraum angefertigten Beschreibungen von Erziehung können in diesem Zusammenhang auch bestimmte *Invarianten* ausgemacht werden. Diese Invarianten werden heute als spezifische

Momente der Eigenstruktur moderner Erziehung diskutiert (vgl. Benner 2015; Rucker 2021b). Entwürfe einer ignatianischen Pädagogik zu dieser Struktur in ein Verhältnis zu setzen, scheint uns von zentraler Bedeutung zu sein, will man eine Standortbestimmung der ignatianischen Pädagogik vornehmen. Eine solche Standortbestimmung schließt nämlich u. a. mit ein, die ignatianische Pädagogik im Verhältnis zu alternativen pädagogischen Entwürfen zu bestimmen. Die im Folgenden angestrebte Verhältnisbestimmung eröffnet nicht nur die Möglichkeit, *Gemeinsamkeiten* und *Unterschiede* zu alternativen Pädagogiken herauszuarbeiten, sondern könnte darüber hinaus den Boden für Detailstudien bereiten, in denen die ignatianische Pädagogik in ihren verschiedenen Varianten mit ausgewählten alternativen Pädagogiken relationiert wird. Schließlich sollen die Überlegungen dazu beitragen, die *Relevanz* ignatianischer Pädagogik heute zu klären – dies jedenfalls dann, wenn man davon ausgeht, dass in der Bezugnahme auf die Eigenlogik moderner Erziehung ein Problemniveau angezeigt werden kann, dass heute nicht unterschritten werden sollte, wenn man am Entwurf einer ignatianischen *Pädagogik* interessiert ist.

In einem *ersten Schritt* gehen wir auf ein traditionelles Verständnis von ignatianischer Pädagogik ein, wie es insbesondere für die Gründungszeit des Jesuitenordens charakteristisch gewesen ist. Daraufhin stellen wir in einem *zweiten Schritt* zentrale Komponenten der Eigenstruktur moderner Erziehung vor, wie sie in der Erziehungswissenschaft herausgearbeitet worden sind. Der *dritte Schritt* besteht darin, einem traditionellen Verständnis von ignatianischer Erziehung ein modernes Verständnis entgegenzustellen, wobei wir uns hier weitestgehend an der im zweiten Kapitel entwickelten Rekonstruktion orientieren. Die von uns vorgenommene Kontrastierung erlaubt es, Transformationen in der Beschreibung ignatianischer Erziehung zu erfassen, die nicht in den Blick kommen, wenn man allein auf neuere Beiträge zur ignatianischen Pädagogik fokussiert. Darüber hinaus lässt die besagte Kontrastierung ein Spannungsverhältnis erkennen, auf das wir in einem *vierten Schritt* eingehen: Favorisiert man eine traditionale ignatianische Pädagogik, so konfligiert diese mit der Eigenstruktur moderner Erziehung. In diesem Fall ist es fraglich, ob überhaupt sinnvoll von einer ignatianischen *Pädagogik* gesprochen werden kann. Wird ignatianische Erziehung unter Berücksichtigung der Eigenstruktur moderner Erziehung bestimmt, so taucht die Frage auf, was eine solche Spielart von ignatianischer Pädagogik überhaupt noch als *ignatianische* Pädagogik qualifiziert. In diesem Zusammenhang stellen wir die These zur Diskussion, dass eine moderne Spielart von ignatianischer Pädagogik als eine im Kontext ignatianischer Spiritualität begründete Beschreibung von Erziehung als Ermöglichung von Bildung interpretiert werden kann. Eine ignatianische Pädagogik in diesem Sinne ist insofern *pädagogisch*, als sie an der Eigenstruktur moderner Erziehung orientiert ist. Als *ignatianisch* erweist sie sich hingegen in dem Sinne, dass die Rechtfertigung einer Erziehung als Ermöglichung von Bildung aus einer Tradition ignatianischer Spiritualität heraus erfolgt.

3.1 Ignatianische Pädagogik – Variante 1

Arbeiten zur ignatianischen Pädagogik aus dezidert erziehungswissenschaftlicher Perspektive sind selten. Wie wir einleitend bereits beschrieben haben, avanciert die ignatianische Pädagogik in Werken zur Geschichte der Pädagogik in der Regel zu einer ›Randnotiz‹. Die folgende Darstellung zentraler Aspekte eines ignatianischen Erziehungsverständnisses, wie es in der Frühzeit des Jesuitenordens formuliert worden ist (vgl. Lundberg 1966), ergänzt die von uns entwickelten Überlegungen zu einer Vergewisserung der ideengeschichtlichen Zusammenhänge ignatianischer Pädagogik. Dabei können insbesondere drei Aspekte als charakteristisch für ein traditionelles Verständnis von ignatianischer Erziehung ausgewiesen werden.

3.1.1 Bestimmtsein zu einem gottgefälligen Leben

Ignatianische Pädagogik geht in einer traditionellen Ausrichtung von einer spezifischen Bestimmung des Menschen aus, nämlich einem Bestimmtsein zu seinem gottgefälligen Leben. Bernhard Duhr, der die *Studienordnung der Gesellschaft Jesu* 1896 für die Bibliothek der katholischen Pädagogik neu übersetzt und eingeleitet hat, bringt diese Prämisse einer ignatianischen Pädagogik traditioneller Spielart pointiert zum Ausdruck: Die »Studienordnung der Gesellschaft Jesu«, so Duhr, könne »keine andere Voraussetzung haben« als eine spezifische Auffassung vom »Ziele des Menschen«. Die Prämisse lautet: »Der Mensch ist von Gott erschaffen, um durch den Dienst Gottes auf Erden sich des Lohnes Gottes im Jenseits würdig zu machen. Daraus ergibt sich für die Erziehung mit unabweisbarer Notwendigkeit ein primärer und ein sekundärer Zweck: Erziehung für das jenseitige Ziel vermittelst einer diesem Ziele möglichst entsprechenden Erziehung für den Lebensberuf in der Welt« (Duhr 1599/1896, S. 24 f.). Dieser Anspruch wurde in der Tradition nicht auf die Mitglieder des Jesuitenordens beschränkt, sondern beanspruchte Geltung »für alle, die bei den Jesuiten erzogen wurden […]. Alle sollten dazu beitragen, Christi Reich auf Erden zu verwirklichen und damit auch am Apostolat der Kirche teilhaben. Alle sollten aktive Christen sein« (Lundberg 1966, S. 330).

Wenn wir hier davon sprechen, dass ein traditionelles ignatianisches Erziehungsverständnis auf der Voraussetzung beruht, dass der Mensch in spezifischer Hinsicht bestimmt sei, so ist damit offenkundig nicht von einer natürlichen Festgelegtheit die Rede. In diesem Fall wäre Erziehung weder möglich noch notwendig. Menschen müssen die Orientierungsmuster, an denen sie sich in ihrer Lebensführung ausrichten, allererst erlernen und sind in diesem Zusammenhang u. a. auf edukative Unterstützung angewiesen. Wenn wir behaupten, ignatianische Pädagogik beruhe auf der Voraussetzung einer spezifischen Bestimmung des Menschen, so ist damit etwas anderes im Blick. Gemeint ist, dass in der offerierten Beschreibung von Erziehung von vornherein feststeht, was die Orientierungsmuster sind, die Heranwachsende sich lernend aneignen sollen, und deren Aneignung durch Erziehung initiiert und unterstützt bzw. sichergestellt werden soll. Der Mensch wird als ein Wesen gedacht, das dazu *bestimmt* ist, ein *gottgefälliges Leben* zu führen und – damit verbunden – sich im Urteilen und Handeln an dieser Bestimmung auszurichten.

Ignatianische Erziehung in diesem Sinne zu denken und zu gestalten, kann sich durchaus auf die *Exerzitien* des Ignatius berufen, in denen es ausdrücklich heißt: »In jeder guten Wahl muß, soweit es an uns liegt, das Auge unserer Absicht einfach sein, indem ich nur auf das schaue, wofür ich geschaffen bin, nämlich zum Lobpreis Gottes unseres Herrn und zur Rettung meiner Seele« (von Loyola 1544/2008, S. 81). Das hier artikulierte Selbst-, Welt- und Gottesverständnis erlaubt es, die angeführte Aufgabenstellung einer ignatianischen Erziehung zu begründen: *Weil* der Mensch dazu bestimmt ist, sich in seiner Lebensführung dem Willen Gottes zu unterwerfen, Menschen aber nicht immer schon zu einer entsprechenden Lebensführung bereit und fähig sind, *deshalb* müssen Heranwachsende sich die Orientierungsmuster, die für eines gottgefälligen Lebens maßgeblich sind, allererst aneignen, und *deshalb* soll Erziehung dafür Sorge zu tragen, dass Heranwachsende ein gottgefälliges Leben führen lernen.

Wie wir noch zeigen werden, wird im Kontext moderner Pädagogik von einer grundlegend anderen Voraussetzung ausgegangen, nämlich von der *Bildsamkeit* des Menschen, womit mehr gemeint ist als dessen Erziehungsbedürftigkeit und Erziehbarkeit sowie dessen Lernbedürftigkeit und Lernfähigkeit. Der Mensch wird vielmehr als ein Wesen begriffen, dessen Zukunft offen ist. Hieraus ergibt sich für die Pädagogik eine neue Problemstellung, nämlich wie eine Erziehung beschrieben werden kann, in der gerade *nicht* von einer festgelegten inhaltlichen Vorstellung davon ausgegangen wird, wozu Menschen bestimmt sind. Der entwickelte Lösungsvorschlag für diese Problemstellung lautet, Erziehung als eine Form des Miteinanderumgehens zu beschreiben, in der Heranwachsende nicht auf spezifische Orientierungsmuster festlegt, sondern vielmehr darin unterstützt werden, eigene Auffassungen von einem gelingenden Leben und Zusammenleben zu entwickeln – und zwar dadurch, dass sie zur Mitwirkung eingeladen werden.

Erziehung bedeutet dann nicht nur, Heranwachsende mit tradierten Geltungsansprüchen zu konfrontieren, sondern diese so zu adressieren, dass ihnen die Möglichkeit eröffnet wird, sich zu den jeweiligen Geltungsansprüchen in ein Verhältnis zu setzen. Mit einer solchen Beschreibung von Erziehung wird nicht nur mit der Voraussetzung gebrochen wird, dass der Mensch dazu bestimmt sei, ein gottgefälliges Leben zu führen. Der Bruch ist ungleich radikaler. Gebrochen wird überhaupt mit der Annahme, dass wir darum wüssten, zumindest aber darum wissen könnten, zu welcher Lebensorientierung Menschen bestimmt sind. Gebrochen wird darüber hinaus aber auch mit der Prämisse, dass wir ein entsprechendes Wissen bräuchten, um Erziehung sinnvoll beschreiben zu können.

Vor diesem Hintergrund ist eine der wenigen Darstellungen der ignatianischen Pädagogik im Kontext einer Geschichte der Pädagogik zu verstehen. Theodor Ballauff und Klaus Schaller schreiben, dass die »Situation der alten Kirche« im Zuge der Reformation eine »neue Haltung« erforderlich machte, nämlich diejenige eines »unbedingt gehorsamen Verteidigers und Erhalters der alten Religion«. Entsprechend müsse nicht nur die Gründung der *Societas Jesu* als ein Zusammenschluss von »Streitern für Gott und die Kirche« verstanden werden, sondern erkläre sich auch die Entwicklung eines Erziehungsverständnisses, in dem weitestgehend außen vor blieb – und letztlich auch außen vor bleiben musste –, was für die moderne Pädagogik zum entscheidenden Orientierungsgesichtspunkt avanciert ist, nämlich »die reflexive Subjektivität, die Freiheit der eigenen Stellungnahme«. Der für die *Societas Jesu* maßgebliche Anspruch, die »Rückführung aller in die una sancta catholica unter dem absoluten Primat des Papstes« sicherzustellen, erwies sich letztlich – so dürfen wir Ballauff und Schaller wohl interpretieren – als unvereinbar damit, Heranwachsende als bildsame Subjekte zu adressieren (Ballauff & Schaller 1970, S. 88).

Zu einer ähnlichen Einschätzung gelangt auch Mabel Lundberg, wenn sie auf das Erziehungsverständnis zu sprechen kommt, wie es innerhalb des Jesuitenordens in der Zeit von 1540 bis 1650 vertreten wurde. Wie wir in den *Vergewisserungen* bereits herausgestellt haben, wird Erziehung in ignatianischer Tradition an den Anspruch der Persönlichkeitsbildung geknüpft. Während heute darunter zumeist verstanden wird, dass Heranwachsende lernen, eigene Urteile zu fällen und diesen im Handeln zu entsprechen, findet sich in der Frühphase des Ordens ein anderer Begriff von Persönlichkeit: »Ziel der Jesuiten«, so Lundberg, war nicht die Unterstützung der Entwicklung einer »eigenen Persönlichkeit«. Der Anspruch lautete vielmehr: »Christus sollte die Persönlichkeit einnehmen und im Mittelpunkt stehen« (Lundberg 1966, S. 256). Auch an dieser Stelle zeigt sich also, dass Erziehung an einem vorab feststehenden Entwurf von ›richtigem‹ Menschsein ausgerichtet war: »Der Dienst an Gott soll den ersten Platz im Leben einnehmen« (ebd., S. 249; Merz 2000, S. 267; Arthur 2021)

Auch in einer neueren Geschichte der Pädagogik wird einer traditionellen Form von ignatianischer Pädagogik ein affirmativer Charakter attestiert, der davon herrührt, dass von einer scheinbar wie selbstverständlich in Anspruch genommenen Voraussetzung aus argumentiert wird, nämlich dass der Mensch dazu bestimmt sei, ein gottgefälliges Leben zu führen. So wird der »Jesuitenorden« von Benner und Brüggen als ein »Lehrorden« beschrieben, der u. a. das Ziel verfolgte, »den christlich-katholischen Glauben zu verbreiten und die christlich-katholische Kirche inmitten einer feindlich gewordenen Welt zu festigen« (Benner & Brüggen 2011, S. 42). Von daher sei es der Anspruch einer ignatianischen Erziehung gewesen, Menschen dazu zu veranlassen, »sich in Selbstverleugnung zu üben und in der christlichen Tugend Fortschritte zu machen«, ehe diese sich mit dem »Erreichen einer religiös-sittlichen Grundeinstellung« schließlich auch den »Wissenschaften« widmen sollten (ebd.).

3.1.2 »Vereinigung von Wissen und Frömmigkeit«

Im Lichte der anthropologischen Prämisse, dass der Mensch zu einem gottgefälligen Leben bestimmt sei, wird ignatianische Erziehung an die Aufgabe geknüpft, Heranwachsende in eine christliche Lebensform einzuführen. Eine solche Einführung wird als ein Dienst am Menschen verstanden, der es diesem ermöglichen soll, im Kontext einer sich verändernden Welt aus einem christlichen Selbstverständnis heraus zu urteilen und zu handeln, um so in die Nachfolge Jesu zu treten und die eigene Seele zu retten. Für Ignatius »war die Welt nach einer den ewigen Gott spiegelnden Ordnung geschaffen. Die dem Menschen ursprünglich vorgegebene Ordnung, die durch die Erbsünde zerstört worden war, wiederherzustellen, war der eigentliche Lebenskampf des einzelnen und der Menschheit als ganzer« (Erlinghagen 1979/2000, S. 101). Erziehung erfüllt in diesem Zusammenhang eine wichtige Funktion und wird damit in einen eschatologischen Sinnhorizont gestellt. Die Heranwachsenden sollen dazu bewegt werden, mitzuwirken an der Verbesserung der Welt im Sinne der christlichen Heilsgeschichte.

Ignatianische Erziehung ist entsprechend daraufhin ausgerichtet, dass Heranwachsende eine Haltung entwickeln, für die eine Übereinstimmung des eigenen Willens mit dem Willen Gottes kennzeichnend ist. Dies schließt eine Befassung mit wissenschaftlichem Wissen nicht aus, sondern ein. Allerdings wird die Erziehung von vornehrein darauf bezogen, Heranwachsende *so* in wissenschaftliches Wissen einzuführen, dass der Zusammenhang mit der Idee einer gottgefälligen Lebensführung gewahrt bleibt. »Die Erkenntnis Gottes, dem Dienst an ihm und der Liebe zum Erlöser muss alles untergeordnet werden. Diese Haltungen im Edukanden anzubahnen und zu fördern bleibt die grundlegende Aufgabe der Lehrer und Erzieher« (März 2000, S. 269). Pointiert formuliert findet sich dieser Anspruch ignatianischer Erziehung in einer Rede, die 1564 vor Studenten in Dillingen (Bayern) gehalten wurde. Dort heißt es ausdrücklich: »Die Religion muß die Wissenschaften durchdringen«. Hingegen würden diejenigen »Unheil« über »die christliche Gesellschaft bringen«, die zwar in den Wissenschaften kundig sind, deren Wissen aber nicht auf die Idee eines gottgefälligen Lebens bezogen ist. Von daher sei es gerade »unsere Pflicht, mit aller Kraft dahin zu streben, daß wir, wie es treuen Bildern christlicher Jugend geziemt, alle Mühe, allen Eifer und Fleiß verwenden auf die Erhaltung der lauteren Glaubenslehre und auf die Erziehung zu unverdorbenen Sitten, auf die Vereinigung von Wissen und Frömmigkeit, auf die gleichzeitige Empfehlung und Förderung des Studiums der menschlichen wie der göttlichen Wissenschaften« (zit. nach Lundberg 1966, S. 254; vgl. Haut 1854, S. 36 ff.).

Die Aufgabe von Erziehung als eine Festlegung von Heranwachsenden auf eine vorgegebene Ordnung zu begreifen, ist keinesfalls ungewöhnlich, sondern entspricht einem typischen Muster in der Beschreibung von Erziehung: »*Gegebene Ordnung*, ihre *Repräsentanz* durch Lehrer und Erzieher, der intellektuelle Akt ihrer *Erkenntnis* und der voluntative Akt ihrer ethischen *Anerkennung* auf der Seite des Zöglings machen über zweieinhalb Jahrtausende das Gerüst abendländischer Erziehung aus« (Böhm 1990/1997, S. 63; Hv. i. O.). Das Spezifikum einer ignatianischen Pädagogik besteht nicht darin, in der Beschreibung von Erziehung diesem Muster zu folgen. Es ist vielmehr die als maßgeblich bestimmte Ordnung, die eine ignatianische Pädagogik von alternativen Entwürfen unterscheidbar macht, nämlich die Ordnung einer ›Vereinigung von Wissen und Frömmigkeit‹, die in einer tugendhaften Lebensführung ihren Ausdruck finden sollte.

Ein solcher »christlicher Humanismus« (Funiok & Schöndorf 2000, S. 13) ist selbst wiederum eingebettet in die Annahme einer Schöpfungsordnung. Diese ist es, die als maßgeblicher Bezugspunkt von Erziehung fungiert, besitzt eine solche

Ordnung als göttliche Ordnung doch unbedingte normative Kraft. Es verwundert von daher nicht, dass Erziehung im Kontext traditioneller ignatianischer Pädagogik daraufhin ausgerichtet ist, Heranwachsende in die von Gott vorgegebene Ordnung einzufügen. Selbstverständlich kann dies nicht bis ins kleinste Detail antizipiert und vorbereitet werden, da Gott für jeden einzelnen Menschen sein je eigenes Magis bereithält. Pädagogisch wird jedoch angestrebt, einen Raum zu schaffen, in dem sich der eigene freie Wille mit dem Willen Gottes vereinigen kann. Erziehung wird damit als ein Mittel zur Verwirklichung eines vorgegebenen Zwecks begriffen, der in der Erziehung nicht zur Debatte steht. Wir haben es in diesem Sinne mit einem instrumentellen Erziehungsverständnis zu tun, in dem Erziehung als Mittel zu Erreichung eines außerpädagogischen Zwecks bestimmt wird. Dieser Zweck besteht darin, dass Heranwachsende dazu bewegt werden sollen, die von Gott vorgegebene Ordnung zu erkennen und anzuerkennen. Die Heranwachsenden sollen sich in ihrem Denken, Wollen und Handeln dieser Ordnung anpassen und an ihrer Vollendung im Sinne der christlichen Heilsgeschichte mitwirken.

Für eine ignatianische Pädagogik trifft von daher zu, was Hans-Georg Ziebertz als Moment traditioneller Beschreibungen von christlicher Erziehung im Allgemeinen herausgestellt hat: Es ist die »Divination«, die als »der ›höchste Zweck‹ des Menschen« und zugleich als »Ziel religiöser Erziehung« begriffen wird: »Der Mensch soll geheiligt werden, indem er Christ wird und als Christ lebt« (Ziebertz 2018, S. 817). Geht man davon aus, dass eine Lebensführung aus einer christlichen Selbstdeutung heraus nicht nur Voraussetzung dafür ist, die eigene Seele zu retten, sondern darüber hinaus auf eine Erziehung angewiesen ist, die Heranwachsende in eine christliche Lebensform einführt, so ist es nur folgerichtig, wenn »religiöse Erziehung« als »heilsrelevant« verstanden wird (ebd.). In diesem Sinne wird auch heute noch eine ignatianische Erziehung gerechtfertigt, in der es nicht, jedenfalls nicht primär darum geht, Heranwachsenden zu einer kritisch-reflexiven Positionsbestimmung in Sachen Religion zu verhelfen, sondern stattdessen die Aufgabe verfolgt wird, Heranwachsende zu einer Lebensführung aus einem christlichen Selbstverständnis heraus zu bewegen.

3.1.3 Disziplinierung, Einübung und Unterweisung

Im Lichte dieser Aufgabenbestimmung ignatianischer Erziehung, ›Wissen und Frömmigkeit‹ im Zusammenhang zu befördern, können verschiedene *Grundformen* von Erziehung unterschieden werden, wobei jede dieser Formen unter dem Anspruch steht, einen spezifischen Beitrag zur übergeordneten Aufgabe einer ignatianischen Erziehung zu leisten.

Eine erste Grundform von Erziehung, von der in frühen Texten zur ignatianischen Pädagogik die Rede ist, ist die »Aufrechterhaltung der Disziplin« (Ballauff & Schaller 1970, S. 95). Wir werden deshalb im Folgenden von einer *disziplinierenden Erziehung* sprechen. In diese Kategorie fallen z. B. diejenigen Empfehlungen, die in den von den Jesuiten Sacchine, Juvencius und Kropf verfassten *Erläuterungsschriften zur Studienordnung der Gesellschaft Jesu* (1898) unter dem Titel »Schulzucht« gegeben werden, um die Ordnung zu sichern, d. h. die »Freiheitssucht der jungen Leute«, wie es heißt, »im Zaume zu halten« (ebd., S. 437). Dabei wird z. B. geraten, die Lehrer müssten »dem Anfang zum Bösen entgegensteuern und die Knaben, wenn sie sich im geringsten unruhig zeigen, sofort zur Ordnung weisen« – wobei dies durchaus differente Formen annehmen kann, wie man ebenfalls erfährt. So wird etwa darauf aufmerksam gemacht, dass es durchaus angezeigt sein kann, Heranwachsende, »welche es in Leichtsinn oder Frechheit den übrigen zuvorthun [sic]«, mittels »allerlei Kunstgriffe nach und nach mürbe zu machen und in sanfter Weise ans Joch zu gewöhnen« (ebd., S. 438). Zugleich erfährt man aber auch, dass es unter bestimmten Bedingungen »vorzuziehen« sei, Heranwachsende »mit Vernunftgründen und Milde umzustimmen« (ebd., S. 439), d. h. sie dazu zu bewegen, sich aus Einsicht an die Regeln zu halten, die eine bestimmte Ordnung konstituieren.

Hiervon sind Aktivitäten zu unterscheiden, in denen Heranwachsende zu bestimmten Praktiken wie etwa dem Besuch der Messe angehalten werden. Die Aktivitäten sind darauf gerichtet, Heranwachende dazu zu veranlassen, sich in eine christliche Lebensform einzuüben. Erziehung in diesem Sinne kann als *Gewöhnung* von Heranwachsenden an eine vorgegebene Ordnung verstanden werden – eine Ordnung, die in der Erziehung selbst nicht zur Debatte steht. Vielmehr kommt den Erziehenden die »vornehmste Aufgabe« zu, »dem Werk Gottes den Weg zu bahnen«, d. h. die Heranwachsenden darauf vorzubereiten, »die Gnade, die den Glauben hervorverbrachte«, zu empfangen (Lundberg 1966, S. 326). Dies bedeutet nicht nur, Heranwachsende zu bestimmten Aktivitäten anzuhalten. Eine gewöhnende Erziehung besteht darüber hinaus auch darin, dass die Erziehenden selbst entsprechende Aktivitäten vollziehen. »Wichtigstes ›Erziehungsmittel‹ bleibt der Erzieher selbst; sein Vorbild und Beispiel, sein Leben nach dem Evangelium« (März 2000, S. 266). Wir werden diesen Punkt in den *Spezifizierungen* erneut aufgreifen, in denen das Problem der Tugenderziehung gesondert betrachtet wird.

Schließlich kennt man in Kontext einer ignatianischen Pädagogik traditioneller Spielart noch eine dritte erzieherische Grundform – nämlich die *Unterweisung*. Diese untersteht einem Primat der Religion. Dieser Primat tritt etwa dann besonders deutlich hervor, wenn einer einseitigen Hinführung von Heranwachsenden zu tradiertem Wissen und Können eine Absage erteilt und stattdessen eine ›Vereinigung von Wissen und Frömmigkeit‹ angestrebt wird. Vor diesem Hintergrund mag es durchaus irritieren, dass ein solcher Primat des Religiösen nicht mit einer Dominanz des Religionsunterrichts im Vergleich zu anderen Fächern verbunden ist. Der Grund hierfür dürfe darin zu sehen sein, dass Religion als übergeordneter Bezugspunkt der einzelnen Fächer fungieren und in diesem Sinne gerade nicht als ein Fach neben anderen Fächern stehen sollte. In diesem Fall wäre die Erziehung gleichsam in einen profanen und einen religiösen Teil zerfallen, wohingegen im Kontext einer ignatianischen Erziehung die Einheit der Differenz von Wissen und Religion angestrebt werden sollte. Entsprechend heißt es in der *Ratio Studiorum* in Bezug auf die unteren Klassen: »Die Knaben, die man der Gesellschaft zur Erziehung anvertraut hat, unterrichte der Lehrer *so, daß sie zugleich mit den Wissenschaften besonders die eines Christen würdigen Sitten sich aneignen*« (Duhr 1599/1896, S. 234; Hv. i. O.). Und weiter: »Sowohl bei guter Gelegenheit in den Unterrichtsstunden als auch sonst gehe seine [des Lehrers] Hauptabsicht dahin, die zarten Herzen der Jugend für den Dienst Gottes und die Liebe zu Gott sowie für alle Gott wohlgefälligen Tugenden empfänglich zu machen« (ebd.).[1]

Religionsunterricht avanciert im Kontext einer traditionellen ignatianischen Pädagogik zu einer *Unterweisung in tradierten Glaubenswahrheiten*, und ist darüber hinaus mit einer gewöhnenden Erziehung eng verbunden. So heißt es wiederum in der *Ratio Studiorum* mit Blick auf die unteren Klassen: »Der Katechismus soll besonders in den Klassen der Grammatik und, wenn nötig, auch in den andern freitags oder samstags auswendig gelernt und aufgesagt werden [...]. Er [der Lehrer] halte auch freitags oder samstags eine halbstündige fromme Ermahnung oder Erklärung des Katechismus; er ermahne vorzüglich zu täglichem Gebet zu Gott« (ebd., S. 235). In den *Klärungen* wurde bereits herausgestellt, dass sich ein Religionsunterricht, der von der Idee einer Aktuierung des Personseins von Heranwachsenden her beschrieben und begründet wird, grundlegend von einer religiösen Unterweisung in tradierten Glaubenswahrheiten unterscheidet.

3.2 Die Eigenlogik moderner Erziehung

Es wäre ein Missverständnis, wollte man in den beschriebenen Aspekten eines ignatianischen Erziehungsverständnisses lediglich Charakteristika einer ignatianischen Pädagogik vergangener Zeiten erkennen. Vielmehr lässt sich zeigen, dass die rekonstruierte Beschreibung einer ignatianischen Erziehung eine Traditionslinie markiert, die sich bis zu neueren Entwürfen einer ignatianischen Pädagogik erstreckt. So heißt es z. B. in einer ursprünglich von Pedro Arrupe in seinem Vortrag *Men for Others* aus dem Jahre 1973 vorgenommenen und wörtlich in die *Grundzüge jesuitischer Erziehung* aus dem Jahre 1986 aufgenommenen Selbstbeschreibung einer ignatianischen Pädagogik wie folgt: »Heute muss es das Hauptziel unserer Erziehung sein, Männer und Frauen für andere heranzubilden; Männer und Frauen, die nicht für sich selbst leben, sondern für Gott und Christus, für den Gott-Menschen, der zum Heil aller lebte und starb« (ICAJE 1986/1998, S. 38; Arrupe 1973). Auffällig ist an dieser Textpassage zum einen, dass Erziehung als ein ›Machen‹ von Heranwachsenden bestimmt wird. Die im Kontext einer modernen Pädagogik betonte Nichthintergehbarkeit und Unvertretbarkeit von Heranwachsenden in ihrem Bildungsprozess bleibt unterbelichtet. Bemerkenswert ist zum anderen, dass Erziehung nicht allein an den Anspruch geknüpft wird, ›Männer und Frauen für andere heranzubilden‹. Dieser Anspruch ist vielmehr in einen umfassenderen Anspruch eingebettet – nämlich Menschen ›heranzubilden‹, die ›für Gott und Christus‹ leben und sich *deshalb* dem Anderen (dem Nächsten) zuwenden. Auch hier scheint die Auffassung

---

[1] Im Vergleich zur Gewöhnung wurde der Unterweisung eine geringere Rolle in der religiösen Erziehung der Heranwachsenden zugesprochen. »Jesuitisch ist die Erziehung zur Religion und durch Religion, die weniger durch verstandesmäßigen Unterricht als durch Beispiel und Leben geschieht« (Koch 1934, Sp. 884).

maßgeblich zu sein, ignatianische Erziehung habe letztlich ihren Zweck darin, dass Heranwachsende ihr Leben im Umgang mit anderen aus einer christlichen Selbstdeutung heraus führen lernen. Entsprechend heißt es an anderer Stelle in den *Grundzügen* ausdrücklich: »Jesuitische Erziehung fördert einen Glauben, in dessen Mitte die historische Person Jesus Christus steht, und führt deshalb zur Bereitschaft, ihn als den ›Menschen für andere‹ nachzuahmen« (ICAJE 1986/1998, S. 34). Zugespitzt formuliert: Ignatianische Erziehung ist daraufhin ausgerichtet, Heranwachsende zur Nachfolge zu bewegen, wobei Nachfolge hier ausdrücklich eine Verpflichtung auf ein christliches Selbstverständnis impliziert. Ähnlich argumentiert – um hier wenigstens noch ein Beispiel zu geben – James Donahue, wenn er zu den »Characteristics of a Jesuit Vision of Education« auch und vor allem zählt, in den Heranwachsenden die Idee zu verankern, »that one's mission is to give oneself in service of God's redemptive plan. Jesuit-educated youth are to be schooled in a belief that theirs ought to be a life of service to others« (Donahue 1990, S. 54).

Eine Erziehung, die den heranwachsenden Menschen »als *Imago Dei* zu fortschreitender Christusförmigkeit führen will« (Ziebertz 2018, S. 812; Hv. i. O.) steht in Spannung zu dem, was in der Erziehungswissenschaft unter dem Titel ›Eigenlogik moderner Erziehung‹ diskutiert wird. Im Folgenden möchten wir näher erläutern, was damit gemeint ist, und begründen, inwiefern die Klärung dieser Eigenstruktur ein Problembewusstsein in den Blick rückt, an dem sich heute eine jede Beschreibung von Erziehung zu bewähren hat. Dies soll nicht heißen, dass die Eigenstruktur moderner Erziehung nicht auch problematisiert werden kann. Allerdings wäre eine solche Auseinandersetzung erst zu führen. Wir werden im Folgenden primär systematisch argumentieren, nehmen aber immer wieder auch auf Klassiker der Pädagogik Bezug, die maßgeblich dazu beigetragen haben, die Eigenlogik und die damit verbundene Normativität moderner Erziehung auf Begriffe zu bringen.

Menschen werden in eine Kultur hineingeboren und müssen in diese allererst eingeführt werden. Diejenige Form des Miteinanderumgehens, in der Menschen anderen Menschen dabei helfen, sich kulturelle Sachverhalte lernend anzueignen, bezeichnen wir als *Erziehung*. Der Umstand, dass kulturelle Sachverhalte sich nicht vererben, und Heranwachsende deshalb – auch immer wieder neu – in Kultur eingeführt werden müssen, ist universell nachweisbar. Dieser Behauptung widerspricht nicht, dass die Auslegung und Ausgestaltung von Erziehung sowohl in synchroner als auch diachroner Hinsicht Variationen unterliegen und vielfach umstritten sind.

Wenn von der Eigenstruktur moderner Erziehung die Rede ist, so ist damit bereits angedeutet, dass hier ein spezifisches Erziehungs*verständnis* fokussiert wird, das von einem vormodernen Verständnis von Erziehung unterschieden werden kann. In der Bestimmung dieser Eigenstruktur spiegelt sich wiederum ein spezifisches *Selbst- und Weltverständnis*, wie es sich seit Beginn der Neuzeit ab etwa 1500 entwickelt hat. Dieses neue Selbst- und Weltverständnis besteht im Kern darin, dass Menschen damit begonnen haben, sich als Freie und Gleiche aufzufassen, die in Solidarität miteinander verbunden sind. Es war schließlich insbesondere die Zeit zwischen 1700 und 1850, in der dieses neue Selbst- und Weltverständnis des Menschen auch zu einem neuen Erziehungsverständnis geführt hat.

In der Moderne wird der Mensch als *bildsames Subjekt* ›entdeckt‹. Menschen beginnen damit, sich selbst als Wesen zu begreifen, deren Lebensorientierung nicht schon feststeht, sondern offen ist, und die deshalb die Möglichkeit haben, an der Entwicklung der für sie maßgeblichen Orientierungsmuster mitzuwirken. Der Begriff der Bildsamkeit steht in diesem Sinne für eine »offene Anthropologie«, d. h. eine (Selbst-)Beschreibung des Menschen, »die nicht bestimmt, was der Mensch von seinem Wesen her ist, so dass durch Natur oder Offenbarung feststeht, was aus ihm werden soll, sondern ihn als ein lernfähiges Wesen begreift, das individuell und gesellschaftlich seine Bestimmung selbst hervorbringt« (Benner & Brüggen 2014, S. 79). Der Mensch wird bestimmt als ein Lebewesen, das die Fähigkeit hat, neue Fähigkeiten zu entwickeln, und das nicht nur als ein von Natur her unbestimmtes, sondern auch in seiner zukünftigen Entwicklung nicht festgestelltes Wesen begriffen werden muss (vgl. Rousseau 1755/1984, S. 103).[2]

Bildsamkeit avanciert in der Zeit zwischen 1700 und 1850 zum ›Grundbegriff der Pädagogik‹, wie es bei Johann Friedrich Herbart heißt (vgl. Herbart 1841/1964, S. 69). Das theoretische Problem lautete nun, Erziehung so zu konzipieren, dass Heranwachsende als bildsame Subjekte adressiert werden. Eine Erziehung, in der Heranwachsende auf bestimmte Orientierungsmuster festgelegt werden sollen, erweist sich mit einem solchen Anspruch als inkompatibel (vgl. Ammann 2020; Anhalt 1999, 2023). Zwar könnte argumentiert werden, dass auch im Kontext vormoderner Erziehung die Zukunft der Heranwachsenden eine unbekannte Zukunft gewesen sei – nämlich für die Heranwachsenden. Dieser Umstand, dass die Heranwachsenden zunächst nicht um die Lebensform wissen, in die sie eingeführt werden, ist für alle Erziehung charakteristisch. Eine Erziehung, die Heranwachsende als bildsame Subjekte adressiert, reagiert darüber hinaus auf den Umstand, dass unter modernen Bedingungen um die maßgebliche Lebensführung von Heranwachsenden prinzipiell nicht gewusst wird. Im Kontext einer Erziehung, in der die Bildsamkeit von Heranwachsenden Anerkennung findet, stehen »Erwachsenen, die sich in ihrem Leben für eine mehr oder weniger bestimmte Lebensform entschieden haben«, nun »Heranwachsende mit einer offenen und unbestimmten Zukunft gegenüber, die nicht nur für sie selbst, sondern auch für ihre erwachsenen Bezugspersonen unbekannt und ungewiss ist« (Benner 2014, S. 71). Heranwachsenden in ihrer Unbestimmtheit gerecht zu werden, bedeutet insbesondere, sie nicht auf vermeintlich vorab festste-

---

2 Die Tragweite einer solchen Selbstbeschreibung lässt sich am Beispiel des Verhältnisses von Erziehung und Religion eindrucksvoll verdeutlichen. Mit dem Begriff der Bildsamkeit kommt nämlich u. a. der Umstand in den Blick, dass die Erziehung und ein durch sie initiiertes und unterstütztes Lernen als *Bedingungen der Möglichkeit sämtlicher Formen menschlichen Miteinanderumgehens* fungieren. Auch die Entstehung, Aufrechterhaltung und Veränderung einer religiösen Orientierung sind auf Lernprozesse angewiesen und setzen eine diese Prozesse initiierende und unterstützende Erziehung voraus. Ohne die Fähigkeit, Fähigkeiten zu entwickeln, gäbe es kein religiöses Lernen, keine religiöse Erziehung und in der Folge auch keine religiöse Orientierung von Menschen, so dass man in der Tat die These wagen kann: »Nur einem bildsamen Wesen kann ein Gott sich offenbaren« (Benner 2014).

hende Orientierungsmuster festzulegen, sondern sie so in Kultur einzuführen, dass ihnen die Möglichkeit eröffnet wird, sich selbst ins Spiel zu bringen und in diesem Sinne an der Entwicklung der für sie maßgeblichen Auffassung von einem gelingenden Leben und Zusammenleben mitzuwirken.

Mit dem Begriff der Bildsamkeit ist folglich ein *Anspruch* verknüpft, der moderner Erziehung ein spezifisches normatives Gepräge gibt. Wie kann nun der spezifische *Gestus* einer Erziehung bestimmt werden, in der sich der Anspruch eines traditionellen Erziehungsverständnisses suspendiert findet, Heranwachsende auf eine vorgegebene Lebensform festzulegen? Eine Erziehung, in der Heranwachsende als bildsam adressiert werden, kann als *Aufforderung zur Selbsttätigkeit* bestimmt werden. Heranwachsende zur Selbsttätigkeit aufzufordern bedeutet, diesen die Möglichkeit zu eröffnen, an ihrer Entwicklung mitzuwirken, d. h. sich zu den Geltungsansprüchen, mit denen sie sich in der Erziehung konfrontiert sehen, in ein Verhältnis zu setzen.

Erziehung als Aufforderung zur Selbsttätigkeit zu konzipieren, meint mehr als dem Umstand Rechnung zu tragen, dass Heranwachsende in ihrem Lernen nicht hintergehbar und in diesem Sinne unvertretbar sind, weshalb diese in *irgendeiner* Form immer aktiv werden müssen, damit Erziehung gelingt. Aufforderung zur Selbsttätigkeit bedeutet darüber hinaus, Heranwachsende mit einer widerständigen Welt zu konfrontieren, ihnen Differenzerfahrungen zuzumuten und dabei zu helfen, die jeweiligen Differenzerfahrungen durchzuarbeiten, um sich im Verhältnis zu sich selbst und zur Welt zu positionieren (vgl. Biesta 2020a, 2020b).

In diesem Sinne ist Erziehung darauf gerichtet, Bildungsprozesse zu initiieren und zu unterstützen, so dass eine Erziehung, die Heranwachsende als bildsame Subjekte adressiert, auch als *Ermöglichung von Bildung* bestimmt werden kann (Rucker 2014; Anhalt, Rucker & Welti 2018). Bildungsprozesse sind nicht auf eine vorab feststehende Lebensform hin finalisiert. Eine Erziehung als Ermöglichung von Bildung operiert folglich in einem offenen Raum, der dadurch an Struktur gewinnt, dass Heranwachsende die ihnen edukativ eröffneten Möglichkeiten ergreifen, als bildsame Subjekte in Erscheinung zu treten. »Um einen jungen Menschen urteilsfähig zu machen«, so heißt es bei Rousseau, müsse »man sein Urteil bilden, statt ihm unseres aufzudrängen« (Rousseau 1762/1998, S. 183). In diesem Sinne komme es in der Erziehung »vorzüglich darauf an«, schreibt Kant, »dass Kinder *denken* lernen« (Kant 1803/1982, S. 707; Hv. i. O.). Es ist von daher nur konsequent, wenn Fichte »Erziehung« als »Aufforderung zur Selbsttätigkeit« begreift (Fichte 1796/1971, S. 43), und Herbart die Idee, die zukünftige Lebensführung von Heranwachsenden nicht festzulegen, auch für eine Erziehung zur Moralität als maßgeblich bestimmt: »*Machen, daß der Zögling sich selbst finde, als wählend das Gute, als verwerfend das Böse*: dies oder Nichts, ist Charakterbildung« (Herbart 1804/1964, S. 261; Hv. i. O.). Heranwachsende dazu zu veranlassen, selbst zu denken, zu urteilen und zu handeln, soll, wie Hegel meint, eine »Bildung des Einzelnen« ermöglichen, die es diesem nicht nur erlaubt, ein individuelles Leben zu führen, sondern auch »dem öffentlichen Leben anzugehören« (Hegel 1811/1971, S. 273). Dies, so Schleiermacher, verlange unter den Bedingungen einer modernen Gesellschaft nach einer Erziehung zur »Mitgesamttätigkeit« (Schleiermacher 1826/2000, S. 16), die dem Umstand

Rechnung trägt, dass das Miteinanderumgehen von Menschen in verschiedenen Kontexten ihren Ort hat, die jeweils nach eigenen Logiken funktionieren, ohne dass einem dieser Bereiche ein Primat zugesprochen werden könnte.

Eine Erziehung, die darauf gerichtet ist Heranwachsenden dabei zu helfen, eine vielseitig dimensionierte Urteils- und Partizipationsfähigkeit zu entwickeln, bedeutet eine Alternative zu Beschreibungen von Erziehung zu offerieren, in denen diese als affirmativ-bejahend, affirmativ-emanzipativ oder als wertneutral konzipiert wird (vgl. Rucker 2021b). Beide Spielarten eines affirmativen Erziehungsverständnisses kommen darin überein, dass Erziehung jeweils als ein Miteinanderumgehen konzipiert wird, in dem Heranwachsende auf eine vorgegebene Ordnung festgelegt werden (sollen). Im Falle eines *affirmativ-bewahrenden Erziehungsverständnisses* bedeutet dies, dass Erziehung als ein Instrument zur Stabilisierung einer gesellschaftlichen Ordnung bestimmt wird. Dieser instrumentalisierende Charakter kennzeichnet ebenfalls ein *affirmativ-emanzipatives Erziehungsverständnis*. Allerdings wird Erziehung in diesem Zusammenhang als ein Miteinanderumgehen konzipiert, in dem Heranwachsende dazu angehalten werden, sich *gegen* eine gesellschaftliche Ordnung zu positionieren und dazu beizutragen, eine stellvertretend-antizipierte Ordnung zu realisieren. Entscheidend ist: In beiden Fällen wird eine gesellschaftliche Ordnung vorausgesetzt, die in der Erziehung selbst nicht zur Debatte steht.

Demgegenüber wäre eine Erziehung als Ermöglichung von Bildung als *nichtaffirmativ* zu bestimmen. Erziehung in diesem Sinne zu begreifen, bedeutet nämlich, Heranwachsende nicht auf eine spezifische Ordnung festzulegen – mag es sich hierbei um eine gegebene Ordnung, mag es sich hierbei um eine stellvertretend antizipierte Ordnung handeln. Eine Erziehung als Ermöglichung von Bildung unterscheidet sich von einer affirmativ-bewahrenden und einer affirmativ-emanzipativen Erziehung jeweils dadurch, dass Heranwachsende zu eigenem Urteil sowie zu einem über eigene Urteilsbildung vermittelten Handeln aufgefordert werden. Eine in diesem Sinne nichtaffirmative Erziehung ist daran zu erkennen, dass die Heranwachenden mit der Frage, was ein gelingendes Leben und Zusammenleben ausmacht, konfrontiert werden und ihnen dabei geholfen wird, im Durchgang durch tradierte Antworten auf diese Frage eigene Positionen zu entwickeln. Bildung bedeutet in diesem Zusammenhang keinen »Prozess der Verinnerlichung geltender, irgendwo vorzufindender und noch unbefragt gültiger und deshalb adaptierbarer Werte«, sondern meint einen Prozess, in dem »sich eine Lebensform handelnd-reflexiv selbst erst bildet«. Erziehung an Bildung zu knüpfen, erweist sich freilich immer auch als riskant, denn »mit welchem Ende man zu rechnen hat, das lässt sich vorab nicht sagen. Bildung als Prozess der Selbstkonstruktion hat immer auch anarchische Züge« (Tenorth 2023, S. 79). Bildung bedeutet einen in die Zukunft hinein offenen Prozess des Sich-Verhaltens eines Menschen zu sich selbst und zur Welt in Anbetracht von Herausforderungen, mit denen jemand sich in der Welt konfrontiert sieht.

Die Frage, was im Leben und Zusammenleben vorgezogen bzw. zurückgestellt werden soll, wird im Kontext einer nichtaffirmativen Erziehung als eine Frage behandelt, die nicht schon vor aller Erziehung ihre Beantwortung erfahren hat, so dass Erziehung nur mehr bereits gefundene Antworten zu tradieren hätte. Nichtaffirmative Erziehung tradiert die besagte Frage vielmehr *als Frage*, d. h. sie ist darauf gerichtet, die Heranwachsenden in die Suche nach Orientierung eines gelingenden Lebens und Zusammenlebens selbst hineinzuziehen. Dies schließt mit ein, die Heranwachsenden zu einer Auseinandersetzung mit Antworten zu veranlassen, die Menschen in der Geschichte auf ihrer Suche nach Orientierung bereits gefunden haben. Diese Antworten geben allerdings nicht das Maß vor, an dem Erziehung auszurichten wäre, sondern avancieren in der Erziehung selbst zum Gegenstand der Auseinandersetzung. Erziehung in diesem Sinne nimmt ihren Ausgang zwar von gesellschaftlichen Erwartungen, die an den Nachwuchs adressiert werden, affirmiert diese jedoch nicht, sondern behandelt sie als Bestimmungen, die Menschen hervorgebracht haben, und die gerade deshalb, weil Menschen imperfekte Lebewesen sind, zukünftig erneut zu Gegenständen und Ausgangspunkten der Wechselwirkung von Mensch und Welt werden können. Dies impliziert die Möglichkeit, dass die Heranwachsenden Traditionen auf eigene Art und Weise transformieren. Von daher ist eine Erziehung als Ermöglichung von Bildung nicht nur von Spielarten einer affirmativen Erziehung zu unterscheiden. Heranwachsende in die Frage nach einem gelingenden Leben und Zusammenleben zu verstricken, bedeutet darüber hinaus auch etwas anderes, als Heranwachsende gar nicht erst mit entsprechenden Fragen zu behelligen und sich damit in (vermeintlicher) Neutralität zu üben.

Auch affirmativer Erziehung eignet ein *Aufforderungscharakter*, denn die Zustimmung bzw. Ablehnung bestimmter Geltungsansprüche kann nicht im strengen Sinne bewirkt werden. Die Aufforderung ist aber auf die *Durchsetzung* von Geltungsansprüchen gerichtet, nicht auf deren *Prüfung* (vgl. Mikhail 2016, S. 208). Eine Lebensführung, die unter den Bedingungen einer affirmativen Erziehung entsteht, aufrechterhalten und verändert wird, wäre allenfalls als eine »selbsttätig zu erarbeitende, im Grunde aber immer schon ›bestimmte‹« (Pöppel 1994, S. 6) Lebensführung aufzufassen. Aufforderung zur Selbsttätigkeit in einem anspruchsvollen Sinne zu verstehen meint mehr, als Heranwachsende in der ›selbsttätigen‹ Erarbeitung bestimmter Orientierungsmuster zu unterstützen. Gemeint ist auch und vor allem, dass Heranwachsende dazu veranlasst werden, sich zu tradierten und/oder stellvertretend antizipierten Ordnungen in ein Verhältnis zu setzen.

Die Eigenlogik moderner Erziehung impliziert damit eine spezifische *Normativität* (vgl. Benner 2019b), die irreduzibel mit der bereits erwähnten Transformation im Selbst- und Weltverständnis der Menschen verbunden ist, so dass die hier beschriebenen Aspekte dieser Eigenstruktur zunächst einmal »Geltung nur für solche Gesellschaften beanspruchen [können], die die Erweiterung individueller und gesellschaftlicher Freiheit als Maßstab humanen Fortschritts anerkennen« (Brüggen 1989, S. 109). Erziehung als eine Form des Miteinanderumgehens zu konzipieren, in der die Bildsamkeit von Heranwachsenden Anerkennung findet und die Heranwachsenden zur Selbsttätigkeit aufgefordert werden, ist eine Problemvorgabe der Tradition, die nicht selbstverständlich ist, sondern die permanent in der Gefahr steht, in Vergessenheit zu geraten. Die Gefahr, die dann droht, besteht darin, ein bereits erreichtes Problemniveau zu unterschreiten, was z. B. dann der Fall wäre, »wenn die Idee der Menschheit, anstatt sie in jedem Menschen, auch den Heranwachsenden, anzuerkennen, stellvertretend für ihn definiert« wird (Brüggen 1998, 121).

3.3 Ignatianische Pädagogik – Variante 2

Eine Klärung der Eigenstruktur moderner Erziehung erweist sich in mindestens zweifacher Hinsicht als bedeutsam, um eine Standortbestimmung ignatianischer Pädagogik vorzunehmen: *Erstens* wird hierdurch ein Spannungsverhältnis sichtbar, in dem eine ignatianische Pädagogik zu dieser Struktur steht. Dies ist jedenfalls dann der Fall, wenn man ein traditionelles Verständnis von ignatianischer Pädagogik vor Augen hat, in dem von einer vorgegebenen Bestimmung des Menschen ausgegangen wird, statt von dessen Bildsamkeit, und in dem Erziehung an die Aufgabe geknüpft wird, Heranwachsende zu einer christlichen Lebensform zu bewegen, statt diesen dabei zu helfen, eigene Auffassungen von einem gelingenden Leben und Zusammenleben zu entwickeln. *Zweitens* schärft dieser Zugriff den Blick dafür, dass in neueren Beiträgen zur ignatianischen Pädagogik ›Verschiebungen‹ in der Grundausrichtung einer ignatianischen Erziehung ausgemacht werden können, die auf eine Berücksichtigung der Eigenlogik moderner Erziehung verweisen.[3] Vor diesem Hintergrund scheint es angebracht zu sein scheint, nicht von der *einen* ignatianischen Pädagogik zu sprechen, sondern vielmehr von differenten Spielarten einer entsprechenden Pädagogik auszugehen.[4] Im Folgenden werden wir die moderne Variante einer ignatianischen Pädagogik, die wir im zweiten Teil rekonstruiert haben, mit der beschriebenen traditionellen Variante kontrastieren. Angesichts der bereits erfolgten ausführlichen Rekonstruktion beschränken wir uns an dieser Stelle darauf, zentrale Aspekte einer ignatianischen Pädagogik im Sinne einer Pädagogik der Person in Erinnerung zu rufen.

---

3 Hierbei gilt es zu berücksichtigen, dass neuere Beiträge zur ignatianischen Pädagogik Zusammenhänge zwischen den modernen pädagogischen Überlegungen und den frühen Texten der Jesuiten herstellen oder bewahren wollen. Die frühen Texte wie bspw. die *Geistlichen Übungen* des Ignatius, auf die sich auch die *Studienordnung* und andere frühe Texte bezogen, stehen offenbar in einer hermeneutischen Position, die mehrere Sinndeutungen zulässt. Das bedeutet, dass der Sinngehalt der Texte nicht einfach objektiv vorfindbar und entsprechend zu identifizieren wäre. Der Sinngehalt ist vielmehr als ein perspektivisches und dynamisches Sinngeschehen zu verstehen, welches sich zwischen Text und deutender Partei ergibt (vgl. Brandom 2002, S. 92). Für die jeweiligen Deutungen müssen Gründe angeführt werden, die eine Interpretation stützen können, die von Alternativen unterschieden wird.

4 Mit dieser Behauptung ist nicht die Annahme verbunden, dass eine Spielform der ignatianischen Pädagogik in ihrem Deutungsgehalt falsch und eine andere richtig wäre. Vielmehr möchten wir darauf aufmerksam machen, dass beide Spielarten gleichsam hermeneutische Gestalten bilden, die voneinander unterschieden werden können, die aber auch gemeinsame Momente aufweisen – und aufweisen *müssen*, damit sinnvoll von *einem* Traditionszusammenhang gesprochen werden kann. Insofern weiterhin Formen einer traditionellen Spielart von ignatianischer Pädagogik beobachtet werden können, kann nicht sinnvoll von einem Paradigmenwechsel gesprochen werden, der die ignatianische Pädagogik insgesamt erfasst hätte.

3.3.1 Personsein als Selbstgestaltungsaufgabe

Aufgrund ihrer Gottesebenbildlichkeit wird Menschen im Kontext einer modernen Variante von ignatianischer Pädagogik eine Würde zugeschrieben, die unbedingte Achtung verdient. Dabei wird diese Würde insbesondere mit der Fähigkeit des Menschen in Verbindung gebracht, ihr Leben zu entwerfen und dieses aus eigenen Entwürfen heraus zu gestalten. Aus diesen anthropologischen Voraussetzungen wird der Schluss gezogen, dass die Würde des Menschen im Kontext von Erziehung dadurch Achtung erfährt, dass Heranwachsende – aus der Warte einer modernen Pädagogik gesprochen – als *bildsame Subjekte* adressiert werden. Ignatianische Erziehung wird entsprechend nicht daraufhin ausgerichtet, Heranwachsende auf eine spezifische Lebensform festzulegen, sondern vielmehr darauf bezogen, diese darin zu unterstützen, sich selbst ins Spiel zu bringen. »Ignatianische Pädagogik macht junge Menschen stark«, und zwar dadurch, dass »Bildung« als »Auftrag« begriffen wird, diese »in ihrem Wachstum zu selbstbestimmtem und bewusstem Leben zu unterstützen« (Spermann, Gentner & Zimmermann 2015, S. 11).

Eine solche Aufgabenstellung, Heranwachsende für ein Leben in Selbstbestimmung freizusetzen, hat freilich Konsequenzen hinsichtlich der methodischen Grundstruktur einer ignatianischen Erziehung. Es ist deshalb nur konsequent, wenn Mertes mit Blick auf den Unterricht festhält: »Lehrende müssen also dem Schüler oder der Schülerin Raum geben, damit diese selbst erkennen und selbst lernen können. Mit Raum ist hier nicht nur Zeit und Muße gemeint, sondern vor allem auch Beziehungsraum, Freiheit« (Mertes 2004, S. 15). Wir haben dieses Prinzip moderner Erziehung oben im Anschluss an die Tradition als *Aufforderung zur Selbsttätigkeit* bezeichnet. Ignatianische Erziehung, die an diesem Prinzip orientiert ist, ist daran erkennbar, dass Geltungsansprüche nicht durchgesetzt, sondern Heranwachsende in eine Prüfung von Geltungsansprüchen verstrickt werden. Erst eine solche Prüfung erlaubt es Heranwachsenden, sich selbst ins Spiel zu bringen und sich aus Einsicht auf tradierte Geltungsansprüche zu verpflichten.

Dieser Anspruch wird im Kontext ignatianischer Pädagogik auch im Hinblick auf die religiöse Erziehung formuliert, von der es gerade nicht mehr heißt, sie solle Heranwachsende zu einer Lebensführung aus einer christlichen Selbstdeutung heraus bewegen. Im Kontext einer ignatianischen Erziehung wird vielmehr der Anspruch verfolgt, Heranwachsende mit der »Frage nach Gott« (Spermann, Gentner & Zimmermann 2015, S. 19) zu konfrontieren, ohne diese auf bestimmte Antworten auf die Frage zu verpflichten. Ignatianische Erziehung ist vielmehr auch in der Frage nach Gott darauf bezogen, Heranwachsenden »Erkenntnis in Freiheit zu ermöglichen« (Mertes & Siebner 2010, S. 150). Dies impliziert konsequenterweise auch die Option, dass Heranwachsende sich *gegen* einen christlichen Lebensentwurf entscheiden. Dieser Umstand aber bedeutet nicht schon, dass Erziehung gescheitert wäre, was einen erheblichen Unterschied zu einer traditionellen Variante von ignatianischer Pädagogik markiert, in der es als die Aufgabe von Erziehung betrachtet wird, Heranwachsende zu einer Einheit von ›Wissen und Frömmigkeit‹ zu führen.

3.3.2 Verantworteter Umgang mit Freiheit

Der Versuch, ignatianische Erziehung als Ermöglichung von Bildung zu konzipieren, sollte nicht individualistisch (miss)verstanden werden. Der Anspruch, Heranwachsende für ein Leben in Selbstbestimmung freizusetzen, ist vielmehr irreduzibel an einen zweiten Anspruch geknüpft, nämlich diese darin zu unterstützen, Verantwortung für ein gelingendes Zusammenleben zu übernehmen. Ignatianische Erziehung in diesem Sinne ist nicht darauf gerichtet, Heranwachsende in ihrem Urteilen und Handeln zu normieren. Der Anspruch lautet vielmehr Heranwachsenden Räume zu eröffnen, in denen sie dazu herausgefordert werden, sich in Freiheit auf überindividuelle Verbindlichkeiten zu verpflichten. Anders als es manche Formulierung nahelegen mag, zielt eine ignatianische Erziehung moderner Spielart nicht darauf ab, Heranwachsende zu ›Menschen für Andere‹ zu *machen*. Ignatianische Erziehung sucht Heranwachsende vielmehr in Situationen hineinzuziehen, in denen diese dazu angehalten sind, Verantwortung zu übernehmen und die Bedeutung des eigenen Einsatzes für ein gelingendes Zusammenleben erkennen können.

Erziehung in diesem Sinne kann als Ermöglichung spezifischer Blickwechsel verstanden werden. Man denke hier etwa an die Situation, dass bestimmte Handlungen, die bislang wie selbstverständlich vollzogen worden sind, als moralisch fragwürdig erkannt werden. Ein entscheidender Blickwechsel besteht in diesem Zusammenhang darin, sich selbst nicht länger als determiniert durch die eigenen Willensstrebungen zu begreifen, sondern sich selbst als jemand verstehen zu lernen, der zwischen dem Guten, Bösen und Neutralen unterscheiden und sich im Handeln für das Gute entscheiden kann. Generell gilt: Blickwechsel, die im Kontext einer ignatianischen Erziehung initiiert und unterstützt werden, können nicht im strengen Sinne *bewirkt*, sondern immer nur *ermöglicht* werden, indem Heranwachsende in eine selbsttätige Auseinandersetzung mit Welt verstrickt werden: »Schule kann Perspektivenwechsel ›üben‹. Für einige Wochen die Perspektive von Obdachlosen, Alten, Behinderten, Kranken annehmen – nicht, um ein gutes moralisches Gefühl zu bekommen; nicht, um einmal vier Wochen lang Nächstenliebe zu praktizieren, sondern um sehen zu lernen. Zum Sehen kommt es durch die Erfahrung und durch anschließende Reflexion« (Mertes & Siebner 2010, S. 146).

3.3.3 Regierung, Unterricht und Beratung

Wie wir zu zeigen versucht haben, werden in neueren Beiträgen zur ignatianischen Pädagogik mindestens drei Grundformen von Erziehung unterschieden.

Eine *regierende Erziehung* hält Heranwachsende von bestimmten Handlungen ab, um Schaden zu vermeiden. Dies bedeutet zugleich, dass bestimmte Regeln durchgesetzt werden. In diesem Sinne heißt es etwa bei Mertes und Siebner: »Es gibt vorgegebene Regeln, deren Geltung nicht von individuellen Abwägungsprozessen abhängig gemacht werden können« (ebd., S. 138). Dies, so die Autoren, sei aber »kein Widerspruch zum pädagogischen Prinzip der Waage«, demzufolge Heranwachsende in Wahlsituationen nicht zu bestimmten Entscheidungen bewegt, sondern diesen vielmehr eigene Urteilsbildung ermöglicht (aber auch zugemutet) werden soll. »Vielmehr erhalten alle disziplinarischen Regeln ihren Sinn im Blick auf die Ermöglichung eines Freiheitsraumes« (ebd., S. 138 f.). Besteht die Gefahr, dass Handlungen den ›Freiheitsraum‹ von Menschen gefährden, so ist zunächst Regierung erforderlich – nicht aber Unterricht und/oder Beratung.

Zugleich wird darauf aufmerksam, dass Erziehung nicht in Regierung aufgeht. Vielmehr sind *Übergänge* in andere Grundformen von Erziehung erforderlich, wenn mit dem Anspruch Ernst gemacht werden soll, dass Heranwachsende sich aus Einsicht auf überindividuelle Verbindlichkeiten verpflichten. Der nächste »Schritt« ist also ein (im engeren Sinne) »pädagogischer«, nämlich Heranwachsenden dabei zu »helfen, ihre eigene Blindheit zu durchbrechen, indem ihnen ein Perspektivwechsel auf die Seite der Opfer ermöglicht wird« (ebd., S. 147). Erziehung durch *Unterricht* bedeutet freilich nicht nur, Regeln und ihre Begründung zu thematisieren. Unterricht hat darüber hinaus auch und vor allem die Aufgabe, Heranwachsenden Einsicht in tradiertes Wissen und Können zu ermöglichen, das für einen ›verantworteten Umgang mit Freiheit‹ unverzichtbar ist.

Darüber hinaus gibt es Problemstellungen, im Falle derer keine Regeln bereitstehen, um diese erwartbar erfolgreich zu lösen – etwa deshalb, weil in der Öffentlichkeit verschiedene Lösungsvorschläge anzutreffen sind, ohne dass eine Antwort Allgemeingültigkeit für sich beanspruchen könnte. In solchen Situationen sind Heranwachsende gleichsam dazu gezwungen, zu wählen und ihre Entscheidungen gut zu begründen, sollen diese auch andere überzeugen können. Es ist diese Art von Situation, in der ignatianische Erziehung die Form der *Beratung* annimmt. Eine beratende Erziehung unterstützt Heranwachsende in einem Handeln nach eigenem Urteil, indem diese in Wahlsituationen hineingezogen und dabei unterstützt werden, reflektierte Entscheidungen zu treffen. Ignatianische Erziehung in Form der Beratung ist letztlich darauf gerichtet, dass Heranwachsende sich in eine Haltung der Indifferenz einüben, d. h. sich die Einstellung habituell machen, in Entscheidungssituationen verschiedene Optionen in einer Praxis des Gründe-Gebens und Nach-Gründen-Verlangens abzuwägen, um aus einem solchen Erwägen heraus eigene Urteile zu fällen. Die Entwicklung einer Haltung der Indifferenz auf der Seite der Heranwachsenden bewahrt diese davor, in Entscheidungssituationen den eigenen »Launen und hergebrachten Gewohnheiten unterworfen« (Mertes 2004, S. 14) zu sein. Positiv formuliert: Eine Haltung der Indifferenz ermöglicht es Heranwachsenden, von sich aus als Personen in Erscheinung zu treten, so dass Erziehung fortschreitend überflüssig werden kann.

3.4 *Ignatianische* Pädagogik vs. Ignatianische *Pädagogik*?

Die von uns entwickelte Kontrastierung einer traditionellen und einer modernen Variante von ignatianischer Pädagogik im Lichte einer Klärung der Eigenstruktur moderner Erziehung zeigt, dass in neueren Beiträgen zur ignatianischen Pädagogik von einem Primat der Religiösen abstrahiert wird, womit sich die Frage stellt, ob in diesem Falle überhaupt noch sinnvoll von einer *ignatianischen* Pädagogik gesprochen werden kann. Umgekehrt wäre an eine traditionelle Spielart von ignatianischer Pädagogik die Frage zu richten, ob hier die Rede von einer ignatianischen *Pädagogik* sinnvoll ist, wenn die darin präferierte Ausrichtung von Erziehung doch maßgeblich mit der Eigenlogik moderner Erziehung kollidiert. Diese Problemstellung zu behandeln, scheint uns von zentraler Bedeutung zu sein, wenn man davon ausgeht, dass es *Grenzen* gibt, innerhalb derer sich religiöse Erziehung an Schulen – auch an Schulen in kirchlicher Trägerschaft – bewegen muss, um als *legitim* gelten zu können. Dies gilt insbesondere für eine religiöse Erziehung, wenn man diese im Lichte der Eigenstruktur moderner Erziehung bestimmt. In diesem Fall dürfte das Urteil in der Tat lautet: »Für einen Religionsunterricht, der sich als missionierender Unterricht versteht, und für eine religiöse Seelenführung, die für sich einen weiter nicht zu befragenden Wahrheitsanspruch reklamiert, sollte es im öffentlichen Bildungssystem, ganz gleich, ob es staatlich oder privat organisiert ist, keinen Ort mehr geben« (Benner 2016, S. 511). Von daher fragen wir hier nach den Folgelasten, die sich ergeben, wenn für eine traditionelle oder eine moderne Spielart von ignatianischer Pädagogik votiert wird. Wir betten unsere Überlegungen in die Diskussion um die Legitimität von Schulen in kirchlicher Trägerschaft ein, da diese Debatte die Bedeutsamkeit der hier verfolgten Problemstellung besonders deutlich hervortreten lässt (zur internationalen Debatte vgl. u. a. Hand 2003, 2004; Clayton et al. 2018).

3.4.1 Bekenntnis vs. Bildung

Erziehungswissenschaftlich betrachtet muss religiöse Erziehung auch einem bereits erreichten erziehungs-, bildungs- und institutionstheoretischen (hier: schultheoretischen) Problembewusstsein genügen. Wir unterscheiden in diesem Zusammenhang bewusst zwischen *Schulen in kirchlicher Trägerschaft* und *katholischen Schulen*, um dem Umstand Rechnung zu tragen, dass eine Berücksichtigung der Eigenstruktur moderner Erziehung es letztlich nicht zulässt, Schulen unter den Anspruch zu stellen, Heranwachsende zu einem *Bekenntnis* zu bewegen. Ist von katholischen Schulen die Rede, so ist dieser Anspruch traditionell mit im Spiel. In diesem Sinne bezeichnet Tenorth katholische Schulen als »eher widersprüchliche« denn »wünschenswerte Einrichtungen« (Tenorth 2017, S. 170). Geht man nämlich davon aus, dass schulische Erziehung unter Bildungsanspruch steht, und geht man ferner davon aus, dass Bildung einen »Prozess der Selbstkonstruktion des autonomen Subjekts in Wechselwirkung mit der Welt« (ebd.) bezeichnet, so folgt hieraus, dass schulische Erziehung Heranwachsende nicht zur unbefragten Übernahme vorgegebener religiöser Orientierungsmuster bewegen darf, sondern diesen Möglichkeiten eröffnen muss, sich zu entsprechenden Mustern in ein Verhältnis zu setzen.

Erziehung, die als Ermöglichung von Bildung konzipiert wird, »verträgt sich systematisch nicht mit dem, was ›Bekenntnis‹ heißt« (ebd.). Das bedeutet nicht, dass Religion in diesem Kontext keine Rolle spielen dürfe, sondern nur, dass Erziehung als illegitim einzustufen wäre, wenn diese darauf ausgerichtet ist, Heranwachsende zu einem Bekenntnis zu bewegen. Demgegenüber avanciert »Religion« im Kontext einer Erziehung als Ermöglichung von Bildung zu einem »Gegenstandsbereich«, mit dem Heranwachsende sich auseinandersetzen (ebd.). Die »spezifische Arbeitsweise von Schule« besteht auch in Sachen Religion darin, dass Heranwachsende mit »Aufgaben« konfrontiert werden, die ihre »Selbsttätigkeit herausfordern und insofern auch systematisch Selbstkonstruktion – also Bildung, die dem Individuum und seiner Freiheit angemessene Form des Umgangs mit Welt – im Modus des Lernens ermöglichen« (ebd., S. 171 f.).

Demgegenüber werden katholische Schulen an den Anspruch geknüpft, Heranwachsende für eine christliche Lebensführung zu gewinnen.[5] So heißt es etwa in der 1965 beschlossenen und verkündeten Erklärung *Gravissimum Educationis. Über die christliche Erziehung* ausdrücklich, dass die »katholische Schule« die »gesamte menschliche Bildung auf die Heilsbotschaft« ausrichte, »so daß die Erkenntnis, welche die Schüler stufenweise von der Welt, vom Leben und vom Menschen gewinnen, durch den Glauben erleuchtet« werde. Eine derart orientierte katholische Schule bereite Heranwachsende »zum Dienst an der Ausbreitung des Reiches Gottes« vor, »damit sie in einem vorbildhaften und apostolischen Leben gleichsam zum Sauerteig des Heils für die menschliche Gemeinschaft werden« (Rahner & Vorgrimler 1965/1990, S. 343).

In der Schrift *Grundzüge jesuitischer Erziehung* (1986) heißt es zunächst in einer noch vorsichtigen Formulierung, dass »jesuitische Erziehung« lediglich »Gelegenheiten« dazu biete, den Ruf Gottes zu vernehmen und »*Gott glaubend zu antworten*«. Dann aber ist davon die Rede, dass im Kontext ignatianischer Schulen »bei jeder Gelegenheit, im Unterricht, durch das allgemeine Klima, besonders aber im Religionsunterricht« Versuche unternommen werden sollten, »den Glauben an Gott als wahrhaft menschlich und als der Vernunft nicht entgegengesetzt aufzuzeigen und zugleich jene Werte zu entwickeln, die der Verweltlichung des modernen Lebens Widerstand zu leisten vermögen«. Darüber hinaus heißt es: »Eine Jesuitenschule setzt all ihre Kräfte ein, um auf die Sendung zu antworten, die der Gesellschaft Jesu aufgetragen ist: ›mit vereinten Kräften *dem Atheismus entgegenzutreten*‹« (ICAJE 1986/1998, S. 23; Hv. i. O.). Schließlich wird die Aufgabe einer Missionierung der Heranwachsenden explizit formuliert: »Jesuitische Erziehung fördert einen *Glauben, in dessen Mitte die historische Person Jesus Christus* steht, und führt deshalb zur Bereitschaft, ihn als den ›Menschen für andere‹ nachzuahmen« (ebd., S. 31 f.; Hv. i. O.). Diese Passagen zeigen deutlich, dass auch in Entwürfen einer ignatianischen Pädagogik heute eine spezifische, nämlich eine christliche Lebensform als maßgeblich

---

5 Klaus-Peter Horn (2003) hat diese Orientierung für die katholische Pädagogik im 19. Jahrhundert nachgewiesen und an zahlreichen Beispielen belegt. Die folgenden Auszüge aus neueren Dokumenten machen deutlich, dass sich die grundlegende Position auch im 20. Jahrhundert nicht verändert hat, sondern Erziehung im Kontext einer katholischen Pädagogik weiterhin unter die Maßgabe gestellt wird: »Erziehe den Menschen zur Nachfolge und Aehnlichkeit Christi!« (Kellner 1858, S. 13, zit. nach Horn 2003, S. 177).

für schulische Erziehung angesetzt wird. Erziehung fungiert in der Folge als ein Mittel zur Erreichung eines bereits vor aller Erziehung feststehenden Zweckes. Ausdrücklich wird »jesuitische Erziehung« unter den Anspruch gestellt, Heranwachsende dazu zu bewegen, zu »aktiven Mitgliedern der Kirche« zu werden, und von daher nur folgerichtig als ein »Instrument des Apostolats im Dienst der Kirche« bezeichnet (ebd., S. 40).

Die Einführung der Heranwachsenden in wissenschaftlich approbiertes Wissen und Können im Kontext des Unterrichts ist eingebunden in dieses Ideal, auf das ignatianische Erziehung bezogen ist, wodurch diese eine *affirmative Ausrichtung* annimmt. Ausdrücklich heißt es in den *Grundzügen*: »So sehr jesuitische Erziehung die Integrität wissenschaftlicher Fächer respektiert, ist ihr Anliegen doch die *Vorbereitung für ein Leben,* das seinerseits auf das ewige Leben vorbereitet« (ebd., S. 24; Hv. i. O.). »Unterricht an Jesuitenschulen« fungiert in diesem Sinne gleichsam als »ein kirchlicher Dienst«, was offenkundig die Möglichkeiten limitiert, religiöse Sachverhalte in Unterrichtsinhalte zu transformieren und – damit verbunden – Heranwachsende in eine selbsttätige Auseinandersetzung auch mit solchen Überzeugungen zu verstricken, die in kirchlichen Zusammenhängen fraglos akzeptiert sein mögen. »Jesuitische Erziehung steht – während sie das Gewissen und die Überzeugungen jedes Schülers respektiert – *loyal zu den Lehren der Kirche,* besonders was die moralische und religiöse Bildung betrifft« (ebd., S. 41; Hv. i. O.).

Aktuelle Beiträge zu einer ignatianischen Pädagogik unterscheiden sich durchaus darin, welche Bedeutung sie der Freiheit von Heranwachsenden zusprechen, eigene Auffassungen von einem gelingenden Leben und Zusammenleben zu entwickeln. Selbst die *Grundzüge* erweisen sich in dieser Frage nicht als eindeutig. So zeigen die zitierten Passagen, dass ignatianische Erziehung darauf gerichtet ist, Heranwachsende in eine Lebensform hineinzuziehen, die in diesem Zusammenhang selbst nicht zur Debatte steht. Zugleich ist aber auch davon die Rede, dass eine Erziehung zum »Einsatz für Gerechtigkeit im Erwachsenenleben« auch eine Hinführung zum »Wissen« sowie eine Unterstützung der Entwicklung von »kritischem Denken« impliziere (ebd., S. 389 f.). Ferner heißt es, dass im Kontext einer ignatianischen Erziehung durchaus auch der Streit zwischen unterschiedlichen Werteorientierungen zugelassen sei: »In einer Jesuitenschule ist eine ›Kultur der Auseinandersetzung‹ legitim, in der ein Wertesystem in einem Prozeß des Ringens mit konkurrierenden Standpunkten erworben wird« (ebd., S. 29).

Auch in der Schrift *Ignatianische Pädagogik. Ansätze für die Praxis* ist ein Spannungsverhältnis beobachtbar zwischen der Hinführung zu einer christlichen Lebensform einerseits und der Freisetzung für ein Leben in Selbstbestimmung andererseits. So wird das »letztendliche Ziel jesuitischer Erziehung« dahingehend bestimmt, »jenes vollständige Wachstum der Person« zu initiieren und zu unterstützen, »das zum Handeln führt – insbesondere zu einem Handeln, das von dem Geist und der Gegenwart Jesu Christi, des Sohnes Gottes und des Menschen-für-andere, durchdrungen ist« (ICAJE 1993/1998, S. 105 f.). Den Verfassern ist der Verdacht der Indoktrination hierbei präsent. So wird ausdrücklich darauf hingewiesen, dass ignatianische Erziehung kein »Programm der Indoktrination« verfolge, »das den Geist auslöscht« (ebd., S. 106 f.). Vielmehr sei ignatianische Erziehung darauf bezogen, Heranwachsende in einen »Prozess des Ringens um die bedeutenden Themen und komplexen Werte des Lebens« (ebd., S. 107) hineinzuziehen. Eine solche Unterstützung, so heißt es an anderer Stelle, erfolge über das »Formulieren von Fragen, die das Bewußtsein des Schülers erweitern und ihn dazu bringen, die Sichtweisen anderer, insbesondere der Armen, zu überdenken« (ebd., S. 126). Dabei sei es für die Lehrkraft geboten, der »Versuchung« zu widerstehen, entsprechende »Sichtweisen aufzudrängen«, denn das »Risiko der Manipulation und Indoktrination (welche völlig unignatianisch sind)« sei in jedem Fall zu vermeiden (ebd.). Entsprechend sei eine konsequente »Berücksichtigung der Freiheit der Lernenden« angezeigt, was immer auch die Möglichkeit impliziert, »daß ein Schüler sich sogar nach dem Prozeß des Besinnens für eigensüchtiges Verhalten entscheidet« (ebd.). Umgekehrt gilt, dass eine ignatianische Erziehung nicht umhinkommt, Heranwachsende mit bestimmten Geltungsansprüchen zu konfrontieren: »Bei allem Respekt vor der menschlichen Freiheit« müsse ignatianische Erziehung darauf gerichtet sein, »zur Entscheidung und zum Engagement für das magis, den besseren Dienst an Gott und an unseren Schwestern und Brüdern zu ermutigen« (ebd., S. 128).

Hier deutet sich ein nichtaffirmatives Verständnis von ignatianischer Pädagogik an, das aber bereits in *What Makes A Jesuit School Jesuit?* erneut in den Hintergrund tritt, wo es u. a. heißt, »Jesuit Schools foster the development of students as adult members of their faith communities« (The Society of Jesus in the United States 2007, S. 10), und dieser Anspruch in Bezug auf die Mission der Gesellschaft Jesu begründet wird: »Jesuit schools constitute one of the most effective forms for the apostolic activity of the Society of Jesus« (ebd., S. 8).

Diese Argumentationslinie wird in *Jesuit Schools: A Living Tradition In The 21st Century* weitergeführt. Dort wird als der einzige Grund dafür, von Seiten der *Societas Jesu* Schulen zu unterhalten, die Möglichkeit betont, Heranwachsende für die Aufgabe zu gewinnen, der sich der Orden verschrieben hat: »The only reason the Society of Jesus commits to continuing our educational apostolate is the unflinching conviction that today, like yesterday, schools are privileged spaces to fulfil our mission« (ICAJE 2020, S. 8 f.). Die Erfüllung der Mission des Jesuitenordnens ist offenbar darauf angewiesen, dass sich genug Heranwachsende finden, die die Mission unterstützen (was freilich nicht impliziert, dass diese sich auch dem Orden anschließen müssten). Schulen, so lässt sich das Argument interpretieren, bieten die Möglichkeit, Heranwachsende zu christlichen Überzeugungen zu bewegen und ein Handeln einzuüben, das an diesen Überzeugungen orientiert ist. Der Anspruch lautet: »Jesuit education is about educating students to share the perspective of the Trinity looking upon the world and seeking to make it more loving and just. This is the gift that Jesuit schools give to the next generation« (ebd., S. 15).

Wie wir in den *Klärungen* argumentiert haben, wird im Kontext einer modernen Spielart von ignatianischer Pädagogik dadurch eine alternative Perspektive auf religiöse Erziehung eröffnet, dass diese unter den Anspruch gestellt wird, *religiöse Bildung* zu ermöglichen, d. h. Heranwachsende in der Entwicklung eigener Positionen in Sachen Religion zu unterstützen. Ein solcher Anspruch steht in einem deutlichen Kontrast zu den zitierten Beschreibungen der Aufgaben katholischer Schulen im

Allgemeinen sowie jesuitischer Schulen im Besonderen. Im Folgenden soll dieser Unterschied genauer markiert werden.

Schulische Erziehung an den Anspruch zu knüpfen, religiöse Bildung zu ermöglichen, setzt u. a. voraus, »dass das Religiöse als ein nicht zu kompensierender Bildungsbereich anzusehen« sei (Benner 2018, S. 151). Aus diesem Grund würde der Anspruch einer vielseitigen Bildung unterminiert werden, wenn Heranwachsende im Kontext von Schule nicht auch in den religiösen Modus des Selbst- und Weltbezugs eingeführt werden. »Religion wäre demnach – wie die anderen Modi der Erfahrung von Mensch und Welt, also der mathematisch-naturwissenschaftliche, historisch-sozialwissenschaftliche, kommunikativ-literarische, ästhetische, die den Kanon allgemeiner Bildung konstituieren – eine auf andere Modi nicht reduzible Form der Thematisierung von Welt, die gesellschaftlich universalisiert werden muß, weil sie als Kompetenz der Heranwachsenden vorauszusetzen ist« (Tenorth 1997, S. 380), um in modernen Gesellschaften ihr Leben aus eigener Urteilsbildung heraus zu führen. Das Argument lautet im Kern wie folgt: Schulische Erziehung steht unter dem Anspruch, Bildung zu ermöglichen. Bildung bedeutet die Entwicklung einer vielseitig dimensionierten Urteils- und Handlungsfähigkeit. Religion offeriert einen originären Modus des Selbst und Weltbezugs, der durch keinen alternativen Modus ersetzt werden kann. Also muss schulische Erziehung Heranwachsende auch in den religiösen Modus des Selbst- und Weltbezugs einführen und diesen dabei helfen, auch in Sachen Religion Urteils- und Handlungsfähigkeit zu entwickeln.

Bernhard Dressler verweist an dieser Stelle auf die funktionale Ausdifferenzierung verschiedener Bereiche, in denen Menschen in modernen Gesellschaften leben und zusammenleben, sowie – damit verbunden – auf die *Perspektivität*, die für diese Art von Gesellschaft typisch ist. Verschiedene gesellschaftliche Kontexte offerieren jeweils spezifische Perspektiven, in denen Sachverhalte in den Blick genommen werden, ohne dass die Möglichkeit besteht, diese gleichsam auf einen Schlag zu erfassen. Vielmehr wäre festzuhalten: »Keine dieser Perspektiven hat einen konstitutiven Geltungsvorrang, keine erschließt die Welt ›besser‹ als die andere, sondern immer nur ›anders‹« (Dressler 2015, S. 38). Hieraus folgt, dass eine Erziehung, die auf Urteils- und Partizipationsfähigkeit ausgerichtet ist, Heranwachsende in die verschiedenen Bereiche einführen muss, in die moderne Gesellschaften sich gliedern. Die Einführung in nur bestimmte Modi des Selbst- und Weltzugangs unterminiert hingegen den Anspruch von Bildung, insofern die Entwicklung von Urteils- und Partizipationsfähigkeit in einem bestimmten Bereich nicht schon die Entwicklung dieser Fähigkeiten in einem anderen Bereich sichert. Aus diesem Grund muss schulische Erziehung eine vielseitige Bildung ermöglichen. Zugespitzt formuliert: »Religion gehört zur Schule«, und zwar deshalb, »weil es sie gibt, und weil sie eine unverzichtbare und unersetzliche Perspektive in den allgemeinen Bildungsprozess einträgt« (Dressler 2007, S. 19).

Worin aber besteht die Originalität eines religiösen Selbst- und Weltverhältnisses? Ulrich Kropac erkennt das »Spezifikum des religiösen Modus im Umgang mit ›großen Fragen‹« (Kropac 2019, S. 269), wozu er u. a. die Frage nach dem Sinn des eigenen Lebens wie auch des menschlichen Daseins im Allgemeinen, die Frage nach dem Tod und einem möglichen Leben danach, aber auch direkt die Frage nach Gott oder nach dem ›richtigen‹ Gott im Kontext von religiöser Pluralität rechnet (vgl. ebd., S. 251). Ein solcher Vorschlag hat Konsequenzen im Hinblick auf die Ausrichtung des Religionsunterrichts. Unterricht in Sachen Religion avanciert in dieser Perspektive zu einer Form des Miteinanderumgehens, in der die ›großen Fragen‹ thematisiert und Heranwachsenden zur »Bearbeitung dieser Probleme unterschiedliche religiöse Traditionen« offeriert werden, »in denen Erfahrungen von Menschen und Völkern verdichtet sind, die wie wir heute vor den ›großen Fragen‹ gestanden und um Antworten gerungen haben« (ebd., S. 253).

Nun ist die hier skizzierte Argumentationsfigur nicht ohne Schwierigkeiten. Eine auf diesem Weg vorgenommene Begründung von Religion als einem unverzichtbaren Moment einer vielseitigen Bildung und – damit verbunden – eines vielseitigen Unterrichts setzt nämlich voraus, dass der religiöse Modus des Selbst- und Weltbezugs tatsächlich als ein Zugang ausgewiesen werden kann, für den es kein funktionales Äquivalent gibt (vgl. Tenorth 1997, S. 380 ff.). Hierzu dürfte es nicht ausreichend sein, darauf hinzuweisen, dass in religiöser Perspektive die ›großen Fragen‹ in den Blick rücken, denn diese werden auch in philosophischer Einstellung thematisiert. Entsprechend führt Kropac präzisierend aus, dass die Formulierung und Bearbeitung der großen Fragen im Kontext eines religiösen Selbst- und Weltbezugs auf spezifische Art und Weise erfolgt, nämlich so, dass »einerseits die verfügbare Lebenswelt überschritten (Moment der *Transzendenz*), andererseits gleichzeitig ein Bezug zu eben dieser Lebenswelt hergestellt wird (Moment der *Immanenz*). Was als transzendent gilt, hängt vom historischen und sozialen Kontext ab. Für die Anhänger einer Naturreligion kann ein Hain Ort der Transzendenz sein, Christinnen und Christen wiederum begreifen Gott als transzendente Größe. Die immanente Veranschaulichung des Transzendenten geschieht u. a. in Riten, Symbolen, heiligen Texten, Musik und Gemeinschaftsbildung« (Kropac 2021, S. 22; Hv. i. O:).

Religiöse Bildung zu ermöglichen bedeutet, Heranwachsende in eine *selbsttätige Auseinandersetzung mit Religion* zu verwickeln, d. h. sie in mögliche Antworten auf die ›großen Fragen‹ einzuführen, die unter Bezugnahme auf ein Letztgültiges in der Vergangenheit gegeben worden sind und in der Gegenwart gegeben werden. Dieses Hineinziehen in eine Suche nach Antworten auf die ›großen Fragen‹ hat nicht den Zweck, Heranwachsende auf bestimmte religiöse Positionen festzulegen. Der Anspruch lautet vielmehr, Heranwachsenden die Möglichkeit zu eröffnen, im Durcharbeiten entsprechender Antworten eigene Positionen in Sachen Religion zu entwickeln.

International ist an dieser Stelle häufig von einem ›learning *from* religion‹ oder von einem ›learning *through* religion‹ die Rede, die von einem ›learning *(in)* religion‹ einerseits sowie einem ›learning *about* religion‹ andererseits unterschieden werden. Im Falle eines ›learning (in) religion‹ ist Erziehung darauf gerichtet, Heranwachsende zur Übernahme der Orientierungsmuster einer Religion zu bewegen. Im Falle eines ›learning about religion‹ werden Heranwachsende mit Wissen über eine Religion bzw. über verschiedene Religionen konfrontiert, ohne dass diese aber in die Binnenperspektive von Religion eingeführt werden. Im Unterschied hierzu scheint eine religiöse Erziehung, die dem Bildungsanspruch verpflichtet ist, nur sinnvoll als ›learning from religion‹ bzw. als ›learning through religion‹ beschrieben werden zu können. Im Falle des Religionsunterrichts impliziert eine solche Ausrichtung »eine Fokussierung des Unterrichts auf das lernende Subjekt. Die Auseinandersetzung mit Glauben und mit religiösen Traditionen steht in Dienste einer existenziellen Orientierung der Schülerinnen und Schüler« (Kropac 2021, S. 27).

Indem Heranwachsenden die Möglichkeit eröffnet wird, Sachverhalte aus religiöser Perspektive in den Blick zu nehmen, trägt Religionsunterricht dazu bei, dass diese ein *vielseitig dimensioniertes Selbst- und Weltverständnis* sowie – damit verbunden – eine *vielseitig differenzierte Urteilsfähigkeit* entwickeln. In diesem Sinne ist ein Unterricht mit Bildungsanspruch prinzipiell gegen jegliche Art von Totalitätsdenken gerichtet, d. h. einem Denken, das auf der Annahme einer möglichen Einheitsperspektive beruht. Die religiöse Perspektive avanciert unter diesen Bedingungen zu einer Perspektive neben anderen. Umgekehrt erweitert Religionsunterricht das Spektrum an möglichen *interfachlichen* Blickwechseln und trägt in diesem Sinne dazu bei, Festlegungen auf bestimmte Perspektiven aufzubrechen. In einem Religionsunterricht, der auf die Ermöglichung von Bildung gerichtet ist, gewinnt zugleich ein *intrafachlicher* Perspektivenwechsel an Gestalt, indem Heranwachsende darin unterstützt werden, »zwischen der Binnenperspektive und der Außenperspektive einer Religion zu unterscheiden und diese wechselseitig einzunehmen« (Kropac 2021, S. 20.). Religionsunterricht zielt einerseits darauf ab, Heranwachsende »mit der Wirklichkeit von Religion vertraut zu machen«, und ist anderseits darauf bezogen, Heranwachsende darin zu unterstützen, »überkommene religiöse Denk-, Handlungs- und Lebensformen kritisch zu sichten« sowie – damit verbunden – »in religiösen Fragen eine eigenständige Position zu gewinnen« (ebd., S. 20).

Der »Bildungsanspruch« von Unterricht geht aber noch darüber hinaus. Bildung zu ermöglichen, zielt nämlich letztlich auf die »Kompetenz für die selbstständige Handhabung der Modi des Umgangs mit Welt – auch mit dem Modus des Unbedingten«. Das hat zur Folge, dass Religionsunterricht »auch das Problem, d. h. die Grenze der Rede vom Unbedingten« zu thematisieren hätte – einschließlich der »Möglichkeit seiner Negation« (Tenorth 1997, S. 382). Zu einem Religionsunterricht, der mit dem Anspruch der Bildung ernst macht, zählt in diesem Sinne auch ein Hineinziehen der Heranwachsenden in eine Reflexion auf die Möglichkeiten und Grenzen, die mit spezifischen Modi des Selbst- und Weltverhältnisses verknüpft sind – dies jedenfalls dann, wenn Bildung die Entwicklung von gedanklicher Selbständigkeit impliziert (vgl. Ruhloff 2006).

Diesem Anspruch würde nicht hinreichend Rechnung getragen werden, wenn die religiöse Perspektive auf Sachverhalte nicht selbst zum Thema des Unterrichts avanciert und etwa der Frage Aufmerksamkeit geschenkt wird, wodurch sich religiöse Rede (z. B. in der Form von Gleichnissen) von einer Rede unterscheidet, wie sie u. a. für die Naturwissenschaften kennzeichnend ist. Aus diesem Grund sollen Heranwachsende im Religionsunterricht auch dazu veranlasst werden, die Voraussetzungen religiöser Beschreibungen von Sachverhalten zu bedenken, um ein »Wissen um das Gewußte *und* um seine Bedingungen« (Ballauff 1970, S. 77; Hv. i. O.) entwickeln sowie eigene Urteile und Handlungen im Lichte dieses Wissens entwerfen zu können. Indem Heranwachsende zu einem solchen radikalen Bedenken aufgefordert werden, erschöpft sich Religionsunterricht nicht darin, Heranwachsenden dabei zu helfen, in religiöser Perspektive urteilen zu lernen. Diese sollen darüber hinaus die Fähigkeit entwickeln, Urteile im Wissen um diese Perspektive zu fällen und zu begründen. Um Heranwachsenden in diesem Sinne eine »reflexiv-urteilsfähige Teilnahme« (Dressler 2013, S. 195) in Sachen Religion zu ermöglichen, wird es von verschiedener Seite als erforderlich angesehen, Religionsunterricht als ein Hineinziehen von Heranwachsenden in einen entwicklungsangemessenen »Wechsel zwischen probeweiser Teilnahme und Beobachtung der Teilnahme« (ebd.) zu konzipieren und hierbei dem radikalen Bedenken einen besonderen Platz einzuräumen, so dass Perspektivendifferenz nicht nur *erfahren*, sondern auch *reflexiv eingeholt* wird (vgl. hierzu auch Rucker 2020, 2023).

Umgekehrt dürfte religiöse Bildung ohne eine zumindest probeweise Teilnahme an religiösen Praktiken kaum möglich sein. Das Reden über Religion ist nämlich nicht dazu geeignet, Heranwachsenden die Binnenperspektive von Religion, genauer: einer *spezifischen* Religion zu erschließen. Kann aber heute nicht mehr davon ausgegangen werden, dass Heranwachsende immer schon religiös sozialisiert sind, so steht religiöse Erziehung im Kontext von Schule immer auch vor der Aufgabe, Heranwachsenden die probeweise Einnahme einer religiösen Perspektive zu ermöglichen – *nicht*, um sie auf eine bestimmte Religion festzulegen, sondern um dem Umstand Rechnung zu tragen, dass religiöse Bildung Teilnahme *und* Beobachtung, Beobachtung *und* Teilnahme voraussetzt.

3.4.2 Das Problem der Indoktrination

Religiöse Erziehung als Ermöglichung von religiöser Bildung zu konzipieren, ist nur unter der Voraussetzung möglich, dass die Tradierung religiöser Überzeugungen nicht als bedeutsamer eingeschätzt wird, als der Anspruch, Heranwachsende darin zu unterstützen, sich auch in religiösen Fragen als bildsame Subjekte ins Spiel zu bringen. Religiöse Erziehung avanciert in der Folge zu einer tradierenden *und* transformierenden Praxis. Aus pädagogischer Perspektive ist »religiöse Erziehung« nämlich »nur im Zusammenhang mit einer pädagogisch unterstützten Umbildung von Religion legitimierbar« (Benner 2018, S. 151), d. h. unter der Voraussetzung, dass Heranwachsenden Möglichkeiten des Sich-Verhaltens zu religiösen Sachverhalten eröffnet werden. In diesem Sinne kann eine ignatianische Pädagogik, die sich der Eigenstruktur moderner Erziehung verpflichtet weiß, die »Differenz von Bildung und Bekenntnis« nicht überspringen, sondern steht unter dem Anspruch, Heranwachsende in ein zukunftsoffenes Wechselspiel von »Initiation und Reflexion« hineinzuziehen (Tenorth 1997, S. 382). Eine ignatianische Erziehung, die auf die Festlegung von Heranwachsenden auf eine spezifische religiöse Orientierung hin ausgerichtet ist, würde diesen Anspruch unterlaufen – und damit zugleich ein Problembewusstsein, wie es im Rekurs auf die Eigenstruktur moderner Erziehung in den Blick gerückt werden kann: »Legitime Pädagogik in der Moderne ist dialogisch, nicht wertdurchsetzend, kritisch, nicht affirmativ, Anstiftung zum eigenen Urteil, nicht Vermittlungsinstanz unbefragter Werte« (ebd., S. 384).

Eine Pädagogik, die diesen Anspruch unterminiert, sieht sich dem Vorwurf der *Indoktrination* ausgesetzt, wie sich vor allem mit Blick auf internationale Debatten verdeutlichen lässt, in denen das Problem der Legitimität von *Faith Schools* im Mittelpunkt steht. Im Folgenden geht es uns nicht darum, diese Debatten im Detail zu rekonstruieren. Unser Interesse gilt vielmehr einem spezifischen Argument, das in diesem Zusammenhang eine wichtige Rolle spielt und auch im Kontext einer Standortbestimmung der ignatianischen Pädagogik nicht unberücksichtigt bleiben sollte. Geht man nämlich davon aus, dass »the aim of passing on religious beliefs« exakt dasjenige ist, »what distinguishes faith schools from common schools« (Hand 2003, S. 90), und geht man ferner davon aus, dass es notwendigerweise auf Indoktrination hinausläuft, Heranwachsende zu bestimmten religiösen Überzeugungen zu bewegen, so kann hieraus der Schluss gezogen werden, dass katholische Schulen als illegitim angesehen werden müssen (vgl. ebd.; Hand 2004, S. 345). Dies ist jedenfalls dann der Fall, wenn zwischen »Schulen in kirchlicher Trägerschaft mit katholischen Schulprogrammen« sowie »katholischen Schulen« unterschieden und unter einer katholischen Schule eine Schule »im Sinne der offiziellen Verlautbarungen der katholischen Kirche« verstanden wird (Benner 2019a, S. 173).

Das *Argument gegen katholische Schulen* kann unter Bezugnahme auf internationale Debatten wie folgt rekonstruiert werden: Für katholische Schulen ist die Aufgabe maßgeblich, Heranwachsende dazu zu bewegen, bestimmte religiöse Überzeugungen für gerechtfertigt zu halten (1). Antworten auf religiöse Fragen sind umstritten, d. h. Gegenstand vernünftiger Kontroversen. Es steht kein ›bester‹ Grund in Aussicht, um Dissense zwischen verschiedenen religiösen Positionen aufzulösen (2). Heranwachsende dazu zu bewegen, Überzeugungen für gerechtfertigt zu halten, deren Rechtfertigungsstatus umstritten ist, ist nur unter Einsatz von Methoden und Mitteln möglich, die ein Sich-Verhalten von Heranwachsenden zu unterbinden suchen (3). Heranwachsende zur Übernahme einer Position zu bewegen, ohne Gründe für die jeweilige Position zu offerieren und ihnen die Möglichkeit einzuräumen, diese Gründe zu prüfen, bedeutet Indoktrination (4). Hieraus folgt, dass katholische Schulen, sofern diese einen missionarischen Auftrag verfolgen, als indoktrinär und damit zugleich als illegitim einzustufen sind (5).

Dass die *erste Prämisse* zutreffend ist, lässt sich etwa mit Blick auf die Erklärung *Gravissimum Educationis* leicht nachweisen, wo es u. a. heißt, dass einer katholischen Schule die Aufgabe zukomme, Heranwachsende »zum Dienst an der Ausbreitung des Reiches Gottes« zu bewegen (Rahner & Vorgrimler 1965/1990, S. 343). Ähnliche Passagen finden sich auch in Aufgabenbestimmungen von Jesuitenschulen, wobei wir schon darauf aufmerksam gemacht haben, dass in diesem Zusammenhang durchaus auch Spuren eines nichtaffirmativen Erziehungsverständnisses ausgemacht werden können, die aber in Spannung stehen etwa zu der Auffassung, »jesuitische Erziehung« sei als ein »Instrument des Apostolats im Dienst der Kirche« anzusehen (ICAJE 1986/1998, S. 40).

Auch die *zweite Prämisse* sollte der kritischen Prüfung standhalten. Es dürfte kaum zu bestreiten sein, dass in religiösen Fragen unterschiedliche Antworten miteinander konkurrieren, ohne dass die Möglichkeit zur Verfügung steht, eine Antwort zu offerieren, die als »justified in a fairly strong sense« eingestuft werden kann. Zugespitzt formuliert: »There is currently no such thing as religious knowledge« (Hand 2003, S. 93). Es ist jedoch nicht zwingend erforderlich, auf Wissen zu rekurrieren, um Indoktrination zu vermeiden. So können wir uns vorstellen, dass eine Lehrerin ihre Schüler in Beschreibungen von Sachverhalten einführt, denen zu dem jeweiligen Zeitpunkt der Status von Wissen zugeschrieben wird. Gehen wir ferner davon aus, die Lehrerin hätte ihre Schüler auch in die Gründe eingeführt, die zu der jeweiligen Zeit ausschlaggebend dafür sind, die jeweilige Beschreibung für wahr zu halten. Nun kann sich zukünftig herausstellen, dass zumindest einige der besagten Beschreibungen falsch gewesen sind. Insofern Wissen traditionell Wahrheit impliziert, hätte die Lehrerin ihre Schüler folglich nicht in Wissen eingeführt. Gleichwohl würden wir nicht sagen, diese Lehrerin hätte ihre Schüler indoktriniert. Folgt man der Argumentation von Harvey Siegel, so bedeutet dies: Um Indoktrination zu vermeiden, bedarf es nicht der Bezugnahme auf Wissen – und folglich auch nicht der Bezugnahme auf religiöses Wissen. Entscheidend sei vielmehr – erstens – »that the proposition be supported by good reasons/strong evidence« und – zweitens – »that the student be encouraged to believe it on the basis of those reasons/that evidence« (Siegel 2004, S. 79). In diesem Sinne ist es nur dann gerechtfertigt, Heranwachsende dazu zu bewegen, eine bestimmte Überzeugung für gerechtfertigt zu halten, wenn allein für *diese* Position gute Gründe sprechen und Heranwachsenden darüber hinaus die Möglichkeit eröffnet wird, die jeweiligen Gründe auf Überzeugungskraft hin zu prüfen. Ist dies nicht der Fall, d. h. konkurrieren in einer Frage Positionen miteinander, für die *jeweils* gute Gründe geltend gemacht werden können, ohne dass dieser Dissens rational aufgelöst werden kann, dann – so wäre Siegel hier wohl zu interpretieren – ist Indoktrination nur zu vermeiden, indem davon abgesehen wird, Heranwachsende zu einer bestimmten Position im Streit zu führen, und diese stattdessen in den Streit selbst eingeführt werden.

Um die *dritte* und *vierte Prämisse* zu begründen, ist die folgende Überlegung entscheidend: So wie es kein religiöses Wissen gibt, so gibt es auch keine religiösen Überzeugungen, für die Gründe sprechen, die uns Anlass dazu geben, allein spezifische Überzeugungen für gerechtfertigt zu halten. Insofern läuft es stets auf Indoktrination hinaus, wollte man versuchen, Heranwachsende dazu zu bewegen, bestimmte religiöse Überzeugungen für gerechtfertigt zu halten. Dies wäre nämlich nur möglich, indem zu Methoden und Mitteln gegriffen wird, die darauf gerichtet sind, Heranwachsende davon abzuhalten, sich zu religiösen Überzeugungen in ein Verhältnis zu setzen (z. B. durch das Verschweigen möglicher Alternativen). Indoktrination, so Michael Hand, bedeutet aber genau dies: »to implant beliefs in such a way that they are held non-rationally« (Hand 2003, S. 95). Insofern im Bereich des Religiösen keine Überzeugungen auffindbar sind, für die hieb- und stichfeste Gründe geltend gemacht werden können, bleibt keine andere Möglichkeit als die der Indoktrination, wenn es Aufgabe katholischer Schulen sein soll, Heranwachsende auf bestimmte religiöse Überzeugungen zu verpflichten. »Since one cannot impart controversial beliefs to a person by *appealing* to her reason, we can only do so by *bypassing* her reason, which is to indoctrinate her« (ebd.; Hv. i. O.).

Freilich könnte man an dieser Stelle noch versuchen, die Konklusion von der Illegitimität einer missionarischen Erziehung dadurch zu Fall zu bringen, dass die

These bestritten wird, Indoktrination sei als problematisch einzustufen. Das Problem, das mit Indoktrination verknüpft ist, wird insbesondere darin gesehen, dass die jeweiligen Überzeugungen – eben weil sie auf nichtrationale Weise angeeignet worden sind – zukünftig unter Umständen nur schwer revidiert werden können, wenn Heranwachsende mit besser begründeten Positionen konfrontiert werden. »Indoctrination is considered a serious evil because of the difficulty of shifting beliefs one has come to hold non-rationally« (ebd., S. 95). Überzeugungen sind freilich nicht allein schon aufgrund ihrer Stabilität problematisch. Als problematisch wären diese vielmehr dann einzustufen, wenn Heranwachsende in ihrer Möglichkeit eingeschränkt oder dieser gar beraubt werden, bereits entwickelte Positionen im Lichte besser begründeter Alternativen zu transformieren. Die Heranwachsende fungiert gleichsam als »the prisoner of her convictions [...]. She is trapped in a set of beliefs which she did not fair-mindedly choose, but can nevertheless not escape« (Siegel 2004, S. 80).

Indoktrination ist so gesehen in doppelter Hinsicht problematisch: *Zum einen* wird Heranwachsenden die Möglichkeit vorenthalten, sich zu bestimmten Überzeugungen in ein Verhältnis zu setzen. Indoktrination bringt damit in spezifischer Hinsicht zum Ausdruck, dass ein Mensch in seiner Perspektive nicht zählt, und lässt sich von daher als ein besonderer Fall der Würdeverletzung interpretieren. Dieses »Phänomen der Würdeverletzung« kann allgemein in einer »Verletzung des moralischen Status« gesehen werden, »ein Wesen zu sein, dem man Rechtfertigungen für bestehende Verhältnisse bzw. Einzelhandlungen schuldet – Rechtfertigungen, die nicht einseitig fabriziert sind: Es ist das Phänomen der legitimatorischen ›Unsichtbarkeit‹, des Beherrschtwerdens ohne zureichende Begründung, des Übergangenwerdens«. Positiv formuliert: »In meiner Würde als Mensch anerkannt zu sein heißt, in Fragen, die mich wesentlich betreffen, nicht übergangen zu werden« (Forst 2005, S. 591). *Zum anderen* bedeutet Indoktrination die Aneignung von Überzeugungen, die die Urteils- und Handlungsmöglichkeiten von Heranwachsenden limitieren, *ohne* dass diesen die Möglichkeit offensteht, sich zu den jeweiligen Limitationen noch einmal in ein Verhältnis zu setzen und diese zu transzendieren. Pointiert formuliert: Indoktrination ›verletzt‹ die Bildsamkeit von Heranwachsenden, d. h. sie unterminiert ihren Status als *bildsame Subjekte*.

Es dürfte von diesem Hintergrund schwierig sein, für die Legitimität von Indoktrination zu argumentieren. Freilich trifft es zu, dass eine auf Missionierung ausgerichtete schulische Erziehung nicht zwingend dazu führt, dass religiöse Überzeugungen tatsächlich auf nichtrationale Weise angeeignet werden. Doch ist es umgekehrt ebenso richtig, dass ein solcher Hinweis auf die prinzipielle Ungewissheit von Erziehung nicht dazu geeignet ist, das hier zur Diskussion gestellte Argument zu entkräften: »It is no kind of defence of an educational aim to say that it is only harmful when it is realized« (Hand 2003, S. 96). Vielmehr gilt: »Teaching which *would* constitute indoctrination *if* it were successfull is objectionable *whether it is successful or not*« (Siegel 2004, S. 81; Hv. i. O.). Kurzum: »If indoctrinating is wrong, so is *trying* to indoctrinate« (ebd.; Hv. i. O.).

Diese Überlegungen zeigen, dass katholische Schulen, sofern ihr Unterscheidungsmerkmal gegenüber staatlichen Schulen in der Aufgabe einer Missionierung von Heranwachsenden gesehen wird, damit letztlich definiert wären »by an aim that can only be realized by means of indoctrination« (Hand 2004, S. 346). Diese Einsicht ist deshalb von Bedeutung, weil auch ignatianische Schulen von dem hier rekonstruierten Argument betroffen sind, sofern ihre Aufgabe darin gesehen wird, Heranwachsende zu missionieren. Zwar wird in neueren Beiträgen zur ignatianischen Pädagogik immer wieder beteuert, dass es zu keinem Zeitpunkt als Aufgabe jesuitischer Schulen angesehen worden sei, »Nachwuchs für die eigenen Reihen zu finden«. Diese seien vielmehr von Beginn an als ein »Begegnungsraum mit der säkularen Kultur« konzipiert worden. Mag dieser »offene Umgang« durchaus zur »Selbstdefinition des Jesuitenordens« zählen, der Hinweis darauf, dass jesuitische Schulen nicht der Rekrutierung des eigenen Nachwuchses dienen, löst nicht schon das Indoktrinationsproblem (Spermann, Gentner & Zimmer-mann 2015, S. 13). Dieses stellt sich nämlich auch und vor allem dann, wenn katholische Schulen im Allgemeinen und jesuitische Schulen im Besonderen unter den Anspruch gestellt werden, Heranwachsende zu einer christlichen Lebensform zu führen.

3.4.3 Pädagogisierung und Reaktualisierung

Favorisiert man eine ignatianische Pädagogik nach traditionellem Muster, so konfligiert diese mit der Eigenstruktur moderner Erziehung. Eine ignatianische Pädagogik, die Erziehung weiterhin als ›Vermittlungsinstanz unbefragter Werte‹ konzipiert, könnte von daher kaum sinnvoll als ignatianische *Pädagogik* bezeichnet werden. Deshalb erscheint es nur als konsequent, wenn im Kontext einer ignatianischen Pädagogik nicht länger der Anspruch verfolgt wird, Heranwachsende zu einer christlichen Lebensform zu bewegen, sondern Erziehung stattdessen an die Aufgabe geknüpft wird, auf der Seite von Kindern und Jugendlichen die ›Frage nach Gott‹ offenzuhalten und diesen dabei zu helfen, in religiösen Fragen Urteilsfähigkeit zu entwickeln. Umgekehrt stellt sich die Frage, ob und, falls ja, inwiefern in diesem Zusammenhang noch sinnvoll von einer *ignatianischen* Pädagogik gesprochen werden kann, wenn das Religiöse nicht mehr die Ausrichtung von Erziehung bestimmt, sondern stattdessen zu einem Gegenstand im Kontext von Erziehung avanciert.[6] Offenkundig gibt es Entwürfe, in denen Erziehung als Ermöglichung von (religiöser) Bildung konzipiert wird, *ohne* dass hierbei an einem ignatianischen Selbst-, Welt-

---

6 Diese Sorge ist nicht neu, sondern wird in ähnlicher Form bereits im 19. Jahrhundert artikuliert, wenn von katholischer Seite zu bestimmten ›Fehlentwicklungen‹ Stellung genommen wird, die mit einer modernen Pädagogik einhergehen: »Wie können Rousseau und sein ganzer Anhang, die den Grundsatz vertreten: ›Das Kind ist von Natur aus völlig gut,‹ wie kann ein Dittes, der behauptet: ›Welches die letzte Bestimmung des Menschen ist, wissen wir nicht,‹ wie kann ein Herbart, der die Seele als Zusammensetzung von Vorstellungen betrachtet, ähnlich einer Maschine; – wie können alle diese Pädagogen und noch viele andere, die man heutzutage auf den Leuchter stellt und als Beglücker der Menschheit betrachtet, für uns katholische Lehrer als Leitsterne bei dem Haupttheile unserer Thätigkeit, bei der Erziehung dienen?« (Wehner 1894, S. 7f, zit. nach Horn 2003, S. 179).

und Gottesverständnis Orientierung gesucht wird. Tenorth spitzt diesen Gedanken zu, wenn er in Bezug auf die von Mertes entwickelte ›Pädagogik der Verantwortung‹ konstatiert, diese sei »nicht exklusiv katholisch-pädagogisch« (Tenorth 2017, S. 175 f.). Dies gelte insbesondere auch für den Anspruch, Heranwachsende in Praktiken der *Reflexion* zu verstreichen. Hierbei handele es sich nämlich um einen Anspruch, den »nicht nur Ignatius kennt«, sondern auch etwa »die marxistische Bildungstheorie Heydorns« und nicht zuletzt auch die »Kompetenzstufenmodelle der Bildungsstandards« (ebd., S. 179).

Damit lautet die Frage: Ist eine Pädagogik möglich, die in Bezugnahme auf ein ignatianisches Selbst-, Welt- und Gottesverständnis entworfen und gerechtfertigt werden kann, und die darüber hinaus die Eigenlogik moderner Erziehung anerkennt? Ein Lösungsansatz für dieses Problem könnte darin bestehen, das Spezifikum einer ignatianischen Pädagogik nicht länger in einer originären *Beschreibung* von Erziehung zu suchen, sondern stattdessen in einer originären *Begründung* einer Beschreibung von Erziehung, wie sie in der Pädagogik der Moderne entwickelt worden ist. Tenorth deutet eine solche Überlegung ebenfalls an, wenn er schreibt, dass man im Studium von Texten zur ignatianischen Pädagogik »allenfalls« lernen könne, »dass sich identische Praktiken unterschiedlich weltanschaulich begründen« lassen (ebd., S. 176). Die Herausforderung besteht dann darin zu zeigen, dass eine Beschreibung von Erziehung als Ermöglichung von Bildung im Kontext eines ignatianischen Selbst-, Welt- und Gottesverständnisses rechtfertigbar ist. Umgekehrt wäre der Nachweis zu führen, dass eine solche Rahmung nach einer Beschreibung von Erziehung verlangt, in der Heranwachsende als bildsame Subjekte adressiert werden. Dass ein solcher Nachweis gelingt, ist keinesfalls selbstverständlich, lässt sich doch zeigen, dass ignatianische Erziehung auch auf eine Art und Weise konzipiert wird, die *nicht* mit der ›Eigenstruktur moderner Erziehung‹ kompatibel ist.

Um die Problemstellung sinnvoll bearbeiten zu können, ist es aus unserer Sicht hilfreich, den Umstand zu berücksichtigen, dass ignatianische Pädagogik ein Erziehungsverständnis offeriert, das religiös fundiert ist. Entscheidend hierbei ist, dass Erziehung im Kontext einer modernen Spielart von ignatianischer Pädagogik nicht mehr im Rekurs auf die Heilsnotwendigkeit einer christlichen Lebensform begründet wird, der Heranwachsende zugeführt werden müssen, soll ihre Seele Rettung erfahren. Maßgeblich ist vielmehr die im Kontext eines ignatianischen Selbst-, Welt- und Gottesverständnisses fest verankerte Prämisse, dass Gott ›in allen Dingen‹ zu suchen und zu finden sei – auch im heranwachsenden Menschen, dem als Ebenbild Gottes eine Würde zugesprochen wird, die Achtung verdient und die im Kontext von Erziehung dadurch Achtung erfährt, dass Heranwachsenden dabei geholfen wird, als bildsame Subjekte in Erscheinung zu treten und in diesem Sinne ihr Personsein zu aktuieren. Erziehung nimmt im Lichte dieser Voraussetzung eine nichtaffirmative Ausrichtung an, indem diese nicht länger auf bereits vorab als maßgeblich feststehende Orientierungsmuster hin finalisiert wird.

Entscheidend an dieser Weichenstellung ist, dass sie die Möglichkeit eröffnet, die Kritik zu relativieren, dass das ignatianische Moment einer ignatianischen Pädagogik sich mehr oder weniger auflöse, wenn ignatianische Erziehung unter Berücksichtigung der Eigenlogik moderner Erziehung konzipiert wird. Vielmehr lässt sich zeigen, dass für eine Erziehung, die Heranwachsende als bildsame Subjekte anerkennt und entsprechend zur Selbsttätigkeit auffordert, auch dann votiert werden kann, wenn von einem ignatianischen Selbst-, Welt- und Gottesverständnis ausgegangen wird. Mehr noch: Interpretiert man eine ignatianische Pädagogik als eine Pädagogik der Person, so hat dies zur Konsequenz, dass ignatianische Erziehung als eine Form des Miteinanderumgehens konzipiert werden *muss*, in der Heranwachsende dazu veranlasst werden, sich in ein kritisch-reflexives Verhältnis zu sich selbst und zur Welt zu setzen, soll deren Personstatus nicht unterminiert werden. Es ist diese Statuszuschreibung, die es gleichsam verbietet, Erziehung an die Aufgabe zu knüpfen, Heranwachsende in ihrer zukünftigen Lebensführung zu normieren.

Diese Überlegungen verweisen auf eine im Kontext der Erziehungswissenschaft bislang kaum adressierte Problemstellung, nämlich die Frage, wie das Verhältnis von Personalität und Bildsamkeit bestimmt werden kann. In diesem Zusammenhang wird zum einen darauf aufmerksam gemacht, dass die Bildsamkeit von Menschen von der Idee der Gottesebenbildlichkeit her begründet werden kann. Während der »pädagogische Bildsamkeitsbegriff besagt, dass der Mensch keine ihm von Natur vorgegebene Bestimmung hat, sondern sich in Wechselwirkung mit der Welt bilden und seine Bestimmung selber hervorbringen muss«, wird in der »Gottesebenbildlichkeit« des Menschen »der Grund dafür gesehen, dass der Mensch selbst- und weltbildend tätig werden und seine Bestimmung in Wechselwirkung mit der Welt suchen kann« (Benner 2014, S. 7). Damit wird eine Zusatzannahme in Anspruch genommen, die nicht zwingend ist. »Während pädagogische Auslegungen des Bildsamkeitsbegriffs ohne Inanspruchnahme eines Schöpfergottes auskommen, führen religiöse Deutungen die Bildsamkeit des Menschen auf eine durch einen Schöpfergott geschaffene Ebenbildlichkeit des Menschen zurück« (ebd., S. 26). Demnach können Beschreibungen von Erziehung angefertigt werden, die mit einer Selbstbeschreibung des Menschen als einem bildsamen Subjekt operieren, ohne dass in diesem Zusammenhang die zusätzliche Annahme von der Gottesebenbildlichkeit des Menschen ins Spiel gebracht werden müsste.

Unsere Rekonstruktion einer Pädagogik der Person hat indes bestätigt, dass es durchaus *möglich* ist, einen entsprechenden Zusammenhang herzustellen, d. h. die Fähigkeit von Menschen, sich zu sich selbst und zur Welt in ein Verhältnis zu setzen, auf deren Status als Gottes Ebenbild zurückzuführen. Zugespitzt formuliert: Weil Menschen Personen sind, können sie als bildsame Subjekte in Erscheinung treten. Umgekehrt wird im Kontext einer Pädagogik der Person Bildsamkeit als ein zentrales, vielleicht sogar als *das* zentrale Moment des Personseins in den Blick gerückt, und bisweilen sogar ausdrücklich von der »*bildsam verfassten, d. h. sich selber ihre Form gebende[n] Person*« (Böhm 1988/1997a, S. 153; Hv. i. O.) gesprochen. »Bildsamkeit« meint dann die »Beweglichkeit einer Person, die sich in der distanzierenden Auseinandersetzung mit sich selbst, mit den anderen und mit der Welt selber gestaltet, dazu aber gleichwohl der Anregungen und des Anstachelns – nach Art des sokratischen Zitterrochens – bedarf« (ebd., S. 165; Hv. i. O.). Menschen als Personen zu begreifen, schließt so gesehen immer auch mit ein, diese als bildsame Subjekte aufzufassen und entsprechend zu adressieren.

Für eine Standortbestimmung ignatianischer Pädagogik aus erziehungswissenschaftlicher Sicht lässt sich daher Folgendes festhalten: Eine ignatianische Pädagogik, die als eine Pädagogik der Person entworfen wird, erlaubt es, Erziehung im Rahmen eines ignatianischen Selbst-, Welt- und Gottesverständnisses zu begründen und zugleich die Eigenstruktur moderner Erziehung zu berücksichtigen. Von daher ist es in *diesem* Zusammenhang durchaus möglich, zugleich von einer *ignatianischen* Pädagogik und einer ignatianischen *Pädagogik* zu sprechen. Vor diesem Hintergrund lässt sich der Transformationsprozess, der vor allem im deutschsprachigen Raum zu einer Neuorientierung ignatianischer Pädagogik geführt hat, auf unterschiedliche Art und Weise interpretieren.

Zum einen ist es möglich, den Übergang von einem traditionellen hin zu einem modernen Verständnis von ignatianischer Erziehung als einen Prozess der ›Pädagogisierung‹ zu deuten, der selbst wiederum in spezifische geschichtlich-gesellschaftliche Transformationsprozesse eingebettet ist. Freilich könnte man an dieser Stelle die Vermutung anstellen, die ignatianische Pädagogik habe sich schlichtweg veränderten gesellschaftlichen Bedingungen anpassen müssen, um überhaupt fortbestehen zu können. Ein solcher Interpretationsvorschlag übersieht jedoch, dass die ignatianische Pädagogik nicht *irgendeinen* Transformationsprozess durchlaufen hat. So ist uns kein Text zur Selbstbeschreibung ignatianischer Pädagogik bekannt, in dem man sich auf die Seite eines Erziehungsverständnisses schlagen würde, in dem Schule primär als eine Institution begriffen wird, die die internationale Wettbewerbsfähigkeit von Staaten im globalen Wettbewerb sichern soll. Eine moderne Variante von ignatianischer Pädagogik votiert stattdessen für ein Erziehungsverständnis, wie es sich in Europa v. a. in der Zweit von 1700 bis 1850 herausgebildet hat. So gesehen spricht einiges für die These, dass im Kontext ignatianischer Pädagogik – zumindest mit Blick auf den deutschsprachigen Raum – nachträglich ein Blickwechsel vollzogen worden ist, der das pädagogische Denken seit dem 18. Jahrhundert maßgeblich bestimmt hat. Herman Nohl hat diesen Perspektivenwechsel wie folgt auf den Punkt gebracht: »Stand die Pädagogik bis dahin im Dienst objektiver Aufgaben, wo das Individuum nur der an sich unwesentliche Träger solcher objektiven Ziele war, wie Staat, Kirche, Wissenschaft, Stand und Beruf, so nahm sie jetzt zum ersten Mal mit vollem Bewußtsein der Tragweise einen radikalen Wechsel des Blickpunktes vor und stellte sich in das Individuum und sein subjektives Leben. War bis dahin das Kind das willenlose Geschöpft, das sich der älteren Generation und ihren Zwecken anzupassen hatte und dem die objektiven Formen eingeprägt wurden, so wird es jetzt in seinem eigenen spontanen produktiven Leben gesehen, hat seinen Zweck in ihm selber, und der Pädagoge muß seine Aufgabe, ehe er sie im Namen der objektiven Ziele nimmt, im Namen des Kindes verstehen. In dieser eigentümlichen Umdrehung, die man sich in ihrer vollen Bedeutung vor Augen stellen muß, liegt das Geheimnis des pädagogischen Verhaltens und sein eigenstes Ethos« (Nohl 1957, S. 126 f.).

Zum anderen kann der angesprochene Transformationsprozess aber auch als ein Vorgang der ›Reaktualisierung‹ ignatianischer Spiritualität verstanden werden und – damit verbunden – als ein Prozess, in dem sich ignatianische Pädagogik als Pädagogik der Person gleichsam neu erfindet. In dieser Optik ist es zumindest auch ein theologisches Reframing in der Beschreibung von Erziehung, das eine Neuorientierung ignatianischer Pädagogik mit sich führt, wobei der Rückbesinnung auf die *Geistlichen Übungen* des Ignatius hier eine besondere Bedeutung beigemessen wird (vgl. Zimmermann 2009, S. 65). Dabei sollte nicht übersehen werden, dass es sich bei einem solchen Rückgriff nicht einfach um eine 1:1-Übernahme von Ideen handelt, die sich bereits bei Ignatius finden lassen. Vielmehr handelt es sich hierbei um einen kreativen hermeneutischen Aneignungsprozess, in dem die Eigenlogik moderner Erziehung als ein bedeutsamer Bezugspunkt fungiert.

Diese Überlegung lässt sich am Beispiel einer Passage aus den *Exerzitien* verdeutlichen, die im Kontext ignatianischer Pädagogik immer wieder herangezogen wird, um eine Erziehung zu begründen, die Heranwachsenden eigene Entscheidungen zu ermöglichen sucht. Ignatius schreibt: »Und ich muß mich somit indifferent finden, ohne irgendeine ungeordnete Anhänglichkeit, so daß ich nicht dazu mehr geneigt bin noch danach verlange, die vorgelegte Sache zu nehmen, als sie zu lassen, noch mehr dazu, sie zu lassen, als sie zu nehmen, sondern mich wie in der Mitte einer Waage finde« (von Loyola 1544/2008, S. 84). Wie wir in den *Klärungen* erläutert haben, wird mit dem Begriff der Indifferenz eine Haltung bezeichnet, die darin zum Ausdruck kommt, dass Entscheidungsoptionen möglichst vorurteilsfrei geprüft und beurteilt werden. Der Erziehung wird vor diesem Hintergrund die Aufgabe zugesprochen, Heranwachsende – auch immer wieder neu – in Entscheidungssituationen hineinzuziehen und diese dazu anzuhalten, sich in einer Haltung der Indifferenz zu üben. Wie wir argumentiert haben, kann in dieser Aufgabenbestimmung der Versuch erblickt werden, im Lichte der ignatianischen Tradition zu explizieren, was es bedeutet, Heranwachsende als Personen zu adressieren. Es wäre nun aber aus unserer Sicht verfehlt, wollte man eine solche Ausrichtung von Erziehung bereits in den *Exerzitien* angelegt sehen. Man würde in diesem Fall nämlich unberücksichtigt lassen, dass die Entscheidungssituationen, von denen in den *Exerzitien* die Rede ist, in spezifischer Hinsicht gerahmt sind. Dies liegt an der Tatsache, dass der Glaube an Gott zur damaligen Zeit in Europa praktisch alternativlos war. Entsprechend heißt es bei Ignatius an der besagten Stelle – noch ehe dieser den Gedanken der Indifferenz einführt: »Es ist nötig, als Gegenstand das Ziel zu haben, für das ich geschaffen bin, das ist: um Gott unseren Herrn zu leben und meine Seele zu retten« (ebd.). Im Anschluss an die oben zitierte Passage heißt es entsprechend, dass es in der Beurteilung der ›vorgelegten Sache‹ angezeigt sei, »dem zu folgen, wovon ich verspürte, daß es mehr zu Ehre und Lobpreis Gottes unseres Herrn und zur Rettung meiner Seele ist« (ebd.). Vor diesem Hintergrund wäre durchaus zu erwarten, dass im Kontext einer ignatianischen Pädagogik, in der allein die *Exerzitien* als maßgeblicher Bezugspunkt fungieren, für eine Erziehung votiert wird, in der die Urteilsbildung und Entscheidungsfindung von Heranwachsenden nur im Rahmen eines christlichen Selbst- und Weltverständnisses zugelassen wird. Eine ignatianische Pädagogik, die als Pädagogik der Person expliziert wird, verfährt demgegenüber ungleich radikaler, insofern sie eine entsprechende Rahmung nicht mehr als alternativlos voraussetzt.

Eine solche Neuausrichtung ignatianischer Pädagogik trägt dem Umstand Rechnung, dass eine auf einen eschatologischen Sinnhorizont hin entworfene Beschreibung von Erziehung Gefahr läuft, den Anspruch zu unterlaufen, der von der Idee der Gottesebenbildlichkeit her an die Erziehung ergeht. Fasst man ignatianische Erziehung als christliche Erziehung auf und begreift man christliche Erziehung als eine Form des Miteinanderumgehens, in der Heranwachsende auf eine christliche Selbstdeutung festgelegt werden sollen, so wäre mit Marian Heitger kritisch zu fragen: »Enthält christliche Erziehung nicht immer den Versuch, ein vorgegebenes Wertsystem mit absoluter Verbindlichkeit zu verordnen und durch diesen Anspruch gerade das aufzuheben, zu negieren bzw. zumindest zu missachten, was das Menschsein des Menschen ausmacht, was ihn als Subjekt, als Person in seiner Unverfügbarkeit kennzeichnet, was ihn in seiner Würde gegenüber allen Werten und Verwertungsabsichten auszeichnet?« (Heitger 1986, S. 18)

Mit Blick auf die hier entwickelten Überlegungen könnte auf diese Frage geantwortet werden, dass eine entsprechende Gefahr nur dann besteht, wenn ignatianische Erziehung als »Vermittlung einer objektiv vorgegebenen Ordnung« gefasst wird, nicht aber dann, wenn diese »Heranwachsenden dazu verhilft, sich selbst und die anderen in ihrer Würde als Person anzuerkennen und ihr individuelles und gemeinschaftliches Handeln an diesem Wert des menschlichen Personseins auszurichten« (Böhm 1992, S. 298 f.). Die Kehrseite eines solchen Erziehungsverständnisses, in dem das »Attribut ›christlich‹« für eine Erziehung steht, die den »personalen Anspruch auf Mündigkeit« betont und diesen gerade nicht »ideologisch verkürzt« (ebd.), besteht freilich darin, dass Erziehung zu einem in die Zukunft hinein offenen Prozess avanciert und damit zugleich das Risiko mit sich führt, dass Heranwachsende anders Stellung nehmen werden als erwartet oder erhofft.

Ein solches Wagnis ist mit Erziehung *immer* verbunden, wenn diese als Ermöglichung von Bildung bestimmt wird. Aus dieser Einsicht lässt sich eine bedeutsame Konsequenz hinsichtlich der Frage ableiten, welche Stellung einer ignatianischen Pädagogik heute innerhalb des öffentlichen Bildungsdiskurses zukommen könnte. Ignatianische Pädagogik könnte in diesem Zusammenhang eine Alternative zu aktuellen Tendenzen im Bildungssystem in den Blick rücken – nicht indem sie eine originäre Beschreibung von Erziehung offeriert, sondern indem sie unter *religiösen* Vorzeichen an ein *pädagogisches* Problemniveau erinnert, das in gesellschaftlichen Debatten weitestgehend in Vergessenheit zu geraten scheint.

4. Spezifizierungen: Erziehung des Charakters

Thomas Rucker

Wie wir zu zeigen versucht haben, konstituiert die Maßgabe, Heranwachsende edukativ als Personen anzuerkennen und entsprechend zu adressieren, ignatianische Pädagogik nicht nur als christliche Pädagogik. Diese Maßgabe erlaubt es darüber hinaus auch, eine ignatianische Pädagogik zu entwerfen, in der die Eigenlogik moderner Erziehung Berücksichtigung findet. Eine solche Weichenstellung geht mit bestimmten Konsequenzen einher, die wir im Folgenden an einem ausgewählten Beispiel verdeutlich möchten, nämlich am Problem der Tugenderziehung (zum Problem der Tugend in spätmodernen Gesellschaften vgl. Gronemeyer 2019).

Ignatianische Erziehung ist in der Tradition immer auch als Erziehung des Charakters, genauer: als Erziehung hin zu einer tugendhaften Lebensführung bestimmt worden. Unsere These lautet, dass der traditionell im Kontext ignatianischer Pädagogik vertretene Anspruch, Heranwachsende an vorgegebene Tugenden zu gewöhnen, in Spannung steht zu dem Anspruch, Heranwachsenden in der Aktuierung ihres Personseins zu unterstützen. Sollte diese Behauptung zutreffen, so mag es durchaus irritieren, dass im Kontext ignatianischer Pädagogik heute mehr oder weniger ungebrochen eine Beschreibung von Tugenderziehung vertreten wird, die in aristotelischer Tradition steht. Zugleich ist damit die Frage aufgeworfen, ob und, falls ja, wie das Problem der Tugenderziehung formuliert und bearbeitet werden kann, wenn ignatianische Pädagogik als eine Pädagogik der Person entworfen wird.

In einem *ersten* Schritt zeigen wir exemplarisch auf, dass das Problem der Tugenderziehung im Kontext ignatianischer Pädagogik als eine Vorgabe der Tradition aufgefasst werden muss, zu dem man sich in diesem Zusammenhang nicht *nicht* verhalten kann. In einem *zweiten* Schritt erläutern wir zentrale Aspekte einer Beschreibung von Tugenderziehung, wie sie in (neo-)aristotelischer Tradition angefertigt wird. Daraufhin markieren wir in einem *dritten* Schritt Herausforderungen für eine ignatianischen Pädagogik, in der weitestgehend unbefragt auf eine (neo-)aristotelischer Beschreibung von Tugenderziehung rekurriert wird. Eine Möglichkeit, auf diese Herausforderungen zu reagieren, besteht darin, alternative Bezugsgrößen zu erwägen. Vor diesem Hintergrund werden wir in einem *vierten* Schritt dem favorisierten (neo-)aristotelischen Entwurf eine Alternative zur Seite stellen. Dieser Alternativentwurf eröffnet die Möglichkeit, bestimmte Probleme einer aristotelischen Rahmung zu vermeiden, so dass ignatianische Erziehung als Hilfe zur Aktuierung des Personseins von Heranwachsenden verstanden und zugleich als Tugenderziehung konzipiert werden kann. Die hier zur Diskussion gestellten Überlegungen bedeuten insofern kein Plädoyer dafür, ignatianische Erziehung nicht länger als Erziehung des Charakters zu bestimmen. Die These lautet vielmehr, dass es im Lichte der Maßgabe der Personalität gute Gründe dafür gibt, Tugenderziehung unter Rückgriff auf moderne Theorieangebote zu konzipieren, in denen Tugend daran festgemacht wird, moralischen Einsichten und Urteilen handelnd zu entsprechen.

4.1 Tugenderziehung als Vorgabe der Tradition

Wie wir in den *Vergewisserungen* bereits deutlich gemacht haben, kann der Anspruch, Heranwachsende in der Entwicklung von Tugend zu unterstützen, weit in die Geschichte des Jesuitenordens zurückverfolgt werden. Wir verweisen an dieser Stelle exemplarisch auf die *Ratio Studiorum*, in der an den Lehrer die Erwartung adressiert wird, Heranwachsende nicht nur in tradiertes Wissen und Können einzuführen, sondern diese auch zu einem tugendhaften Leben zu bewegen. »Der Lehrer soll seine besondere Absicht darauf richten, sowohl in Vorlesungen, bei passender Gelegenheit, als außerhalb derselben, seine Schüler zum Dienste und zur Liebe Gottes und zur Übung Gott wohlgefälliger Tugenden zu begeistern und dahin zu wirken, daß sie allen ihren Studien die Richtung auf dieses Ziel geben« (Duhr 1599/1896, S. 198). Hinter dieser Erwartung steht das im Kontext einer traditionellen Variante von ignatianischer Pädagogik maßgebliche Ideal einer Einheit von ›Wissen und Frömmigkeit‹.

Wie Jaska Kainulainen gezeigt hat, war Tugenderziehung bereits in der Frühphase des Ordens nicht auf die Vermittlung und Aneignung von ›christlichen Tugenden‹ restringiert. »Christian virtues consisted of notions such as charity, humility, chastity, poverty, and obedience. But, what emerges from the vast amount of Jesuit writings on education is the assertion that education should advance the common good. In line with this observation, the educational writings of the Jesuit order suggest that the Jesuit notion of virtue was marked by a constant call for vita activa« (Kainulainen 2018, S. 535). Dies hatte Folgen – gerade auch im Hinblick darauf, wie Tugenderziehung gedacht und gestaltet werden sollte. »From the beginning, self-abnegation for the benefit of others featured as one of the key virtues championed by the Jesuit order« (ebd., S. 533). Vor diesem Hintergrund erscheint es als plausibel, wenn in neueren Beiträgen zur ignatianischen Pädagogik darauf aufmerksam gemacht wird, dass Tugenderziehung nicht nur die Förderung verschiedener Tugenden, sondern auch die Förderung verschiedener Arten von Tugenden umfassen müsse (vgl. Gentner, Spermann & Zimmermann 2019, S. 12 f.).

Mit diesen knappen Hinweisen auf die Tradition ist der Stellenwert von Tugend im Kontext ignatianischer Pädagogik noch nicht systematisch bestimmt. Um eine entsprechende Klärung vorzunehmen, scheint uns die Bezugnahme auf eine Passage in den *Grundzügen* hilfreich zu sein, auf die wir in unseren Ausführungen bereits mehrfach zu sprechen gekommen sind. Im Anschluss an Pedro Arrupe heißt es dort, dass ignatianische Erziehung darauf gerichtet sei, »Männer und Frauen für andere heranzubilden, Männer und Frauen, die nicht für sich selbst leben, sondern für Gott und Christus, für den Gott-Menschen, der zum Heil aller lebte und starb«

(ICAJE 1986/1998, S. 38). Man könnte vor diesem Hintergrund argumentieren, dass der eigene Einsatz für andere Menschen u. a. bestimmte Dispositionen voraussetzt, die traditionell als Tugenden bezeichnet werden. Hierzu zählen im Kontext ignatianischer Pädagogik nicht nur die *göttlichen Tugenden* (Glaube, Hoffnung und Liebe), die in christlicher Tradition als ›Gottesgeschenk‹ begriffen und entsprechend edukativ nicht eingeübt werden können. »The theological virtues are entirely gifts of God because they cannot be obtained by human effort. [...] This is why a Catholic school needs to focus on prayer, the sacraments and reading the gospel to help its students receive God's grace« (Arthur 2021, S. 118 f.; vgl. Henz 1992, S. 34 ff.). Zu den Tugenden, die als Voraussetzung dafür angesehen werden, dass Heranwachsende als ›Menschen für andere‹ in Erscheinung treten, werden darüber hinaus auch *Verstandes-* und *Charaktertugenden* gezählt. Diese unterscheiden sich von den göttlichen Tugenden jeweils dadurch, dass sie in ihrer Entwicklung edukativ abhängig sind. Beide Arten von Tugenden entwickeln sich nicht von selbst, sondern sind in ihrer Entwicklung auf Erziehung angewiesen.

Eine ignatianische Pädagogik, in der Erziehung u. a. als Tugenderziehung konzipiert wird, hat es mit (mindestens) drei Problemkomplexen zu tun. Eine *erste* Frage lautet, was eigentlich gemeint ist, wenn von Tugend die Rede ist. Erst eine Klärung des Begriffs der Tugend erlaubt es, methodisch kontrolliert diejenigen Tugenden zu bestimmen, die im Kontext einer ignatianischen Pädagogik besondere Aufmerksamkeit verdienen. *Zweitens* stellt sich das Problem, die Entwicklung von Tugenden zu beschreiben. Schließlich wäre *drittens* zu klären, wie die Unterstützung der Entwicklung von Tugenden bestimmt werden kann. Ein maßgeblicher Autor, auf den im Kontext einer ignatianischen Pädagogik Bezug genommen wird, um Antworten auf diese Fragen zu geben, ist Aristoteles (zur aristotelischen Tugendethik und -pädagogik vgl. u. a. Höffe 1998, 2014a; Kristjánsson 2015). Auch in neueren Beiträgen zur ignatianischen Pädagogik wird Tugenderziehung scheinbar wie selbstverständlich in einem aristotelischen Rahmen konzipiert, wobei auf eine spezifische Variante einer *neo*aristotelischen Beschreibung von Tugenderziehung Bezug genommen wird.[1] Dabei wird explizit an die Tradition des Jesuitenordens angeschlossen, wenn darauf aufmerksam gemacht wird, dass »Charakterbildung in der Ignatianischen Pädagogik seit jeher eine tugendethische Grundierung« aufweise, und diese auf die »theologischen Grundlagen der Gründergeneration der Jesuiten« sowie deren Prägung von einem »aristotelischen Weltbild« zurückgeführt wird (Gentner, Spermann & Zimmermann 2019, S. 10). Eine »tugendethisch fundierte Charakterbildung«, so die These, passe aber nicht nur in Bezug auf die »historischen Quellen«

---

1 Diese Variante wird insbesondere in Arbeiten des *Jubilee Centre for Character and Virtues* entfaltet (exemplarisch: Kristjánsson 2015, 2020; Arthur et al. 2017; Arthur 2020, 2021). Dass es sich hierbei um eine spezifische Variante einer neoaristotelischen Tugendethik und -pädagogik handelt, ist deshalb zu betonen, weil es Autor:innen in der neueren Ethik gibt, die jeweils an Aristoteles anschließen, von diesem gemeinsamen Bezugspunkt aus aber hochgradig unterschiedliche Positionen entwickeln, so dass keineswegs klar ist, was ›Aristotelismus‹ in diesem Zusammenhang überhaupt bedeutet (vgl. Rapp 2010, 2019).

sondern auch und vor allem hinsichtlich »der pädagogischen Anliegen« heute »hervorragend in das Konzept Ignatianischer Pädagogik« (ebd., S. 4). Vor diesem Hintergrund gehen wir im Folgenden zunächst darauf ein, wie in (neo-)aristotelischer Tradition die genannten Problemkomplexe behandelt werden, um von dort her Herausforderungen einer ignatianischen Pädagogik zu markieren, die Tugenderziehung in dieser Tradition zu bestimmen sucht.

4.2 (Neo-)aristotelische Tugenderziehung

Charaktererziehung in aristotelischer Tradition zu konzipieren bedeutet, diese als eine Form des Miteinanderumgehens zu bestimmen, in der Heranwachsende an bestimmte Charaktertugenden gewöhnt werden *und* diese dabei Unterstützung erfahren, die Fähigkeit zu entwickeln, im Lichte dieser Tugenden Handlungen in spezifischen Situationen zu ermessen. Beide Aspekte sind gleichermaßen von Bedeutung. Aristotelische Charaktererziehung geht nicht darin auf, Heranwachsende dazu zu veranlassen, bestimmte Handlungen auszuführen, um sich so bestimmte Charaktertugenden anzueignen. »Just as important as developing key virtues such as compassion and honesty is a requirement to cultivate the meta-virtue of phronesis or practical wisdom in children and young people« (Harrison 2016, S. 238).

4.2.1 Tugend und Tugenden

Grundlegend für eine solche Beschreibung von Charaktererziehung ist der aristotelische Begriff der Tugend. Als *Tugend* bezeichnet Aristoteles, wie in den *Vergewisserungen* bereits erwähnt, die »lobenswerten Dispositionen« eines Menschen, wobei unter diesen Begriff sowohl »Tugenden des Denkens« als auch »Tugenden des Charakters« fallen (NE 1103a 3–10). Ist in diesem Zusammenhang von *Charakter* die Rede, so ist damit eine generelle Haltung gemeint, die ein Mensch in Bezug auf eine spezifische Art von Situation einnimmt. Entscheidungen, die Ausdruck des Charakters eines Menschen sind, unterliegen nicht der permanenten Variation, sondern lassen über die Zeit hinweg eine gewisse Stabilität erkennen. Von daher kann der Charakter auch als eine situationsübergreifende Quelle von Entscheidungen bestimmt werden. Charaktertugenden bilden in diesem Sinne »*dispositional clusters*, concerned with praiseworthy functioning in a number of significant and distinguishable spheres of human life« (Kristjánsson 2015, S. 14; Hv. i. O.). Was dies bedeutet, lässt sich am Beispiel der Tugend der Barmherzigkeit veranschaulichen – einer Tugend, die gerade in christlicher Tradition eine bedeutende Rolle spielt. »The person possessing the virtue of compassion, for example, *notices* easily and *attends to* situations in which the lot of others have been undeservedly compromised, *feels* for the needs of those who have suffered this undeserved misfortune, *desires* that their misfortune be reversed, *acts* (if humanly possible) for the relevant (ethical) reasons in ways conducive to that goal and *exudes* an outward aura of empathy and care« (ebd.; Hv. i. O.).

4.2 (Neo-)aristotelische Tugenderziehung

Wichtig ist, dass in aristotelischer Tradition die mit dem Begriff des Charakters bezeichneten Einstellungen nicht per se als positiv beurteilt werden. Von den Tugenden sind die *Laster* zu unterscheiden, d. h. Charakterzüge, die einem gelingenden Leben abträglich sind. Laster werden ebenso wie Tugenden erlernt und können in ihrer Entwicklung u. a. durch negative Vorbilder bedingt sein. Die Laster werden dabei als extreme Haltungen gegenüber bestimmten Arten von Situationen aufgefasst, während die Tugenden die Mitte zwischen diesen Extremen repräsentieren (vgl. Hügli 2006, S. 51). So ist bspw. die Tugend der Tapferkeit zwischen Feigheit und Leichtsinn angesiedelt. Die Mitte ist dabei aber nicht als arithmetische Mitte zu verstehen, sondern der Einschätzung eines Menschen im Hinblick auf eine vorgegebene Situation unterworfen.

Was es bedeutet, Charaktertugenden wie z. B. Tapferkeit, Gerechtigkeit, Wahrhaftigkeit, Mitgefühl, Dankbarkeit oder Bescheidenheit in einer spezifischen Situation zu entsprechen, ist durch die jeweiligen Tugenden nicht festgelegt, sondern muss von einem Menschen in der Situation ermessen werden. Von daher wird in aristotelischer Tradition der epistemischen Tugend der *Phronesis* eine herausragende Stellung zugesprochen. Während andere epistemische Tugenden auf die Klärung allgemeiner Zusammenhänge gerichtet sind (vgl. Hoyer 2005, S. 80 f.), kommt die *Phronesis* darin zum Ausdruck, dass ein Mensch dazu fähig ist, im Hinblick auf eine bestimmte Situation die rechten Mittel zu bestimmen, um Charaktertugenden im Handeln zu entsprechen.

Was in einer spezifischen Situation zu tun ist, wird also nicht durch die Charaktertugenden allein bestimmt. »Vielmehr müssen die Handelnden selbst jeweils das im Hinblick auf die Situation Angemessene erwägen« (NE 1104a 8–9). Als *Phronesis* wird in aristotelischer Tradition die Fähigkeit eines Menschen bezeichnet, zu ermessen, wie den Charaktertugenden im Hinblick auf eine spezifische Situation entsprochen werden kann. Die Frage lautet: Was soll ich unter Berücksichtigung der spezifischen Umstände tun, um in *dieser* Situation tapfer, besonnen oder gerecht zu handeln? Vor diesem Hintergrund kann Aristoteles sagen: »Die Tugend des Charakters macht den Zielpunkt richtig, die Klugheit aber das, was zum Ziel führt« (NE 1114a 8) – und erst der Zusammenhang beider konstituiert das, was Aristoteles »Tugend im eigentlichen Sinn« nennt (NE 1144b 14). Tugend besteht also nicht schon darin, dass sich eine Person Tugenden des Charakters habituell gemacht hat. Tugendhaft im ›eigentlichen Sinn‹ ist aber auch nicht diejenige Person, die zwar in Bezug auf eine bestimmte Situation Handlungen zu ermessen weiß, deren Erwägungen aber nicht durch Tugenden des Charakters angeleitet sind. Im eigentlichen Sinne tugendhaft ist nach Aristoteles allein diejenige Person, die einen Charakter entwickelt hat, der durch Tugenden wie Tapferkeit, Besonnenheit und Gerechtigkeit bestimmt ist, und die zugleich erwägen kann, wie diesen Tugenden im Handeln angemessen Rechnung getragen wird. Die Charaktertugenden bestimmen die Grundausrichtung von Entscheidungen. Umgekehrt stellt erst eine entwickelte *Phronesis* sicher, dass Menschen unter den Bedingungen einer spezifischen Situation im Sinne der Charaktertugenden handeln. Die Charaktertugenden und die Verstandestugend der *Phronesis* bilden somit die notwendigen und gemeinsam hinreichenden Bedingungen für einen tugendhaften Charakter.

4.2.2 Eudaimonia und Selbstverwirklichung

Die Begründung dafür, warum Menschen ein tugendhaftes Leben führen sollen, erfolgt in Bezug auf eine spezifische Vorstellung von einem gelingenden Leben. Nach aristotelischer Auffassung gibt es ein schlechthin Gutes, das für alle Menschen erstrebenswert ist und eben deshalb das Telos, das Endziel allen Lebens und mithin auch aller Erziehung ausmacht: die *Eudaimonia*. Nach Aristoteles bedeutet dieses Endziel »für den Menschen« insbesondere »das Leben in der Betätigung der intuitiven Vernunft« (NE 1178a 5–7), aber auch ein Leben im Sinne der Charaktertugenden, denn auch diese sind »menschliche Dinge« (NE 1178a 14).

Ohne hier auf Details in Fragen der *Eudaimonia* eingehen zu können, gilt es zweierlei festzuhalten: *Erstens* wird vor diesem Hintergrund verständlich, weshalb in (neo-)aristotelischen Entwürfen dafür votiert wird, eine gewöhnende Erziehung zu ergänzen, besser: zu vervollständigen durch eine Unterstützung der Entwicklung von *Phronesis*. »Kluges Verhalten *ohne* den Rückhalt sittlicher Tugenden ist für Aristoteles ebenso undenkbar, wie ihm sittliche Impulse *ohne* rationale Legitimation unvollkommen erscheinen« (Hoyer 2005, S. 211; Hv. i. O.). *Zweitens* wird ersichtlich, dass in dieser Tradition die Auffassung maßgeblich ist, dass es Menschen nicht (völlig) freisteht, darüber zu entscheiden, welche Lebensweise für sie gut ist. In aristotelischer Tradition wird vielmehr von der Annahme ausgegangen, dass es eine »dem Menschen objektiv angemessene Lebensweise« (Bayertz 2014, S. 178) gibt. Diese zeigt sich in der anthropologischen Bestimmung des *Ergons* des Menschen. Dieses *Ergon* oder die Funktion des Menschen besteht darin, dass Heranwachsende zur Entfaltung bringen, was sie *als Menschen* auszeichnet. Jemand muss dasjenige realisieren, was ihn als Menschen ausmacht, »damit sein Leben gelingt, damit es in einem objektiven Sinne als ›glücklich‹ bezeichnet werden kann« (ebd.; zum berühmten *Ergon*-Argument vgl. auch Rapp 2019, S. 39 f.; Müller 2021, S. 125 f.).

Kurt Bayertz spricht an dieser Stelle treffend von einem »Programm der *Selbstverwirklichung*« (Bayertz 2014, S. 178, Hv. i. O.), das mit der aristotelischen Tugendethik und -pädagogik verknüpft ist, wobei Selbstverwirklichung hier *nicht* bedeutet, individuelle Eigenschaften zu kultivieren, sondern vielmehr meint, dass ein Mensch seine allgemeinen Potentiale als Mensch entwickelt. Dies gilt es zu berücksichtigen, wenn heute für eine Tugenderziehung nach aristotelischem Muster votiert wird. Tugenderziehung gilt in dieser Tradition als notwendig, um Heranwachsenden dabei zu helfen, ihre Potentiale als Menschen zu entfalten und in *diesem* Sinne ein gelingendes Leben zu führen. »Tugenden sind naturgegebene Richtwerte der Vortrefflichkeit, die der Mensch zu erkennen und im eigenen Leben zu verwirklichen hat, um seiner wesensgemäßen Bestimmung Genüge zu tun« (Hoyer 2005, S. 86). Umgekehrt formuliert: Eine »Erziehung zur Glückseligkeit« beutetet in aristotelischer Tradition zwingend eine »Erziehung zu artspezifischen Tugenden« (ebd., S. 197).

Auch in sich selbst als ›neoaristotelisch‹ beschreibenden Entwürfen von Charaktererziehung wird von der Voraussetzung ausgegangen, »flourishing« sei »the intrinsically desirable, ultimate end of human beings« (Kristjánsson 2017, S. 100), und wird ein gelingendes Leben an einer tugendhaften Lebensführung festgemacht. Die Entwicklung von Charaktertugenden und der epistemischen Tugend der *Phronesis* gelten auch in diesem Zusammenhang als »constitutive of flourishing« (ebd., S. 101). In diesem Sinne meint *Eudaimonia* keinen Endzustand einer Entwicklung, sondern muss diese vielmehr als »an ongoing activity« begriffen werden, genauer: als eine Aktivität, die in »the realization of specifically human excellences« zum Ausdruck kommt (Kristjánsson 2015, S. 14). Die Entfaltung der im engeren Sinne moralischen Tugenden ist in diese Idee von Selbstverwirklichung integriert. Das bedeutet, es wird für ein gelingendes Leben als konstitutiv angesehen, moralischen Ansprüchen Rechnung zu tragen. Kurzum: »It is impossible to achieve eudaimonia without being morally good« (ebd., S. 25; vgl. Kristjánsson 2020).

4.2.3 Gewöhnung und Unterweisung

Die Differenz zwischen Verstandes- und Charaktertugenden ist pädagogisch deshalb bedeutsam, weil damit spezifische Konsequenzen verbunden sind, was die Unterstützung der Entwicklung von Tugenden betrifft. So lehrt Aristoteles, dass Tugenden des Denkens *Unterweisung* voraussetzen, wohingegen Tugenden des Charakters sich durch *Gewöhnung* entwickeln (NE 1179b; vgl. Hübner 2013, S. 121 ff. und 130 ff.; Müller 2021, S. 128 ff. und 130 ff.).

Eine gewöhnende Erziehung zeichnet sich u. a. dadurch aus, dass Heranwachsende mit Menschen umgehen, die als Vorbilder für eine tugendhafte Lebensführung in Erscheinung treten, d. h. im Falle derer die jeweiligen Charaktertugenden bereits zu einer ›zweiten Natur‹ geworden sind. Hinzu kommt, dass die Heranwachsenden kontinuierlich dazu angehalten werden, Handlungen zu vollziehen, wie sie auch eine Person vollziehen würde, die schon tugendhaft ist und in diesem Sinne auch über ein ausgeprägtes Maß an *Phronesis* verfügt (vgl. hierzu auch die Unterscheidung zwischen ›passiver‹ und ›aktiver‹ Gewöhnung bei Curren 2015, S. 466). Durch den Vollzug entsprechender Handlungen sollen sich die Heranwachsenden die angestrebten Charaktertugenden aneignen. Aristoteles selbst hat diesen Grundgedanken einer gewöhnenden Erziehung am Beispiel der Tugenden der Gerechtigkeit, der Besonnenheit und der Tapferkeit erläutert. »Gerecht«, so Aristoteles, werden wir allein dadurch, »dass wir Gerechtes tun, mäßig dadurch, dass wir Mäßiges, und tapfer dadurch, dass wir Tapferes tun« (NE 1103b 1-2). Kurzum: »Die Dispositionen entstehen aus den entsprechenden Tätigkeiten«. *Deshalb*, so Aristoteles weiter, kommt es »nicht wenig darauf an, ob man schon von Kindheit an so oder so gewöhnt wird; es hängt viel davon ab, ja sogar alles« (NE 1103b 21-25).

Aristotelische Charaktererziehung geht nicht in einer gewöhnenden Erziehung auf. Die Tugend, der im Kontext (neo-)aristotelischer Tradition eine besondere Bedeutung beigemessen wird, ist die epistemische Tugend der *Phronesis*. Diese sorgt allererst dafür, dass Charaktertugenden in spezifischen Situationen zur Geltung kommen und ausgeübt werden. Ein Urteil darüber, was Heranwachsende z. B. tun sollen, wenn sie online mit personalisierten Kaufangeboten konfrontiert sind oder Zeugen davon werden, dass Mitmenschen im Netz Beleidigungen erfahren, folgt nicht schon aus den Charaktertugenden, die sich unter den Bedingungen einer gewöhnenden Erziehung entwickeln. Die Charaktertugenden bestimmen zwar die Grundausrichtung von Entscheidungen, die Heranwachsende treffen. *Phronesis* aber bedeutet die Fähigkeit »to put the other virtues into practise« (Harrison et al. 2016, S. 25). Diese Fähigkeit hat zwei Aspekte: Zum einen müssen die Heranwachsenden lernen, Situationen, in denen eine bestimmte Tugend gefordert ist, als solche zu erkennen. Zum anderen geht es darum zu lernen, Handlungen zu entwerfen, die den spezifischen Umständen angemessen sind.

Die Entwicklung von *Phronesis* muss edukativ initiiert und unterstützt werden, so dass Heranwachsende fortschreitend dazu in die Lage kommen, »to deliberate on situations they find themselves in and make better judgements about what is the ›best‹ course of action in any given situation« (ebd.). Eine solche Erziehung verstrickt Heranwachsende in Situationen, in denen diese ihre *Phronesis* üben können, denn diese kommt nicht nur in Handlungen zum Ausdruck, sondern entwickelt sich auch allererst dadurch, dass Heranwachsende *Phronesis* zeigen. Es ist der Einsatz der *Phronesis* selbst, der als das Medium ihrer Entwicklung fungiert. Tugenderziehung bedeutet in dieser Hinsicht, Heranwachsende in Situationen hineinzuziehen, in denen sie selbst urteilen, d. h. hier: die angemessenen Mittel erwägen müssen, um den im Kontext einer gewöhnenden Erziehung entwickelten Charaktertugenden zu entsprechen.

Eine *unterweisende Erziehung*, in der Tugend zum Gegenstand avanciert, reicht hierzu nicht aus. Zwar können Heranwachsenden in diesem Zusammenhang Einsichten darin gewinnen, was Tugend ist, wie Tugenden von Lastern unterschieden werden können, warum Tugenden für ein gelingendes Leben und Zusammenleben von Bedeutung sind etc. Eine solche Unterweisung offeriert Möglichkeiten des Lernens, die eine gewöhnende Erziehung nicht bereithält, und erweist sich als erforderlich, damit Heranwachsende sich nicht nur bestimmte Charaktertugenden aneignen, sondern darüber hinaus auch das Wissen erwerben, *warum* es geboten ist, das eigene Leben im Sinne dieser Tugenden zu führen. Kurzum: »*Phronesis* requires access to a systematic understanding of the good life" (Kristjánsson 2015, S. 100). Insofern wird die Unterweisung zurecht als »another step in moral education« (Müller 2021, S. 129) bestimmt, der von der Gewöhnung unterschieden werden muss. Um die Fähigkeit zu entwickeln, Charaktertugenden im Handeln zu entsprechen, bedarf es jedoch nicht nur einer Gewöhnung an tugendhafte Handlungen und auch nicht nur einer Unterweisung, in der über Tugenden und ihre Begründung im Lichte der *Eudaimonia* kommuniziert wird. Darüber hinaus »we need to offer concrete opportunities to practise them [die Tugenden; T.R.] with corresponding evaluative feedback from teachers or parents on the exercise of these virtues« (Arthur 2021, S. 102 f.). Es bedarf also auch einer Unterweisung, die bestimmt werden kann als ein die Gewöhnung kontinuierlich begleitender Zusammenhang von Erklärungen und Begründungen derjenigen Handlungen, die Heranwachsenden vorgelebt und zu deren Vollzug sie selbst angehalten werden.[2] Erst dann, wenn

---

2 Das Verhältnis zwischen einer gewöhnenden und einer unterweisenden Erziehung sowie die Situierung einer Unterstützung der Entwicklung von *Phronesis* in diesem Zusammen-

Heranwachsende von sich her dazu in der Lage sind, im Rahmen von Charaktertugenden kluge Entscheidungen zu fällen, ist Erziehung an ein Ende gekommen, und hat diese *ihren* Beitrag zu einem gelingenden Leben und Zusammenleben geleistet.

4.3 Herausforderungen

Wir haben im vorangegangenen Abschnitt Grundzüge einer Theorie aristotelischer Tugenderziehung rekonstruiert und hierbei auf bestimmte Voraussetzungen aufmerksam gemacht, die mit einem entsprechenden Entwurf verbunden sind. Im Folgenden werden wir einige Probleme markieren, die mit einer entsprechenden Beschreibung von Charaktererziehung verbunden sind.

4.3.1 Moral im weiten, Moral im engen Sinne

Die Position, eine Beschreibung von Tugenderziehung in aristotelischer Tradition nicht unbefragt zu akzeptieren, ist zunächst einmal darin begründet, dass sich in der Moderne die Auffassung von Moral gewandelt hat. So kann mit Bayertz (2014, S. 34 ff.) einem antiken ein modernes Moralverständnis entgegengestellt werden, das sich in entscheidender Hinsicht von ersterem unterscheidet.

---

hang werden bis heute kontrovers diskutiert. Dabei spielt insbesondere die Frage eine Rolle, wie die Entwicklung von wahrer Tugend möglich sein soll, wenn das Verhältnis von Gewöhnung und Unterweisung im Sinne einer strikten Sequenzierung bestimmt wird, wie sie Aristoteles offenbar vor Augen gestanden hat. In diesem Fall erscheint die gewöhnende Erziehung als eine Form der Verhaltenskonditionierung, zu der dann zu einem späteren Zeitpunkt eine unterweisende Erziehung hinzutritt. In neueren Arbeiten ist deshalb vorgeschlagen worden, das Verhältnis von Gewöhnung und Unterweisung anders zu bestimmen. Die Begründung hierfür lautet, dass das anvisierte Ziel von Tugenderziehung, einem heranwachsenden Menschen dabei zu helfen, sich zu einem *Phronimos* zu entwickeln, nur dann als möglich erscheint, wenn Gewöhnung als »critical habituation« (Sherman 1989, S. 157ff.) konzipiert wird, d. h. als eine Erziehung, die von vorneherein von Erklärungen und Rechtfertigungen für vorgelebte oder eingeforderte Handlungen – und in diesem Sinne von Unterweisung – begleitet wird (vgl. hierzu auch Curren 2015, S. 467). Eine solche Beschreibung erscheint zunächst als durchaus kompatibel mit der aristotelischen Annahme, dass Unterweisung der Gewöhnung nachzufolgen hat – dies jedenfalls dann, wenn man die Unterweisung, die Aristoteles vor Augen hat, als Einführung in eine Theorie des guten Lebens versteht, wie er sie in der Nikomachischen Ethik entwickelt. Das aber bedeutet, dass hier letztlich »two sorts of teaching« zu unterscheiden sind: »One sort of teaching occurs early in the learning process and consists of telling learners which acts are right. The second sort of teaching occurs late in the learning process and consists of explaining why right acts are right. The former sort guides habituation; the later sort presupposes proper habits" (Curzer 2002, S. 146). An dieser Stelle wird darauf aufmerksam gemacht, dass eine entsprechende Neubestimmung des Verhältnisses von Gewöhnung und Unterweisung sich nicht auf die Originaltexte stützen kann und in diesem Sinne ausdrücklich als *neo*aristotelisch bezeichnet werden muss (vgl. ebd., S. 161).

Eine Moral im weiten Sinne, wie sie für die Antike und das Mittelalter charakteristisch gewesen ist, impliziert Orientierungsmuster, die sich gleichermaßen auf das gelingende Leben und das gelingende Zusammenleben beziehen. Die Leitfrage lautet: ›Wie soll ich leben, um ein gelingendes Leben zu führen?‹ Verpflichtungen gegenüber anderen Menschen wurden in diesem Zusammenhang entweder als selbstverständlich vorausgesetzt oder selbst als Moment eines gelingenden Lebens bestimmt. Eine Moral im engen Sinne, wie sie für die Moderne kennzeichnend ist, ist im Unterschied hierzu daran erkennbar, dass Ansprüche an ein gelingendes Leben zunehmend aus der Moral ausscheiden und die Leitfrage der Moral auf die Frage verengt wird, was wir uns wechselseitig als Menschen schulden. Entsprechend haben sich auch die Regeln reduziert, die wir heute mit dem Anspruch auf Allgemeinverbindlichkeit artikulieren, so dass wir an dieser Stelle auch von einer Art Minimalmoral sprechen können, die in bestimmten negativen Pflichten (z. B. ›Du sollst nicht lügen und betrügen!‹) sowie positiven Pflichten (z. B. ›Du sollst einem in Not geratenen Menschen helfen!‹) zum Ausdruck kommt.

Vor diesem Hintergrund erscheint es zunächst einmal als begründungsbedürftig, Charaktererziehung in einem (neo-)aristotelischen Rahmen zu bestimmen, statt an Beschreibungen anzuknüpfen, die in der Moderne entwickelt worden sind. Nun reicht ein solcher Hinweis auf ein verändertes Moralverständnis freilich nicht aus, um die rekonstruierte Beschreibung von Charaktererziehung zu problematisieren. Man könnte nämlich argumentieren, dass dieser Transformationsprozess von einer Moral im weiten hin zu einer Moral im engen Sinne eine Fehlentwicklung anzeige, der man gerade dadurch entgegenzuwirken sucht, dass Charaktererziehung im Lichte eines weitgefassten Moralverständnisses bestimmt wird.

Wir werden deshalb im Folgenden Einwände gegenüber einer Beschreibung von (neo-)aristotelischer Charaktererziehung formulieren, die Gründe dafür offerieren, ignatianische Erziehung von alternativen Voraussetzungen her zu bestimmen. Wenn wir von Herausforderungen sprechen, so muss unterschieden werden zwischen solchen Problemstellungen, die sich in der Ausarbeitung einer Beschreibung von ignatianischer Erziehung im Kontext eines (neo-)aristotelischen Bezugsrahmens stellen, und solchen, die den besagten Rahmen selbst betreffen.

4.3.2 ›Interne‹ Probleme

Innerhalb des ersten Problemkomplexes wäre u. a. zu klären, welche Tugenden im Kontext von Erziehung in ihrer Entwicklung unterstützt werden sollen. Darüber hinaus wäre die Frage zu beantworten, wie die jeweiligen Tugenden begrifflich zu bestimmen sind. Schließlich wäre zu fragen, wie die jeweils ausgewählten Tugenden im Kontext der allgemeinen Prämissen gerechtfertigt werden können, an denen eine ignatianische Pädagogik Orientierung findet. Eine systematische Bearbeitung dieser Problemstellungen liegt unseres Wissens bislang nicht vor. Überhaupt erweist sich die Literatur zu einer ignatianischen Tugendethik (vgl. z. B. Fagin 2010) und einer ignatianischen Tugendpädagogik (vgl. Donahue 1990; Shelton 2014; Porter 2017) als überschaubar.

4.3 Herausforderungen

In neueren Arbeiten zur ignatianischen Pädagogik wird weitestgehend auf (neo-) aristotelische Entwürfe einer tugendethisch fundierten Beschreibung von Charaktererziehung rekurriert, wobei diese Entwürfe kaum systematisch im Lichte eines ignatianischen Selbst-, Welt- und Gottesverständnisses thematisiert, geprüft, problematisiert oder auch transformiert werden. Dabei sollte nicht übersehen werden, dass eine ignatianische Pädagogik traditionell an einer Aufgabe orientiert ist, die mit der aristotelischen *Eudaimonia* nicht identisch ist, nämlich Menschen hervorzubringen, »who will live not for themselves but for God and his Christ – for the God-man who lived and died for all the world« (Arrupe 1973, o. S.). Diesem Anspruch liegt eine spezifische Voraussetzung zugrunde: »Only by being a man-for-others does one become fully human« (ebd.). Als Mensch für Andere in Erscheinung zu treten, bedeutet in diesem Zusammenhang immer auch, erfüllt zu sein vom heiligen Geist – »the Spirit of Christ, who gave his life for the salvation of the world; the God who, by becoming Man, became, beyond all others, a Man-for-others« (ebd.).

Mit einer solchen Weichenstellung ist das Problem aufgeworfen, die aristotelische Beschreibung von Tugenderziehung in den Kontext eines ignatianischen Selbst-, Welt- und Gottesverständnisses zu integrieren, um von dort her die oben formulierten Problemstellungen der Auswahl, der Bestimmung und der Rechtfertigung der im Kontext ignatianischer Charaktererziehung angestrebten Tugenden zu bearbeiten. Es ist zunächst einmal nicht selbstverständlich, dass eine solche Intergration gelingt, denn »the Christian sees virtue not as an end in itself, or even just as a means to heaven, but the way to become more like Christ or another Christ (ipse Christus, alter Christus) for others« (Arthur 2021, S. 110). Von daher »it is not the case that Aristotelian ethics are self-evidently compatible with Christian understanding of virtue, or that they are sufficient to adopt without major adaption« (ebd., S. 104). Eine entsprechende Kompatibilität wäre allererst zu erweisen. Jedoch ist diese Problemstellung im Kontext einer ignatianischen Pädagogik bislang lediglich ansatzweise adressiert worden. Überhaupt wäre an dieser Stelle zu fragen, ob es nicht zielführender wäre, von vornherein auf Autoren zurückzugreifen, in deren Arbeiten die tugendethischen Überlegungen von Aristoteles in einen christlichen Rahmen gestellt werden.[3]

Wir werden im Folgenden nicht weiter auf die Problemstellungen eingehen, die sich ›innerhalb‹ eines (neo-)aristotelischen Rahmens stellen. Vielmehr wird es uns darum gehen, den Blick auf solche Herausforderungen zu lenken, die mit dem besagten Rahmen selbst verknüpft sind. Der erste Einwand betrifft die tugend*ethischen* Voraussetzungen einer Beschreibung von Charaktererziehung, die sich unter den

---

[3] So haben etwa Thomas von Aquin und später der Jesuit Suarez gezeigt, wie eine Überführung von antikem Gedankengut in ein christliches Selbst-, Welt- und Gottesverständnis gedacht und praktiziert werden kann (Forschner 2006, S. 192; Arthur 2021, S. 47 ff.). Wie wir in den *Vergewisserungen* argumentiert haben, finden sich darüber hinaus auch in humanistischen Schriften der Renaissance Vorschläge, wie ein Rückbezug auf die Antike aus christlicher oder gar jesuitischer Sicht möglich ist. Entsprechende Überlegungen sind im Kontext einer ignatianischen Pädagogik unseres Wissens bislang nicht aufgegriffen worden.

Bedingungen einer komplexen Gesellschaft als problematisch erweisen. Der zweite Einwand ist auf die tugend*pädagogischen* Voraussetzungen aristotelischer Charaktererziehung gerichtet. Die These lautet, dass ein Spannungsverhältnis besteht zwischen dem Anspruch, Heranwachsende in der Aktuierung ihres Personsein zu unterstützen, sowie dem Anspruch, diese auf vorgegebene Tugenden zu verpflichten und – damit verbunden – auf eine spezifische Auffassung von gelingendem Leben festzulegen. Tugenderziehung nach aristotelischem Vorbild ist nicht ohne weiteres kompatibel mit einer Erziehung zur Mündigkeit, für die im Kontext einer an der Maßgabe der Personalität orientierten ignatianischen Pädagogik votiert wird.

4.3.3 Komplexität

Moderne Gesellschaften sind durch eine Vielzahl an Auffassungen gekennzeichnet, was im Leben vorzuziehen bzw. zurückzustellen ist. Dieser Umstand wirft die Frage auf, ob es in diesem Zusammenhang überzeugend ist, eine spezifische Auffassung von einem guten Leben – nämlich die aristotelische – als die ›richtige‹ vorauszusetzen. In neoaristotelischen Beschreibungen von Charaktererziehung wird ebenfalls mit der Annahme operiert, dass die Entwicklung von Tugenden konstitutiv für ein gelingendes Leben sei. Ein gelingendes Leben schließt aus dieser Warte notwendigerweise mit ein, dass Menschen sich bestimmte Charaktertugenden aneignen und darüber hinaus die Fähigkeit entwickeln, im Lichte dieser Tugenden zu ermessen, wie den jeweiligen Tugenden mit Blick auf spezifische Situationen entsprochen werden kann (vgl. Kristjánsson 2017, S. 101).

Die Bezugnahme auf die aristotelische *Eudaimonia* eröffnet zwar die Möglichkeit, für eine Erziehung hin zu spezifischen ›lobenswerten Dispositionen‹ zu argumentieren. Jedoch erweist sich eine solche »Bindung an einen bestimmten Referenzrahmen« (Englert 2021, S. 15) gerade dann als problematisch, wenn in einer Situation differente Bezugssysteme miteinander konkurrieren, wie dies für das Aufwachsen in moderne Gesellschaften typisch ist. »Was unter bestimmten gesellschaftlichen Bedingungen als ›Tugend‹ angesprochen wird, muss unter anderen Bedingungen nicht unbedingt auch als ›gut‹ gelten« (ebd.). Die Auffassung von einem gelingenden Leben, auf die rekurriert wird, wenn heute für eine aristotelische Tugenderziehung votiert wird, erscheint unter den Bedingungen einer »kulturell heterogenen Gesellschaft« (ebd.) nur mehr als eine Möglichkeit unter vielen anderen.[4]

---

4 Dieser Umstand ist darin begründet, dass es Aristoteles nicht dabei belässt, die »*eudaimonia* als Zielpunkt menschlicher Handlungen« auszuweisen (Rapp 2019, S. 38). Klar ist: »Inhalt des Glücks und somit letztes Ziel des Strebens« ist für Aristoteles nicht »das, was verschiedene Gruppierungen oder verschieden Individuen jeweils als gut und erstrebenswert anerkennen« (ebd.). Entsprechend sucht Aristoteles »wenigstens im Umriss festzulegen, was als gutes Leben eines Menschen gelten kann und was nicht« (ebd.). Dieser Vorschlag sieht sich jedoch – und darauf kommt es uns hier an – in modernen demokratischen Gesellschaften selbst wiederum in die Perspektivität der Suche nach Orientierung eines gelingenden Lebens und Zusammenlebens hineingestellt.

Mit dieser Überlegung ist allerdings noch nicht der Nachweis geführt, dass eine Beschreibung von Tugenderziehung als solche ihre Überzeugungskraft verloren hat. So ist es etwa immer noch möglich, für die Position zu votieren, dass Erziehung die Aufgabe habe, Kinder und Jugendliche zu solchen ›lobenswerten Dispositionen‹ zu führen, die in bestimmten *Communities* als maßgeblich gelten. Jedoch ist auch eine solche Alternative mit Problemen behaftet. Nimmt man von einer allgemeinverbindlichen Auffassung von einem gelingenden Leben Abstand und hält man Tugenden bestenfalls noch kontextrelativ für bestimmbar und begründbar, so stellt sich die Frage, ob unter diesen Bedingungen eine Gewöhnung von Heranwachsenden an bestimmte ›lobenswerte Dispositionen‹ nicht mit einer Abschottung von Gemeinschaften gegenüber Alternativen einhergehen muss, scheint eine gewöhnende Erziehung doch nur in einem Rahmen *möglich* zu sein, der weitestgehend außer Frage steht. Stimmt man dieser Überlegung zu, so wäre zu fragen, ob eine solche Ausrichtung von Charaktererziehung *sinnvoll* ist, wenn man davon ausgeht, dass Heranwachsende ihr Leben im Umgang mit Anderen in einer plural verfassten Gesellschaft führen müssen. Die Heranwachsenden, so könnte man formulieren, würden gleichsam »kunstvoll darüber getäuscht, wie sich die Welt ihnen gegenüber benehmen wird« (Brecht 1961, S. 35), nämlich im Modus der Perspektivendifferenz.

Man könnte an dieser Stelle argumentieren, dass die in modernen Gesellschaften beobachtbare Vielheit an Auffassungen von einem gelingenden Leben als solche noch keinen Beleg dafür liefert, dass es nicht doch eine objektiv richtige Auffassung gibt. An dieser Stelle hat die Debatte zwischen universalistischen und kontextualistischen Positionen innerhalb der Tugendethik ihren Ort. Während »Kontextualisten« von der Annahme ausgehen, Tugenden könnten immer nur im »Rahmen« eines spezifischen »kulturellen Kontextes, d. h. der historisch und gesellschaftlich bedingten Vorstellungen eines guten Lebens« bestimmt und begründet werden, wird von »Universalisten« die Position vertreten, »dass es bestimmte, kulturell unabhängige Grundeigenschaften des Menschseins geben müsse, deren Realisierung oder Aktualisierung das Gute eines menschlichen Lebens ausmachen. Dementsprechend ließen sich auch die menschlichen Tugenden bestimmen, die zur Realisierung dieser dem Menschen eigenen Bestimmung erforderlich seien« (Hügli 2006, S. 52; vgl. hierzu auch Rapp 2019).

Aus pädagogischer Warte macht dieser Dissens innerhalb der Tugendethik zumindest zweierlei deutlich: *Erstens* müssen Universalisten für eine vermeintlich allgemeinverbindliche Vorstellung von einem gelingenden Leben *argumentieren*. Die von ihnen offerierten Vorschläge scheinen von daher nicht selbstverständlich zu sein. *Zweitens* konnte bislang offenbar kein Argument mit absoluter Durchschlagskraft formuliert werden, das die Debatte zwischen Universalisten und Kontextualisten hätte auflösen können. In einer solchen Situation – und das ist hier entscheidend – können wir nicht sinnvoll sagen, dass wir *wüssten*, worin die allein ›richtige‹ Auffassung von einem gelingenden Leben besteht. Damit aber stellt sich die Frage, ob es pädagogisch als legitim angesehen werden kann, Heranwachsende edukativ auf eine nur *vermeintlich* ›richtige‹ Auffassung von einem gelingenden Leben zu verpflichten, indem diese in ihrer Entwicklung auf bestimmte ›lobenswerte Dispositionen‹ festgelegt werden (eine aktuelle, inhaltlich jedoch anders gelagerte Problematisierung der *Eudaimonia* für eine Beschreibung von Tugenderziehung findet sich bei Carr 2021).

4.3.4 Personalität

Unabhängig von dieser Debatte stellt sich aus pädagogischer Warte ein zweites Problem: Vorausgesetzt wir wüssten, was die ›lobenswerten Dispositionen‹ sind, zu denen Heranwachsende erzogen werden sollen, wie kann dann eine Erziehung hin zu den jeweiligen Tugenden bestimmt werden? Die Antwort, die in (neo-)aristotelischer Tradition auf diese Frage offeriert wird, haben wir in ihrem Grundgedanken bereits erläutert. Dabei ist es wichtig festzuhalten, dass die rekonstruierte Beschreibung von Tugenderziehung nicht notwendigerweise auf eine universalistische Position verpflichtet, sondern durchaus mit der Position eines Kontextualismus in Sachen Tugend kompatibel ist. Tugenderziehung als einen irreduziblen Zusammenhang von Gewöhnung und Unterweisung zu bestimmen, ist auch dann sinnvoll möglich, wenn Tugenden lediglich als kontextrelativ bestimmbar und begründbar aufgefasst werden.

Eine entsprechende Beschreibung von Charaktererziehung kollidiert – und darauf kommt es uns hier an – mit dem Anspruch einer modernen ignatianischen Pädagogik, Heranwachsende als *Personen* und – damit verbunden – als *bildsame Subjekte* zu adressieren, deren Zukunft unbestimmt ist und im Kontext von Erziehung offengehalten werden soll. Eine diesem Anspruch verpflichtete Charaktererziehung kann nicht sinnvoll beschrieben werden, indem diese als Gewöhnung an spezifische ›lobenswerte Dispositionen‹ expliziert und die Entwicklung von *Phronesis* im Kontext vorgegebener Charaktertugenden situiert wird. Eine Charaktererziehung, die Heranwachsende als Personen adressiert, hätte diesen immer auch die Möglichkeit zu eröffnen, sich zu den Geltungsansprüchen, die mit bestimmten ›lobenswerten Dispositionen‹ verknüpft sind, in ein Verhältnis zu setzen.

Aristotelische Charaktererziehung setzt mit der Gewöhnung an bestimmte Praktiken an, wobei dieser Umstand im Kontext einer ignatianischen Pädagogik allenfalls insoweit als problematisch eingeschätzt wird, als Heranwachsende an solche Handlungen gewöhnt werden, die zur Entwicklung von bestimmten Lastern führen. Nicht aber wird die Gewöhnung als solche problematisiert. Diesen Umstand gilt es im Blick zu behalten, wenn heute für eine Charaktererziehung nach aristotelischem Vorbild votiert und zugleich behauptet wird, eine solche Erziehung sei letztlich darauf gerichtet, Heranwachsende zu einem »autonomous decision-making« (Arthur et al. 2017, S. 51) zu befähigen. Es sollte nämlich nicht übersehen werden, dass die Einübung von *Phronesis* in einen Rahmen von Charaktertugenden eingebettet ist, der als solcher auch im Zuge der fortschreitenden Entwicklung dieser epistemischen Tugend nicht zur Debatte steht – und damit auch nicht die Auffassung von einem gelingenden Leben, von der her die Charaktertugenden bestimmt und gerechtfertigt werden.

Phronesis bedeutet ausdrücklich nicht die Fähigkeit, Charaktertugenden zu befragen und diese einer möglichen Transformation zuzuführen. Die mit diesem Begriff bezeichnete Urteilskraft erfüllt die Funktion, die Charakterentwicklung zu vervollkommnen, sie ist jedoch nicht darauf gerichtet, bereits entwickelte Festlegungen in Frage zu stellen und auf diesem Wege eine Transformation des Charakters zu initiieren. Ein Sich-Verhalten zu bereits entwickelten Festlegungen sowie deren Prüfung im Lichte von Grundsätzen sind in diesem Rahmen nicht vorgesehen. Eine Beschreibung von Charaktererziehung in (neo-)aristotelischer Tradition bestimmt die Relation von Charaktertugenden und *Phronesis* »nicht im Sinne einer sich wechselseitig befruchtenden *Korrespondenz* der Instanzen, sondern im Sinne einer Einheit, in der alle wesentlichen Charaktermerkmale das feststehende Fundament bilden, in das die Vernunft eingelassen ist« (Hoyer 2005, S. 216, Hv. i. O.). Zwar ist es zutreffend, dass aristotelische Charaktererziehung nicht in einer gewöhnenden Erziehung aufgeht. Die Einübung der *Phronesis* ist jedoch nicht daraufhin ausgerichtet, bereits entwickelte Charakterdispositionen auf den Prüfstand zu stellen. »Der vernünftig Handelnde, wie Aristoteles ihn sich denkt, handelt nicht aus blinder Gewohnheit, aber er handelt auch nicht nach Maßgabe einer autonomen Verstandeskraft. Sittliche Praxis wird als Ausdruck eines wohlerzogenen Charakters begriffen, der zu seiner Vervollkommnung die Beihilfe einer ethisch gebildeten Intelligenz benötigt« (ebd.). Die *Phronesis* ist auf das Erwägen der rechten Mittel restringiert, um in spezifischen Situationen entsprechend der habitualisierten ›lobenswerten Dispositionen‹ angemessene Handlungen zu entwerfen.

Von dieser Kritik bleibt die Einsicht unberührt, dass die Entwicklung des Charakters über den Vollzug von Handlungen vermittelt ist. Konfligiert nun aber eine gewöhnende Erziehung mit dem Anspruch, die Zukunft von Heranwachsenden offen zu halten, so stellt sich die Frage, ob und, falls ja, wie Charaktererziehung so bestimmt werden kann, dass die besagte Einsicht bewahrt bleibt und zugleich dem Anspruch Rechnung getragen wird, Heranwachsende als bildsame Subjekte zu adressieren. Im Unterschied zu einer Tugenderziehung, in der »den zu Erziehenden die ausgewiesenen sittlichen *aretai* zur Disposition *gemacht,* aber nicht zur Disposition *gestellt*« werden (ebd.; Hv. i. O.), wäre eine an der Maßgabe der Personalität orientierte Erziehung zumindest daran erkennbar, dass Heranwachsenden immer auch »die Möglichkeit gelassen, mehr noch: *eröffnet* wird, sich bei Bedarf auch gegen anerzogene Verhaltensgewohnheiten auszusprechen und, falls sich die begründete Notwendigkeit ergibt, zur Wehr zu setzen« (ebd.; Hv. i. O.).

Eine Erziehung als Ermöglichung einer Aktuierung der Person hätte Heranwachsenden also immer auch die Freiheit zu eröffnen, bereits entwickelte Charakterdispositionen auf den Prüfstand zu stellen, um diese so als bildsame Subjekte zu adressieren, deren Zukunft nicht festgelegt werden darf, sondern offengehalten werden muss. Eine solche Erziehung impliziert also, Heranwachsenden eine »rückhaltlos *selbstkritische* Vernunft« (ebd., S. 217; Hv. i. O.) zuzumuten – und damit eine Fähigkeit, die weder bei Aristoteles noch in aktuellen Entwürfen einer neoaristotelischen Charaktererziehung vorgesehen ist. Dies mag u. a. damit zu tun haben, dass Tugenden in aristotelischer Tradition als das »per definitionem *Gute und* Beständige« (ebd., S. 216; Hv. i. O.) aufgefasst werden, so dass es in der Folge als wenig bedeutsam erscheint, Heranwachsende dazu zu befähigen, sich gegenüber bestimmten Tugenden in ein prüfendes Verhältnis zu setzen. Eine solche Position setzt aber voraus – und damit kommen wir zum Beginn der Überlegungen zurück –, dass wir darum *wissen*, was ein gelingendes Leben kennzeichnet und was die Tugenden sind, in denen ein solches Leben Gestalt gewinnt. Eine durchaus bestreitbare Annahme.[5]

Nun könnte man an dieser Stelle einwenden, dass sich das hier entwickelte Problem nur dann stellt, wenn Erziehung daraufhin ausgerichtet ist, Heranwachsende in der Entwicklung von Mündigkeit zu unterstützen. Folgt man der entwickelten Interpretation von ignatianischer Pädagogik als einer Pädagogik der Person, so ist zumindest *diese* Variante von ignatianischer Pädagogik von dem Einwand betroffen. Heranwachsende in der Aktuierung ihres Personseins zu unterstützen, bedeutet nämlich genau dies: ihnen dabei zu helfen, die Fähigkeit zu entwickeln, sich zu internen und externen Abhängigkeiten in ein Verhältnis zu setzen. »Selbstbestimmungsfähigkeit in Fragen der sittlichen Lebensführung« bedeutet dabei keine »absolute« Unabhängigkeit. Gemeint ist eine »relative Unabhängigkeit« der Person, die sich »vor allem im Benennen und Beurteilen von inneren wie äußeren Zwängen, aber auch in der begründeten Zustimmung zu moralischen Verpflichtungen sowie in der Übernahme von Verantwortung« zeigt (Hoyer 2005, S. 143). Ist im Kontext ignatianischer Pädagogik davon die Rede, Heranwachsende zu einem ›verantworteten Umgang mit Freiheit‹ zu veranlassen, so wird Erziehung damit an die Ermöglichung von moralischer Selbstbestimmungsfähigkeit geknüpft. Eine solche Weichenstellung kann nicht einfach kombiniert werden mit der Idee, Erziehung solle dafür Sorge tragen, dass Heranwachsende sich in vorgegebene Charaktertugenden eingewöhnen, die als solche nicht zur Disposition stehen. Die Eingewöhnung müsste

---

5 In einer neoaristotelischen Beschreibung von Tugenderziehung wird diese Annahme nicht problematisiert, sondern in Anspruch genommen. Zumindest wird vorausgesetzt, dass sich »a list of prototypical virtues« aufstellen ließe, »that will be recognized and embraced by representatives of all cultures and religions«. Diese Liste, so lautet die weitere Überlegung, »can be suggested and drawn upon in character education« (Kristjánsson 2015, S. 16). Als Beispiele für solche allgemein akzeptierten Tugenden werden genannt: Tapferkeit (»Acting with bravery in fearful situations«), Gerechtigkeit (»Acting with fairness towards others by honoring rights and responsibilities«), Ehrlichkeit (»Being truthful and sincere«), Barmherzigkeit (»Exhibiting care and concern for others«), Dankbarkeit (»Feeling and expressing thanks for benefits received«) und Demut/Bescheidenheit (»Estimating oneself within reasonable limits«) (ebd., S. 17). Die Orientierung an einer solchen Liste sollte nicht den Blick darauf verstellen, dass Charaktererziehung in diesem Zusammenhang als Sozialisation von Heranwachsenden in eine vorgegebene Ordnung bestimmt wird. Knüpft man Erziehung an den Anspruch, Heranwachsende in der Aktuierung ihres Personseins zu unterstützen, und sieht man es hierbei als maßgeblich an, diesen auch ein Sich-Verhalten gegenüber vorgegebenen normativen Orientierungen zu ermöglichen, so scheint in einer (neo-)aristotelischen Beschreibung von Erziehung etwas Bedeutsames zu fehlen (vgl. hierzu auch Biesta 2020a, der statt von der Aktuierung des Personseins von Heranwachsenden von »subjectification« (S. 1013) spricht und Erziehung hiervon ausgehend als eine Form des Miteinanderumgehens bestimmt, die nicht (nur) das Anliegen verfolgt, »that children and young people acquire the right knowledge, skills and dispositions and, moreover, the right moral frameworks and virtues so that the likelihood that they will choose right over wrong increases«, sondern die (auch) darauf gerichtet ist, »to *bring* the ›I‹ of the student into play, so to speak, and *keep* the ›I‹ of the student in play« (ebd., S. 1021; Hv. i. O.)).

vielmehr als kritische Aneignung verstanden und konzipiert werden. Eine ignatianische Pädagogik moderner Spielart, die an der Maßgabe der Personalität Orientierung findet, kommt von daher nicht daran vorbei, das Spannungsverhältnis zwischen einer Erziehung zur Mündigkeit und einer Erziehung zur Tugend zu thematisieren.

Es handelte sich um eine Verlegenheitslösung, wollte man an dieser Stelle für die Position votieren, dass ignatianische Erziehung sich dadurch auszeichnet, nach der Einübung von Heranwachsenden in vorgegebene Tugenden diesen auch Freiräume zu eröffnen, sich zu den jeweiligen Tugenden in ein Verhältnis zu setzen. *Erstens* ist ein solches Sich-Verhalten zu Tugenden in einem (neo-)aristotelischen Rahmen nicht vorgesehen. Eine entsprechende Beschreibung von ignatianischer Tugenderziehung hätte deshalb erst einmal den in Anspruch genommenen Bezugsrahmen zu modifizieren. *Zweitens* stellt sich die Frage, warum überhaupt eine Gewöhnung von Heranwachsenden an vorgegebene Tugenden angestrebt wird, wenn diesen schließlich doch wieder die Möglichkeit eröffnet wird, sich von bereits angeeigneten Tugenden zu distanzieren. Offenbar wird dem Sich-Verhalten ein besonderer Wert beigemessen. Dies ist nicht weiter verwunderlich, wenn die Aktuierung des Personseins eines Menschen darin erkannt wird, in kritisch-reflexiver Distanz zu bestimmten Vorgegebenheiten eigene Positionen zu suchen, zu finden und weiterzuentwickeln.[6] Von daher wäre schließlich *drittens* zu fragen, warum im Kontext ignatianischer Pädagogik nicht der Versuch unternommen wird, eine Beschreibung von Tugenderziehung anzufertigen, die von vornehereinan der Maßgabe der Personalität ausgerichtet ist.

Es liegt zunächst durchaus nahe, in der Bearbeitung dieser Problemstellung Orientierung an tradierten Entwürfen einer christlichen Charaktererziehung zu suchen. Wie Arthur zeigt, stößt man in diesem Zusammenhang jedoch fast ausschließlich auf ein affirmatives Erziehungsverständnis, das nur schwer mit den Prämissen einer Pädagogik der Person vereinbar ist. Eine Beschreibung von christlicher Cha-

---

6 Ignatius bietet hierfür selbst ein anschauliches Beispiel, berichtet er doch in seiner Autobiographie, dass er sich bis zu seiner Verwundung auf dem Schlachtfeld weitestgehend unreflektiert an den Tugenden des Rittertums orientiert hatte und erst im Durchgang durch diese Differenzerfahrung erkannte, dass alternative Tugenden unter Umständen wertvoller für das eigene Leben im Umgang mit Anderen sein könnten. »Er schaute auf nichts Inneres und wusste auch nicht, was für eine Sache Demut und Liebe und Geduld waren und Klugheit, um diese Tugenden zu regeln und zu bemessen« (von Loyola 2002, S. 54). Diese Passage lässt sich nicht nur als ein Votum des Ignatius für bestimmte Charaktertugenden sowie die epistemische Tugend der *Phronesis* deuten. Vielmehr ist diese Passage auch dazu geeignet, zu illustrieren, was wir als Aktuierung der Person bezeichnet haben. Gemeint ist das Sich-Verhalten des Ignatius zu den eigenen Abhängigkeiten, hier: zu den internalisierten Tugenden, die für einen Ritter im spätmittelalterlichen Spanien als maßgeblich angesehen wurden. Dieses Sich-Verhalten, das es Ignatius ermöglichte, bereits entwickelte Festlegungen zu transzendieren, ist nicht mit dem Einsatz der *Phronesis* identisch. Das Sich-Verhalten des Ignatius war nämlich auf die ritterlichen Tugenden selbst gerichtet und setzte einen Prozess der Freisetzung von diesen Tugenden in Gang, wie der *Bericht des Pilgers* eindrucksvoll zeigt.

raktererziehung, wie sie Arthur rekonstruiert, geht von der Voraussetzung aus, dass Jesus Christus als »the ultimate end of human action« begriffen wird – »the human telos ist seen in Him« (Arthur 2021, S. 104). Jesus wird, wie wir in den *Vergewisserungen* ausgeführt haben, als »model for the virtuous life« begriffen, und es sind die spezifischen »virtues of Christ«, an denen die menschliche Lebensführung, aber auch die Erziehung der Heranwachsenden Orientierung finden soll (ebd., S. 115). Es sind die Tugenden, wie sie Jesus vorgelebt hat, an denen sich eine charakterstarke Persönlichkeit im christlichen Sinne auszeichnet. »The Christian life is a life characterized by kindness, compassion, humility, generosity, justice, truthfulness, courage, forgiveness, mercy, consideration, benevolence, honesty and fellow feeling« (ebd., S. 105). Vor diesem Hintergrund wird die Habitualisierung der besagten Tugenden, als ein Transformationsprozess gedeutet, in dem Menschen sich Christus immer mehr annähern. »The acquisition of virtues transforms us, not simply through gaining philosophical wisdom, but by becoming more Christlike« (ebd., S. 139). Vor diesem Hintergrund wird Charaktererziehung als eine Form des Miteinanderumgehens bestimmt, in der Heranwachsende dazu bewegt werden, sich in eine christliche Lebensform einzuüben, »to become more faithful followers of Christ« (ebd., S. 142). An dieser Stelle tritt der affirmative Zug eines solchen Verständnisses von Tugenderziehung deutlich hervor, wird Erziehung doch daraufhin ausgerichtet, »to form in students a clear idea of the meaning of life, which is the development of faith-filled Christlikeness« (ebd., S. 105). Heranwachsende sollen sich als Christ:innen verstehen lernen und aus einer entsprechenden Selbstdeutung heraus ihr Leben führen. »Character virtues are needed to help us act in a certain way as a follower of Christ« (ebd., S. 113). Es liegt auf der Hand, dass auch die *Phronesis* in einem derart gesteckten Rahmen eine spezifische Ausrichtung erfährt. Pointiert formuliert: »Practical wisdom has a vision of the good that is fixed upon Christ« (ebd., S. 127).

4.3.5 Nachfolge revisited

Fasst man Heranwachsende als Personen auf, so dürfte die Problematik offenkundig sein, die mit einer Erziehung verbunden ist, für die ein bereits vorab feststehendes Leitbild und – damit verbunden – ein bereits vorab feststehender Tugendkatalog als maßgeblich in Anschlag gebracht werden.[7] Die »Gefahr« besteht darin, »die

---

7   Eine entsprechende Beschreibung von Tugenderziehung nimmt einen spezifischen ›Haltepunkt‹ in Anspruch: »Christus« wird als das maßgebliche »Richtbild des Menschen« und der Erziehung vorausgesetzt (Pieper 2018, S. 11). Was das bedeutet, wird in der »Ethik der klassischen Theologie« dadurch expliziert, dass die »Vollkommenheit des Christen« als ein Zusammenhang der »drei göttlichen und der vier Kardinaltugenden« erläutert wird (ebd., S. 14). Josef Pieper hat dieses Ideal einer christlichen Lebensführung und – damit verbunden – einer christlichen Tugenderziehung wie folgt auf den Punkt gebracht: »Erstens: der Christ ist ein Mensch, der – im Glauben – der Wirklichkeit des dreieinigen Gottes inne wird. Zweitens: der Christ spannt sich – in der Hoffnung – auf die endgültige Erfüllung

Fülle der Entscheidungsmöglichkeiten des Einzelnen stark zu begrenzen, ihn auf bestimmte Inhalte, bestimmte Verhaltensformen, bestimmte Normvorstellungen festzulegen« – und gerade dadurch »die Entwicklung der Selbstbestimmungsfähigkeit des jungen Menschen [zu] hemmen« (Klafki 1970, S. 43 f.). Eine solche Gefahr kann, wie Klafki meint, nur gebannt werden, wenn ein entsprechendes Leitbild und die damit verbundenen Tugenden im Kontext von Erziehung als ein ›Angebot‹ behandelt werden, mit dem Heranwachsende sich »auseinandersetzen« können, »um zu *eigener* Urteilsbildung und ggf. zum Entwurf *eigener* Zielvorstellungen angeregt zu werden« (ebd., S. 45; Hv. i. O.). Dieser Einwand ist freilich nicht auf das skizzierte Leitbild einer christlichen Persönlichkeit restringiert, sondern kann gegenüber allen Leitbildern vorgebracht werden, die im Kontext von Erziehung »als gültige Idealvorstellungen gesetzt und undiskutiert übernommen werden sollen« (ebd.). Eine ignatianische Pädagogik wäre allerdings von dem Einwand der Festlegung von Heranwachsenden in besonderer Weise betroffen, würde mit einer entsprechenden Ausrichtung von Erziehung doch der eigene Anspruch unterlaufen werden, Heranwachsende als Personen aufzufassen und das erzieherische Miteinanderumgehen von diesem Grundsatz her zu denken und zu gestalten.

In neueren Arbeiten zur ignatianischen Pädagogik wird dieser Einwand offenbar antizipiert, ohne dass jedoch die Konsequenzen hinreichend thematisiert werden, die mit der eigenen Antwort verbunden sind. Wir haben bereits darauf aufmerksam gemacht, dass Tugenderziehung auch im Kontext einer *modernen* Variante von ignatianischer Pädagogik in (neo-)aristotelischer Tradition bestimmt wird. Dies gilt vor allem im Hinblick auf die folgenden drei Voraussetzungen einer Beschreibung von Tugenderziehung: *Erstens* wird der Unterstützung der Entwicklung von *Phronesis* eine zentrale Bedeutung beigemessen, damit Heranwachsende lernen, in ihren Urteilen den Besonderheiten von Situationen Rechnung zu tragen. *Zweitens* wird die damit bezeichnete Fähigkeit der Unterscheidung in einem Rahmen von Charaktertugenden situiert, der die grundsätzliche Ausrichtung der *Phronesis* bestimmt. *Drittens* werden zwei Grundformen von Erziehung unterschieden, wobei davon ausgegangen wird, dass erst das Zusammenspiel von Gewöhnung und Unterweisung die Entwicklung von ›wahrer Tugend‹ ermöglicht.

Die entscheidende Differenz im Hinblick auf einen (neo-)aristotelischen Ansatz besteht nicht in den tugend*pädagogischen* Überlegungen, sondern ist in variierten

---

seines Wesens im Ewigen Leben. Drittens: der Christ richtet sich – in der göttlichen Tugend der Liebe – mit einer alle natürliche Liebeskraft übersteigenden Bejahung auf Gott und den Mitmenschen. Viertens: der Christ ist klug, das heißt, er läßt sich den Blick für die Wirklichkeit nicht trüben durch das Ja oder Nein des Willens, sondern er macht das Ja oder Nein des Willens abhängig von der Wahrheit der wirklichen Dinge. Fünftens: der Christ ist gerecht, das heißt, er vermag in Wahrheit ›mit dem andern‹ zu leben; er weiß sich als Glied unter Gliedern in der Kirche, im Volk und in aller Gemeinschaft. Sechstens: der Christ ist tapfer, das heißt, er ist bereit, für die Wahrheit und für die Verwirklichung der Gerechtigkeit Verwundungen und, wenn es sein muß, den Tod hinzunehmen. Siebtens: der Christ hält Maß, das heißt, er läßt es nicht zu, daß sein Habenwollen und sein Genießenwollen zerstörerisch und wesenswidrig wird« (ebd., S. 13f.).

tugend*ethischen* Voraussetzungen zu erkennen. Eine Beschreibung von Erziehung als einer Form des Miteinanderumgehens, in der die »Entfaltung von stabilen Handlungsdispositionen« in Kombination mit »Einsicht und Urteilsbildung« angestrebt wird (Gentner, Spermann & Zimmermann 2019, S. 12), folgt ohne Zweifel (neo-) aristotelischen Weichenstellungen. Im Unterschied zu einem säkularen (neo-)aristotelischen Entwurf fungiert im Kontext einer ignatianischen Pädagogik aber nicht die *Eudaimonia* als der maßgebliche Bezugspunkt der Beschreibung von Erziehung, sondern das »Ethos der christlichen Botschaft« (ebd.) (Letztverantwortung des eigenen Handelns vor Gott, Heilszusage Gottes vor aller menschlichen Leistungserbringung, Vergebung aller Schuld durch Gott im Falle von Reue und Umkehr etc.). Wie wir argumentiert haben, kommt in *traditionellen* Entwürfen einer christlichen Tugenderziehung an dieser Stelle der Begriff der Nachfolge ins Spiel: Heranwachsende sollen sich unter den Bedingungen von Gewöhnung und Unterweisung als Christen verstehen und sich aus einem entsprechenden Selbstverhältnis heraus verhalten lernen. Das bedeutet, sie sollen lernen, ihr Leben entsprechend der Tugenden zu führen, die für Christ:innen maßgeblich sind. In Jesus Christus ist erkennbar geworden, welche Tugenden dies sind, weshalb die tugendhafte Lebensführung von Christ:innen auch als Ausdruck eines Nachfolgeethos bestimmt werden kann. Heranwachsende sollen lernen, Jesus nachzufolgen, indem sie diejenigen Tugenden entwickeln, die dieser vorgelebt hat. Es mag irritieren, dass im Kontext einer *modernen* Variante von ignatianischer Pädagogik zunächst ganz im Sinne einer solchen traditionellen Beschreibung von Tugenderziehung argumentiert wird. Entsprechend heißt es explizit, »Jesus von Nazareth« sei das »Vorbild«, an dem Erziehung Orientierung finden soll, denn er verkörpere »die Erfüllung all dessen, was als Potential im menschlichen Wesen liegt, was Menschsein also idealerweise bedeuten könnte« (ebd., S. 12).

An dieser Stelle droht die Gefahr, dass eine entsprechende Ausrichtung von Tugenderziehung pädagogische Kritik auf sich zieht – und zwar gerade dann, wenn Erziehung im Allgemeinen an die Aufgabe geknüpft wird, Heranwachsende in der Aktuierung ihres Personseins zu unterstützen. Dieser Einwand wird auf der Seite von Vertreter:innen einer ignatianischen Pädagogik bereits vorab zu entkräften versucht. Der spezifische ›Schachzug‹ besteht darin, ›Nachfolge‹ in spezifischer Hinsicht zu bestimmen, nämlich als den Prozess, in dem »ein Mensch all die in ihm vorhandenen Potentiale seines Wesens als menschliche Person« (ebd.) entfaltet. Mit dieser Bestimmung ist offenbar der Anspruch verbunden, mehrere Fliegen mit einer Klappe zu schlagen. *Erstens* soll eine Erziehung zur Nachfolge als eine Ausrichtung von Erziehung erläutert werden, die mit einer Orientierung an der *Eudaimonia* durchaus vereinbar ist. Zugleich wird darauf aufmerksam gemacht, dass eine Orientierung am ›Ethos der christlichen Botschaft‹ über eine (neo-)aristotelische Ausrichtung von Tugenderziehung hinausweist, weshalb an dieser Stelle ausdrücklich von einem »Humanismus +« (ebd., S. 3) die Rede ist. *Zweitens* soll mit diesem Zug die Unterstützung der Entwicklung von Tugenden im Sinne des ›Ethos der christlichen Botschaft‹ als ein Anspruch in den Blick gerückt werden, der letztlich gar nichts anderes bedeutet, als eine Unterstützung der Aktuierung des Personseins von Heranwachsenden. Zugespitzt formuliert: Die Aktuierung der Person fällt mit der

Nachfolge Jesu Christi zusammen. Folgt man dieser Überlegung, so kann das ›Plus‹ einer Beschreibung von Tugenderziehung im Kontext einer ignatianischen Pädagogik weiterhin mit dem Begriff der Nachfolge bestimmt werden. Indem Nachfolge als Aktuierung des Personseins expliziert wird, fällt eine entsprechende Ausrichtung von Erziehung jedoch nicht der Kritik anheim, die gegenüber traditionellen Entwürfen einer christlichen Tugenderziehung vorgebracht wird. Dies scheint zumindest die Hoffnung zu sein, die mit der vorgenommenen Weichenstellung verbunden ist.

An diesem Punkt kann man fragen, ob dieser ›Kurzschluss‹ von Personsein, Nachfolge und *Eudaimonia* überzeugend ist. Wie wir v. a. in den *Klärungen* zu zeigen versucht haben, ist mit einer Beschreibung von Bildung als einem Prozess der Aktuierung des Personseins gemeint, dass Heranwachsende die Fähigkeit entwickeln, ihr Leben selbst zu gestalten und als Autor:innen ihres Lebens in Erscheinung treten. In diesem Kapitel haben wir deshalb argumentiert, dass der Anspruch, Heranwachsende darin zu unterstützen, sich zu internen und externen Abhängigkeiten in ein Verhältnis zu setzen und die eigenen Abhängigkeiten selbst zu wählen, in Spannung steht zu einer Erziehung, die darauf gerichtet ist, Heranwachsende auf einen bereits vorab feststehenden Zusammenhang von Tugenden zu verpflichten. Insofern kann man fragen, ob an dieser Stelle tatsächlich dem Anspruch angemessen Rechnung getragen wird, »die Person aufzusuchen und ihr zum Durchbruch zu verhelfen« (Längle 2014, S. 16).

Hinzu kommt ein zweites Problem, dass mit der Bestimmung des Begriffs der Nachfolge verbunden ist. Die ›Nachfolge Jesu‹, so die Behauptung, realisiere sich in der Entfaltung des eigenen ›Wesens als menschliche Person‹. Dieser Vorschlag wird präzisiert, indem hinzugefügt wird, dass ein »Glaubensbekenntnis« in diesem Zusammenhang keine »Voraussetzung« sei (ebd., S. 12). Zugespitzt formuliert: Nachfolge im Sinne einer Aktuierung des Personseins von Heranwachsenden ist auch ohne Bekenntnis möglich. Hier stellt sich die Frage, ob es sich bei diesem Vorschlag um eine sinnvolle Deutung von Nachfolge handelt. An dieser Stelle könnte man darauf hinweisen, dass der Begriff der Nachfolge in der Tradition bereits mehrere Umdeutungen erfahren hat.[8] Aus einem solchen Umstand kann jedoch nicht ge-

---

8 Herbert Vorgrimler hat die verschiedenen Etappen dieses Prozesses kompakt beschrieben: »In der frühen Kirche, besonders im Mönchtum, entstand die Auffassung, die Nachfolge Jesu werde in der Nachahmung seines asketischen Lebensstils und vor allem im Martyrium verwirklicht (Weltflucht). Im Mittelalter galten Wallfahrten und ein Leben in Armut und Demut [...] als besondere Ausprägungen der Nachfolge Jesu (Selbstverleugnung). Diese Linie wurde im Sinn einer Relativierung aller äußerlichen Dinge verinnerlicht und individualisiert [...]. Diese Gedanken über die Nachfolge Jesu wurden in der reformatorischen Tradition wegen der möglichen Überschätzung von Leistung und Verdienst kritisiert. Unter den Lebensbedingungen der Gegenwart und der Säkularisierung hat die Praxis einer schöpfungs- und lebensbejahenden Nachfolge Jesu große Bedeutung als Zeugnis für das Evangelium und damit für die Zukunft des Christentums. Sie kann nicht kirchlich organisiert, sondern nur als individuelle Berufung vernommen werden, wobei sich Gemeinschaftsformen der Nachfolge Jesu ergeben können, die als Alternativen zu negativen Entwicklungen

schlossen werden, dass es sich auch bei der vorgeschlagenen Bestimmung um eine überzeugende Bestimmung des Begriffs handelt. So dürfte es durchaus fraglich sein, ob man wirklich sinnvoll von Nachfolge sprechen kann, wenn die Lebensführung eines Menschen *nicht* aus einem christlichen Selbstverständnis heraus erfolgt. Bei der Rede von Nachfolge handelte es sich in diesem Fall nur noch um eine Zuschreibung ›von außen‹, die an die Lebensführung von Menschen herangetragen wird. Demgegenüber scheint uns mit Nachfolge in der Tradition immer auch ein *existentielles* Moment verbunden zu sein, das darin besteht, dass ein Mensch die eigene Lebensführung aus einem *Bekenntnis zur christlichen Botschaft* in spezifischer Hinsicht ausrichtet – was immer dies im Einzelfall bedeuten mag.

Diese wenigen Hinweise mögen genügen, um deutlich zu machen, dass man sich im Kontext ignatianischer Pädagogik nur bedingt auf überkommene Entwürfe christlicher Charaktererziehung wird stützen können, wenn von der Prämisse ausgegangen wird, dass Erziehung – gerade aus einem christlichen Selbst-, Welt- und Gottesverständnis heraus – nichtaffirmativ ausgerichtet sein müsse. Stattdessen wäre ausgehend von einem Begriff von ignatianischer Erziehung als Unterstützung der Aktuierung der Person danach zu fragen, ob und, falls ja, wie Charaktererziehung nichtaffirmativ bestimmt werden kann.

4.4 Alternativen denken

Abschließend möchten wir zumindest in Grundzügen zeigen, wie eine solche Option gedacht werden kann, indem wir auf eine alternative Beschreibung von Tugenderziehung Bezug nehmen, die von Johann Friedrich Herbart (1776–1841) entwickelt worden ist. Herbarts Entwurf könnte für eine ignatianische Pädagogik insofern von Interesse sein, als dieser auf der einen Seite die Möglichkeit bietet, Charaktererziehung zu bestimmen und zu begründen, auf der anderen Seite jedoch nicht den Einwänden anheimfällt, die oben gegenüber einer aristotelischen Rahmung in der Beschreibung von Charaktererziehung formuliert worden sind. Der Vorschlag besteht im Kern darin, Erziehung als Ermöglichung von Charakter*bildung*, genauer: der Bildung eines *moralischen Charakters* zu konzipieren.

Hierbei handelt es sich um einen Theorieangebot, das einer ignatianischen Pädagogik von Seiten der Erziehungswissenschaft gemacht werden kann. Unser Anliegen ist es nicht, die weitere Entwicklung einer ignatianischen Pädagogik an eine spezifische Beschreibung von Charakterentwicklung zu knüpfen. Ob und, falls ja, wie Jesuiten sich die hier vorgeschlagene Position aneignen oder gar vergleichbare Überlegungen in der eigenen Tradition entdecken, ist eine hermeneutische Aufga-

---

der Gesellschaft unter Wahrnehmung der ›Zeichen der Zeit‹ die Impulse der Bergpredigt konkret realisieren. Die individuelle Ausprägung der Nachfolge Jesu behält weiterhin insofern ihr Recht, als ein Mensch die Annahme der Vergänglichkeit des Daseins und seines eigenen Todes als Mitsterben mit Jesus, als Nachfolge Jesu verstehen kann« (Vorgrimler 2008, S. 438f.).

be, die wir im Rahmen einer Standortbestimmung nicht übernehmen können. Herbarts Theorieentwurf scheint uns deshalb ein geeigneter Ansatzpunkt für entsprechende Erkundungen zu sein, weil diese Position – so jedenfalls die These – die Probleme zu vermeiden erlaubt, auf die wir aufmerksam gemacht haben.

4.4.1 Moral der universellen Achtung

Herbart bezeichnet die »eine und ganze Aufgabe der Erziehung« mit dem »Begriff: Moralität« (Herbart 1804/1964, S. 259). Damit unternimmt er eine Abgrenzung zur Position des Aristoteles, die er an anderer Stelle auch explizit markiert: Die »Glückseligkeit des Zöglings« könne, so Herbart, »nicht höchster Zweck der pädagogischen Bemühung sein« – und zwar deshalb nicht, weil eine »Vieldeutigkeit derselben« angenommen werden müsse (Herbart 1919, S. 505). Herbart geht davon aus, dass es verschiedene Auffassungen von einem gelingenden Leben gibt, wobei er offenbar – im Unterschied zu Aristoles – nicht glaubt, im Wissen um eine objektive Bestimmung eines gelingenden Lebens zu sein. Stattdessen wird die Erziehung unter den Anspruch gestellt, Heranwachsenden dabei zu helfen, ihre Lebensorientierung selbst zu wählen. Entsprechend verlangt Herbart von pädagogischen Akteur:innen, einen heranwachsenden Menschen darin zu unterstützen, »auf seine Weise in die Welt, in die Zukunft hinauszuschauen« und »mit sich und der Welt [...] zurecht zu kommen« (Herbart 1806/1964, S. 133). Damit vermeidet Herbart das Problem, eine spezifische Auffassung von gelingendem Leben immer nur als *vermeintlich* ›richtige‹ Vorstellung in Anschlag bringen zu können.

Moralität erkennt Herbart im Kern darin, dass ein Mensch der eigenen Perspektive keinen prinzipiellen Vorrang gegenüber der Perspektive anderer Menschen beimisst (vgl. Herbart 1808/1964, insbesondere S. 361 ff.). Stattdessen werden mögliche alternative Positionen als prinzipiell gleichberechtigt aufgefasst. Diese Haltung, die eigene Perspektive nicht von vorneherein als maßgeblich anzusetzen, sondern anderen Menschen grundsätzlich die Freiheit zuzugestehen, ihre Perspektive ins Spiel zu bringen, ist nach Herbart notwendig, damit eine Beratung von Menschen über ihr Zusammenleben möglich ist, in der Regeln gesucht und gefunden werden können, denen die sich beratenden Personen gleichermaßen zustimmen. Die Orientierung an entsprechenden Regeln bedeutet, dass Menschen sich wechselseitig die Freiräume eröffnen, ihr Leben im Lichte eigener Auffassungen des Guten zu führen.

Dieser Interpretation zufolge ist Herbarts Beschreibung von Charaktererziehung einer »Moral der universellen und gleichen Achtung« (Tugendhat 1993, S. 29) verpflichtet, für deren Imperativ Ernst Tugendhat eine prägnante Formulierung gefunden hat: »Du sollst jeden gleich achten, niemanden instrumentalisieren!« (ebd., S. 28) Es ist dieser Imperativ, auf den man auch im Kontext einer ignatianischen Pädagogik rekurriert, wenn Erziehung an den Anspruch geknüpft wird, Heranwachsende »nicht für bestimmte Zwecke« zu erziehen (Mertes 2004, S. 44). Und es ist diese Haltung einer universellen Achtung, die Heranwachsende sich unter den Bedingungen einer ignatianischen Erziehung zu eigen machen sollen (vgl. ICAJE 1986/1998, S. 23).

Moralität als höchsten Zweck des Menschen und der Erziehung anzusetzen bedeutet *nicht*, den Anspruch zu unterlaufen, die zukünftige Lebensführung von Kindern und Jugendlichen in der Erziehung offen zu halten. Im Gegenteil: Die »Freiheit der Wahl«, die pädagogische Akteur:innen »zu bewirken und festzuhalten« suchen (Herbart 1804/1964, S. 261), setzt Spielräume voraus, die im Miteinanderumgehen immer wieder neu hergestellt und stabilisiert werden müssen, indem diese sich im Handeln auf überindividuelle Verbindlichkeiten verpflichten. Charaktererziehung ist vor diesem Hintergrund darauf gerichtet, Heranwachsende in der Entwicklung einer Haltung zu unterstützen, die darin zum Ausdruck kommt, dass Menschen sich wechselseitig die Freiheit zusprechen bzw. allererst eröffnen, die für sie maßgebliche Auffassung von einem gelingenden Leben zu suchen, zu finden und weiterzuentwickeln (vgl. Rucker 2021a).

4.4.2 Tugend als Einheit von Einsicht und Wille

Moralität wird von Herbart in mehrfacher Hinsicht abgegrenzt, wobei wir hier vor allem auf zwei Abgrenzungen aufmerksam machen möchten: Eine *erste* Abgrenzung nimmt Herbart vor, indem er Moralität von einer Orientierung an der *Sitte* unterscheidet. Um hier etwaige Missverständnisse zu vermeiden, gilt es festzuhalten, dass Herbart statt von Moralität bisweilen auch von Sittlichkeit spricht, damit aber gerade nicht eine Ausrichtung von Menschen an vorgegebenen Sitten vor Augen hat. ›Moralität‹ und ›Sittlichkeit‹ werden vielmehr synonym verwendet und bezeichnen jeweils einen die partikularen Sitten transzendierenden Standpunkt, der von einem Menschen eingenommen wird. Dabei wäre zu bedenken, dass es letztlich gar nicht vermeidbar ist, Heranwachsenden die Sitten zu präsentieren, die in der Gemeinschaft in Geltung sind, in der diese jeweils aufwachsen. Die Leistung, die eine Erziehung zur Moralität erbringt, ist demgegenüber *nicht* selbstverständlich, denn diese besteht u. a. darin, dass »Sitte nicht blinde Gewohnheit« werde. Der Grund hierfür besteht darin, dass sittliche und moralische Ansprüche durchaus miteinander konfligieren können. Deshalb knüpft Herbart die Erziehung an die Aufgabe, Heranwachsenden dabei zu helfen, mit »freien Augen« in die Welt zu blicken und zu tun, »nicht was die andern tun; sondern was gut und nötig ist«, womit zugleich gesagt ist, dass eine Orientierung an der Sitte eben *nicht* notwendigerweise bedeutet, so zu handeln, wie es ›gut und nötig‹ wäre (Herbart 1919, S. 505).

Herbart stellt *zweitens* einer ›echten‹ Moralität, die darin zum Ausdruck kommt, »sein Leben dem Guten [zu] widmen«, eine »formelle Moralität« entgegen. Diese findet ihren Ausdruck darin, »nichts Unerlaubtes [zu] tun« und »bei Gelegenheit doch dem Guten etwa einige kleine Gefälligkeiten [zu] erzeigen«. Allerdings »bleiben die Absichten, welche den Menschen in Handlung setzen, immer noch solche, die durch sein Bedürfnis, seinen Vorteil, seine Wünsche und Neigungen angegeben werden« (ebd., S. 505 f.). Damit folgt Herbart der kantischen Unterscheidung zwischen Moralität und Legalität. Während mit *Legalität* gemeint ist, dass Menschen sich im Rahmen von Gesetzen bewegen (die freilich selbst wiederum an moralischen Regeln ausgerichtet sein können), bedeutet *Moralität*, dass ein Mensch sich *aus Einsicht* auf überindividuelle Regeln verpflichtet. Moralität ist demzufolge auch nicht damit identisch, dass Menschen entsprechend der Regeln handeln, die von uns im Anschluss an Bayertz als *moderne Minimalmoral* bezeichnet worden sind (und die nicht notwendigerweise einen Niederschlag in Gesetzestexten finden). Eine solche Moral schreibt eine Reihe von negativen und positiven Pflichten vor, doch ist ein Handeln nach diesen Vorschriften keine hinreichende Bedingung für *Moralität* – dies jedenfalls dann, wenn unter Moralität die *Selbstverpflichtung* eines Menschen auf überindividuellen Regeln verstanden wird. Eine solche Selbstverpflichtung scheint uns gemeint zu sein, wenn in neueren Texten zur ignatianischen Pädagogik Erziehung daran geknüpft wird, Heranwachsende zu einem verantworteten Umgang mit Freiheit anzuhalten.

Aus der Überlegung, dass die Freisetzung von Heranwachsenden für ein Leben in Selbstbestimmung an die Verpflichtung auf eine moralische Grundorientierung geknüpft sein muss, sofern in der Aktuierung der Person ein Anspruch *aller* Menschen erkannt wird, folgt demnach nicht, dass Heranwachsende in der Erziehung auf bestimmte moralische Ansprüche festgelegt werden dürfen. In diesem Sinne unterscheidet Herbart zwei Komponenten moralischen Handelns, die er als »Befehl« und »Gehorsam« bezeichnet. Dabei hält er ausdrücklich fest, dass der »Gehorchende« – sofern ihm Moralität attestiert werden soll – »den Befehl geprüft, gewählt, gewürdigt« und in diesem Sinne »für sich zum Befehl erhoben haben« muss. Kurzum: »*Der Sittliche gebietet sich selbst*« (Herbart 1804/1964, S. 262; Hv. i. O.). Das bedeutet, Menschen müssen überindividuellen Verbindlichkeiten aus Einsicht folgen, soll von moralischem Handeln die Rede sein. Herbart integriert an dieser Stelle die *Phronesis* als die Fähigkeit, eine »treffende Beurtheilung« dessen vorzunehmen, was in »besondern Fällen« als das »eigentliche und einzige Gute, zu thun, zu wählen, zu vermeiden sey«, in seine Beschreibung von Charaktererziehung (ebd., S. 260). Das situationsbezogene Erwägen von Handlungsoptionen wird von Herbart jedoch an Grundsätze geknüpft, deren Klärung, Prüfung und Problematisierung als eine zentrale Aufgabe von Erziehung bestimmt wird. Hinzukommen muss die stete Bereitschaft, einer Einsicht in das moralisch Gebotene bzw. das moralisch Verbotene im Handeln zu entsprechen.

Gelingt es einem Menschen, sich von seinen »Gemütsbewegungen« zu distanzieren und im Handeln der Einsicht in das Gute zu folgen, so erweist sich darin die »Tugend« dieses Menschen (ebd., S. 259). Der Begriff der *Tugend* bezeichnet in diesem Zusammenhang die Einheit der Differenz von Einsicht und Wille. Tugend bedeutet, dem eigenen moralischen Urteil im Handeln zu entsprechen, womit zugleich gesagt ist, dass in Herbarts Entwurf nicht mehr von vielen Tugenden, sondern nur noch von einer einzigen Tugend die Rede ist, »nämlich der, sich an Einsichten zu halten« (Ladenthin 2008, S. 22; vgl. Tugendhat 1993, S. 229). In der Erziehung die Entwicklung von Tugend zu initiieren und zu unterstützen, ist dieser Interpretation zufolge gleichbedeutend damit, Heranwachsenden dabei zu helfen, einen moralischen Charakter zu entwickeln. »Charakter« meint nach Herbart »die stetig bestimmte Art, wie der Mensch sich mit der Außenwelt in Verhältnis setzt« (Herbart 1919, S. 524). Nicht jeder Charakter kann als ein *moralischer* Charakter qualifiziert werden. Ein moralischer Charakter kommt in der Selbstverpflichtung eines Menschen auf überindividuelle Regeln zum Ausdruck, die im Lichte der Idee einer wechselseitigen Achtung von Freiheit bestimmt werden.

Tugend als die Einheit der Differenz von Einsicht und Wille entwickelt sich im Handeln nach eigenem Urteil, was bedeutet, dass Erziehung zweierlei leisten muss, nämlich Heranwachsende zu eigenen moralischen Urteilen zu veranlassen *und* diesen dabei zu helfen, diesen Urteilen im Handeln zu entsprechen. Der Grundgedanke lautet, Charakterbildung als einen Prozess zu konzipieren, der über den Entwurf eigener moralischer Urteile sowie Praktiken der Selbstverpflichtung vermittelt ist, in denen Menschen ihr Eigeninteresse suspendieren, um das zu tun, was Menschen sich wechselseitig *als Menschen* schulden.

4.4.3 Charaktererziehung als Erziehung zur Moralität

Bildsamkeit, so haben wir argumentiert, lässt sich als eine, wenn nicht die zentrale Facette des Personseins von Menschen deuten. Heranwachsende werden im Kontext von Herbarts Beschreibung von Charaktererziehung als bildsame Subjekte begriffen, die nicht auf eine spezifische Lebensform festgelegt sind, sondern deren Entwicklung in die Zukunft hinein offen ist. Eine Erziehung des moralischen Charakters untersteht dem Anspruch, Kinder und Jugendliche nicht auf eine vorgegebene Ordnung zu verpflichten, sondern diesen die Möglichkeit zu eröffnen, sich zu internen und externen Abhängigkeiten in ein Verhältnis zu setzen. Entsprechende Positionierungen kommen darin zum Ausdruck, dass Heranwachsende eigene Urteile in Fragen des moralisch Gebotenen, Verbotenen und Neutralen fällen und diesen Urteilen in ihrer Lebensführung im Umgang mit anderen zu entsprechen suchen. »Machen, daß der Zögling sich selbst finde, als wählend das Gute als verwerfend das Böse« (Herbart 1804/1964, S. 261; Hv. i. O.) – so lautet Herbarts Aufforderung an pädagogische Akteur:innen. In dem so »durch Erziehung angeregten und unterstützten Bildungsprozeß« geht es letztlich »um die Erziehung des Aufwachsenden zu einer selbständig denkenden und urteilenden sowie zu einer selbstverantwortlich handelnden Person« (Klafki 1994/2020, S. 32).

Zur näheren Bestimmung von Charaktererziehung transformiert Herbart die von Aristoteles vorgenommene Unterscheidung zwischen einer gewöhnenden und einer unterweisenden Erziehung in die Trias von Regierung, Unterricht und Zucht.[9] Eine Erziehung des moralischen Charakters schließt eine *regierende Erziehung*, in der Heranwachsende an uneinsichtigem Handeln gehindert werden (vgl. Herbart 1806/1964, S. 17 ff.), ebenso mit ein, wie eine *Erziehung durch Unterricht*, die darauf gerichtet ist, diesen die Entwicklung eines vielseitig differenzierten »Gedankenkreises« (ebd., S. 15) zu ermöglichen. Der Grund hierfür ist schlicht: Es bedarf der Einsicht

---

9 Der Ausdruck ›Zucht‹ lädt zu Missverständnissen ein. Herbart ist sich dessen bewusst, weshalb er ausdrücklich darauf hinweist, dass er die Zucht vom Gedanken des *Ziehens* her bestimmt wissen möchte. Zucht bedeutet gerade nicht *Züchtigung*, sondern vielmehr ein Hein*ziehen* von Heranwachsende in Situationen, in denen diese im Lichte der Differenz von ›gut‹ und ›böse‹ Stellung nehmen müssen (vgl. Herbart 1806/1964, S. 110).

darin, wie es sich mit einer Sache verhält, damit moralische Urteilsbildung im Hinblick auf die jeweilige Sache sinnvoll möglich ist. Im Unterschied zum Unterricht ist die *Zucht* darauf bezogen, Heranwachsende zu einem »Handeln nach eigenem Sinn« (ebd., S. 119) im Lichte der Idee einer wechselseitigen Achtung von Freiheit zu veranlassen, so dass diese fortschreitend eine »Charakterstärke der Sittlichkeit« (ebd., S. 90) entwickeln können.

Wir können hier nicht ausführlich auf Herbarts Bestimmung der Zucht eingehen (vgl. ebd., S. 110 ff.), möchten aber zumindest auf eine Unterscheidung aufmerksam machen, die im Kontext einer ignatianianischen Pädagogik hilfreich sein könnte, um Charakterziehung als Ermöglichung der Bildung eines moralischen Charakters zu konzipieren. Herbart unterscheidet vier Formen der Zucht, die er als *haltende, bestimmende, regelnde* und *unterstützende* Zucht bezeichnet. Hierbei gilt es zu beachten, dass der Charakter aus pädagogischer Warte als etwas betrachtet werden muss, das sich auch unter den Bedingungen von Erziehung entwickelt. Die Formen der Zucht müssen also so konzipiert werden, dass zwei verschiedenen Konstellationen Rechnung getragen wird: der Situation, dass Heranwachsende in Bezug auf bestimmte Sachverhalte noch keine Charakterzüge entwickelt haben, und der Situation, dass im Handeln von Heranwachsenden entsprechende Muster bereits erkennbar sind – auch solche, die sich im Lichte der Idee einer wechselseitigen Achtung von Freiheit als problematisch erweisen.

Die von Herbart unterschiedenen Formen der Zucht haben einen gemeinsamen Bezugspunkt, der in der Frage zum Andruck kommt: »Wie soll das *Handeln nach eignem Sinn* beschränkt und ermuntert werden?« (Herbart 1806/1964, S. 119, Hv. i. O.) In der Zucht geht es folglich weder um ein Hindern an uneinsichtigem Verhalten (Regierung) noch um eine Thematisierung von tradiertem Wissen und Können (Unterricht), sondern um die *Ermöglichung eines Selbstverhältnisses der Heranwachsenden zu ihren Willensstrebungen.* Dabei sollen die verschiedenen Formen der Zucht auf jeweils spezifische Weise dazu beitragen, ein ›Handeln nach eigenem Sinn‹ im Lichte der Idee einer wechselseitigen Achtung von Freiheit zu ermöglichen.

Die erste Form heißt *haltende Zucht*. Diese ist daran erkennbar, dass Heranwachsende an bestimmten Handlungen gehindert werden. »*Man darf diejenigen nicht nach eignem Sinne handeln lassen, welche kein richtiges Begehren in Handeln zu setzen haben*; sie würden dadurch nur Fortschritte im Schlechten machen; vielmehr besteht hier die Kunst im Zurückhalten« (ebd., S. 105; Hv. i. O.). Ein solches Zurückhalten erfolgt nun allerdings nicht im Sinne einer regierenden Erziehung, sondern dadurch, dass Heranwachsende dazu veranlasst werden, sich zu bereits vollzogenen Handlungen in ein Verhältnis zu setzen. Dahinter steht die folgende Überlegung: Der Charakter eines Menschen wird zum Teil immer schon vorgefunden, wenn Erziehung einsetzt. Hier kann die Zucht nichts ungeschehen machen. Die Handlungen, die zur Entstehung bestimmter Charakterzüge geführt haben, sind bereits vollzogen. Es mag nun durchaus sein, dass die jeweiligen Charakterzüge einer moralischen Kritik nicht standhalten. Zucht bedeutet dann, Heranwachsende von voreiligem Handeln abzuhalten, indem diese mit Erfahrungen aus vergangenen ähnlichen Situationen konfrontiert werden. Die haltende Zucht hat von daher die Aufgabe, der Verfestigung eines ›bösen‹ Willens entgegenzuarbeiten: »Der objektive Theil des Charakters darf sich nicht zu schnell abschliessen; und sehr oft liegt von dem Werthe der Zucht ein grosser Theil darin, dies Abschliessen zu verzögern« (Herbart 1841/1964, S. 188). Damit verbunden ist die Hoffnung, die Heranwachsenden mögen zukünftig die jeweiligen Handlungen unterlassen bzw. neue Handlungen entwerfen und vollziehen.

Hiervon ist die *bestimmende Zucht* zu unterscheiden. Damit wird eine Form des Miteinanderumgehens bezeichnet, bei der Heranwachsende mit Situationen der Wahl konfrontiert und dazu aufgefordert werden, die verschiedenen Entscheidungsoptionen zu prüfen, »damit sich die Wahl entscheide« (Herbart 1806/1964, S. 121). Bedeutsam ist dabei, dass dafür Sorge getragen wird, »dass der Zögling wähle« und nicht die Erziehenden »im Namen des Zöglings«, schließlich sei es »des letzteren Charakter, welcher zur Bestimmtheit gelangen soll« (Herbart 1841/1964, S. 186 f.). Die jeweilige Wahl kann durch die Erziehenden anerkannt oder nicht anerkannt werden. Entscheidungen sollen nach Herbart von Seiten der Erziehenden nur dann akzeptiert werden, wenn diese eine ›Wärme fürs Gute‹ erkennen lassen, so dass sich ein Charakter entwickeln kann, für den eine Orientierung an der Idee einer wechselseitigen Achtung von Freiheit maßgeblich ist. Im Fall der Anerkennung geht die bestimmende Zucht in die regelnde und unterstützende Zucht über. Für den Fall der Nichtanerkennung besitzen die Erziehenden die Möglichkeit, Heranwachsende dazu aufzufordern, die potenziellen Konsequenzen eigener Entscheidungen zu bedenken. Lassen die Wahlen, die Heranwachsende treffen oder zu treffen beabsichtigen, keine ›Wärme fürs Gute‹ erkennen, so geht das »Objektive des Charakters« zunächst »der moralischen Kritik entgegen, ehe man seine Erhebung zu Grundsätzen, seine Behauptung durch Kampf, begünstigen soll« (Herbart 1806/1964, S. 123). Andernfalls liefe man Gefahr, dass sich ein böser Charakter entwickelt. Im Unterschied zur haltenden Zucht geht es nicht um bereits vollzogene Handlungen und damit *bereits gefällte Entscheidungen*, die einer Prüfung zugeführt werden sollen. Stattdessen ist die bestimmende Zucht auf die Unterstützung von Heranwachsenden bei *noch anstehenden Entscheidungen* gerichtet.

Die *regelnde Zucht* ist darauf gerichtet, Heranwachsende über das Hineinziehen in Wahlsituationen hinaus in eine Prüfung der eigenen Grundsätze zu verstricken, um diese im Lichte der Idee einer wechselseitigen Achtung von Freiheit zu beurteilen. Dies setzt voraus, dass Heranwachsende überhaupt schon die Fähigkeit entwickelt haben, auf bereits entwickelte Charakterzüge Bezug zu nehmen und hierbei Grundsätze zu erkennen, die der Beurteilung zugeführt werden können. Die Zucht ist in diesem Fall also auf das »Sich-Aussprechen in *Grundsätzen*« (Herbart 1806/1964, S. 122; Hv. i. O.) auf der Seite der Heranwachsenden bezogen. Dieser hat eine Wahl getroffen und wird nun von den Erziehenden dahingehend beurteilt, ob die Grundsätze im Lichte der Idee einer wechselseitigen Achtung von Freiheit gerechtfertigt werden können. »Der Zögling handelt selbst; nur an dem Maßstab, den er selbst an die Hand gab, wird er gemessen vom Erzieher« (ebd.). Dies kann bedeuten, dass die Grundsätze, die Heranwachsende anführen, von Seiten der Erziehenden missbilligt werden. Regelnde Zucht würde in diesem Fall bedeuten, Heranwachsende dazu zu veranlassen, neue Grundsätze zu entwerfen. Mit Nachdruck verweist Herbart darauf, es liege »jetzt Alles daran, daß sich die Grundsätze vollends bestimmen und berichtigen, welche dem Leben fernerhin gebieten werden« (ebd., S. 139).

Kann das Urteil der Heranwachsenden im Lichte der Idee einer wechselseitigen Achtung von Freiheit gerechtfertigt werden, so geht die regelnde Zucht in die *unterstützende* Zucht über. Für die Bildung des Charakters ist es Bedingung, dass es einem Menschen gelingt, den eigenen Grundsätzen im Handeln zu entsprechen. Die Situation, in der mit Gewohnheiten gebrochen werden muss, um einem neuen Grundsatz im Handeln Geltung zu verschaffen, bezeichnet Herbart als ›Kampf‹ (vgl. ebd., S. 93). Wird dieser Kampf siegreich bestritten, so wird der Charakter im Lichte neu entworfener Grundsätze transformiert. Der Entwurf von Grundsätzen ist dabei lediglich eine notwendige Bedingung für eine Transformation des Charakters. Entscheidend ist das *Handeln* entsprechend der jeweiligen Grundsätze. Im Falle der Bildung eines *moralischen* Charakters nimmt der Kampf die Form der »Selbstnötigung« (ebd., S. 105) an. Das Gute zu tun, heißt nämlich nicht nur, mit einer Gewohnheit zu brechen. Es bedeutet darüber hinaus auch und vor allem, dass Eigeninteresse zurückzustellen, um etwas zu tun, was wir anderen Menschen als Menschen schulden. Die Aufgabe der Zucht ist an dieser Stelle die »*Unterstützung des sittlichen Kampfes*« (ebd., S. 126; Hv. i. O.) – eines Kampfes, den die Heranwachsenden selbst zu führen haben. »Den *Kampf*, in welchem sich die Grundsätze zu behaupten suchen, soll die Zucht, – vorausgesetzt, daß sie es verdienen, – *unterstützen*« (ebd., S. 123; Hv. i. O.). Auf diesem Wege soll die Zucht zur Entstehung neuer Charakterzüge und – damit verbunden – zur Entwicklung einer ›Charakterstärke der Sittlichkeit‹ beitragen.

4.4.4 Erziehung als Wagnis

Wird Erziehung als eine Form des Miteinanderumgehens bestimmt, in der Heranwachsende nicht auf eine bestimmte Auffassung von gelingendem Leben verpflichtet werden, sondern diese vielmehr darin Unterstützung erfahren, sich als bildsame Subjekte ins Spiel zu bringen, so steht Erziehung unter dem Anspruch, Heranwachsenden dabei zu helfen, eine ›Charakterstärke der Sittlichkeit‹ zu entwickeln. Moralität in diesem Sinne ist notwendig, damit Menschen sich wechselseitig die Freiräume eröffnen, die Voraussetzung dafür sind, eigene Auffassungen von einem gelingenden Leben zu suchen, zu finden, zu leben und weiterzuentwickeln (vgl. Rucker 2021a).

In diesem Sinne ist es kein Widerspruch, Charaktererziehung einerseits *nicht* an eine spezifische Auffassung des gelingenden Lebens zu knüpfen und diese andererseits als Ermöglichung der Bildung eines moralischen Charakters zu konzipieren. Heranwachsende als unbestimmte Wesen zu begreifen, deren Entwicklung nicht auf ein spezifisches Telos hin ausgerichtet ist, *verlangt* vielmehr nach einer Erziehung, in der Kinder und Jugendliche mit einer moralischen Grundorientierung konfrontiert werden, die überhaupt erst die Spielräume herstellt und sichert, innerhalb derer Menschen eigene Vorstellungen von einem gelingenden Leben entwickeln, leben und auch wieder verändern können. Umgekehrt ist Charaktererziehung in diesem Sinne nicht darauf bezogen, Heranwachsende auf vermeintlich sichere moralische Vorgaben festzulegen, sondern vielmehr auf die Initiierung und Unterstützung von Prozessen der eigenen Urteilsbildung sowie der Selbstverpflichtung auf überindividuelle Verbindlichkeiten hin ausgerichtet. Eine solche Beschreibung von Charaktererziehung ergreift nicht Partei für eine spezifische Auffassung von gelingendem Leben *(Problem der Komplexität)*. Darüber hinaus konfligiert diese Beschreibung nicht mit den Prämissen einer ignatianischen Pädagogik, in der Erziehung als Ermöglichung von Bildung, d. h. einer Aktuierung der Person verstanden wird *(Problem der Personalität)*.

Heranwachsenden dabei zu helfen, sich selbst auf das moralisch Gebotene zu verpflichten, schließt für die Erziehenden immer auch mit ein, sich zurückzuhalten und gerade nicht Versuche zu unternehmen, stellvertretend für die Zu-Erziehenden zu entscheiden und zu handeln. Die Nähe dieser Überlegung zur ignatianischen Idee der Indifferenz dürfte offenkundig sein. Herbart selbst hat diese Überlegung auf die Formulierung gebracht, dass Heranwachsende »gewagt werden müssen« (Herbart 1806/1994, S. 19), um einen moralischen Charakter entwickeln zu können. Damit stoßen wir an dieser Stelle – wohl nicht zufällig – erneut auf eine bedeutsame Einsicht: Kinder und Jugendliche als Personen zu adressieren, ist stets mit einem Risiko verbunden, denn es ist offen, wie diese Stellung nehmen werden. Dies gilt auch in Fragen des moralisch Gebotenen, Verbotenen und Neutralen. Allerdings dürfte dieses Risiko unvermeidlich sein, wenn an dem Anspruch festgehalten wird, dass Heranwachsende sich selbst auf überindividuelle Verbindlichkeiten verpflichten sollen. Die Frage lautet dann, ob eine Bereitschaft dazu besteht, diese Ungewissheit auszuhalten und Heranwachsende zu ›wagen‹, so dass diese eine ›Charakterstärke der Sittlichkeit‹ entwickeln können.

5. Problematisierungen: Ignatianische Pädagogik und Gesellschaft

Elmar Anhalt

Die Überlegungen in diesem Kapitel stehen im Zusammenhang mit den anderen Kapiteln. Was dort über die Geschichte, das Personverständnis oder differente Varianten einer ignatianischen Pädagogik ausgeführt worden ist, wird hier vorausgesetzt und in Anspruch genommen. In der in diesem Buch dargebotenen Perspektivität wird die ignatianische Pädagogik unter verschiedenen Gesichtspunkten für den Blick geöffnet. Der Fokus im vorliegenden Kapitel verschiebt die Blickrichtung im Verhältnis zu den anderen Kapiteln, ohne den Inhalt, der dort behandelt wird, aus dem Blick zu verlieren. Es wird deshalb immer wieder auf bereits entwickelte Überlegungen Bezug genommen, um den Gedankengang zu verdeutlichen. Der Schwerpunkt liegt aber auf einer weiteren Facette, die nach unserer Auffassung wichtig ist, um die Position der ignatianischen Pädagogik zu bestimmen.

Dieses Kapitel behandelt das Thema ›Ignatianische Pädagogik und Gesellschaft‹. Es geht um die Frage, wie es um das Verhältnis von ignatianischer Pädagogik und Gesellschaft steht und – damit verbunden – welche Probleme in den Blick kommen, wenn man eine Antwort auf diese Frage zu geben sucht. Wir unterscheiden im Folgenden – ohne Anspruch auf Vollständigkeit – drei Problemstellungen, die wir als das *Problem der Universalien*, das *Problem der Ordnung* und das *Problem der Sozialität* bezeichnen. Diese Problemstellungen stehen in wechselseitigen Abhängigkeiten und müssen deshalb im Zusammenhang bedacht werden, wenn das allgemeine Problem des Verhältnisses von ignatianischer Pädagogik und Gesellschaft in den Fokus der Aufmerksamkeit gerückt wird. Während wir im letzten Kapitel eine spezifische Facette der ignatianischen Pädagogik – nämlich das Problem der Charaktererziehung – thematisiert haben, nehmen wir im Folgenden nochmals eine allgemeine Perspektive ein, die wir für bedeutsam halten, um grundlagentheoretische Problemstellungen in ihren transdisziplinären Bezügen in den Blick zu rücken, die mit einer Standortbestimmung der ignatianischen Pädagogik im Kontext einer modernen demokratischen Gesellschaft aufgeworfen werden.

Wer die Frage nach dem Verhältnis von ignatianischer Pädagogik und Gesellschaft stellt und eine Antwort auf diese Frage gibt, sagt aus, was man redlicherweise voneinander erwarten darf, wenn man vom Standpunkt der Gesellschaft die ignatianische Pädagogik und vom Standpunkt der ignatianischen Pädagogik die Gesellschaft zum Thema macht. Es werden in dieser Antwort die Möglichkeiten und Grenzen der ignatianischen Pädagogik sichtbar, wie sie nicht nur in Urteilen aus der Innenperspektive ihrer Vertreter:innen, sondern auch in Urteilen aus der Außenperspektive ihrer Beobachter:innen bestimmt werden. In solchen Urteilen wird beispielsweise ausgesagt, welches Verständnis von Gesellschaft jemand entwickelt, entwickeln kann bzw. sollte, der nach den Regeln der ignatianischen Pädagogik erzogen und unterrichtet und gebildet wird.

Unter der Annahme, dass ›Gesellschaft‹ nichts ist, was wie ein Kleidungsstück nach Belieben an- und abgelegt oder gewechselt werden kann, weil das Lebewesen ›Mensch‹ nur in seiner Sozialität begriffen werden kann, bietet die Herausforderung, ein Urteil über das Verhältnis von ignatianischer Pädagogik und Gesellschaft zu fällen, einige Schwierigkeiten. Man befindet sich immer schon ›in Gesellschaft‹, wenn man ›die Gesellschaft‹ zum Thema macht. Wer über Gesellschaft redet, gibt folglich Auskunft über sein Verständnis von Gesellschaft, d. h. er spricht selbstimplizierend über einen Sachverhalt, von dem er sich mehr oder weniger deutlich unterscheidet. Ob seine Unterscheidungen im Gegenstandsgebiet mit der nötigen Deutlichkeit getroffen werden, hängt davon ab, wie weit es ihm gelingt, die Selbstimplikation durchsichtig zu machen. Das gilt für jemanden, der aus der Perspektive der ignatianischen Pädagogik über Gesellschaft spricht, wie für jemanden, der über die ignatianische Pädagogik spricht.

Es geht dabei um die Klärung der Frage, wie ein Austausch geführt werden kann, wenn eine Perspektive auf dieses Verhältnis im Namen der Gesellschaft und eine andere Perspektive im Namen der ignatianischen Pädagogik eingenommen wird. Die Schwierigkeit, auf die man stößt, wenn man diese Frage stellt, sieht jeweils anders aus, je nach der Perspektive, die eingenommen wird. Für beide Perspektiven, aus denen man eine Antwort geben kann, gilt aber der gleiche Anspruch: Man meint, das Gegenüber in die eigene Beschreibung von Gesellschaft zu integrieren, d. h. man spricht nicht über zwei Welten, die keine Berührungspunkte haben, sondern über *eine Welt, die wir gemeinsam teilen*. Das Vertrackte ist nur, dass sich das in die jeweilige Beschreibung integrierte Gegenüber in dieser Beschreibung nicht vollständig wiederfindet. Es kann sich mit ihr nicht vorbehaltlos identifizieren.

Aus diesem Grunde wird es von den beteiligten Positionen begrüßt, wenn der Austausch unter demokratisch legitimierten rechtstaatlich verfassten Bedingungen geführt wird. Diese Bedingungen sichern dem Gegenüber den Schutz zu, einen eigenen Standpunkt einnehmen und in einen Austausch treten zu können, der argumentativ geführt wird. Man kann sich mittels Argumenten auf einen Suchhorizont einigen, in dem das Recht der individuellen Stellungnahme für alle Beteiligten gilt. Wer im Namen ›der Gesellschaft‹ spricht, schützt auf diese Weise die vermeintlich ›schwächere‹ religiöse Position, indem sie als private Überzeugung zu ihrem Recht kommt. Wer im Namen der religiösen Position über die Schöpfung als Ganzes spricht, sichert allen anderen zu, die eigene Suche nach Orientierung mit ihren Überzeugungen fortsetzen zu können (vgl. Böckenförde 2006, S. 93 f.).

5.1 Allgemeines | Besonderes: Das Problem der Universalien

Die Schwierigkeit, auf die mit diesen einleitenden Überlegungen aufmerksam gemacht wird, hat einen theoretischen ›Kern‹. Es ist der »Ordnungsgedanke«, die

»Uridee der Metaphysik« (Trillhaas 1961, S. 113). Im Abendland zieht er sich seit der Antike wie ein roter Faden durch die Debatten. Es geht um die Frage, ob es möglich ist, auf überzeugende Art und Weise ein umfassendes Ganzes nachzuweisen, in das die Vielfalt des Unterschiedenen integriert ist, oder ob wir Menschen uns damit begnügen müssen, den Phänomenen zu begegnen, ohne Aussicht darauf, eine Einheit zu erkennen, von der her die Vielfalt überhaupt erst verstanden werden kann. Dies ist die Frage nach einem *Zusammenhang*, der alle angeht, die aus ihren besonderen Blickwinkeln an der Suche nach Orientierung teilnehmen.

Die alten Griechen sprachen von τὰ καθόλου (tá kathólou), die Römer von ›universale‹. In der deutschen Sprache übersetzte man das Gemeinte mit ›Allgemeines‹. Diese Begriffe bezeichnen seit Aristoteles einen Sachverhalt, den wir daraufhin beurteilen müssen, ob etwas mehreren Dingen zukommt oder nicht bzw., in umgekehrter Akzentuierung, ob etwas in einen Zusammenhang integriert ist oder nicht. Zugespitzt gefragt: Sollte der Mensch in seinen Selbstbeschreibungen als ein Individuum begriffen werden, das in einen Zusammenhang integriert ist, oder als ein Einzelding, das lediglich für die Dauer seiner irdischen Existenz zufällig in zeitlicher und räumlicher Nachbarschaft mit anderen Einzeldingen anzutreffen ist? Hat die Sozialität des Menschen Verbindlichkeitscharakter oder ist sie durchweg von kontingenter Natur? Ist es sinnvoll, den einzelnen Menschen von der ›Menschheit‹ her zu beurteilen, oder erübrigt sich der Versuch, den Individuen von einer Gemeinsamkeit aus Orientierung anzubieten?

Methodologisch steckt in diesen Fragen die Herausforderung, in den Unterschieden Gemeinsamkeiten zu entdecken, deren Zusammenhang begründet werden soll, obwohl man diesen Zusammenhang nur in sich unterscheiden, die Unterschiede bezeichnen und die Bezeichnungen miteinander kombinieren kann. Wolfgang Trillhaas hat die »Krise der abendländischen Metaphysik« deshalb darin gesehen, dass den Menschen in der Neuzeit die »Zuversicht« abhandengekommen ist, »vernünftigerweise eine einheitliche, auf letzte Daten hin beziehbare Ordnung zu gewinnen«. Aus dem Grunde bleibt uns heute »nur die Erkenntnis von Ordnungshaftigkeit, also eine Erkenntnis von Ordnungsverhältnissen in begrenzten Regionen ohne eine letzte, in den Weltdingen selbst beschlossene Erkennbarkeit« (ebd., S. 116). Es ist uns auch in der Wissenschaft lediglich möglich, ›Inseln‹ der Regelhaftigkeit ausfindig zu machen, ohne die Gewissheit erlangen zu können, jemals auf endgültig ›festem Boden‹ zu stehen, seitdem es zum »Auseinanderbrechen der Wissenschaft in viele Wissenschaften« gekommen ist (ebd.). Wir können in Zusammenhängen denken, diese für eine gewisse Dauer als stabile Gebilde (›Ordnungen‹) anhand von Regeln ausweisen, ohne jedoch behaupten zu dürfen, wir hätten die Ordnung aller Zusammenhänge erkannt, in der wir unsere Lage identifizieren könnten (vgl. Anhalt & Binder 2020; Anhalt & Welti 2018).

Es ist jemandem, der aus einer Perspektive der Immanenz auf den Zusammenhang blickt, nur möglich, diesen von einer Ordnung, d. h. von einem nach Regeln beschreibbaren Zusammenhang, abzuleiten, die dem beschriebenen Zusammenhang extern ist, wenn er einen ›Sprung‹ im Sinne Søren Kierkegaards macht, der außerhalb der methodischen Kontrolle liegt und deshalb nur persönlich in sprachlich nicht darzustellender Unmittelbarkeit erfahren werden kann (vgl. Kierkegaard

2003a; Kühnhold 1975). Wer diese Erfahrung macht, steht vor der Herausforderung, »das Allerentgegengesetzteste zusammen zu verstehen und sich selbst darin zu verstehen«. Das kann nur als Paradox mitgeteilt werden, denn es geht darum, »eins zu denken und in demselben Augenblick das Entgegengesetzte bei sich zu haben, und das in der Existenz zu einen« (Kierkegaard 2003b, S. 58 f.).

Man kann diesen ›Sprung‹ nicht unter den Bedingungen der Immanenz nachvollziehen, damit auch nicht prüfen, ob er gelungen oder misslungen ist, und folglich auch nicht regelgemäß nachmachen. In einer Kommunikationsgemeinschaft muss diese Erfahrung als Bruch in der Immanenz erscheinen, weil »ein absolut Neues gesetzt, ›eine Transzendenz‹ etabliert« (Höffding 1922, S. 79) wird, die von der Warte jedes anderen Mitgliedes der Kommunikationsgemeinschaft aus als ein originär Anderes in unerreichbarer Ferne zu liegen scheint. Unter den Bedingungen des ›Sprunges‹ gibt es nur das unvertretbare Original, das »in der Form der Möglichkeit dargestellt werden« muss, denn die »Existenzwirklichkeit lässt sich nicht mitteilen« wie in einem Sachbericht, der objektiv geprüft werden kann. In der Kommunikationsgemeinschaft tritt die »Form der Möglichkeit« als »Forderung« in Erscheinung, das Allgemeine in den Blick zu nehmen, von dem her das Besondere verstanden werden muss. In diesem Sinne meinte Kierkegaard: »Die Möglichkeit operiert mit dem idealen Menschen« und ist dazu gedacht, die Aufmerksamkeit auf das Allgemeine zu lenken, von dem her die konkrete individuelle Lage nicht nur verstanden, sondern auch beurteilt werden sollte (Kierkegaard 2003b, S. 62 f.).

Unter der Annahme, dass es nicht gegen einander austauschbare Originale gibt, durch die eine Transzendenz als ›Form der Möglichkeit‹ in den Blick gerückt wird, kann die Kontinuität der Ereignisfolgen, die durch das wechselseitige Verstehen garantiert werden soll, nicht wie ein technisches Produkt ›hergestellt‹ werden, weil die Bedingungen für die Möglichkeit der Übersetzung in die eigene Perspektive auf die Welt wegen des ›Sprunges‹ erst noch vermittelt werden müssen. Man ist nicht in dem Sinne ›in Gesellschaft‹, dass man sich unmittelbar versteht, sondern bestenfalls so, dass man zur gleichen Zeit am gleichen Ort anwesend ist und der Versuch eines Austauschs durch die Darstellung der ›Form der Möglichkeit‹ angeregt wird.

Die Diskontinuität der individuell erfahrenen ›Sprünge‹ in transzendente Gebiete ist es, die mithilfe der Topoi ›τὰ καθόλου‹, ›universale‹ und ›Allgemeines‹ eingefangen werden kann. Dies gelingt reflektierend, indem die Topologie der Orte durchwandert wird, die im Spiel sind, wenn man den vorausgesetzten Zusammenhang in sich unterscheidet, d. h. unter verschiedenen Gesichtspunkten betrachtet. Man führt den Nachweis, dass ein Zusammenhang im Spiel ist, indem man die persönliche Erfahrung, die sich selbst nicht sprachlich zu vermitteln vermag, als etwas Besonderes in Relation zu einem Allgemeinem als dem Bezugspunkt ausweist, von dem her im Individuellen Gemeinsamkeiten erkannt werden können. Die Herausforderung besteht darin, diese Relation zu begründen, d. h. überzeugend einsichtig zu machen, dass es sich mit ihr so verhält, wie es ausgesagt wird. Denn dann kann der Aussage zugestimmt werden, womit die Diskontinuität zwar nicht empirisch, aber im Einklang von Überzeugungen überwunden wäre.

Für die Frage nach der Gesellschaft, in der man sich befindet, wenn man unter seinesgleichen ist, ist es daher von Bedeutung, wie man zu diesem theoretischen

›Kern‹ steht. Ist die Gesellschaft bloß ein Raum, in dem sich Individuen zufällig begegnen, oder ist die Gesellschaft eine allgemeine Verpflichtung, die Individuen verbindet? Wer die Frage umgeht, gibt ebenso eine Antwort, wie derjenige, der sie von seinem besonderen Standpunkt aus beantwortet. Einigkeit scheint letzten Endes nur bei der einfachsten Antwort vorzuliegen, die man geben kann. Sie lautet, dass es dem Menschen bislang nicht gelungen ist, aus eigener Kraft den Zusammenhang zu erfassen, in den alles Begegnende integriert ist.

Dass dies nicht die einzige Antwort ist, die man geben kann, beweisen täglich die Menschen, die meinen, in einer religiösen Einstellung zur Welt die Möglichkeit für diese Frage offen halten zu können. Sie kultivieren die Sensibilität für einen Zusammenhang, den »kein Auge gesehen und kein Ohr gehört hat« (1. Korintherbrief 2,9), der aber gleichwohl im Denken als ›Form der Möglichkeit‹ vorausgesetzt werden kann. Damit stricken sie weiter an dem ›einigenden Band‹, dem roten Faden, der seit der Antike die Debatten verbindet. Sie geben sich nicht damit zufrieden, dass der Mensch ein Lebewesen sein soll, das in seiner Lebenszeit ausschließlich dem begegnet, was es mit den Augen sehen und mit den Ohren hören kann. Für sie ist stattdessen die Überzeugung leitend: »Im Menschen selbst, in seiner innersten Mitte geschieht das Leben Gottes« (Delp 2020, S. 24).

Die ignatianische Pädagogik bietet eine Beschreibung an, die das einigende Band in der Erziehung zum Thema macht. Es ist eine Beschreibung, die eine spezifische Antwort auf die Frage nach der Gesellschaft bereithält. Wie diese konkret aussieht, ist Thema dieses Kapitels.

5.1.1 Die Schwierigkeit der Standortbestimmung

Je nachdem, welche Überzeugung man hat, spricht man der Religion und einer auf religiösen Überzeugungen begründeten Pädagogik die »Daseinsberechtigung« ab, »seit diejenigen Fragen mit Mitteln der Philosophie und Wissenschaft einer begründbaren Lösung zugänglich gemacht worden sind, auf die in früheren Zeiten die Religion die zwar unzulänglichen, aber damals einzig verfügbaren Antworten bereitzustellen hatte«. Dass heute nicht alle diese Auffassung teilen, wird auf die »Wirkung von Affekten« geschoben, »welche die freie Betätigung der Verstandeskräfte verhindern« (Schaeffler 1983, S. 26). Wenn überhaupt noch ein Sinn darin gesehen wird, sich von der Religion an »Themenfelder und Aufgaben erinnern zu lassen«, dann aus dem Grunde, weil es sich um »wichtige« Angelegenheiten handelt und weil man »hilflos« dem Vergessen der Aufgaben zusieht, »die im Interesse der Individuen und der Gesellschaft nicht unerfüllt bleiben dürfen« (ebd., S. 198).

Es ist die Gleichzeitigkeit solch divergenter Aussagen, die das Interesse wachhält, Licht in das Verhältnis zu bringen. Wegen dieses Umstandes ist es in der Öffentlichkeit des Zusammenlebens noch nicht abschließend geklärt, wie man sich in diesem Verhältnis positionieren sollte. Es besteht nach wie vor die Freiheit, sich zu der religiösen Frage zu verhalten, d. h. eine Wahl zu treffen. Anders gesagt: Die Stellung der Religion und einer religiös begründeten Pädagogik in der Gesellschaft ist auch heute noch eine offene Frage. Das letzte Wort ist hier nicht gesprochen, das Kapitel nicht geschlossen.

Aus dem Umstand, dass das endgültige Urteil bislang nicht gefällt worden ist, ergibt sich eine Konsequenz, die schlecht abzuweisen ist: Mag man auch für sich selbst der festen Überzeugung sein, seine Wahl unkorrigierbar getroffen zu haben, so wird man gleichwohl mit der Tatsache rechnen müssen, dass es auch einen Standort gibt, der die Sache anders in den Blick rückt. Die Ausgangslage, mit der gerechnet werden muss, zeigt eine spezifische *Perspektivität* – und unter Umständen trägt diese *kontroverse* Züge. In dieser Situation stellt sich die Frage nach den Standorten und ihren Beziehungen zueinander. Man fragt danach, welcher Standort eingenommen werden kann bzw. sollte, weil gute Gründe für ihn sprechen.

Die Standortbestimmung stößt auf eine *Schwierigkeit*, die für das Weitere von entscheidender Bedeutung ist, da alles davon abhängt, wie man mit ihr umgeht. Je nachdem, wie man sich entscheidet, begibt man sich in Abhängigkeiten, die Herausforderungen sichtbar werden lassen, die nur in den gewählten und nicht in anderen Abhängigkeiten auftreten. Die Entscheidung steht dabei zum Zeitpunkt, da sie getroffen wird, selbst schon in Abhängigkeiten, für die man sich zu einem früheren Zeitpunkt aus guten Gründen entschieden hatte. Die aktuelle Entscheidung reagiert daher immer auf Problemstellungen, die in spezifischen Konstellationen von Abhängigkeiten, oft überraschend und nicht immer positiv, sichtbar werden. In solchen Ausgangslagen ist es wenig hilfreich, wenn Abblendungen dazu führen, dass zu wenig Abhängigkeiten in den Blick kommen. Aus dem Grunde gilt nach wie vor die Forderung, man solle sich nach bestem Wissen und Gewissen darum bemühen, dass Licht ins Dunkel kommt. Auch heute noch setzen wir den Versuch fort, den man mit dem Wort *Aufklärung* bezeichnet und an die historische Genese eines Anspruchsniveaus gebunden hat (vgl. Wohlgenannt 1993).

Die Schwierigkeit, um deren Aufklärung es uns hier geht, besteht darin, dass es unter den gegebenen Bedingungen eines demokratischen Austauschs redlicherweise unmöglich ist, den Standpunkt ›der Gesellschaft‹ einzunehmen, um von ihm aus ›die ignatianische Pädagogik‹ zu betrachten. Der Standpunkt ›der Gesellschaft‹ ist nämlich nirgends anzutreffen, wenn und solange der Austausch auf einem demokratischen Anspruchsniveau stattfindet.

Wie wir in den vorangegangenen Kapiteln deutlich gemacht haben, bereitet es zwar durchaus Schwierigkeiten, den Standpunkt ›der ignatianischen Pädagogik‹ zu bestimmen, weil diese pädagogische Position im Laufe ihrer Geschichte Prozesse der Ausdifferenzierung durchlaufen hat. Gleichwohl können in diesem Zusammenhang gemeinsame Bezugspunkte markiert werden, so dass differente Selbstverständnisse, die beobachtet werden können, als Variationen von ignatianischer Pädagogik darstellbar sind. Man denke hier z. B. an die Annahme, Heranwachsende als Ebenbilder Gottes aufzufassen, an den Anspruch, diesen dabei zu helfen, sich zu charakterstarken Persönlichkeiten zu entwickeln, die als ›Menschen für andere‹ in Erscheinung zu treten, oder auch an die Überzeugung, dass Erziehung der religiösen Dimension von Wirklichkeit besondere Aufmerksamkeit zu schenken hat. Wie wir zu zeigen versucht haben, werden diese ›Konstanten‹ in einem traditionellen Verständnis von ignatianischer Pädagogik anders ausgelegt als im Rahmen eines modernen Verständnisses. Gerade deshalb aber kann man sagen: Man begegnet sich als Mitglieder einer gemeinsam vertretenen Position in variierender Auslegung.

Merkmalsgleichheit in relevanten Punkten wird auf kommunikativem Weg in *Überzeugungen* dargestellt, für die Personen einstehen und auf die man sich als Kommunikationspartner verlässt. Durch Etablierung und Kritik von Gewohnheiten werden Kommunikationsgemeinschaften gebildet, aufrechterhalten und geändert. In diesem Sinne ist man als Mitglied einer ignatianischen Kommunikationsgemeinschaft überzeugt, dass es einen Zusammenhalt gibt, für den es sich einzutreten lohnt. Wer in einen Austausch mit einer Person tritt, kann daher davon ausgehen, dass er bei aller beobachtbaren Varianz auf die Überzeugung trifft, dass letzten Endes die Gemeinsamkeiten in relevanten Punkten die ausgeprägten Varianten überwiegen.

Man ist im Namen der ignatianischen Pädagogik überzeugt, dass die Gemeinsamkeiten für den Zusammenhalt ausschlaggebend sind. In diesem Sinne geben die Vertreter:innen dieser Position Auskunft darüber, wie es möglich ist, eine Einheit in der Mannigfaltigkeit zu identifizieren und stabil zu halten. Dies tun sie – wie wir in den *Vergewisserungen* herausgestellt haben – nicht nur durch schriftliche und mündliche Texte, über die man sich austauscht, sondern generell durch eine Praxis des Zusammenlebens, die in Ritualen, wiederholten Begegnungen und institutionalisierten Regeln ihren Ausdruck findet. In diesen Formen bringen sie ihren *Zusammenhalt aus Überzeugung* zum Ausdruck.

Wer im Namen ›der Gesellschaft‹ auftritt, kann auf einen Zusammenhalt aus Überzeugung nur eingeschränkt zurückgreifen. Es gibt zwar die Möglichkeit, Gesellschaft als eine Einheit in der Mannigfaltigkeit *theoretisch* zu konzipieren. Man kann zum Beispiel die Gesellschaftstheorie von Niklas Luhmann heranziehen und in ihrem Lichte auf die ignatianische Pädagogik blicken. Das sollte aber nicht verwechselt werden mit einem Reden im Namen ›der Gesellschaft‹, denn die Gesellschaftstheorie von Luhmann ist eine Theorie, die in einer Fachwissenschaft für einen Diskurs entworfen wurde, der unter den Bedingungen der Wissenschaft geführt wird. Es wäre daher falsch, würde man den Vorschlag von Luhmann zum alleinigen Vorschlag der Soziologie, der Wissenschaft und aller anderen Gebiete erklären, in denen Menschen ›in Gesellschaft‹ sind. In Luhmanns Theorie sind diese Referenzen fein säuberlich in funktional differenzierte Beziehungen integriert (vgl. Luhmann 1984, 1997). Letzten Endes würde man zeigen, dass man die Theorie von Luhmann nicht begriffen hat, die man als maßgeblich heranzieht, um im Namen ›der Gesellschaft‹ zu sprechen. Man kann mit dieser Theorie schlichtweg nicht im Namen ›der Gesellschaft‹ sprechen, denn es handelt sich um eine Beschreibung von Gesellschaft, die unter den spezifischen Bedingungen des Wissenschaftssystems angefertigt worden ist. Sie ist insofern selbst Ausdruck dessen, was Luhmann als komplexe Gesellschaft beschrieben hat, nämlich eines funktional ausdifferenzierten Zusammenhangs von Kontexten, die nach eigenen Regeln funktionieren. Luhmann hat seine Theorie in diesem Sinne ›nur‹ als ein Gesprächsangebot verstanden und deshalb ›Gesellschaftstheorie‹ als Problemtitel deklariert, mit dem man im Wissenschaftssystem arbeiten kann. Ihm war bewusst, dass in der wissenschaftlichen Beschäftigung mit einem Problem Lösungen für die Gesellschaft nicht garantiert werden können, weil die Einheit dieses Sachverhaltes nur in Differenzen theoretisch gefasst werden kann.[1]

Mithilfe einer Theorie der Gesellschaft kann man gleichwohl weiterkommen, denn man kann *Übereinstimmungen* mit der ignatianischen Pädagogik erkennen. Es sind in der Theorie aber lediglich formale Merkmale, die als übereinstimmend ausgezeichnet werden. Das liegt an dem Anspruch, Aussagen von allgemeiner Reichweite zu formulieren, dem eine Theorie unterliegt. Für eine Theorie der ignatianischen Pädagogik, eine Theorie der Gesellschaft sowie eine Theorie des Austauschs zwischen beidem folgt daraus die schlichte Konsequenz: Dass die Begriffe ›Gesellschaft‹ und ›ignatianische Pädagogik‹ Sachverhalte bezeichnen, die mehrere Menschen umfassen, die eine Regelorientierung zum Ausdruck bringen und denen eine gewisse Widerständigkeit inhärent ist, ist neben vielem anderen selbstverständlich. Niemand käme wohl auf den Gedanken, dass ›die Gesellschaft‹ oder ›die ignatianische Pädagogik‹ aus einer einzigen Person besteht oder dass es sich um beliebig zusammengewürfelte und leicht zu manipulierende Zusammenhänge handelt, mit denen man es zu tun bekommt, wenn man sich ›die Gesellschaft‹ oder ›die ignatianische Pädagogik‹ genau anschaut.

5.1.2 Asymmetrie und Symmetrie

Wer sich mit solchen Trivialitäten nicht zufrieden gibt, schaut genauer hin und erkennt in diesen formalen Übereinstimmungen *Unterschiede*, die von Bedeutung sind. Es kommt daher darauf an, diese Unterschiede präzise zu identifizieren und ihnen einzeln Gerechtigkeit widerfahren zu lassen – ohne die Übereinstimmungen zu vergessen. Die Herausforderung besteht folglich darin, den Grund für den jeweiligen Unterschied zu finden und diesen relativ zum Zusammenhang zu beurteilen, in dem er seine spezifische Relevanz hat.

In diesem Sinne macht die Schwierigkeit der Standortbestimmung, die eingangs erwähnt wurde, einen Unterschied, der für den Einstieg in den Austausch in seinen Konsequenzen beachtet werden sollte. Der Unterschied macht deutlich, dass der Austausch entweder asymmetrisch oder symmetrisch geführt werden kann.

Asymmetrisch wird er geführt, wenn jemand ›die Gesellschaft‹ an die ignatianische Pädagogik heranträgt, ohne jedoch im Namen ›der Gesellschaft‹ sprechen zu können. Wer so über das Verhältnis zwischen ›Gesellschaft‹ und ›ignatianischer Pädagogik‹

---

1 Auf einen Irrweg begibt man sich auch, wenn man andere Theorien der Gesellschaft in der gleichen Intention wählt. Man muss schon in die Vormoderne zurückkreisen, um eine Beschreibung von Gesellschaft zu finden, die als geschlossene stabile singuläre Ordnung verstanden wurde. Dies ist die Zeit, in der die Differenzierung noch nicht die Form angenommen hat, in der heute gedacht, gelebt und diskutiert wird. Heute trifft die Annahme, dass es eine extern begründete Hierarchie der Ordnungsverhältnisse gibt, auf andere Annahmen, d. h. auf Differenzen, die sich nicht mehr in einer solchen Hierarchie abbilden lassen. Es wäre daher ein Rückschritt in eine vergangene Zeit, wenn der Austausch unter Ausschaltung der nachweisbaren Differenzen geführt würde, weil dies dem Versuch gleichkäme, die Perspektivität der Welt auszuschalten.

spricht, läuft ständig Gefahr, den Ausdruck ›Gesellschaft‹ wie eine *Leerformel* zu verwenden. Während im Namen ›der ignatianischen Pädagogik‹ – jedenfalls mit Blick auf die von uns entwickelte Rekonstruktion – relativ deutlich ausgesprochen werden kann, welche Überzeugungen mit allgemeinem Verbindlichkeitsanspruch zugrunde liegen, wenn Formen des Lebens und Zusammenlebens beschrieben werden, kommt ›die Gesellschaft‹ nur als eine denkbare Variable ins Spiel, die erst noch gefüllt werden müsste, um mit der gleichen Verbindlichkeit für einen Vergleich dienen zu können. Solange die Variable nicht gefüllt ist, formuliert man Aussagen über eine Gesellschaft, die nur als wählbare Vorstellung im Spiel ist, während im Namen der ignatianischen Pädagogik auf Erfahrungen beruhende konkrete Überzeugungen einer bevorzugt gelebten Praxis zur Sprache gebracht werden können. In einem asymmetrisch geführten Austausch bleiben viele Fragen unbeantwortet, da ja niemand sagen kann, wie die Beteiligten am Austausch im Namen ›der Gesellschaft‹ ihre (sehr wahrscheinlich: unterschiedlichen) Überzeugungen über eine bevorzugte Praxis zum Ausdruck bringen würden, wenn sie es den Vertreter:innen einer ignatianischen Pädagogik gleichmachen und sagen, wofür man einsteht.

Da ein solcher Austausch aus vielen Gründen nicht weit führt, ist eine andere Praxis der Kommunikation zu beobachten. Der Austausch nimmt (nicht immer bewusst) eine *symmetrische* Form an. Da Vertreter:innen einer ignatianischen Pädagogik keinen Sinn darin sehen, ›die ignatianische Pädagogik‹ als eine Hohlform zu betrachten, die beliebig gefüllt werden kann, sondern überzeugt sind, über eine sinnvolle gelebte Praxis zu sprechen, kann die Änderung, die hier ins Spiel kommt, nur auf der anderen Seite erfolgen: Man spricht nicht mehr im Namen einer Gesellschaft, die lediglich formal als denkbare Form im Spiel ist, sondern man spricht im Namen ›der Gesellschaft‹, für die man selbst eintritt. Der Begriff bezeichnet folglich nicht mehr Gesellschaft als den Variantenreichtum, der für die Diversität gelebter Praxen kennzeichnend ist. Er wird durch einen Begriff ersetzt, der eine spezifische Form von Gesellschaft bezeichnet. Aus der variabel gedachten Form ›die Gesellschaft‹ wird die favorisierte, weil gewünschte Form ›meine Gesellschaft‹. Man kann dies als den Punkt identifizieren, an dem von einer theoretischen Beschreibung zur praktischen Einstellung gewechselt wird. In einem symmetrischen Austausch begegnen sich nunmehr Überzeugungen, die nicht auf Variablen zurückgreifen, sondern Überzeugungen, die Vorstellungen von einer für gut befundenen gelebten Praxis zum Ausdruck bringen. Dies lenkt die Aufmerksamkeit auf praktisch bindende normative Aspekte: Man spricht nämlich nicht mehr im Namen ›der Gesellschaft‹, die aus einer methodisch kontrollierten fachwissenschaftlich begründeten Beobachtungsdistanz beschrieben wird, wenn man so spricht. Man bezieht vielmehr Stellung für die eigene Vorstellung von Gesellschaft, wenn man im Austausch mit der ignatianischen Pädagogik einen Standpunkt bezieht.

5.1.3 Die Notwendigkeit einer Entscheidung

Vor diesem Hintergrund kann die Schwierigkeit auf den Punkt gebracht werden. Wer in den Austausch mit der ignatianischen Pädagogik eintritt, steht vor einer Wahl, d. h. er denkt in einer Alternative. Er hat die Wahl zwischen zwei Optionen:

Ist eine asymmetrische oder eine symmetrische Form des Austauschs sinnvoller? Die Wahl muss getroffen werden, d. h. es muss eine Entscheidung fallen, weil es ansonsten gar nicht zu einem Austausch auf einem anspruchsvoll reflektierten Niveau des Vergleichs käme.

Wer in einer Alternative denkt, räumt sich die Freiheit ein, erst nach einer Prüfung der Sachlage für oder gegen eine Position zu votieren. Es ist nicht schon vorab entschieden, welcher Standpunkt den Vorzug genießt. Das Denken in Alternativen sichert diese Freiheit dadurch, dass es den Standpunkten, die bereits bekannt sind (weil sie schon eingenommen wurden), das Recht abspricht, in allen Angelegenheiten und zu allen Zeiten Recht zu haben. Dies gelingt durch den Nachweis, dass jemand Voraussetzungen im Spiel hat, wenn ein Standpunkt von ihm vertreten wird. Folgende Voraussetzungen sind grundsätzlich im Spiel, wenn man den skizzierten Austausch betrachtet:

Entscheidet man sich für einen asymmetrischen Austausch, hat dies zur Konsequenz, dass über Leerformeln wenig Argumentatives zur Klärung von Sachfragen eingebracht werden kann. Der Austausch wird daher viel ungeklärt lassen, dem man weiterhin blind gegenüberstehen wird. Das ist höchst unbefriedigend, weil blindes Herumstochern einen Nährboden für Mutmaßungen, Vorurteile und Missdeutungen bietet. Den soll ein Austausch auf dem gewünschten Anspruchsniveau ja gerade austrocknen oder zumindest sichtbar machen. Deshalb erwartet man, dass die Variablenstellen nicht unbesetzt bleiben. Man erwartet, dass sie mit geeigneten Kandidaten besetzt werden. Um die Offenheit für den asymmetrischen Austausch zu erhalten, kann die Setzung von Kandidaten allerdings nur probehalber erfolgen. In dieser Optik kann man einer anderen Position, zum Beispiel der ignatianischen Pädagogik, nicht per se absprechen, eine sinnvolle ›Form der Möglichkeit‹ (Kierkegaard) zu bieten. Die Frage ist dann lediglich, welche Möglichkeit hier dargestellt wird.

Entscheidet man sich für einen symmetrischen Austausch, gilt es zu akzeptieren: Man beteiligt sich mit einem *Bekenntnis* am Austausch. Man spricht nicht mehr im Namen einer Gesellschaft, die es nur als theoretisch reflektierten Gegenstand gibt, sondern man vertritt eine konkrete Vorstellung von Gesellschaft, für die man keine allgemeine Akzeptanz in Anspruch nehmen kann. Im symmetrisch geführten Austausch fehlt die Möglichkeit, sich auf Leerformeln einer Vorstellung von Gesellschaft zurückzuziehen, die bis zuletzt offen lassen, was im Einzelfall ›Sache ist‹. Im symmetrischen Austausch beteiligt man sich vielmehr als Vertreter:in einer Überzeugung, die Auskunft darüber gibt, wie man sich in einer konkreten Praxis verhält, verhalten würde bzw. verhalten muss, weil und wenn man sich auf die Verbindlichkeit einer Position verpflichtet hat.

Vertreter:innen einer ignatianischen Pädagogik können sagen, worauf es für sie bei dieser Selbstverpflichtung ankommt – mag man hierbei für eine traditionelle oder eine moderne Variante eintreten. Ihrem Gegenüber ist diese Möglichkeit nur gegeben, wenn es eine äquivalente Vorstellung von gelebter Praxis gibt, die als Gesellschaft verstanden wird. Diese Vorstellung kann redlicherweise aber nicht im Namen ›der Gesellschaft‹ vertreten werden. An diesem Punkt dürfte deutlich sein, worin die Herausforderung besteht, die angesichts der skizzierten Schwierigkeit zu bewältigen ist.

Entscheidet man sich für die asymmetrische Form des Austauschs, gilt es, eine Vorstellung von ›Gesellschaft‹ im Spiel zu halten, die wenig zu sagen hat, wenn es um eine Kritik an der ignatianischen Pädagogik geht. Die Kritik wird weitgehend durch das Privatheitsgebot gedeckelt, d. h. durch den Hinweis, dass alle ihrem religiösen Bekenntnis gemäß tun und lassen können, was sie wollen, solange ›die Gesellschaft‹, wie immer sie auch konkret gedacht wird, dadurch nicht Schaden nimmt. Diese Deckelung der Kritik hat dazu beigetragen, dass es die ignatianische Pädagogik gibt. Sie wird als eine Variante von religiös begründeter Pädagogik toleriert. Wer sich mit ihr nicht anfreunden kann, wird sich von ihr fernhalten. Aus der Ferne kann ihr das Recht nicht abgesprochen werden, ein Angebot zu sein, dem andere Sinn und Berechtigung zusprechen.

Entscheidet man sich hingegen für die symmetrische Form des Austauschs, ist es um den Preis des Selbstwiderspruchs und um den Preis der Selbstverleugnung verboten, im Namen ›der Gesellschaft‹ mit Universalanspruch konkret Kritik zu äußern. Man ist vielmehr gezwungen, in bekennender Rede zu sprechen, d. h. in der Überzeugung, dass es eine spezifische Form von Gesellschaft gibt, für die man selbst eintritt. In einen Selbstwiderspruch würde man sich verstricken, wenn es zu einem Kategorienwechsel kommt, den man selbst nicht bemerkt. Dieser läge vor, wenn man Leerformeln bemüht, um Kritik an einer gelebten Praxis zu formulieren. Auf diese Kritik kann Gegenkritik folgen, die sichtbar macht, dass zur Rechtfertigung der Kritik vom Bekenntnis abgewichen wird. Die Gegenkritik könnte einen Spielraum für Beliebigkeit sichtbar machen, den eine Variable in Aussicht stellt und der daran zu erkennen ist, dass man sich nicht festlegen will. ›Gesellschaft‹ wird damit unter der Hand zu der Hohlform, die offen ist für beliebige Vorstellungen. Die Konsequenz für den argumentativen Austausch ist: Die Kohärenz der Rede nimmt Schaden, weil die Position, zu der man sich bekennt, durch Relativierung nivelliert wird. Dies kann im Extrem bis zur Unkenntlichkeit der Position führen, für die jemand einzutreten meint. In diesem Fall läge ein Lippenbekenntnis vor, dem jegliche Glaubwürdigkeit fehlt. Dies kann als Selbstverleugnung kritisiert werden, die im Austausch aufgedeckt wird.

Wer sich in einen Selbstwiderspruch verstrickt, urteilt *logisch* fehlerhaft. Wer sich selbst verleugnet, urteilt *moralisch* insuffizient. Wer dies vermeiden möchte, tut gut daran, sich darüber Rechenschaft zu geben, wie man zu einem Urteil kommt.

Der locus classicus in der Passionsgeschichte der Evangelien beschreibt Petrus – der Fels, auf den Jesus seine Kirche bauen will – als eine Person, der der Mut fehlt, sich als Vertreterin einer spezifischen Gesellschaft in dem Augenblick zu bekennen, in dem es zum konkreten Austausch mit Vertreter:innen einer anderen Gesellschaft kommt. Friedrich Hauss meinte, Petrus »ist schnell mit dem Wort, nimmt den Mund voll und hält nicht, was er verspricht« (Hauss 1959, S. 205). Das wiederholte Krähen des Hahnes erinnert ihn daran. Dass Jesus auf einen »wankelmütigen Menschen« (ebd.) seine Kirche gründen will, verweist nicht nur darauf, dass Menschen imperfekte Wesen sind, sondern kann darüber hinaus als ein Hinweis darauf gedeutet werden, worum es in einer religiösen Einstellung grundsätzlich geht: um ein Bekenntnis, wie man mit seinesgleichen in Gesellschaft sein möchte, d. h. um ein Bekenntnis für einen Standpunkt, auf den man sich im Wandel der Umstände verlassen kann. In bekennender Rede ist man bereit, den Geltungsanspruch seiner Aussage selbstimplikativ vorzutragen. (Aus diesem Grund wird Erziehung im Kontext einer ignatianischen Pädagogik als Charaktererziehung konzipiert, die Heranwachsende in ihrer Selbstverpflichtung auf überindividuelle Verbindlichkeiten unterstützen soll.)

Angesichts der bisher geschilderten Ausgangslage, die den ›Ordnungsgedanken‹ (Trillhaas) in die Differenz zwischen einem Denken in Zusammenhängen und dem Transzendenz etablierenden ›Sprung‹ einspannt, stellt sich die Frage, wie der Austausch verbindlich geführt werden kann, d. h. ohne in Leerformeln zu sprechen oder in der ersprungenen Erfahrung einer sprachlos hinzunehmenden Transzendenz zu verharren. Kann es die Verbindlichkeit eines Urteilsspruchs geben, wenn die ignatianische Pädagogik zum Gegenstand gemacht wird?

5.1.4 Zu einem Urteil kommen

Ähnlich wie in einem Gerichtssaal stehen sich bei einem Austausch Positionen gegenüber, um gemeinsam die Frage zu klären, wie es sich mit der Sache verhält. Die Positionen sind Teil des Sachverhaltes, über den gesprochen wird, denn er besteht aus deren Verhältnis zueinander. In das Urteil, wie es sich mit der Sache verhält, sollten die Beiträge der Positionen folglich eingehen. Ansonsten wäre es ein Urteil, das ›über die Köpfe hinweg‹ gefällt wird, d. h. ohne Rücksicht auf die Perspektiven, aus denen ein Urteil über den Sachverhalt gefällt wird, dass sie ein Verhältnis bilden.

Das Urteil von Richter:innen

Ein solches Urteil würde von einem Richter gefällt, der im Namen einer höheren Gewalt spricht. Der Urteilsmaßstab, der von ihm eingesetzt wird, käme rücksichtslos gegenüber der Tatsache zum Einsatz, dass es sich um ein Verhältnis handelt, für das beide Positionen konstitutiv sind. Was ein solches Urteil über das Verhältnis sagen könnte, wäre schon vorentschieden durch die Festlegung einer Art von Beziehung. Die Beziehung würde nach einem vorgängig definierten Schema beschrieben, das den Positionen Stellen zuweist, ohne sie nach ihrem Selbstverständnis befragen und ihre Standortbestimmung von ihrer Antwort abhängig machen zu müssen. Für den Austausch gäbe es keinen Anlass, da die Urteile über den Sachverhalt, dass und wie die eigene Perspektive in die Beziehung integriert ist, unerheblich wären. Das vorgegebene Schema würde bereits alle relevanten Informationen enthalten.

In einem Gericht wird einem Richter die Autorität zugesprochen, das Schema ›Gesetzestext‹ anzuwenden. Dieser symbolisiert die Erwartungen an Verhaltensweisen, die in tolerablen Spielräumen angesiedelt sind, und macht sie vergleichbar mit den Verhaltensweisen, die jenseits der definierten Grenzen liegen. Unangesehen der Quelle, aus der ein Gesetzestext stammt – ob als Naturrecht oder positivistisches Recht legitimiert –, bietet das Schema eine aus der Vergangenheit stammende Ordnung, an der die Person des Richters Orientierung findet.

Wer im Namen eines solchen Schemas urteilt, findet Orientierung an einer Lösung, die in der Vergangenheit präfiguriert wurde. Das Schema enthält Antworten, die dabei helfen können, Aussagen zu identifizieren, diese einzuordnen in gegebene Ordnungen und sie mit schon bekannten Aussagen zu vergleichen. Wer über ein Schema dieser Art verfügt, macht sich in gewisser Weise unabhängig von dem Austausch, der in der Gegenwart stattfindet. Er muss nicht den Protagonisten glauben, sondern kann ihre Aussagen mit schon geprüften Aussagen vergleichen. Das Schema bündelt diese aus der Vergangenheit stammenden Aussagen als den gültigen Bestand, der als Maßstab der Beurteilung von ›neuen‹ Aussagen eingesetzt wird. Darin gründet die Verbindlichkeit des Richterurteils.

Dieses Schema stellt die Regeln zur Verfügung, die während der Verhandlung angewandt werden. Das Schema selbst gibt nicht den Urteilsspruch, es leitet lediglich zu ihm hin, indem es die in der Vergangenheit formulierten Sätze zu Vorgaben macht, deren Beachtung die Entstehung des Urteils unter Kontrolle hält. Es ist der Richter, der den Urteilsspruch fällt. Er vollzieht gemäß der ihn bindenden Gültigkeit von Regeln den Akt, der das Verfahren abschließt, indem er das Schema anwendet. Der richterliche Urteilsakt lässt sich folglich nicht auf die technische Anwendung einer Bedienungsanleitung reduzieren.

Das Urteil von Expert:innen

Der Versuch, das Verhältnis zwischen ignatianischer Pädagogik und Gesellschaft aus einer wissenschaftlichen Perspektive zu bestimmen, ähnelt der Konstellation im Gerichtssaal. Der Richter kommt hier durch die Funktion des Beobachters ins Spiel, der die Aufgabe hat, die Positionen zu bestimmen und die Fakten so zusammenzutragen, dass ein Urteil in der Sache gefällt werden kann.

Im vorliegenden Kapitel sind es Regeln, die durch eine erziehungswissenschaftliche Beobachtung im Spiel gehalten werden. In diesem Sinne geht es um einen neutralen, sachlichen und objektiven sowie fachwissenschaftlich orientierten Einsatz von Gesichtspunkten, unter denen der Austausch beleuchtet wird. Es soll nicht vorab schon Partei ergriffen und ein Urteil im Parteiinteresse gefällt werden. Wie ein Richter ein Urteil fällt, das unter spezifischen Verfahrensbedingungen revidiert werden kann, ist auch ein wissenschaftliches Urteil nicht das letzte Wort in der Sache. Es ist ein Beitrag zur Aufklärung, d. h. ein Versuch, um herauszufinden, wie es sich mit der Sache verhält, die zum Thema gemacht wird.

Im Kontrast zu einem Richter, der im Gerichtssaal die Autorität des Gesetzes repräsentiert und ausübt, ist ein wissenschaftlicher Beobachter Repräsentant eines gesellschaftlichen Systems, das nicht über einen verbindlichen Text von Regeln verfügt, der ›im Namen des Volkes‹ zum Einsatz kommt. Eine wissenschaftliche Beobachtung besitzt daher nicht die Autorität eines Richters. Ihre Autorität begrenzt sich auf den Expertenstatus, der dem Autor eines wissenschaftlichen Textes zugesprochen wird.

Dieser Status ist an Ideale wie Neutralität, Objektivität und Sachlichkeit gebunden. Wer mit wissenschaftlichen Expert:innen spricht, hört deshalb sehr oft, dass es unmöglich ist, die Distanz zu überbrücken, die die allgemeinen Aussagen von einer engagierten Position in der gelebten Praxis unterscheidbar machen. An dieser Sprachlosigkeit in Angelegenheiten von Relevanz in der gelebten Praxis ist die asymmetrische Form des Austauschs zu erkennen. Wissenschaftliche Expert:innen können diese Form nur verlassen, wenn sie im wörtlichen Verständnis ›distanzlos‹ werden. Sie müssen das Reden über allgemeine, d. h. überindividuelle und transsituative Zusammenhänge beenden und in ein Verhalten hic et nunc unter konkreten Bedingungen wechseln. Damit verlassen sie ihren theoretisch reflektierten Beobachtungsposten und werden zu Lebewesen, die mit ihresgleichen in einer Welt leben, die ›wir‹ in gelebten Praxen gemeinsam haben.

Solange ein Experte in der wissenschaftlichen Einstellung am Austausch teilnimmt, repräsentiert er eine Fachwissenschaft. Diese lebt von der Diskussion über strittige Themen, die in spezifischen Problemstellungen bearbeitet werden. Die Regeln, die es hierbei zu beachten gilt, werden unter den Begriff der Wissenschaftlichkeit subsumiert. Wer in einer wissenschaftlichen Einstellung an den Austausch herangeht, diskutiert nicht als ›Mensch‹, auch nicht als Bürgerin oder Bürger, sondern aus der reflexiven Distanz einer fachwissenschaftlichen Beobachtungsposition. Dies ist nicht die Position, die jemand in einem asymmetrisch geführten Austausch zwischen Gesellschaftsmitgliedern einnimmt, und auch nicht die Position, die ein Richter innehat, der ein gültiges Urteilsschema anwendet. Zwischen diesen Positionen kann man den kierkegaardschen ›Sprung‹ tun. Eine wissenschaftliche Beobachtungsperspektive markiert demgegenüber eine methodisch begründete Position, die ›ignatianische Pädagogik‹ zum Gegenstand hat und die diese Gegenstandsorientierung zum Zwecke des Erkenntnisinteresses unter Kontrolle hält. Man redet folglich nicht in politischer Absicht und auch nicht unter den Vorgaben juristischer Gesetzestexte *miteinander*. Wer sich in einer wissenschaftlichen Einstellung auf einen Gegenstand richtet, hat in diesem keinen Gesprächspartner. In dieser Einstellung trifft man in der Welt auf Forschungsobjekte, Diskussionsthemen, Problemstellungen und anderes mehr. Dies sind keine Gesprächspartner, d. h. der Austausch kann durch die wissenschaftliche Expertise mit Erkenntnissen versorgt werden. Im Namen der Wissenschaft kann dem Austausch lediglich aus der Perspektive eines Wissenschaftsfaches ein mehr oder weniger um Wissenschaftlichkeit bemühter Blick auf die Sache zur Verfügung gestellt werden. Mit ›der Wissenschaft‹ kann man kein Gespräch führen.

Es handelt sich bei dem Begriff ›Wissenschaftlichkeit‹ um einen *Problembegriff*, der das bereits angesprochene Anspruchsniveau formuliert, d. h. auch er selbst ist nur in Problemstellungen greifbar. Treffen sich Vertreter:innen einer Fachwissenschaft oder verschiedener Fachwissenschaften, ist daher nicht von einem allgemeingültigen und stabilen inhaltlichen Konsens auszugehen. Was sie unter Wissenschaftlichkeit verstehen, kann sich deutlich unterscheiden. Wenn man sie bittet, die Gemeinsamkeiten zu nennen, auf die sie sich einigen können, wird man für gewöhnlich Antwortvarianten zu hören bekommen, deren semantischer ›Kern‹ recht hohe Abstraktionsgrade aufweist. Den nötigen Zusammenhalt stabilisiert man in der Wissenschaft in Diskussionen, in denen sich die Fachwissenschaften entfalten. Sie kultivieren die Suche nach Wahrheit durch Gewährung von Freiräumen, in denen sich die Forschung entfalten kann. Wo es gelingt, diese Freiheitsräume interdisziplinär zu organisieren, können verschachtelte Problemstellungen, die von einem Wissenschaftsfach alleine weder hinreichend formuliert noch bearbeitet werden können, zum Thema gemacht werden. Dies geschieht gemäß dem Prinzip der akademischen Freiheit.

Dies ist die Ausgangslage, wenn bei ›der Wissenschaft‹ um Unterstützung nachgefragt wird. Wer bei ›der Wissenschaft‹ anklopft, möchte wissen, wie es sich mit der Sache so verhält, dass man die Gewissheit hat, man würde sie nicht nur so sich vorstellen, wie es der eigenen Meinung bekömmlich ist, sondern so, wie es zum Zeitpunkt der Anfrage auf einem wissenschaftlich ausgewiesenen Niveau geboten ist, von der Sache zu sprechen. Von ›der Wissenschaft‹ erwartet man, dass sie sagt, was Sache ist, weil sie der Ort ist, an dem man herauszufinden versucht, wie es sich mit der Sache tatsächlich, d. h. unangesehen persönlicher Vorlieben, Gewohnheiten und Mutmaßungen verhält. Was man zu hören bekommt, sagt aber niemand im Namen ›der Wissenschaft‹ aus, sondern es spricht immer nur jemand, der in Vertretung eines Wissenschaftsfaches auftritt. Man sollte deshalb ein Auge darauf haben, ob und wie der Anspruch der Wissenschaftlichkeit beachtet wird. Generell gilt, dass der Geltungsanspruch einer Aussage auf das Maß begrenzt ist, das unter Beachtung der Wissenschaftlichkeit in der jeweiligen Fachwissenschaft vertreten werden kann. Aussagen über die ignatianische Pädagogik, die im Namen einer Fachwissenschaft getroffen werden, bieten daher zwingend zwei Ergänzungsmöglichkeiten: Es ergeben sich Gelegenheiten zur Ergänzung durch andere fachwissenschaftliche Perspektiven einerseits und durch außerwissenschaftliche Perspektiven andererseits.

Auch aus diesem Grund ist das Kapitel, von dem eingangs die Rede war (5.1.1), heute noch nicht geschlossen. Es bleibt weiterhin möglich, mit divergierenden Überzeugungen über die Relevanz religiöser Ansichten zu rechnen. Anders formuliert: Eine Aussage über eine religiöse Position, die in wissenschaftlicher Einstellung getroffen wird, kann niemals die letzte entscheidende Aussage sein. Jede wissenschaftliche Aussage kann zwar auf Unterschiede zwischen der Art, wie Aussagen unter dem Anspruch der Wissenschaftlichkeit zustande kommen und als gültig deklariert werden, und der Art, wie Aussagen, die diesem Anspruch nicht unterliegen, entstehen, stabilisiert und korrigiert werden, aufmerksam machen. Insofern ihr der Nachweis solcher Unterschiede gelingt, bestätigt sie zugleich aber die Annahme, dass es einen Korpus von Aussagen gibt, der in beide Arten differenziert werden kann. In diesem Korpus wird die ›Form der Möglichkeit‹ angeboten, das Allgemeine der individuellen Aussagen zu identifizieren. Das Allgemeine kommt zum Ausdruck in Gemeinsamkeiten, die zum Beispiel an Varianten einer Suche nach Orientierung identifiziert werden könnten. Ein Vergleich, der Unterschiede und Gemeinsamkeiten ermittelt, wäre in diesem Sinne als Beitrag zur Aufklärung der Suche nach Orientierung zu verstehen, die von allgemeiner Bedeutung ist und bei der man sich fragen kann, welche Hilfe die jeweilige Variante bereitstellt, ohne dass man genötigt wäre, die Varianten von vornherein in ein hierarchisches Verhältnis zu bringen oder eine per se als dysfunktional zu disqualifizieren. Ein solches Urteil wäre nur einem Richter möglich, der über ein vorgängig definiertes Schema der Einteilung verfügt, nicht aber den Expert:innen der Wissenschaft.

5.1.5 Gegebenes

Um die Frage nach dem Verhältnis von ignatianischer Pädagogik und Gesellschaft im Lichte wissenschaftlicher Ansprüche zu klären, sind zwei Schritte zu tun: Einerseits muss die Teilfrage beantwortet werden, was der Begriff ›ignatianische Pädagogik‹ bezeichnet, andererseits muss die Teilfrage beantwortet werden, was hier unter ›Gesellschaft‹ verstanden wird.

Mit den Antworten auf diese Fragen stehen die Relata zur Verfügung, die das Verhältnis bilden, das aus der (fach-)wissenschaftlichen Beobachtungsdistanz bestimmt werden soll. Die Bestimmung des Verhältnisses nimmt die in den Antworten fixierten Relata als gegeben hin und rückt ihre Beziehungen in den Blick. Eine solche Bestimmung durch Relationierung muss sich nicht den Vorwurf gefallen lassen, absolute Urteile zu fällen, da sie *Relationen* zum Thema macht. Sie muss auch nicht befürchten, in postmodernen Relativismen zu sprechen, da sie *Gegebenes* in Beziehung zueinander betrachtet.

Mit dieser Überlegung wird ein Problem aufgeworfen, das für eine Klärung des Verhältnisses von ignatianischer Pädagogik und Gesellschaft von grundlegender Bedeutung ist. Sobald Gegebenes in Beziehungen betrachtet wird, ist nämlich die Minimalforderung im Spiel, man solle die Art des Gegebenen und die Weise des Gegebenseins auf Nachfrage sachangemessen darlegen können, wenn man sich äußert. Wie weit und wie gut dies gelingt, hängt entscheidend davon ab, *wie man sich etwas geben lässt*.

Wie in 5.1.4 erläutert, handelt es sich nicht um Gegebenes, das in einem Austausch zwischen realen Gesprächspartnern identifiziert wird. Gegeben sind nicht die hier und jetzt empirisch belegten Wörter und Sätze, die in Präsenz ausgesprochen und mittels methodisch gewählter Werkzeuge (Aufnahmegeräte etc.) erfasst werden. Folglich wäre es nur metaphorisch sinnvoll, wenn wir sagen würden, wir würden mit der ignatianischen Pädagogik ›diskutieren‹. Tatsächlich tun wir dies zu keinem Zeitpunkt – weil die wissenschaftliche Einstellung uns Zurückhaltung auferlegt. Wir analysieren vielmehr Darstellungen in von uns recherchierten Texten, die wir als Aussagen über ignatianische Pädagogik deuten. Vielleicht werden unsere Ergebnisse als Anregung für die Eröffnung einer Diskussion aufgegriffen. Insofern kann aus ihnen ein Beitrag zu einer Diskussion erwachsen, nämlich dann, wenn sich jemand zustimmend oder ablehnend auf sie bezieht. In der hier vorliegenden Form handelt es sich jedoch um eine Studie, die ignatianische Pädagogik nicht als Gesprächspartner behandelt, sondern als Gegenstand der Untersuchung. Im Sinne der selbst zu verantwortenden Wissenschaftlichkeit richtet sich das Interesse eines Wissenschaftsfaches daher mehr auf die Aufklärung eines Sachverhaltes und weniger auf die Diskussion mit Gesprächspartnern außerhalb des Wissenschaftsfaches.

Von diesem Punkt gehen die Wege aus, auf denen man über Gegebenheiten spricht. Das Spektrum von Varianten, auf das wir heute zurückblicken, reicht vom Standpunkt des *naiven Realisten*, der annimmt, ein Mensch würde unmittelbar erfassen, was ›da draußen‹ auch ohne ihn ist, bis zu dem der *naiven Idealistin*, die behauptet, dass außerhalb der menschlichen Vorstellungswelt nichts ist, was angetroffen werden könnte. Zwischen diesen beiden Positionen gibt es zahlreiche raffiniertere Varianten, die Aspekte der beiden Positionen kombinieren. Um einschätzen zu können, wie eine sinnvolle Kombination aussehen kann, ist es gleichwohl wichtig, die beiden Pole zu kennen, zwischen denen das Feld aufgespannt ist, auf dem Verbindungen geknüpft werden.

Wer im Sinne des naiven Realismus seine Lage in der Welt beschreibt, gesteht sich ein, dass es Dinge gibt, von denen wir uns keinen Begriff machen können, d. h. dass uns die Welt und unsere Lage in ihr in einer Art und Weise gegeben sind, die wir weder vollständig verstehen können noch müssen. Dem Gegebenen haftet eine Unergründlichkeit an, die der Mensch aus eigener Kraft weder vollständig aufklären kann noch muss. Die Welt ist zwar intelligibel, d. h. für intelligente Lebewesen erkennbar, aber für den naiven Realisten ist nicht die Intelligenz der Maßstab, sondern die Art und Weise des Gegebenseins von Welt ist die entscheidende Bedingung der Möglichkeit ihres Erkennens. Das, was ›da‹ ist, ist so eingerichtet, dass ein Erkennen unter gegebenen Bedingungen möglich ist. Wichtiger als die Tatsache, dass die Welt erkannt werden kann, ist für den Realisten, dass sie ›funktioniert‹, und zwar unabhängig von der Tatsache, dass die Menschen zur vollständigen Einsicht in die Bedingungen der Erkenntnis von Welt bislang nicht gekommen sind.

Wer im Sinne des naiven Idealismus Aufklärung über die eigene Lage in der Welt anstrebt, geht von einer gegenläufigen Annahme aus. Der Ansatzpunkt einer naiven Idealistin ist die Intelligenz der Welterkenntnis, d. h. sie behauptet, dass die Intelligibilität der Welt Ausdruck der Intelligenz der Lebewesen ist, die sie erkennen. Was von diesen nicht im Begriff erfasst wird, findet nicht statt. Die Intelligenz des Menschen ist hier die Bedingung der Möglichkeit der Erkennbarkeit von Welt. Die Welt, sagt die naive Idealistin, ist in dieser Hinsicht ein Produkt des Menschen, weil sie von dessen Erkenntnisfähigkeit abhängt.

In diesem Spektrum von Varianten der Bestimmung von Welt und der Lage des Menschen in ihr gibt es eine *Gemeinsamkeit*, die für die Aufklärung über das Verhältnis von ignatianischer Pädagogik und Gesellschaft von Bedeutung sein dürfte. Es ist die Annahme, dass jede Konzentration auf eine Sache ein »Mitwissen um die Zugehörigkeit spontan auftretender Gedanken und Gedankenketten zu einem Ganzen, zu einem übergreifenden Zusammenhang, welches eine typische Erscheinung bei der Lösung irgendeiner Aufgabe darstellt«, voraussetzt (Plessner 1913/2003, S. 95). Selbst Streitende setzen je für sich den ›Ordnungsgedanken‹ (Trillhaas) voraus, durch den es überhaupt erst Sinn ergibt, von zwei sich ausschließenden Standpunkten zu sprechen. Die Anstrengung, Begründungen zu geben, dem eigenen Anliegen eine verständliche Grundlage zu verschaffen und ein Angebot für die Zustimmung durch ein Gegenüber zu entwerfen, setzen voraus, dass es einen Zusammenhang gibt, der nach Aspekten, Teilen, Momenten, Standpunkten, Perspektiven usw. unterschieden werden kann. Man verortet seine Aussagen »in einem umgreifenden Zusammenhang, den man vielleicht ahnt, dessen Fundierung und Verankerungsort auf jeden Fall man sich niemals in Klarheit zum Bewusstsein bringen kann« (ebd., S. 89).

Die Voraussetzung eines Zusammenhangs ist sowohl für den naiven Realisten als auch für die naive Idealistin unstrittig. Die Frage ist lediglich, wie man sich den Zusammenhang vorstellt, in den man selbst integriert ist, wenn man sich um Aufklärung seiner Lage in der Welt bemüht und bei diesem Versuch u. a. auch an eine religiös fundierte Pädagogik denkt. Im Verständnis des naiven Realismus handelt es sich bei dem Zusammenhang um eine Ordnung, die unabhängig von der Aktivität des Menschen besteht, »d. h. bei völliger Vermeidung der Erfahrung und Erlebnisse bleibt doch der Rahmen, in welchem sich Erlebnisse halten müssen, wenn irgendein Erfolg möglich sein soll« (Plessner 1920/2003, S. 38). Eine naive Idealistin hingegen lehnt einen solchen Rahmen ab. Sie meint, dass der Grad der Ordnung, den der vorausgesetzte Zusammenhang aufweist, eine Funktion der begrifflichen Bestimmung ist, die vom Menschen bislang geleistet wurde. Nach ihrer Überzeugung sind es die menschlichen Aktivitäten, die für Ordnung bzw. Unordnung sorgen.

5.1.6 Relevanz der Problemstellung für das Thema

Auch angesichts der Frage nach Gott und – damit verbunden – der Frage nach einer religiös fundierten Pädagogik geht es um die Art und Weise des Gegebenseins. Ist der Ausgangspunkt ›richtig‹ gewählt, wenn man davon ausgeht, dass es in der Welt einen Standpunkt geben *muss*, wie er von der ignatianischen Pädagogik eingenommen wird, wenn es darum geht, die Pädagogik einer Gesellschaft zu bestimmen? Oder ist es ›richtig‹, von der Annahme auszugehen, dass die Gesellschaft aus überzeugenden Gründen auf eine Pädagogik verzichten kann, die nur in einer religiösen Einstellung als sinnvoll gilt?

Die Frage nach dem Zusammenhang, der aufgespannt wird, sobald man seinen Standpunkt als Standpunkt ausweist und in Relation zu anderem reflektiert, wird in dieser Diskussion als Frage nach dem Allgemeinen behandelt, von dem Besonderes unterschieden wird. Dies »ist die Form, in der von Aristoteles bis auf Leibniz die führenden Denker nach dem Prinzipiellen und Bleibenden in der Welt gesucht haben« und der man den Namen ›Universalienstreit‹ gegeben hatte (Hartmann 1965, S. IX). Die Differenz *Allgemeines* | *Besonderes* bietet in diesem Streit ein Muster für die Bestimmung von Verhältnissen. Es trägt zur Ordnung des Denkens und Sprechens bei, wenn man sich an die Regeln hält, nach denen die Beziehungen zwischen Allgemeinem und Besonderem gestaltet sind. Wer solche Regeln kennt und anwendet, wird nicht nur sagen können, wie der Zusammenhang ›aufgebaut‹ ist, den er aufspannt, sondern er wird auch zeigen können, was man tun muss, um ihm nachzufolgen. Er kennt schließlich die Regeln, die man befolgen muss, wenn man das tun und lassen möchte, was er tun und lassen kann. Wer die Regeln kennt, wird zum Beispiel wissen, was zu tun und zu unterlassen ist, wenn man gefragt wird, in welchem Verhältnis ›die ignatianische Pädagogik‹ und ›die Gesellschaft‹

stehen. Wer die Regeln kennt, die zur Anwendung kommen müssen, lebt in einer Ordnung, in der die Dinge an ihrem Platz sind. Wer die Regeln nicht kennt, kann immer noch Zusammenhänge erkennen, aber nicht von einer Ordnung ausgehen, in der die Dinge an ihrem angestammten Platz sind.

Suche nach Orientierung

Hier setzt das Universalienproblem an. Was ist das Allgemeine, zu dem das andere Relatum das Besondere ist? Und welchen Status hat das Allgemeine für das Besondere? Ist das Allgemeine, wie der naive Realist annimmt, der Rahmen, der jedem Versuch voraus ist, das Besondere im Vergleich zu anderem auszuweisen? Oder ist es, gemäß der Annahme der naiven Idealistin, die in dieser Gegenüberstellung zur Nominalistin wird, »das zeitlich und kontingent Besondere, aus dem das Allgemeine als eine ebenso flüchtige Konstruktion erklärt werden muss, weil in diesem theoretischen Universum letztlich alle Unterscheidungen auf Besonderes zielen« (Habermas 1999/2022, S. 395)? Ist der Standpunkt, von dem die ignatianische Pädagogik die Lage des Menschen in der Welt beschreibt, das Allgemeine, an dem die säkulare Gesellschaft als eine besondere Form der Suche nach Orientierung ihr Maß haben sollte? Ist die ignatianische Pädagogik nicht mehr als eine besondere Form von Meinungsäußerung, die von der allgemeinen gesellschaftlichen Öffentlichkeit toleriert wird?

Wer im nominalistischen Verständnis »Kultur in das Rauschen kommunikativer Ereignisse oder in den Taumel der Signifikanten« (ebd., S. 396) auflöst, wie Jürgen Habermas kritisch hervorhebt, hat kein Problem damit, in der ignatianischen Pädagogik nicht mehr zu sehen als eine besondere Form von Orientierung, neben der es andere, ebenso besondere Formen gibt. Ihr Gemeinsames ist die Tatsache, dass man auf der *Suche nach Orientierung* sein kann. Diese Suche kann zwischen verschiedenen Optionen auswählen, ohne dass es eine vorgegebene Prioritätenordnung zu beachten gibt. Diese Suche selbst ist das Allgemeine, relativ zu dem eine ›Lösung‹ nur ein jeweils besonderes Angebot ist, das kein grundsätzliches Vorrecht gegenüber einem anderen Angebot genießt. Jedes Angebot offeriert ein besonderes Angebot, für welches man sich entscheiden kann, aber nicht muss. Die Suche nach Orientierung wird damit in keiner Weise auf eine spezifische Richtung festgelegt. Es gibt für sie keine gegebenen Prioritäten, wenn es nur Angebote gibt, die mit der Zeit entstehen, korrigiert und gegen andere ausgetauscht werden können. Der ›Ordnungsgedanke‹ löst sich hier im Dezisionismus auf wie eine Brausetablette im Wasser.

Mehr als Angebote dieser Art gibt es nicht für die naive Idealistin. Für sie ist es ausgeschlossen, dass ein verbindliches Allgemeines erkannt werden könnte, von dem aus die Wahl zwischen den angebotenen ›Lösungen‹ zugunsten des ›wirklichen‹ Weges entschieden werden müsste. Wer in diesem Sinne wählt, trifft eine individuelle Entscheidung und sollte nicht den Anspruch erheben, die ›richtige‹ Entscheidung getroffen zu haben. Der Ausgang der Suche ist für die naive Idealistin grundsätzlich offen. Die Suche nach Orientierung wird durch ›richtige‹ Entscheidungen bestenfalls für den einzelnen Menschen zur Ruhe gebracht, weil er sich der Mühe entledigt, sie fortzusetzen. Er beendet die Suche und *gibt sich zufrieden*, sagt die naive Idealistin. Wenn es dem einzelnen Menschen gelingt, sich in Gewohnheiten einzunisten, mit denen er und seine Umwelt auf Dauer glücklich sind, dann ist das halt so.

Einseitigkeit der Faktenorientierung

Gegen diese »Operation der Singularisierung« hat Habermas eingewandt, dass sie »eine bestimmte Schicht von Prämissen« nicht reflektiert. Die »Spannung zwischen Faktizität«, die in den empirischen Gegebenheiten manifest wird, »und Geltung«, die in der Zufriedenheit zum Ausdruck kommt, würde allein »nach der Seite der Faktizität beobachtbarer (!) Sequenzen von raumzeitlich konstruierten Ereignissen hin« abgeleitet. Wer nur auf das faktisch Gegebene schaut, d. h. wer nur den Fakten Glauben schenkt, unterstellt, dass die »Einheit von Faktizität und Geltung« nur von einer Seite kommend, nämlich nur aus den Fakten heraus verständlich gemacht werden kann. Für ihn ist von Anfang an die Antwort bekannt, weil er weiß, dass diese Einheit »durch eine Operation hergestellt wird, die ihrerseits wiederum [...] als etwas in der Zeit Ablaufendes beobachtet werden kann« (ebd., S. 395 f.).

Ob man die Einheit auch von der anderen Seite kommend erklären kann? Diese Frage stellt sich die naive Idealistin nicht. Es gilt, was Fakt ist, was im Sinne von ›facere‹ vom Menschen ›gemacht‹, ›hergestellt‹, ›erzeugt‹, d. h. in irgendeiner Form ›produziert‹ worden ist. Fakten sind die als Erzeugnisse des Menschen beglaubigten Gegebenheiten. Wo der Mensch nicht in einem von ihm entwickelten Herstellungsverfahren beglaubigt hat, dass etwas als gegeben gelten darf, da gibt es für die naive Idealistin nichts, was relevant genug wäre, um ihre Aufmerksamkeit auf es zu richten.

Betrachtet man die Position der naiven Idealistin im Lichte des Ausgangsproblems, ist es möglich, die Einnahme ihres Standpunktes als eine Entscheidung zu beschreiben, die eine andere Option ablehnt, die ebenfalls zur Wahl steht. Anders gesagt: Man erkennt die Möglichkeit, die Position unter einer Alternative zu denken. Man ist nicht gezwungen, den Nominalismus hinzunehmen als eine alternativlos gegebene Lage.

Urteilsaufschub

Von diesem Schicksal befreit sich jemand, wenn es ihm gelingt, eine Optionalität zu erkennen, die erst vernichtet ist, wenn eine Entscheidung gefällt wurde. Wer keine Option hat, wenn er ›in Gesellschaft‹ ist, kann sich zwar vorstellen, er wäre frei, diese Freiheit würde aber wie die »Freiheit eines Bratenwenders sein, der auch, wenn er einmal aufgezogen worden ist, von selbst seine Bewegungen verrichtet«, hatte Immanuel Kant (1788/1913, S. 97) gemeint. Der Bratenwender hat nichts zu entscheiden, weil alle Entscheidungen schon getroffen sind, wenn er Fahrt aufnimmt.

Kant hatte deshalb die *suspensio iudicii*, das ist die Aufschiebung des Urteils empfohlen. Man solle nicht auf das Urteilen verzichten, denn das eigene Urteil ist für die Ausübung der Freiheit unverzichtbar. Aufschub heißt aber nicht Verzicht. Der Aufschub bietet lediglich eine Gelegenheit, um sich eine bessere Urteilsgrundlage zu verschaffen, indem man sich die Sachlage etwas genauer anschaut. Man nimmt nicht Fahrt auf, nachdem bereits die Entscheidungen getroffen wurden, sondern man schafft sich Raum und Zeit für Überlegungen, die eine zu treffende Entscheidung überhaupt erst fundieren sollen.

Dieser Vorgang dient nicht dem Zweck, seine schon gefasste Meinung noch besser zu belegen, um ein vorläufiges Urteil, das auf wackeligen Beinen steht, zu stärken. »Wenn ich mein Urtheil aufschiebe, so heißt das suspensio iudicii«, sagt Kant, »dies aber können wir bei dem vorläufigen Urtheil nicht haben« (Kant 1998a, S. 360).

Kant war der Auffassung, dass eine geübte Urteilskraft »bey zunehmendem Alter« für die Vorteile eines Urteilsaufschubs verantwortlich sei. In jungen Jahren sei dieser weniger oft anzutreffen, weil »bey lebhaften Köpfen« die Tendenz vorherrsche, »durch Urtheile sich zu bereichern« und »den Schein der Wahrheit« mit der Wahrheit selbst zu verwechseln. Die Erfahrung erst bringt es mit sich, dass ausreichend »Schaden« bekannt ist, den vorschnelles Urteilen anrichten kann. Mit wachsender Erfahrung sieht man aber auch immer besser, welche Überzeugungen beibehalten werden sollten, weil man die Gründe kennengelernt hat, deren Beachtung den »Schaden« vermeiden helfen. Die Lage ist also durchaus ambivalent: Man schiebt das Urteil auf, um nicht der Verführung des vorschnellen Urteils zu erliegen, und hält sich zurück, weil man gute Gründe hat, d. h. weil man sich auf frühere Urteile verlässt. Kant hat diese Ambivalenz erkannt: »Dieses Zurückhalten ist aber sehr schwer, und die suspensio iudicii ist nie vollkommen, weil wir doch immer einen Hang mehr zu einem als zum andern haben; es ist daher nöthig zu untersuchen worauf unser Hang gehet« (Kant 1998b, S. 576 f.).

Warum dann nicht einfach auf die Gründe vertrauen, die man schon kennt, und sie als unantastbare Überzeugung vertreten? Warum überhaupt noch skeptisch sein und sich des zustimmenden Urteils für eine gewisse Zeit enthalten, wenn man mit zunehmendem Alter doch immer mehr überzeugende Gründe kennt? Warum, so ließe sich fragen, soll jemand, der eine religiöse Überzeugung hat, überhaupt in einen Austausch treten? Warum sollte er sich seines Urteils enthalten, um erst im Austausch die Argumente zu finden, die seine Überzeugung stärken? Spricht nicht die mit jedem Tag gewachsene Erfahrung für die Bestätigung der ignatianischen Pädagogik? Warum sollte es richtig sein, dem erfahrungsbewährten Überzeugtsein von der ignatianischen Pädagogik zumindest für eine gewisse Zeit Skepsis entgegenzubringen?

Für Kant lag die Antwort auf der Hand: Die »sceptische Methode« sei »gut«, meinte er, weil sie »etwas ungewis tractiren und auf die höchste Ungewisheit bringen« könne »in der Hofnung auf die Spur der Wahrheit zu kommen« (ebd., S. 594). Dies ist für Kant die Funktion des Urteilsaufschubs: Die suspensio iudicii eröffnet die Möglichkeit, ein fundiertes Urteil zu fällen, und damit die Gewissheit zu erlangen, die dem (vor-)schnellen Urteil versagt ist.

Man sollte sich daher nicht mit dem Eindruck *prima facie*, dem ersten Blick auf die Sache zufriedengeben, weil eine genauere Prüfung erst die Sicherheit bieten kann, die ein fundiertes Urteil über den Sachverhalt gewährt. In dem Sinne ist auch die eigene Erfahrung, mag sie auch noch so oft bestätigt worden sein, eine erste Erfahrung, die noch keinem Vergleich mit anderen Erfahrungen ausgesetzt worden ist.

Kant empfahl deshalb das »kritische Verfahren [...]; nemlich man untersucht die Quellen seiner Behauptungen und Einwürfe und die Gründe aus denen sie beruhen« (ebd.). Nach erfolgter Prüfung weiß man zwar immer noch nicht, ob man in allen Angelegenheiten und zu allen Zeiten richtig urteilt, man kann aber zumindest differenziert Auskunft geben über seine Quellen und Gründe. Dies ist die Minimalbedingung, die anderen die Möglichkeit einräumt, die Behauptungen und Einwürfe zu prüfen, um gemeinsam zu ermitteln, welche überzeugen können und welche nicht.

Dieses Verfahren, das Kant »sceptische Methode« nannte und vom »Scepticismus« als dogmatischer Haltung abgrenzte, »giebt Hofnung zu Gewissheit zu gelangen«, weil es dazu einlädt, einen Sachverhalt so gut wie möglich zu verstehen, anstatt ihn so schnell wie möglich zu beurteilen (ebd.). Wer seine Kritik unter Kontrolle hat, denn daran erkennt man eine Methode, sagt nicht: »Es ist lauter Schein und keine Wahrheit«, wie es ein dogmatischer Skeptiker tun würde. Man kann ihm entgegenhalten, dass er offensichtlich zu wissen scheint, dass es keine Wahrheit gibt. Da er mit diesem Wissen in das Gespräch eintritt, »so muss er doch selbst gestehen, dass er Merckmale der Wahrheit habe und dass es Wahrheit gebe« (ebd.). In diesem Sinne wäre jemand, den seine Überzeugung von ignatianischer Pädagogik nicht vom Austausch abhält, kein dogmatischer Skeptiker, sondern ein methodischer Skeptiker. Er muss nicht in den Austausch eintreten und behaupten, dass es Wahrheit per se nicht gibt. Er kann sich mit der Hoffnung am Austausch beteiligen, dass es bessere Erkenntnisse geben kann, als er sie bereits hat, und dass er somit ›näher‹ an die Wahrheit herankommt.

In diesem Sinne lassen sich die von uns rekonstruierten Transformationsprozesse, die die ignatianische Pädagogik insbesondere im deutschen Sprachraum durchlaufen hat, auch als Ausdruck einer Haltung deuten, die darin besteht, die eigenen Überzeugungen in Alternativen zu denken, um sie auf den Prüfstand zu stellen und für Entwicklung offen zu halten. Der Umstand, dass es heute eine Variante von ignatianischer Pädagogik gibt, die als Pädagogik der Person auftritt und dabei ›Komponenten‹ einer modernen Beschreibung von Erziehung als Ermöglichung von Bildung integriert, lässt sich vor diesem Hintergrund auch so verstehen, dass man in der Prüfung der eigenen Überzeugungen im Lichte möglicher Alternativen zu dem Urteil gelangt ist, die ignatianische Pädagogik in ihrer Pädagogizität stärken zu können und zu müssen.

Umgekehrt stellt sich an diesem Punkt die Frage, welche Lernchancen ein Austausch mit der ignatianischen Pädagogik für andere Pädagogiken und schließlich auch für die Erziehungswissenschaft bereithält. Wir werden auf diese Frage am Ende unserer Untersuchung noch einmal zurückkommen. An dieser Stelle wäre zunächst festzuhalten, dass die von Kant empfohlene und aus jesuitischer Warte als Ausdruck einer Haltung der Indifferenz interpretierbare *suspensio iudicii* nicht darauf gerichtet ist, dass man in einem Austausch herausbekommt, wer überhaupt nur die Wahrheit redet und wer überhaupt nur die Unwahrheit sagt. Der Austausch ist vielmehr eine Gelegenheit, um gemeinsam zu ermitteln, wo die eigene Überzeugung auf wackeligen Beinen steht und wo sie stabil ist.

5.2 Gesellschaft | in Gesellschaft sein: Das Problem der Ordnung

Das Anspruchsniveau, auf dem in einer verwissenschaftlichten Welt Angelegenheiten von Relevanz behandelt werden, fordert u. a. dazu heraus, *in Zusammenhängen zu denken*. Die Bearbeitung des Problems, das Verhältnis von ignatianischer Pädagogik und Gesellschaft zu durchdenken, ist Ausdruck dieses Anspruchs. Wie wir deutlich gemacht haben, sollte hierbei immer auch das Verhältnis mitreflektiert werden, in dem wissenschaftliche Beobachter:innen zu dem Sachverhalt stehen, den es zu klären gilt, und das von den Voraussetzungen abhängt, die in einer Beschreibung in Anspruch genommen werden.

Entsprechend wird hier nicht behauptet, wir hätten einen exklusiven Zugang zu einer Sache ›da draußen‹, die auch ohne die Tatsache, in Aussagen gefasst zu werden, angetroffen werden könnte. Einen Sachverhalt ›ignatianische Pädagogik‹ oder ›Gesellschaft‹ sendet keine visuell verarbeitbaren Signale aus, die unser Sehapparat unmittelbar registriert. Wenn wir etwas von diesen Sachverhalten wissen, dann deshalb, weil wir gelernt haben, visuell Vorfindbares in spezifischen Begriffen wahrzunehmen. Sachverhalten wie ›ignatianische Pädagogik‹ oder ›Gesellschaft‹ begegnen wir, weil wir Begriffe haben, nicht, weil es ›da draußen‹ ein Ding gibt, mit dem unsere Sinnesphysiologie unmittelbar in Verbindung steht.

Wir gehen im Folgenden also davon aus, dass es bereits Beschreibungen der ignatianischen Pädagogik und der Gesellschaft gibt, die man nicht selbst erst noch anfertigen muss, um einen Ausgangspunkt für eine Verhältnisbestimmung zu legen. In dieser Arbeit stand bislang eine Klärung des einen Relatums der Relation im Fokus der Aufmerksamkeit. Eine Antwort auf die Frage, welche *Art von Pädagogik* die ignatianische Pädagogik ist, macht es möglich, sie ins Verhältnis zu anderen Pädagogiken zu setzen und unter spezifischen Gesichtspunkten mit diesen zu vergleichen. Um eine Bestimmung des Verhältnisses von ignatianischer Pädagogik und Gesellschaft vorzunehmen, ist es erforderlich, nun auch das zweite Relatum der Relation in den Blick zu nehmen. Es handelt sich um den Begriff ›Gesellschaft‹. Was bezeichnet er?

5.2.1 Der Begriff der Gesellschaft

Wir behandeln den Sachverhalt, den dieser Begriff bezeichnet, in diesem Kapitel als ein Abstraktum, um unsere Beschreibungen nicht auf wahrgenommene Objekteigenschaften zu reduzieren. Mit anderen Worten: Man sieht, hört oder ertastet Sachverhalte wie ›Gesellschaft‹ nicht unmittelbar, sondern man urteilt wahrnehmungsgestützt, dass der Sachverhalt ›Gesellschaft‹ vorliegt, und überprüft sein Urteil in einer Kommunikationsgemeinschaft.

Es ist bei ›Gesellschaft‹ wie mit ›Friede‹, ›Liebe‹ oder ›Solidarität‹. Solche Sachverhalte sind nur dann in der Welt, wenn man sich in einer Einstellung zu ihr befindet, in der diese Sachverhalte eine Bedeutung haben. Wäre Gesellschaft ein Ding wie ein Stein, dann könnte man davon ausgehen, dass die Gesellschaft sich der Wahrnehmung ›in den Weg stellt‹. Man würde sie sehen, wie man einen Stein sieht, der den Hang hinunterrollt. Gesellschaft ist aber kein Ding, das wie ein Stein im Raum angetroffen wird. Deshalb reicht es auch nicht aus, in einer naturwissenschaftlichen Einstellung über Gesellschaft zu reden. Die naturwissenschaftlichen Messmethoden und -apparate versagen bei einem Sachverhalt, der sich nicht anhand von Bewegungen im Raum lokalisieren lässt. Grenzen, die eine Gesellschaft hat, sind weder modellierbar noch messbar.

Wer den Ort und die Grenzen einer Gesellschaft ermitteln will, muss den Sachverhalt, der mit diesem Wort bezeichnet wird, anders zu fassen kriegen. Man muss, um in Gesellschaft zu sein, an etwas denken, das für einen selbst Gesellschaft ist. Ein Baby kann nur als Gegenstand der Beobachtung durch anwesende Personen als Mitglied einer Gesellschaft wahrgenommen werden. Es selbst wird sich nicht als ein solches Mitglied wahrnehmen, weil es noch keinen Begriff von Gesellschaft hat. Es muss erst noch lernen, was es heißt, als Mensch in Gesellschaft zu sein. Es lernt dies, indem es Gedanken zu bilden versteht, in denen es seine Integration in den Umgang mit anderen Menschen als ›Gesellschaft‹ zu fassen bekommt. Es ist aber bereits ›in Gesellschaft‹, denn andere haben einen Begriff von Gesellschaft, wenn sie mit ihm zusammen sind.

Ebenso wie eine Haltung zur Welt, die mit ›Friede‹, ›Liebe‹ oder ›Solidarität‹ bezeichnet wird, ein *Anspruchsniveau* beinhaltet, das unterschritten werden kann, bezeichnet auch der Ausdruck ›Gesellschaft‹ ein Niveau, das eingenommen werden muss, um es zu realisieren. Durch die bloße Tatsache, dass Körper gleichzeitig in einem Raum anzutreffen sind, wird Gesellschaft noch nicht realisiert. Eine mechanistische Theorie, die Körperbewegungen in einem definierten Koordinatensystem registriert und in Modellen simuliert, reicht deshalb nicht aus, um den Sachverhalt ›Gesellschaft‹ in den Blick nehmen, geschweige denn begreifen zu können.

Gesellschaft muss wenigstens gedacht werden, um als denkbare Möglichkeit ins Spiel zu kommen. Sobald dieses Niveau erreicht ist, können Erwartungen an die Form von Gesellschaft, in die man integriert zu sein wünscht, formuliert und geprüft werden. Die Referenz ist hier nicht ein Objekt, das wie ein Stein in der Gegend herumliegt, sondern der Sachverhalt, dass Menschen mit ihresgleichen ›in Gesellschaft sind‹, der beurteilt wird.

In den Urteilen über diesen Sachverhalt kommt zum Ausdruck, welche Form von Gesellschaft sich nicht nur als *denkbare*, sondern auch als *reale* Möglichkeit ausweisen lässt. Indem diese Möglichkeiten bewertet werden, legt man fest, für welche *gewünschte* Möglichkeit man sich tatsächlich einsetzen will, d. h. welche denkbare reale Form von Gesellschaft man mit eigenem Handeln unterstützen möchte, weil man von ihr überzeugt ist. In diesem Dreiklang von denkbaren, realen und gewünschten Möglichkeiten realisiert sich das, was man ›Kontingenz‹ nennt. Es kann sein, wie es ist, es musste aber nicht so werden, wie es geworden ist. Deshalb kann es bleiben, es muss aber nicht bleiben, wie es ist.

5.2.2 Die Gesellschaft der Pädagogik

Die ignatianische Pädagogik bringt ein Verständnis vom Menschen und der Gesellschaft zum Ausdruck, das sie von anderen Pädagogiken unterscheidet. In ihrer Bezugnahme auf die jesuitische Tradition und im Hinblick auf deren kreative Aneignung und Transformation entsteht der Eindruck, wer durch die Brille der ignatianischen Pädagogik blickt, würde den Menschen und die Gesellschaft anders wahrnehmen, als dies ohne diese Brille getan wird.

Wenn man so unterscheidet, dann ist eine Annahme im Spiel, die für die Erziehungswissenschaft von zentraler Bedeutung ist. Es ist die Annahme, die Harm Paschen folgendermaßen formuliert hat: »Wenn es überhaupt nur Pädagogiken gibt und zwar in Vielfalt und Differenz und nicht Unterricht, Erziehung, Bildung an sich [...], dann kann erziehungswissenschaftlich nichts Pädagogisches propagiert, untersucht und evaluiert werden, ohne die jeweilige Pädagogik und ihre Differenz zu anderen möglichen anzusprechen und zu bewerten« (Paschen 1997, S. 33 f.). Gemäß dieser Annahme geht es nicht darum, die verschiedenen Pädagogiken auf eine Erziehung, auf einen Unterricht und eine Bildung auszurichten, wie sie sind, bevor man sich ihnen zuwendet, um ein Urteil darüber anzustreben, was die allein ›richtige‹ Pädagogik ist. Von diesem Weg ist die Erziehungswissenschaft abgegangen. Sie fragt nicht mehr nach der Erziehung, dem Unterricht oder der Bildung ›an sich‹ und der einzig ›richtigen‹ Pädagogik, sondern nach den *Formen der Beschreibung* von Sachverhalten, die in der deutschen Sprache mit den Ausdrücken ›Erziehung‹, ›Unterricht‹ und ›Bildung‹ einerseits und ›Pädagogik‹ andererseits bezeichnet werden.

Setzt man, wie Paschen dies tut, das Urteil darüber aus, was die ›eigentliche‹ Sache ist, die in den Beschreibungen zum Gegenstand gemacht wird, dann erhält man die Freiheit, dort für Ordnung zu sorgen, wo man selbst steht: bei den Fragen, die man stellt, den Annahmen, die man macht, den Überzeugungen, von denen man sich leiten lässt, den Methoden, die man einsetzt, den Zielen, die man anstrebt, usw. Man vergleicht Beschreibungen und ordnet den pädagogischen Blick. Zweck des Ordnens kann es sein, die Identität einer Pädagogik zu ermitteln und in den Unterschieden mehrerer Pädagogiken Möglichkeiten zur Ergänzung und Korrektur zu entdecken.

Es sieht so aus, als wären wir damit an dem Punkt angekommen, an dem die naive Idealistin in den Austausch eintritt: Sie geht davon aus, dass nur das als relevant anzusehen ist, was von ihr begriffen wird. Über den Begriff hinaus gibt es nichts, das sie als ernstzunehmenden Beitrag anerkennt. Sie begrenzt den Geltungsanspruch von Aussagen folglich auf die Form der Aussage. Das Ausgesagte ist für sie nur ein Aspekt dieser Form. Es gibt jenseits dieser Form keinen Status des Ausgesagten. Wer sagt, dass er über etwas spricht, kann sich nicht auf dieses ›etwas‹ berufen, da er von der naiven Idealistin daran erinnert wird, dass dieses ›etwas‹

nur ein Aspekt ist, unter dem die Form der Aussage betrachtet werden kann. Ein ›etwas‹, über das man sprechen könnte, weil es jenseits der Aussageform ist, gibt es für sie nicht. Den von Kierkegaard vorgeschlagenen ›Sprung‹ in ein transzendentes Gebiet lehnt sie grundsätzlich ab. In den Augen der naiven Idealistin geht es folglich nur darum, möglichst genau die Begriffe zu klären, die im Austausch im Einsatz sind, ohne damit den Anspruch zu verbinden, man würde etwas in Erfahrung bringen, das jenseits der Begriffe anzutreffen ist.

Von diesem Ausgangspunkt ausgehend kann die Position der ignatianischen Pädagogik dem realistischen Pol zugeordnet werden. Sie bringt nämlich die Auffassung zum Ausdruck, dass es mehr gibt als das im Begriff Erfasste, als das Begriffene. Auf dieses Mehr möchte sie in der Erziehung hinweisen. Die Frage ist, ob dieser Anspruch mit einem erziehungswissenschaftlich reflektierten Verständnis von Erziehung in Einklang gebracht werden kann.

5.2.3 Strategie der kreativen Traditionssicherung

Die ignatianische Pädagogik reflektiert ihr pädagogisches Verständnis in einer »Bildungstradition, die inzwischen auf 450 Jahre Erfahrung und auf den Einsatz in einem weltweiten Netz von Schulen blicken kann« (Spermann, Gentner & Zimmermann 2015, S. 15). Diese Bildungstradition bildet den ›Kern‹ der Gegenstandsorientierung und die Methode der ignatianischen Pädagogik. Wie wir in den *Vergewisserungen* argumentiert haben, kann diese Tradition nicht ausgeblendet werden, wenn man diese Pädagogik verstehen will.

Johann Spermann SJ, Ulrike Gentner und Tobias Zimmermann SJ bezeichnen mit dem Ausdruck ›ignatianische Pädagogik‹ den »gemeinsamen Ansatz« aus einer dezidiert formulierten »Pädagogik der Jesuiten« und Beiträgen, die von pädagogisch Interessierten eingebracht werden, die nicht dem Orden angehören oder in einer Einrichtung arbeiten, die nicht in der Trägerschaft des Ordens steht, die aber mit jesuitischen Einrichtungen zusammenarbeiten (ebd., S. 11 f.). Dieser Umstand bedingt die *Dynamik* des Sachverhalts, der als ›Pädagogik der Jesuiten‹ bezeichnet worden ist. Wer wissen will, wie es sich mit der Pädagogik verhält, die ›ignatianisch‹ genannt wird, muss sich diesen Sachverhalt anschauen. Da es sich um einen ›gemeinsamen Ansatz‹ handelt, der aus wechselseitig eingebrachten Beiträgen besteht, ist er in Bewegung. Es handelt sich nicht um ein statisches Gebilde, das unveränderlich fixiert ist. Stattdessen sind u. a. Ausdifferenzierungsprozesse beobachtbar, so dass es heute aus einer erziehungswissenschaftlichen Perspektive möglich ist, verschiedene Varianten einer ignatianischen Pädagogik zu unterscheiden. Zugespitzt formuliert: Es gibt kein Schema, in dem ein für alle Mal festgelegt ist, was der Ausdruck ›ignatianische Pädagogik‹ exakt bezeichnet.

Das Fehlen eines solchen Schemas macht deutlich, dass der Ausdruck ›ignatianische Pädagogik‹ einen *kulturellen* Sachverhalt bezeichnet, also kein Ding, das fix und fertig ist. Die Dynamik dieses Sachverhalts besteht aus den Teilvorgängen Entstehung, Aufrechterhaltung und Veränderung der Bedingungen, unter denen der ›Ordnungsgedanke‹ (Trillhaas) von Menschen zur Orientierung verwendet wird. Die ignatianische Pädagogik hält sich in dieser kulturellen Orientierung offen für Neuerungen, indem sie am Prinzip festhält, »immer wieder neu, die besten Methoden und Mittel einer Zeit zu reflektieren und bei Eignung in das eigene Vorgehen zu integrieren und Altes lassen zu können« (ebd., S. 14 f.). Durch permanente Auseinandersetzung mit pädagogischen Alternativen, deren Quellen außerhalb des eigenen Ordens liegen, hält sich die ›Pädagogik der Jesuiten‹ auf ihrer Suche nach Orientierung in einem dynamischen Gleichgewicht zwischen Bewahrung und Innovation. Jesuiten sind nach eigener Auskunft bemüht, diese Strategie im Sinne einer ständigen Überprüfung und Überarbeitung von Traditionsbeständen zur Verbesserung pädagogischer Angelegenheiten zu nutzen. Sie streben eine standpunktgebundene reflektierte Kooperation mit anderen Pädagogiken an. In dieser Haltung ist die ›Pädagogik der Jesuiten‹ entstanden, in ihr wird sie aufrechterhalten und verändert.

Wie wir bereits deutlich gemacht haben, bleibt dies nicht ohne Folgelasten. Diese kulminieren in der Frage, ob es denn angesichts der Transformationsprozesse überhaupt noch sinnvoll ist, von einer *ignatianischen* Pädagogik zu sprechen. Die von uns entwickelte Rekonstruktion einer modernen Variante von ignatianischer Pädagogik als einer Pädagogik der Person zeigt, wie diese Problemstellung bearbeitet wird, um den ›Ordnungsgedanken‹ immer wieder neu in einem dynamischen Gleichgewicht zwischen Tradition und Innovation zu reflektieren.

Man kann dies als eine *Strategie kreativer Traditionssicherung* der Jesuiten bezeichnen. Die Strategie beruht auf dem Zusammenspiel von zwei Komponenten: dem ›Kern‹ und der Methode. Der ›Kern‹ der ›Pädagogik der Jesuiten‹ besteht aus den pädagogischen Angelegenheiten, für die man sich einer Ordnung gegenüber verantwortlich weiß, in die man in religiöser Einstellung ›springt‹. Hierzu zählt insbesondere der Anspruch, Kinder und Jugendliche als Ebenbilder Gottes aufzufassen und entsprechend zu adressieren. Die Methode der Integration von externen Quellen in die konkrete Arbeit an pädagogischen Angelegenheiten bildet die zweite Komponente. Sie garantiert, dass die Reflexion auf die pädagogische Arbeit externe Perspektiven integriert. Die Auseinandersetzung mit Vorstellungen aus anderen als Ordensquellen verfolgt den Zweck, den Verantwortungsbereich a jour zu halten, indem die religiös fundierte Ordnung nicht bedingungslos hingenommen, sondern als ein Zusammenhang von sich wandelnden Bedingungen reflektiert wird. Auf diese Weise sichert der ›Sprung‹ in die religiöse Einstellung den ›Halt‹ für die Suche nach Orientierung und öffnet sich diese zugleich für ein Nachdenken über Reaktionen auf sich verändernde Bedingungen, unter denen die Erziehung stattfindet.

In diesem Sinne berücksichtigt die Methode die Perspektivität, in die pädagogische Angelegenheiten eingebettet sind, für die sich Jesuiten verantwortlich fühlen. Wie wir zu zeigen versucht haben, zählt hierzu u. a. die Idee, Erziehung als Ermöglichung von Bildung zu bestimmen, womit das Problem aufgeworfen ist, ob und, falls ja, wie der Anspruch, Heranwachsende für ein Leben in Selbstbestimmung freizusetzen, mit dem Anspruch, diese als Gottes Ebenbild aufzufassen, in einen Zusammenhang gebracht werden kann. Dies kann man als das Dauerproblem der ignatianischen Pädagogik bezeichnen.

Beide Komponenten der Strategie stehen in gegenseitigen Abhängigkeiten. Keine lässt sich sinnvoll von der anderen trennen und losgelöst von ihrem komplementären

Gegenüber beschreiben. Dieses Verhältnis ermöglicht eine *Gegenkontrolle* jedes Einzelschritts an seinem Gegenüber. Die Arbeit am eigenen religiös fundierten Selbstverständnis, d. h. am ›Kern‹ der ›Pädagogik der Jesuiten‹, findet ihre Gegenkontrolle an der Integration externer Quellen auf pädagogische Angelegenheiten et vice versa. Die Ansichten, die aus externen Quellen eingebracht werden, werden gegenkontrolliert am Verantwortungsbereich, dem sich Jesuiten gemäß ihrem Selbstverständnis verpflichtet fühlen. Hier sind sie herausgefordert, ihren Standpunkt als ein Angebot neben anderen zu vertreten. Damit tragen sie zur Perspektivität bei, in der Sachverhalte wie Erziehung, Unterricht und Bildung beurteilt werden.

Auf diese wechselseitige Gegenkontrolle vertraut die ›Pädagogik der Jesuiten‹. Sie bildet die Operationsbasis im Sinne einer Strategie kreativer Traditionssicherung. Gleichzeitig zeigt der von uns rekonstruierte Ausdifferenzierungsprozess, den die ignatianische Pädagogik durchlaufen hat, dass diese Strategie ein durchaus riskantes Unterfangen sein kann. Dies wäre dann der Fall, wenn die Gegenkontrolle nicht ›funktioniert‹, weil der ›Kern‹ der ›Pädagogik der Jesuiten‹ selbst nicht mehr klar erkennbar wäre bzw. unterschiedliche Deutungen dieses ›Kerns‹ ausgemacht werden könnten, oder wenn sich das jesuitische Verständnis von Pädagogik gegen externe Perspektiven abschotten würde.

Identitätsstiftend für die ignatianische Pädagogik ist die Idee, dass auch im Heranwachsenden Gott erkannt werden kann, woraus aber durchaus unterschiedliche Schlüsse gezogen werden. Während im Kontext einer traditionellen Variante Erziehung im Lichte der Idee von der Gottesebenbildlichkeit an die Aufgabe geknüpft wird, Heranwachsende in eine christliche Lebensform einzuführen, damit diese ihr Leben aus einem christlichen Selbstverständnis heraus führen lernen, fungiert diese Idee im Rahmen einer modernen Variante von ignatianischer Pädagogik dazu, Erziehung als ein Miteinanderumgehen zu bestimmen, dass auf das Personsein von Heranwachsenden gerichtet ist. Letztere verlangt, dass Heranwachsenden im Kontext von Erziehung die Möglichkeit eröffnet werden muss, sich auch zu den Geltungsansprüchen, die mit einer christlichen Lebensform verbunden sind, in ein Verhältnis zu setzen. Dieses Sich-Verhalten nicht nur zuzulassen, sondern zu ermöglichen, bedeutet, Heranwachsenden in der Erziehung Spielräume der eigenen Urteilsbildung zu eröffnen. Damit aber wird die Option zugelassen, dass Heranwachsende es ablehnen, ihr Leben aus einem christlichen Selbstverständnis heraus zu führen. Diese Entscheidung sollte unter demokratischen Bedingungen nicht mit Gegenmaßnahmen verhindert werden, sie kann aber im Urteil, das ihr vorangeht, gemeinsam reflektiert werden. Im Sinne von Kants Vorschlag, eine suspensio iudicii zuzulassen, kann der Unterricht im Sinne der ignatianischen Pädagogik als der Ort verstanden werden, an dem ein Nachdenken über das im Urteil zu Berücksichtigende in sozialer Verantwortung ansetzen kann. Der Unterricht dient insofern dem Üben von Urteilskraft, das im Bewusstsein der Mitverantwortlichkeit für die Schöpfung praktiziert wird. In diesem Sinne beansprucht die ignatianische Pädagogik für sich den Status einer Position, die Erziehung als Denken von Alternativen theoretisch zu fassen sucht.

Trotz der unterschiedlichen Varianten einer ignatianischen Pädagogik wird man sagen können, dass sich die ›Pädagogik der Jesuiten‹ anderen Pädagogiken wohl nur so weit annähern kann, wie ihre Bindung an die Idee von der Gottesebenbildlichkeit des Menschen nicht beschädigt wird. Ohne diese Bindung würde der ›Kern‹ aufgelöst, auf den sich das pädagogische Selbstverständnis beruft. Wer eine Kooperationspartnerschaft mit der ignatianischen Pädagogik eingeht, trifft folglich auf eine an spezifische religiöse Voraussetzungen gebundene Partnerin. Dies hat zur Konsequenz, dass die Methode der Integration alternativer Perspektiven auf eine benennbare Schranke stößt. Wer eine ignatianische Pädagogik vertritt, kann nicht alle Angebote, die in der Pädagogik kursieren, gleichermaßen gutheißen. Nicht alles, was dem *formalen* Prinzip der standpunktgebunden reflektierten Kooperation genügt, genügt auch dem *inhaltlich* ausgewiesenen Standpunkt, dem ›Kern‹ der ignatianischen Pädagogik.

Die in der Bindung an die Idee von der Gottesebenbildlichkeit beschlossene Varietät öffnet und reduziert zugleich die Möglichkeiten zur Kooperation mit anderen Pädagogiken. Sie *eröffnet* Möglichkeiten, indem sie ein identifizierbares Gesprächsangebot in den Raum stellt. Damit *reduziert* die Bindung, zu der man sich bekennt, zugleich die Möglichkeiten zur Kooperation, weil das eigene Tun und Unterlassen in einem unter spezifischen religiösen Prämissen rechenschaftspflichtigen Raum stehen.

5.3 Erziehung als Verhältnis von Selbstverhältnissen: Das Problem der Sozialität

Wer sich nicht am ›Kern‹ eines pädagogischen Selbstverständnisses orientiert, bietet möglichen Kooperationspartner:innen keine Identität an, die benötigt wird, um Gemeinsamkeiten und Unterschiede in der Sache feststellen zu können. Man kann dann zwar immer noch im Gefühl des Gleichklangs ›mitschwingen‹, aber es fehlt dann im gemeinsamen Vorgehen die Möglichkeit zur sachbegründeten Wiedererkennung und zur wechselseitigen Ergänzung sowie zur Gegenkontrolle des eigenen Tuns und Unterlassens. Wer eine:n Kooperationspartner:in hat, benötigt einen Verfahrensmodus, der dafür sorgt, dass in tolerablen Spielräumen miteinander sachbezogen interagiert werden kann, ohne dass unablässig an den vorhandenen Identitäten Anstoß genommen wird. Ohne ein ausgewiesenes und robustes pädagogisches Selbstverständnis kann nicht davon ausgegangen werden, dass man in einem Austausch über besondere Formen informiert wird, in denen man ›in Gesellschaft‹ sein kann bzw. sollte. Dies ist in einem Austausch mit der ignatianischen Pädagogik nicht zu befürchten.

Die ›Pädagogik der Jesuiten‹ lässt sich als Beispiel für eine Pädagogik verstehen, die eine hohe Integrationsfähigkeit erkennen lässt. Selbst mit der virulent gewordenen Frage nach dem ›Ignatianischen‹ einer ignatianischen Pädagogik, kann sie umgehen, indem ihre Verpflichtung auf die Eigenlogik moderner Erziehung relational zur Idee von der Gottesebenbildlichkeit des Menschen gerechtfertigt wird. Geht man davon aus, dass das Gelingen einer sachbezogenen Kooperation immer auch mit den Inhalten zu tun hat, die für die Kooperationspartner:innen von Relevanz sind, so gilt es an dieser Stelle jedoch auch nach der Schranke zu fragen, die mit jeder Bindung an ein für wertvoll befundenes Selbstverständnis aufgestellt wird.

Diese Schranke wird im Falle einer ignatianischen Pädagogik immer dann deutlich, wenn man das Muster in den Blick nimmt, mit dem Argumente für die ›Pädagogik der Jesuiten‹ vorgetragen werden. Für diese Pädagogik kommen nur Argumente in Betracht, die mit der Idee in Einklang stehen, dass Heranwachsende als Ebenbilder Gottes anzuerkennen und entsprechend zu adressieren sind. Damit aber *muss* eine ignatianische Pädagogik solchen Pädagogiken eine Absage erteilen, in denen es z. B. als unproblematisch angesehen wird, Heranwachsende für gesellschaftliche Zwecke zu instrumentalisieren. Letztlich bedeutet dies aber auch, dass eine ignatianische Pädagogik, die am Personsein von Heranwachsenden interessiert ist, solchen Pädagogiken entgegentreten muss, in denen Kinder und Jugendliche für eine christliche Lebensform ›gewonnen‹ werden sollen. Die Brisanz besteht darin, dass auch eine traditionelle Variante von ignatianischer Pädagogik von diesem Vorwurf nicht frei ist. In beiden Fällen, d. h. sowohl in externer wie in interner Richtung, muss die ignatianische Pädagogik zu einer Kritik an der ›Verzweckung‹ des Personstatus von heranwachsenden Menschen bereit und fähig sein.

Gerade in dieser Hinsicht ist die *Societas Jesu* in der Vergangenheit mit unterschiedlichsten Vorwürfen konfrontiert worden. Diese richteten sich nicht in erster Linie gegen die ›Pädagogik der Jesuiten‹, doch sollten diese Einwände in einer erziehungswissenschaftlichen Standortbestimmung nicht unberücksichtigt bleiben, weil sie zeigen, wie von externer Warte aus das Gesellschaftsverständnis der Jesuiten bestimmt worden ist. Die Auseinandersetzung mit diesen Einwänden kann dazu beitragen, das Spezifikum einer ignatianischen Pädagogik genauer zu bestimmen und damit zugleich zur weiteren Klärung des Verhältnisses von ignatianischer Pädagogik und Gesellschaft beizutragen.

5.3.1 Bewahrung und Entgrenzung

Einer der zentralen Vorwürfe gegen die Mitglieder der *Societas Jesu* zielt von jeher auf die Gehorsamsverpflichtung aufgrund des Papstgelübdes. Autoren wie Carl Amery haben in dieser Selbstverpflichtung »die schärfste Ausprägung der Askese« identifiziert, die für »die bisher machtvollste und unheilvollste Kanalisierung der Aggressivität« gesorgt und damit »viel zur Enthumanisierung der Welt« beigetragen habe (Amery 1972, S. 273). Aus dem Gelübde wurde die »Missbrauchsstrategie« abgeleitet, in Argumentationen zur doppelten Moral zu greifen: »Man lebt nicht nach den Maßstäben, die man an andere anlegt; oder man misst Unrecht mit verschiedenen Ellen« (Höffe 2014b, S. 199). Wer so argumentiert, lässt den Zweck die Mittel heiligen. Um die eigene Sache durchzusetzen, können alle erdenklichen Opfer eingefordert werden. »Das Gemeinwohl erlaube, auch Unschuldige zu bestrafen; das Wohl der Zukunft berechtige, die Gegenwart zu opfern usf.« (ebd.).[2]

---

2 Höffe wies darauf hin, dass diese Argumentationsstrategie irrtümlich ›jesuitisch‹ genannt wird. Sie sei eher mit dem Terror der Jakobiner oder totalitärer Regime verknüpft. Gleichwohl ist die ›Jesuitenmoral‹ zu einem »der beliebtesten Schlagwörter der Polemik« gegen die Gesellschaft Jesu avanciert (Koch 1934, Sp. 920).

5.3 Erziehung als Verhältnis von Selbstverhältnissen: Das Problem der Sozialität

Der Vorwurf zielt in seiner Schärfe an Vielem vorbei, wenn er intendiert, einer Position die Bereitschaft und Fähigkeit abzusprechen, am demokratischen Gemeinwesen teilzunehmen. Bevor ein solches Urteil erlaubt ist, sollte erst einmal geprüft werden, ob der für ein demokratisches Gemeinwesen nötige Austausch mittels Argumenten von der Gesellschaft Jesu abgelehnt wird. Hierzu folgende Hinweise:

Der Vorwurf enthält ein Körnchen Wahrheit, wenn er die *Selbstverpflichtung auf eine überindividuelle Verbindlichkeit* zum Thema macht. Wer um seine eigene Position weiß und aus Gründen an ihr festhält, zeigt eine Standhaftigkeit, die in postmodernen Kreisen Irritationen hervorrufen könnte. In der Tradition sprach man vom ›Charakter‹ oder der ›Persönlichkeit‹ einer Person (vgl. Kapitel 1). Bis heute wird im Kontext einer ignatianischen Pädagogik für ›Charaktererziehung‹ und ›Persönlichkeitsbildung‹ votiert (vgl. Kapitel 4). Gemeint ist damit die »stetig bestimmte Art, wie der Mensch sich mit der Außenwelt ins Verhältnis setzt« (Herbart 1919, S. 524). Diese Art sollte man im Umgang mit seinesgleichen erwarten dürfen, weil nur so Verlässlichkeit, Vertrauen und Glaubwürdigkeit gedeihen können, wenn Menschen ›in Gesellschaft‹ sind. Für die Einnahme eines Standpunktes erwartet man folglich Argumente. Für sie ist der *Verzicht* auf Anknüpfbarkeit an alles Mögliche, d. h. Unverbindlichkeit als oberstes Prinzip, die logische Voraussetzung. Der Gedanke erscheint als geradezu widersinnig, dass die Einnahme eines Standpunktes ohne ›Askese‹ möglich wäre. In diesem Sinne bringt der postmoderne Angriff auf die Standfestigkeit traditioneller Positionen den Anspruch auf Entgrenzung zum Ausdruck.

Das überzeugte Festhalten an Bewahrenswertem und der begründete Wunsch nach Befreiung aus Gegebenem stehen sich hier gegenüber. Beide Tendenzen bilden das Spannungsverhältnis, in dem in der Vergangenheit die Vorstellungen von einem gelingenden Zusammenleben der Menschen in Europa entwickelt wurden. In diesen Vorstellungen kamen die Überzeugungen von der Welt zum Ausdruck, wie man sie sich dachte und wie man meinte, in ihr leben zu sollen. Es zeigte sich in den Auseinandersetzungen über die jeweiligen Vorstellungen, dass jede eingenommene Position beide Tendenzen in sich vereinigt. Man kann nämlich nur sinnvoll einen Standpunkt beziehen, wenn man Bewahrenswertes kennt, für das man eintritt, und man kann unter sich verändernden Bedingungen nur zurechtkommen, wenn man anpassungsfähig ist und bleibt.

Der Einsatz für das Festhalten an Bewahrenswertem und für die Befreiung aus Gegebenem richtet sich stets auf umgrenzte, d. h. quantitativ bestimmte und qualitativ bewertete, Güter. Man kann schlichtweg nicht alles gleichzeitig bewahren und aufgeben. Man muss sich entscheiden, wofür man sich einsetzt. In diesem Sinne bringt der Entschluss, sich für etwas Bestimmtes einzusetzen, einen Verzicht auf all das zum Ausdruck, wofür man sich nicht einsetzt. Diesen Verzicht hat Amery als ›Askese‹ im Blick. Ohne ›Askese‹ ist der Einsatz für etwas Bestimmtes nämlich nicht möglich.

Amery greift in seinem Zitat sinnvollerweise nicht die Askese per se bzw. den Verzicht als solchen an. Seine Kritik kann nur die *Inhalte*, für die man Verzicht übt, und die *Konsequenz* meinen, mit der Askese bzw. Verzicht geübt wird. Hier scheint die Kritik Schlimmstes zu befürchten.

Die Kritik an einem *Inhalt*, für den jemand Verzicht übt, macht die konkreten Vorstellungen über gelingendes Zusammenleben zum Thema. Wer verzichtet, tut dies dann aus Überzeugung, wenn er eine klare und deutliche Vorstellung davon hat, wie er sein Leben gelingend führen und wie er mit anderen gelingend zusammenleben möchte. Hier gibt es unterschiedliche Überzeugungen. Sie stehen sich gegenüber, wenn unterschiedliche, vielleicht sogar unvereinbare Vorstellungen von gelingendem Leben und Zusammenleben darauf drängen, realisiert zu werden.

Die Auseinandersetzung über die Inhalte, für die man Verzicht übt, um eine bestimmte Vorstellung von einem gelingenden Leben und Zusammenleben zu realisieren, ist eine Auseinandersetzung über die vorziehenswürdigen *Formen des Miteinanderumgehens* in einer Welt, die wir gemeinsam teilen. Gesichtspunkte, unter denen Vorziehenswürdiges identifiziert wird, nennt man *Werte* (vgl. Anhalt 2012b). Die Auseinandersetzung über Formen des Miteinanderumgehens bringt die Werte zum Ausdruck, für die man einzutreten bereit ist. Da verschiedene Standpunkte eingenommen werden, sind Werte der Zankapfel einer Welt, die wir in einem demokratischen Verständnis gemeinsam teilen. Es ist von daher nicht einzusehen, warum ein Verzicht, der mit einer spezifischen Wertbindung begründet wird, per se falsch sein sollte. Wer meint, auf den gleichen konkreten Inhalt nicht verzichten zu sollen, wird schließlich seine eigene Wertbindung nennen müssen, um dagegenzuhalten. Es stehen dann Wertbindung und Wertbindung einander gegenüber. Für ein demokratisches Verständnis von ›in Gesellschaft sein‹ ist dies ein Anlass, um Argumente auszutauschen. Argumente laden zur Prüfung und Diskussion ein, nicht zur Vernichtung der anderen Position.

Wer dies nicht will, hat nur seinen eigenen Standpunkt, von dem aus die Welt betrachtet und erklärt wird. Wer hingegen bereit und fähig ist, andere Standpunkte in die eigenen Überlegungen einzubeziehen, ohne sie für eigene Interessen zu instrumentalisieren oder zu vernichten, kann die Erfahrung machen, dass die Welt aus verschiedenen Facetten gebildet ist, die durch die Mithilfe vieler sichtbar gemacht werden. Damit ist die Zustimmung nicht zwingend verknüpft. Man kann auch zu der Einsicht gelangen, dass es unschöne Facetten gibt. Aber dass es sie gibt, lässt sich nicht mehr dadurch aus der Welt schaffen, dass andere Standpunkte ausgeschlossen werden, um dem eigenen Standpunkt den einzigen Blick auf die Welt zuzuordnen, wenn man ›in Gesellschaft ist‹.

In diesem Sinne ist der Verzicht im demokratischen Verständnis grundsätzlich im Spiel: Man verzichtet auf die Zumutung, für alles in die Pflicht genommen werden zu können. Die Kehrseite des Verzichts ist die Offenheit für den Austausch über standpunktrelative Betrachtungen von Welt. Die Welt wird damit zu einem Ort, an dem wir berechtigt sind zu der Annahme, dass es eine Welt ist, die wir gemeinsam teilen. Wir teilen sie nicht allein in dem Sinne, dass wir das empirisch Vorfindliche räumlich anordnen, sondern auch in dem Sinne, dass wir uns in unseren standpunktrelativen Betrachtungen wechselseitig auf nur gemeinsam zu erlangende Sichtweisen aufmerksam machen, die mehr von der Welt in den Blick rücken, als aus einer Perspektive alleine erfasst werden kann. Eine Welt, die wir gemeinsam teilen, wenn wir ›in Gesellschaft sind‹, umgrenzt folglich nicht unbedingt ein Territorium, sondern sie steht vor allem für eine Idee, die dazu einlädt, sich an einer gemeinsamen Praxis zu beteiligen.

An der *Konsequenz*, mit der Verzicht geübt wird, lässt sich Kritik üben, wenn der Verzicht zur zwanghaften *Weltflucht* führt. Von Weltflucht müsste man ausgehen, wenn die Gesellschaft Jesu sich derart von der Öffentlichkeit entfernt hätte, dass keine Möglichkeit zur Übersetzung zwischen unterschiedlichen Standpunkten mehr besteht. Eine solche Übersetzung ist die Grundbedingung für jegliche Art von Verstehen. Weltflucht könnte man der Gesellschaft Jesu also vorwerfen, wenn sie den Kontakt zur *Welt, die wir gemeinsam teilen*, verloren hätte und sich nur noch in einer eigenen Welt aufhielte.

Dieser Vorwurf geht ins Leere, wenn man daran anknüpft, dass »Christus nicht nur mit Worten gelehrt, sondern eine neue Lebensweise in die Welt gebracht hat«. Dieses Leben ist nicht als Weltflucht gedacht, »sondern als Bereitschaft, innerhalb der bestehenden Gesellschaft eine humane Alternative zu leben« (Brändle 1997, Sp. 471; Stötzel 1984, S. 39). An diese Form von ›Askese‹ ist bei der ignatianischen Pädagogik im Sinne der Lehre von der Nachfolge Christi zu denken. Und es ist diese ›Askese‹, zu der auch die Heranwachsenden in der Erziehung ermuntert werden sollen, um die Fähigkeit und Bereitschaft zu entwickeln, als ›Menschen für Andere‹ in Erscheinung zu treten. Der Anspruch lautet, Verzicht zu tun, um eine ›humane Alternative‹ im Sinne der Idee einer Welt, die wir gemeinsam teilen, zu bewahren.

Die Kritik an der Askese zielt hinsichtlich des *Inhaltes*, wegen dem Verzicht geübt wird, und der *Konsequenz*, mit der Verzicht geübt wird, auf Positionen, die in der Welt, die wir in einem demokratischen Verständnis gemeinsam teilen, eingenommen werden können. In einer Welt, die Religionen gegenüber friedlich eingestellt ist, gibt es keinen Grund, die Askese als Mittel zur ›Enthumanisierung von Welt‹ zu diskreditieren. Man wird sich allerdings über die Argumente austauschen dürfen, die für die Wahl spezifischer Inhalte und der Konsequenz, mit der auch andere Verzicht leisten sollen, angeführt werden. Solange die Gesellschaft Jesu zu diesem Austausch bereit ist, ist auch die Kritik herausgefordert, sich argumentativ zu äußern.

5.3.2 Das Proprium der ignatianischen Pädagogik

Eine Pädagogik, die zur Weltflucht einlädt, hätte es schwer, überzeugende Argumente anzuführen, denn Erziehung, Unterricht und Bildung sind von jeher als innerweltliche Sachverhalte gedacht worden. Mit ihnen ist die Erwartung verknüpft, dass Menschen durch Kontakt mit ihresgleichen, d. h. durch welterfahrene Menschen, überhaupt erst einmal in die Welt eingeführt werden müssen, um ihren Platz inmitten der Welt einnehmen zu können. Für die jüngeren wie für die älteren Menschen sind Erziehung, Unterricht und Bildung prinzipiell ›menschliche Angelegenheiten‹, d. h. Angelegenheiten, die im Hier und Jetzt ›aus eigener Kraft‹ gemeistert werden sollten. Erziehung, Unterricht und Bildung sind untrennbar verknüpft mit der Annahme, wir lebten in einer Welt, die wir gemeinsam teilen. Aus diesem Grunde hat, worauf wir in der Einleitung hingewiesen haben, Friedrich Schleiermacher überhaupt die Frage aufgeworfen, was denn die ältere Generation mit der jüngeren wolle, und sah sich Immanuel Kant genötigt, dem Zwang die Freiheit entgegenzustellen, damit Kultur im modernen Verständnis möglich werden kann.

Die ignatianische Pädagogik hält zwar an diesem innerweltlichen Verständnis von Erziehung, Unterricht und Bildung fest, wie es auch für andere Pädagogiken gilt. Sie bietet aber zusätzlich eine Option, wie von einem Ort des Innerweltlichen aus auf seine Grenze reflektiert werden kann. Damit kommt ein Unterschied ins Spiel, der von Bedeutung ist.

Diese Grenze hat zwei Seiten: In einer auf das Zusammenspiel der innerweltlichen Orte ausgerichteten Reflexion ist jeder Ort in der Welt durch Grenzen von anderen Orten in der Welt unterschieden. Diese Grenzen können in einem gewissen Ausmaß empirisch erfasst werden, um das Verhältnis von Zusammenhängen und Ordnungen zu bestimmen. Die Orte lassen sich mithilfe dieser Differenz als mehr oder weniger ausgeprägte Ordnungen bestimmen. Wo solche Ordnungen bestehen, kann aber immer damit gerechnet werden, dass sie in Zusammenhängen reflektiert werden, die zu ihrer Auflösung beitragen können. In Europa werden seit einigen Jahren Institutionen und Staaten als Orte identifiziert, an denen recht stabil wirkende Ordnungen ins Wanken geraten sind und sich in Zusammenhänge aufzulösen beginnen, die noch keine neuen Ordnungen erkennen lassen, in denen die Menschen eine allgemeinverbindliche Orientierung finden. Das Bezugssystem, auf das die Analysen ausgerichtet sind, ist die Erde inmitten des Weltalls. Die Differenzen, die hier in den Blick kommen, sind für die Reflexion als *Aspekte eines in sich thematisch unterschiedenen Zusammenhangs* erkennbar. Die Reflexionsaktivität geht von einem Ort auf der Erde aus und verbindet diesen mit anderen Orten und bildet auf diese Weise einen Zusammenhang von in sich begrenzten und gegeneinander abgegrenzten Orten. Die Orte limitieren und legitimieren sich wechselseitig.

Man bezeichnete einen Bezugspunkt der Reflexion in der Tradition mit dem Begriff ›Menschheit‹. An ihn knüpft die ignatianische Pädagogik an. Anspruch dieser Reflexionsrichtung ist es, »neugierig und offen für die Unterschiedlichkeit der Menschen, Kulturen und Religionen zu sein« und diese Haltung pädagogisch zum Ausdruck zu bringen (Spermann, Gentner & Zimmermann 2015, S. 23). In dieser Reflexionsperspektive unterscheidet sich die ignatianische Pädagogik nicht grundsätzlich von anderen Pädagogiken. Relativ zu diesem Bezugspunkt öffnet sich die pädagogische Theoriebildung für Zusammenhänge, die es immer schwieriger machen, eine alle Richtungen verbindende Ordnung zur Orientierung anzubieten.

Von einem Ort in der Welt kann auch auf die Grenze der Welt als des in sich unterschiedenen Zusammenhangs reflektiert werden. In dieser auf das prinzipielle Jenseits der Grenze ausgerichteten Reflexion bringt die ignatianische Pädagogik Gott ins Spiel. »Gott in allen Dingen zu finden – also offen zu sein für den Sinnhorizont des Lebens und auf Gott im Hier und Jetzt zu hören«, ist eine Option, die nicht alle Pädagogiken anbieten (ebd., S. 24). Hier identifizieren wir das *Proprium der ignatianischen Pädagogik*. Ihrem Selbstverständnis nach setzt sie sich dem Anspruch aus, die Welt in beiden Reflexionsrichtungen zu betrachten, d. h. sie nicht auf einen Zusammenhang zu reduzieren, der ausschließlich aus Orten des Innerweltlichen besteht, sondern die Welt auch als eine Ordnung im Sinne der »Schöpfung Gottes« zu betrachten, »in der der Mensch ein von Gott geschaffenes und gewolltes Wesen ist« (ebd., S. 18). Indem sie diesen Ausgangspunkt setzt, will sie

5.3 Erziehung als Verhältnis von Selbstverhältnissen: Das Problem der Sozialität

dazu beitragen, dass die erwähnte ›humane Alternative‹ im Spiel ist, wenn über Erziehung, Unterricht und Bildung gesprochen wird. Sie bietet die Möglichkeit an, Erziehung in dieser Alternative zu denken.

Dass diese Möglichkeit nicht von allen anderen Pädagogiken ergriffen wird, liegt daran, dass hierzu der ›Sprung‹ aus der wissenschaftlichen in die religiöse Einstellung akzeptiert werden muss. Denn nach Auffassung der Jesuiten ist der Mensch – und sind damit die menschlichen Angelegenheiten – unvollständig beschrieben, wenn man sie ausschließlich in einer mundanen Reflexionsrichtung betrachtet. Es fehlt dem mundan begrenzten Menschen- und Gesellschaftsverständnis die Reflexion auf das Jenseits der Grenze, die alle irdischen Orte umfasst. Karl Rahner hat dieses Jenseitige als »die Möglichkeit einer Kundgabe eines aus der Welt, ihren Prinzipien und Fakten nicht errechenbaren Willens Gottes« bezeichnet, auf die sich der Mensch mithilfe der Exerzitien einlassen kann (Rahner 1956, S. 350). Es kann diese Möglichkeit dann in den Blick kommen, wenn »man Fragen stellt, die man nicht schon mit der fertigen Antwort verbunden in die Welt schickt« (ebd., S. 348). In diesem Sinne bieten die Exerzitien die Erfahrung der Offenheit an, auf die man sich muss einlassen können, weil man noch nicht alle Antworten auf alle Fragen zu haben meint, die ein Mensch stellen kann. Indem die ignatianische Pädagogik das Jenseits in dieser Form als Surplus der Reflexion anbietet, wirft sie die Frage auf, ob ihr Menschen- und Gesellschaftsverständnis verträglich ist mit dem der Pädagogiken, die sich allein auf ihren mundanen Ort berufen.

Wie wir argumentiert haben, scheinen die Grundannahmen moderner Erziehung durchaus mit der Idee eines Geschöpfes kompatibel zu sein, das sich seiner Herkunft stellt, ohne die letzten Antworten zu haben, wenn es fragt. In der grundsätzlichen Offenheit einer Haltung gegenüber den existentiellen Sinnfragen scheinen Berührungspunkte zu liegen. Allerdings muss festgehalten werden, dass die Annahme, in einer Schöpfung zu leben, aus der Warte vieler Pädagogiken als eine Zusatzannahme behandelt werden sollte, die man machen kann, aber nicht machen muss. Aus ihrem Blickwinkel ist die Schöpfung nur eine Annahme wie andere auch und die Wahl zwischen ihnen kontingent. Diese Zusatzannahme ist daher für sie weder zwingend nötig noch für eine gelingende Kommunikation erforderlich. Sie sind zufrieden, wenn sie die Annahme einer Schöpfung als kontingent behandeln können. Heranwachsende als bildsam zu begreifen und damit als Lebewesen aufzufassen, die nicht auf bereits entwickelte (religiös fundierte) Ordnungen des Selbst- und Weltbezugs festgelegt sind, sondern diese überschreiten können, setzt in ihren Augen nicht zwingend eine Verpflichtung auf religiöse Prämissen voraus. Dies lässt es zwar immer noch zu, die Bildsamkeit von Heranwachsenden als Ausdruck ihrer Gottesebenbildlichkeit zu deuten (vgl. hierzu auch Benner 2014, S. 7). Im Unterschied zu einer traditionellen Variante von ignatianischer Pädagogik, in der Erziehung darüber hinaus an den Anspruch geknüpft wird, Heranwachsende zum »Dienst Gottes auf Erden« zu veranlassen, um »sich des Lohnes Gottes im Jenseits würdig zu machen« (Duhr 1599/1896, S. 24 f.), wird im von uns als ›modern‹ bezeichneten Verständnis von ignatianischer Pädagogik jedoch konsequent darauf verzichtet, Erziehung an einen eschatologischen Sinnhorizont zu knüpfen.

5.3.3 Der Mensch als mehrdimensionales Lebewesen

Im Hinblick auf die Gegenstandsorientierung gibt es eine Gemeinsamkeit, die von verschiedenen Pädagogiken geteilt wird. Man kann sie an einer formalen Bestimmung des Menschen erläutern, die heutige Annahmen über den Menschen mit einer mehr als tausendjährigen Geschichte verbinden.

Es ließen sich zahlreiche Beispiele anführen. Da wir dies in diesem Kapitel nicht leisten können, steht eine Beschreibung des Menschen exemplarisch für viele, wenn wir auf die Differenzierung hinweisen, die für Bernhardus Silvestris nachgewiesen worden ist: Dieser ging, wie es zu seiner Zeit üblich war, von einer hierarchischen Staffelung der Schöpfung aus. ›Oben‹ war die Macht angesiedelt, die von Gott in vollkommener Form verkörpert wird. ›Unten‹ sind die regierten Teile zu finden. In der ›Mitte‹ trifft man die ausführenden Organe, die eine Vermittlungsfunktion erfüllen. Diese Staffelung findet sich analog beim Menschenverständnis wieder: »die Seele, die ihren Sitz im Kopfe hat (arx, totius corporis capitolium) befiehlt; die in der Brust lokalisierte Kraft (vigor) ist die Vollstreckerin ihrer Befehle; regiert werden die niederen Teile, d. h. die untere Hälfte des menschlichen Körpers« (Kurdzialek 1971, S. 67). Dieses Verständnis des Menschen wurde von vielen aufgegriffen und weitergeführt. Marian Kurdziałek hat es deshalb »als eine Art ›locus communis‹ der christlichen Anthropologie« bezeichnet, weil dieses Verständnis stillschweigend im Spiel ist, wenn in Europa vom Menschen gesprochen wird (ebd., S. 70).

Diese dreiteilige Hierarchie von Gesichtspunkten, unter denen die Suche nach Orientierung betrachtet werden kann, ist bis heute kennzeichnend für ein Verständnis vom Menschen, das im europäischen Denken von großem Einfluss gewesen ist. In der Pädagogik findet sich dieses Verständnis in der Grundannahme wieder, dass in Erziehung, Unterricht und Bildung die *Vernunftbegabung* der einzelnen Person angesprochen werden sollte, anstatt das Verhalten des Menschen in den Mittelpunkt zu stellen, um es zu manipulieren, zu dressieren oder körperlich abzurichten, wenn man mit ihr ›in Gesellschaft‹ ist. Erziehung wird von dieser Dreiteilung her auf Kommunikation ausgerichtet, nicht auf Verhaltensmanipulation. Man will mit pädagogischen Maßnahmen dazu beitragen, dass sich Menschen zu Mitbürgerinnen und -bürgern entwickeln, die wissen, dass die Schritte ihrer Beine nicht allein den Bedürfnissen ihres Bauches folgen sollten, sondern vom denkenden Kopf her gelenkt werden. Diese Erwartung spiegelt sich in zahlreichen Pädagogiken.

Mit dieser Erwartung zielt man ›hinter‹ das der Wahrnehmung zugängliche Verhalten. Man spricht einen der Wahrnehmung verborgenen Bezugspunkt im Geschehen an. Diesen Bezugspunkt bezeichnet der Begriff ›Vernunft‹. Die Vernunftbegabung markiert die Fähigkeit des Menschen, sich durch die Anstrengung des Denkens zu seinem Verhalten zu verhalten. Diese Fähigkeit konstituiert den Menschen zugleich als Freiheitswesen. Der Mensch kann nämlich fragen, ob er etwas richtig macht, ob er etwas sinnvoll tun oder ob er etwas unterlassen oder anders tun sollte. Bei Kant wird diese »Idee der Menschheit erstmals als moralischer Begriff formuliert: Was Menschen menschlich macht, ist keine natürliche Eigenschaft, sondern ihre Freiheit«, in eigenen Gedanken das Leben zum Gegenstand zu machen (Boehm 2023, S. 16 f.).

Wer den Menschen so betrachtet, ist schlecht beraten, wenn er sich mit den Wahrnehmungen des körperlichen Verhaltens zufriedengibt. Ihm entgehen dann nämlich all die Aspekte des Verhaltens, die man nicht sehen kann. Diese Aspekte kommen nur ›in den Blick‹, wenn man das Lebewesen ›Mensch‹ *anspricht*, d. h. wenn man die Situation ›Beobachtung‹ zu einer Situation ›Kommunikation‹ erweitert. Er bleibt nicht länger ein *Objekt* der Beobachtung, sondern wird zum Kommunikations*partner*. Die Kenntnis, zu der man gelangt, ist nicht länger nur ein Effekt der gezielten Wahl von Beobachtungskriterien und -strategien, für die ein Beobachter sich entschieden hat, wenn er eine Methode einsetzt. Die Kenntnis über den Menschen wird nun im wechselseitigen Austausch zwischen Kommunikationspartnern gemeinsam überhaupt erst ermittelt. Diese Gemeinsamkeit hat zwei Seiten:

Einerseits wird das beobachtete Objekt als eine *originäre Quelle* der Weltbetrachtung gesetzt, die mit ihrer Sicht ihre Kommunikationspartner irritieren und überraschen kann. Diese Irritationen und Überraschungen dürfen nicht in ein vorab festgelegtes Schema eingeordnet werden, wenn dadurch die Originalität der Quelle vernichtet würde. Welches Schema auch immer zum Einsatz kommen sollte, es muss eine Rubrik für nicht einzuordnende ›Phänomene‹ vorrätig halten. Diese ›Phänomene‹ sind nicht nachrangig zu behandeln, wenn der Mensch tatsächlich den Status einer originären Quelle der Weltbetrachtung haben soll.

Andererseits geht mit der Gemeinsamkeit der Kommunikationspartner auch eine *Veränderung des Beobachterstatus* einher. Wer zu einer wechselseitigen Kommunikation bereit ist, kann nicht mehr mit der Objektivität und Neutralität eines Forschungsstandpunktes argumentieren, der der Kommunikation extern ist. Auch der *Beobachter* des Geschehens wird zum Kommunikations*partner*. Wer den Umgang mit seinesgleichen beobachtet, sieht sich folglich herausgefordert, die eigene Aktivität als integratives Moment der gemeinsam geteilten Welt zu berücksichtigen. Es ist eine Beobachtung eines Kommunikationspartners, nicht die eines Beobachters, der außerhalb jeder Kommunikation mit dem Objekt seiner Beobachtung steht und nur ›über‹ es spricht.

Man geht in einer so beschriebenen Situation von der individuellen Vernunftbegabung aus und hofft, dass diese kultiviert werden kann, um zur Stabilität des Zusammenlebens beizutragen, das sich über den Austausch von Argumenten Orientierung verschaffen möchte, anstatt sich auf die Kraft der Stärkeren zu verlassen, die ihre Standpunkte mit Gewalt gegen Andersdenkende durchsetzen, oder die Raffinesse zu bevorzugen, mit der ›in die Wahrheit hineingelogen‹ wird. Diese Vernunftbegabung wird wechselseitig unterstellt, d. h. sowohl am ›Ort‹ des Gegenübers als auch am eigenen ›Ort‹ vermutet.

Die ›Pädagogik der Jesuiten‹ hat nach eigenem Bekunden hier den Ort, an dem sie eine Sicht auf Menschen kultiviert, »der die ignatianischen Bildungseinrichtungen einzigartig macht« (Spermann, Gentner & Zimmermann 2015, S. 22). Ihre Sonderstellung wird mit dem Proprium begründet, das die ignatianische Pädagogik aufweist. Ausgehend von der Idee der Gottesebenbildlichkeit des Menschen werden Heranwachsende als Personen aufgefasst. Die Anerkennung von Kindern und Jugendlichen als Personen kommt darin zum Ausdruck, dass diesen »das Personsein Gottes kraft der Ausstattung mit Vernunft, Freiheit und Sprache« zugesprochen wird und die Heranwachsenden darüber hinaus darin unterstützt werden, ihre »personale Berufung« zu realisieren, d. h. »auf ganz eigentümliche, einmalige und unwiederholbare Weise Wirklichkeit werden zu lassen« (Böhm 1997/1997, S. 124). Das Personsein kommt u. a. in der Entwicklung der Fähigkeit zum Ausdruck, Entscheidungen zu treffen, die klug im Sinne des eigenen Lebensentwurfs sind. Aus diesem Grund wird Erziehung aus der Warte einer ignatianischen Pädagogik als eine Praxis bestimmt, in der Heranwachsende in die Komplexität der Welt eingeführt werden sollen, damit sie lernen, in spezifischen Entscheidungssituationen die jeweils verfügbaren Optionen zu erkennen sowie auf ihre Vor- und Nachteile hin zu erwägen, ohne sie nach einem vorgegebenen Schema der Rationalität zu sortieren (vgl. Sintobin 2023). Die Lebensklugheit eines Menschen kann sich dann auch darin zeigen, dass Verzicht auf ein Verhalten geleistet wird, weil man von der Sinnhaftigkeit seines Tuns und Lassens überzeugt ist. In diesem Sinne kann das Üben von *Phronesis* als ein spezifisches Moment des Personseins von Heranwachsenden gedeutet werden. Im Sinne der von Bernhardus Silvestris beschriebenen ›Dreiteilung‹ des Lebewesens ›Mensch‹ sollte jedoch nicht vergessen werden, dass eine Adressierung von Heranwachsenden als Personen nicht darin aufgeht, diese nur in der Entwicklung ihrer kognitiven Fähigkeiten zu schulen. *Phronesis* im Sinne der Fähigkeit, kluge Urteile zu fällen, ist auf den harmonischen Dreiklang ausgerichtet. Wie ein Akkord nicht in seine einzelnen Töne aufgespalten werden kann, so sollen die unterschiedlichen Dimensionen des Menschen im Üben der Phronesis im Verhältnis zueinander berücksichtigt werden (vgl. Kapitel 4).

Zum Personsein gehört es, dass jemand von der Allgemeinheit abweichen und eine individuelle, d. h. persönlich begründete Sicht auf die Welt einnehmen kann. Hier setzt die ignatianische Pädagogik konsequent auf den Menschen, der aus dem verfügbaren Angebot auswählen kann. Er wird nicht quantitativ als zählbares Element einer Menge verstanden, sondern als besonderes Exemplar der Menschheit. Seine Besonderheit ist darin zu sehen, dass jedes individuelle Exemplar der Menschheit einzigartig und einmalig ist, weil jedes unvertretbar durch jedes andere Exemplar eigene Gedanken denken und wählen, d. h. sich einzigartig und einmalig zur Welt verhalten kann. Der Mensch kann in Freiheit wählen, welches Angebot für ihn Sinn hat, wenn man ihm die Freiheit der Wahl gewährt. Um ihm bei seiner Wahl zu helfen, unterstützt ihn die ignatianische Pädagogik darin, Kriterien für ein Urteil zu entwickeln, das auch eine Dimension einbezieht, die in anderen Pädagogiken ausgeklammert wird: die Dimension der *Transzendenz*.

5.3.4 Pädagogik als Angelegenheit der Menschen

In einem problemorientierten Verständnis wird von der Kommunikationsgemeinschaft aller an pädagogischen Anliegen Interessierten ausgegangen. Johann Friedrich Herbart hat dieses Referenzsystem in seiner *Allgemeinen Pädagogik* als »Gedankenkreis« beschrieben: »Die Menschheit selbst erzieht sich fortdauernd durch den

Gedankenkreis, den sie erzeugt« (Herbart 1806/1964, S. 16). Es ist also nicht eine kleine Gruppe von professionell arbeitenden Expert:innen gemeint, sondern die denkbar größte Menge von Kommunikationspartner:innen, mit denen ein Mensch auf eine verständliche Art und Weise Anliegen besprechen kann. Anders gesagt: Pädagogische Sachverhalte sind *menschliche* Angelegenheiten. Sie gehen prinzipiell alle Menschen an, weil Fragen der Erziehung letzten Endes auf Fragen des gelingenden Lebens und Zusammenlebens zurückgehen. Wenn jemand ein pädagogisches Argument vorträgt, dann bewegt er sich, ob er will oder nicht, in der Welt, die er mit seinesgleichen gemeinsam hat. Gründe, die überzeugen können, werden in diesem Raum gefunden. Ihn betritt man, indem man unter seinesgleichen lebt und den ›Gedankenkreis‹ kultiviert, in dem gehaltvolle Beiträge zu gemeinsamen Anliegen besprochen werden. Man bezieht Stellung zu der Fortsetzung der Geschichte, die man im Sinne gelingenden Lebens und Zusammenlebens meint, vorschlagen zu können, wenn man ›in Gesellschaft ist‹. Pädagogische Maßnahmen finden hier ihre Motive und Begründungen. Die Metapher ›Gedankenkreis‹ bringt dies zum Ausdruck, da sie die Fortsetzung des Miteinanderumgehens als Kriterium eingebaut hat. Wer sich nicht um eine Fortsetzung der Geschichte im Sinne gelingenden Lebens und Zusammenlebens bemühen würde, würde den ›Kreis‹ sprengen.

Im ›Gedankenkreis‹ wird das Wissen der Menschheit kultiviert, wie es in der Vergangenheit dargelegt wurde, wie es in der Gegenwart diskutiert wird und wie es als denkbar möglich, als realisierbar möglich und als gewünscht möglich für die Zukunft beurteilt wird. Man könnte daher denken, dass alles als Grund herangezogen werden kann, um ein pädagogisches Argument zu formulieren. Pädagogisches Argumentieren wäre damit grenzenlos. Das behaupten viele, die meinen, Pädagogik sei ein ›Laberfach‹, in dem geisteswissenschaftlich ambitioniert ohne Beschränkung gesprochen würde.

Herbart hatte den ›Gedankenkreis‹ anders beschrieben. Er sah in ihm das *Medium*, das unumgehbar vorausgesetzt werden muss – und von dessen Voraussetzung man sich deshalb auch einen Begriff machen sollte –, wenn Menschen Anliegen von Relevanz *gemeinsam* besprechen wollen. Der ›Gedankenkreis‹, wie Herbart ihn verstand, ist das Wasser, in dem die Fische schwimmen. Wer meint, sich über seine Lage in der Welt allein und in einem von anderen Menschen abgegrenzten Raum aufklären zu können, kann auf diese Gemeinsamkeit verzichten. Er versteht sich nicht als Fisch, der im Wasser schwimmt, in dem alle anderen Fische schwimmen (vgl. Foster Wallace 2011).

Die ›Pädagogik der Jesuiten‹ kann als ein spezifisches Moment des ›Gedankenkreises‹ verstanden werden, in dem die Menschheit sich austauscht. Dafür, dass dieses Moment weiterhin als Angebot zur Verfügung steht, sorgen die Jesuiten. Sie legen dar, warum nach ihrer Überzeugung Sachverhalte wie Erziehung, Unterricht und Bildung auch unter Gesichtspunkten beurteilt werden sollten, die erstmals von Ignatius im 16. Jahrhundert in den ›Gedankenkreis‹ eingebracht worden sind. Hierzu zählt heute u. a., dass Position bezogen wird für eine Vorstellung von Erziehung, Unterricht und Bildung, die Formen des *Kontaktes in Präsenz* in den Mittelpunkt rückt.

Dies ist der ignatianische Blick auf den Gegenstand, für den eine Theorie angeboten wird. Die ignatianische Pädagogik gehört zu den Pädagogiken, die es ablehnen, pädagogische Sachverhalte in erster Linie formal im Sinne von Strukturen oder Systemen zu beschreiben. Man fokussiert auf Menschen, die unter den Bedingungen von Erziehung, Unterricht und Bildung interagieren und kommunizieren, nicht auf das Funktionieren von Erziehungs-, Unterrichts- und Bildungssystemen. Die ignatianische Pädagogik ordnet sich den Pädagogiken zu, die Erziehung, Unterricht und Bildung vorrangig in Wahrnehmungskategorien beschreiben. Insofern wird der Gegenstand in Interaktions- und Kommunikationskategorien erfasst. Man argumentiert nicht im Sinne der kybernetischen Steuerungslogik, die Forschung dadurch voranbringen will, dass sie einen Wettbewerb zwischen Spezialist:innen forciert, deren Anliegen es sein sollte, Steuerungshebel zu ›entdecken‹, um die politisch gewollten Rahmenbedingungen zu verändern. Positiv formuliert: Die ignatianische Pädagogik denkt nicht vorrangig in den Kategorien von Revolution oder Reform, sondern in den Kategorien des pädagogischen Handelns.

Seit dem 16. Jahrhundert ist eine Relation zur eigenen Geschichtlichkeit stabil gehalten worden, in der die ›Pädagogik der Jesuiten‹ ihre πρᾶξις (práxis) eines Kontaktes in Präsenz reflektiert. Die ignatianische Pädagogik folgt dem Ordensgründer Ignatius darin, dass sie bis heute dessen *Exerzitien* zum Leitfaden der Praxis nimmt. Dieser Text ist die identitätsbewahrende Gestaltungsvorlage für den Kontakt in Präsenz. Das heißt nicht, dass der komplette Kontakt, zum Beispiel in der Form des Schulunterrichts, die Form der Exerzitien annimmt. Wie wir bereits mehrfach beton haben, fungieren die *Exerzitien* nicht als Schablone für sämtlichen Kontakt der Menschen (vgl. Kapitel 1). Das wäre schon deshalb nicht sinnvoll, weil die Methode der Integration nichtjesuitischer Perspektiven ansonsten ad absurdum geführt würde. Stattdessen ist im Kontext ignatianischer Pädagogik ausdrücklich von einer ›Schule im Geist der Exerzitien‹ die Rede (vgl. Mertes 2004).

Die ›Pädagogik der Jesuiten‹ sollte mithilfe der Differenz zwischen der Praxis eines präsentischen Kontaktes von Menschen auf der einen Seite und der Theorie dieser Praxis, d. h. als Reflexion, auf der anderen Seite gedeutet werden. Die ›Exerzitien‹ sind eindeutig der Gestaltung der Praxis zugeordnet. Hier treten sie als definierte Regeln in Erscheinung, deren Befolgung der Praxis ihre spezifische – identifizierbare – Gestalt gibt. In der Reflexion sind die ›Exerzitien‹ Gegenstand, d. h. ein Sachverhalt, der aus variierenden Perspektiven in den Blick genommen wird und dessen Facettenreichtum zur problemorientierten Deutung einlädt (vgl. De Mello 2013). Die Reflexionen sollen hier helfen, die Praxis des Übens von Offenheit im Sinne einer Haltung zu gewährleisten, die der Kundgabe aus dem Jenseitigen Möglichkeit einräumt. Da die Praxis von sich wandelnden Bedingungen abhängig ist und das Üben von Offenheit mehr oder weniger gute Bedingungen findet, kultiviert die ignatianische Pädagogik eine Sensibilität für gesellschaftliche Veränderungen, auf die sie selbst wenig Einfluss hat, auf die sie aber reagieren können muss. Indem sie diesen Veränderungen ihr ›Proprium‹ entgegenhält, rückt sie sich in die Position, zwischen Bewahrenswertem und Veränderungswürdigem zu unterscheiden. Wer mit ihr über das pädagogisch Mögliche und Sinnvolle kommuniziert, kann in Erfahrung bringen, wie das Mögliche am denkbar, realisierbar und gewünscht Sinnvollen ausgerichtet wird.

5.3.5 »Kompetenz im Umgang mit komplexen pädagogischen Aufgaben«

Was eine ›Schule im Geist der Exerzitien‹ kennzeichnet und vielleicht im Gegensatz zu anderen Pädagogiken auch auszeichnet, ist Thema eines kürzlich erschienenen Artikels in der *Frankfurter Allgemeine Zeitung*. »Über Jahrhunderte hinweg«, schreiben Klaus Mertes SJ und Wolfgang Thierse dort, habe die katholische Kirche mit ihren Orden und Bildungseinrichtungen »eine Bildungsbewegung getragen, die Generationen von Jungen und Mädchen sozialen Aufstieg und Partizipation ermöglichte«. Als sich der Staat im 19. Jahrhundert deutlich mehr Entscheidungskompetenz in Bildungsfragen zumutete, seien die Kirchen gleichwohl »die wichtigsten zivilgesellschaftlichen Partner für Bildung und Erziehung« geblieben (Mertes & Thierse 2023, S. 6).

Diesem Befund wird man kaum widersprechen können. Schaut man jedoch auf die heutige Berichterstattung, sieht man überall Mitgliederschwund und das Schließen von Bildungseinrichtungen, auch von Schulen in katholischer Trägerschaft. Neben der zahlenmäßigen Reduktion jetzt also auch der selbstverordnete Rückzug aus der Verantwortung in Bildungsangelegenheiten.

Die Autoren fragen sich, warum dies der Fall ist. Ihre Frage ist auf die Schulen in katholischer Trägerschaft fokussiert. Katholische Schulen erfreuen sich einer regen Nachfrage. Es ist keineswegs so, dass die Eltern vor diesen Schulen fliehen und ihre Kinder vorzugsweise in einer öffentlichen Schule oder in einer Privatschule anmelden. »Wenn es irgendwo der Kirche an Nachfrage nicht mangelt, dann in ihren Kitas und Schulen« (ebd.). Dieser Befund mag überraschen, weil man doch ständig in den Medien über die Missbrauchsfälle in Priesterseminaren und Internaten und deren verschleppte Aufarbeitung informiert wird. Die mediale Präsenz des Themas hat nach Einschätzung der Autoren das Vertrauen der Eltern in die Institution offensichtlich nicht brechen können.

Worin liegt der Vorteil von katholischen Schulen im Allgemeinen und von jesuitischen Schulen im Besonderen, den Eltern erkennen? Er wird von den Autoren nicht darin gesehen, dass die katholischen Schulen einen Teil der Welt ausblenden, d. h. sich gegen einzelne Probleme immunisieren, um sich nur mit Problemen zu beschäftigen, die weniger unangenehm sind. »Sie erheben nicht den Anspruch, sich dadurch auszuzeichnen, dass angeblich ›bestimmte Probleme‹ bei ihnen nicht vorkommen, sondern dadurch, wie sie sich auf diese einstellen und mit ihnen umgehen« (ebd.). Hier wird eine Antwort erkennbar, die auf die Frage gegeben wird, welches Verständnis katholische Einrichtungen vom Menschen und der Gesellschaft haben und wie sie sich damit von anderen Pädagogiken unterscheiden: Es sind die *Einstellung zu* und der *Umgang mit* den »komplexen pädagogischen Aufgaben« (ebd.), die anders sind.

Katholische Schulen zielen auf eine gemeinwohlorientierte Einstellung zu den Problemen, auf die man in der Schule trifft. Grundsätzlich wird jedes Problem, sobald es erkannt wird, auf »am Allgemeinwohl orientierte Antworten« abgeklopft, anstatt nach einer Institution zu suchen, die Antworten für spezifische Problemstellungen bereithalten soll. »Eine ›Bildungsrepublik‹ gibt es nur«, so Mertes und Thierse, »wenn aus der Gesellschaft selbst heraus am Allgemeinwohl orientierte Antworten auf die bildungspolitischen Herausforderungen formuliert werden, statt bloß Ansprüche an den Staat zu stellen« (ebd.). Um diese Orientierung zu haben, müssen Bedingungen gegeben sein, die ›aus der Gesellschaft selbst heraus‹ Antworten möglich machen. Die katholischen Schulen haben diese Orientierung, sagt die ignatianische Pädagogik, weil sie die benötigten Bedingungen für einen adäquaten Umgang bereitstellen. Sie adressieren ihre Mitglieder, indem sie deren Beitrag zum Allgemeinwohl erfragen. Im Kontrast hierzu adressieren staatliche Schulen ihre Mitglieder vorrangig als meritokratisch geforderte Konkurrenten im Wettbewerb um Leistungserfolge. Für die Autoren ist klar, welche Schule eher dazu beiträgt, dass der Staat auf eine Gesellschaft trifft, »die sich selbst als Subjekt von Bildung versteht« (ebd.). Es ist die katholische Schule, weil diese nicht das individualisierende Wettbewerbsprinzip bevorzugt, sondern schulischen Unterricht an die »Befähigung zu einem eigenen kritischen Urteil« (ebd.) in sozialer Verantwortung bindet.

Aufgrund dieser Ausrichtung ist die katholische Schule besser auf die komplexen Aufgaben vorbereitet, die an den Schulen an der Tagesordnung sind, als dies für öffentliche Schulen gilt, sagen die Autoren. »Wenn eine in religiösen Fragen sprachlose Lehrerschaft auf religiös geprägte oder religiös suchende Jugendliche stößt«, dann entsteht ein Vakuum auf Seiten der Heranwachsenden, da ihre Anliegen nicht berücksichtigt werden. Mertes und Thierse gehen davon aus, dass es eine religiöse Suche »weiterhin geben wird – und zwar nicht nur unter Jugendlichen aus konfessionell gebundenen Herkunftsmilieus, sondern unter allen Jugendlichen, die in sich Fragen nach Sinn und Bedeutung des Ganzen des Lebens entdecken« (ebd.). Eine Schule, die sich diesen Fragen gegenüber verschließt und sie als irrelevant abtut, geht das Risiko ein, dass die Heranwachsenden ihre Fragen denjenigen stellen, »die sie mit den einfachen Antworten in die religiöse Unmündigkeit locken« (ebd.). Dem können katholische Schulen entgegenwirken, da sie Erfahrungen haben mit der Kommunikation über Sinnfragen.

Neben den inhaltlichen Angeboten, die katholische Schulen machen, verfügen diese auch über einen reichhaltigen Schatz an Inszenierungspraktiken. Mertes und Thierse betonen diesen »Fundus an Erfahrungen, wie eine Gemeinschaft Schlüsselsituationen des Lebens gemeinsam gestalten kann: Riten der Stille, wenn alle vor dem Größeren verstummen, das sich ereignet hat. Gesänge, um gemeinsamer Trauer, Sehnsucht oder Freude Ausdruck zu verleihen. Symbolhandlungen, die nicht erst in der herausfordernden Situation erfunden werden müssen« (ebd.). In der Praxis des Schulalltags sind die Übungsgelegenheiten bereits eingebaut, die an öffentlichen Schulen oft erst nach Erkennen einer Herausforderung ad hoc eingerichtet werden müssen, um in problematischen Situationen helfen zu können. Wegen dieser Vorgängigkeit etablierter Praxis kann die Fortsetzung der Geschichte auf Bindungen bauen, die durch Vertrautheit und Glaubwürdigkeit im Wandel der Ereignisse ausgezeichnet sind.

Wie gesagt, es kann nicht darum gehen, ein pädagogisches Angebot gegen ein anderes zu behaupten, weil es angeblich allein die ›richtige‹ Erziehung, den ›richtigen‹ Unterricht oder die ›richtige‹ Bildung möglich macht. Es geht vielmehr darum,

Pädagogiken in ihrer Eigenart zu bestimmen. Deshalb plädieren auch Mertes und Thierse für eine Angebotsvielfalt. Wenn Menschen in Gesellschaft sind, dann trägt eine Nivellierung der Angebote nicht zur Verbesserung der Situation bei. Wer hingegen in Gesellschaft ist und viele Hinsichten hat, kann lernen, was es heißt, auf demokratische Art und Weise miteinander Umgang zu haben.

5.3.6 Pädagogik als praxeologische Theorie

Die ignatianische Pädagogik greift zu ›Haltepunkten‹, die ihr helfen, Sachverhalte wie Erziehung, Unterricht und Bildung zu beschreiben und zu beurteilen. Die für sie typischen ›Haltepunkte‹ sichern ihre »Kompetenz im Umgang mit komplexen pädagogischen Aufgaben« (Mertes & Thierse 2023, S. 6).

Ein ›Haltepunkt‹ der ignatianischen Pädagogik ist die Ausrichtung an einer *christlich reflektierten Form des Miteinanderumgehens* als der prinzipiellen Referenz. Man spricht nicht über evolutionsbiologisch reflektierte Synapsenverbindungen, über soziologische Schichtendifferenzen oder empirisch belegte Strukturreformen, wenn man etwa den schulischen Unterricht zum Thema macht. Man spricht über den Umgang von Menschen, wie er im Lichte der Idee von der Gottesebenbildlichkeit des Menschen im Hinblick auf sachliche Erfordernisse reflektiert werden kann. Damit macht man deutlich, wie auf pädagogische Sachverhalte fokussiert wird, d. h. welche Gegenstandsorientierung man hat. Man konzentriert sich auf die Aufgabe, pädagogische Sachverhalte zu beschreiben, indem man *Menschen unter Präsenzbedingungen* zum Gegenstand einer christlich reflektierten Betrachtung macht, um von diesem Bezugspunkt ausgehend und auf ihn zurückkommend, Herausforderungen und überzeugende Lösungsvorschläge zu beurteilen.

Diese Gegenstandsorientierung mag auf den ersten Blick nicht besonders aufregend sein, tatsächlich aber ist sie von grundsätzlicher Bedeutung. Sie zieht gravierende Konsequenzen nach sich und stellt einiges auf die Füße, was in der verwissenschaftlichten Welt auf den Kopf gestellt worden ist. Wer den Umgang von Menschen unter Präsenzbedingungen betrachtet, kann beispielsweise nicht direkt etwas damit anfangen, wenn Individuen in Labore gesteckt und dort untersucht werden. Was man in diesen von der Lebenswirklichkeit isolierten Räumen zu Gesicht bekommt, ist grundsätzlich nicht der Umgang von Menschen, wie diese ihn erleben und gestalten. Deshalb stellt der Gang ins Labor zunächst einmal einen Umweg dar und das, was man bei diesem Gang beobachtet, kann nur vermittelt mit dem Umgang der Menschen zu tun haben, denn dieser entfaltet sich nicht im Labor. Wer daher behaupten wollte, dass Lernen im Labor identisch sei mit dem Lernen in der Erziehung, hätte noch nicht begriffen, was die Atomphysik schon seit 100 Jahren weiß: Was sie als ›Natur‹ zum Forschungsgegenstand macht, hat grundsätzlich keine Ähnlichkeit mit dem, was Menschen als ›Natur‹ wahrnehmen, wenn sie außerhalb eines Physiklabors stehen. Es handelt sich um verschiedene Sachverhalte und folglich um Aussagen, die sich in ihrer Gegenstandsorientierung unterscheiden, wenn man über das Lernen im Labor oder das Lernen eines Kindes in der Erziehung spricht. Dieser Unterschied ist von grundlegender Bedeutung.

Für die jeweils gewählte Gegenstandsorientierung stehen verschiedene Theorieoptionen zur Verfügung, andere scheiden aus oder können nur durch Zusatzannahmen, d. h. unter ceteris paribus-Bedingungen, berücksichtigt werden. Die für die ignatianische Pädagogik naheliegendste Theorieofferte bieten *praxeologische* Theorien an. Theoriebildung nach dem Muster der Praxeologie bietet sich an, weil diese Variante von Theoriebildung ebenfalls den Menschen unter den Bedingungen von Nahraumerfahrungen beschreibt (vgl. Benner 2015).

Eine praxeologische Theoriebildung operiert mit dem Begriff der πράξις (práxis), wie er seit der Antike bekannt ist. Eine praxeologische Theorie gegenkontrolliert ihre Aussagen daher vornehmlich an Sachverhalten, die in *menschlichen Wahrnehmungsdimensionen* erfasst werden. Sie ermöglicht es damit allen Menschen, sich an der Problembeschreibung und Lösungssuche zu beteiligen. Alle können wahrnehmen und somit können alle, dem Prinzip nach, etwas zur Aufklärung von pädagogischen Sachverhalten beitragen. Eine praxeologische Theorie macht ernst mit der Annahme, dass Erziehung, Unterricht und Bildung menschliche Angelegenheiten sind. Sie lassen sich nicht hinreichend bestimmen, wenn man sie allein als Forschungsgegenstände behandelt, die in spezifischen Settings in den Blick kommen.

Mit dieser Ausrichtung schafft sich die praxeologische Theoriebildung allerdings auch ein theoretisches und methodologisches Problem eigener Art: Sie öffnet sich für eine Kritik, die aus allen Lagen kommen kann, denn nahezu alle Menschen fühlen sich berechtigt, relevante Beiträge zu pädagogischen Sachverhalten geben zu können. Eine praxeologische Theorie der Erziehung braucht deshalb andere Sicherungsstrategien als beispielsweise die empirisch arbeitende Atomphysik. Diese kann sich darauf berufen, dass erst nach langer Ausbildungszeit die wenigsten befähigt sind, sich an einer Forschung zu beteiligen, die ihren Gegenstand nur vermittelt durch Apparate in den Blick bekommt und folglich niemals in der eigenen Wahrnehmung vor sich hat, weshalb sie gezwungen ist, ihn anhand von Daten zu errechnen. Eine erziehungswissenschaftliche Theorie kann zwar auch einen Forschungsgegenstand konstruieren, den sie anhand von methodisch gewonnenen Daten errechnet. Die empirische Bildungsforschung beweist dies jeden Tag. Sie würde aber den Gegenstand der ignatianischen Pädagogik verfehlen, wenn sie meinte, sie könnte ihn vollständig in einem Modell abbilden. Eine praxeologische Theorie muss der Tatsache Rechnung tragen, dass der Umgang von Menschen in Interaktions- und Kommunikationsformen beschrieben werden muss, der ein Original ist, das nicht vollständig im Modell abgebildet werden kann (vgl. Anhalt 2012a).

In diesem Punkt gibt sich die empirische Bildungsforschung reservierter: Sie immunisiert sich gegen die Kritik, indem sie Sachverhalte wie Erziehung, Unterricht und Bildung für die Wahl der Forschung freigibt. Die empirische Bildungsforschung macht damit deutlich, dass Erziehung, Unterricht und Bildung für sie nicht zwingend Sachverhalte sind, die mit den Menschen und ihren alltäglichen Angelegenheiten zu tun haben. Es sind zunächst einmal wissenschaftlich konstruierte, modellierte, Angelegenheiten. Mit ihnen kann man methodisch arbeiten, rechnen und diskutieren. In diesen Modellen kann man zwar nicht das tun, was Menschen im Umgang miteinander tun: in der Lebenswirklichkeit handeln. Man ist und bleibt dafür aber in der Forschungswirklichkeit. Diese befindet sich prinzipiell auf Distanz zur Lebenswirklichkeit der Menschen. Die Freiheit der Forscher:innen sollte daher nicht verwechselt werden mit der Freiheit der Menschen, die in der Erziehung, dem Unterricht und der Bildung anzutreffen sind.

Der ›Schachzug‹ der empirischen Bildungsforschung ist mit Folgelasten verbunden, auf die wir am Ende unserer Untersuchung noch zu sprechen kommen werden. So stellt sich etwa die Frage, ob eine entsprechend ausgerichtete Forschung letztlich nicht auf einer problematischen Konstruktion ihres Gegenstandes beruht. Umgekehrt kann man festhalten, dass der besagte ›Schachzug‹ nicht nur eine methodische Distanz sichert, aus der heraus man ›werturteilsfrei‹ über Forschungsgegenstände schreiben kann, sondern gleichzeitig damit auch die Freiheit, sich von jeglicher Verantwortung für die Fortsetzung der Geschichte von Erziehung, Unterricht und Bildung sowie ihrer Pädagogik zu dispensieren. Was aus dem von ihr erforschten Gebiet wird oder werden sollte, bekümmert die empirische Bildungsforschung nicht. Sie ist keine ›réflexion engagée‹ im Sinne Wilhelm Flitners.[3] Wer in diesem Sinne ohne Verantwortungsverpflichtung forschen zu können meint, steht in letzter Konsequenz dem Gegenstand desinteressiert gegenüber. Ihm muss es egal sein, was aus Erziehung, Unterricht und Bildung wird, da es für ihn keinen Grund gibt, ein Interesse für den Gegenstand zu entwickeln, das über seine neutrale, objektive und sachadäquate Erforschung hinausgeht. Ob dies die angemessene Einstellung zu einem für die Fortsetzung der Geschichte konstitutiven Sachverhalt ist, wird von einer pädagogischen Theorie bezweifelt, die sich als Aufklärung der Praxis zur Verbesserung der Theorie engagiert. Die ignatianische Pädagogik wird sich kaum als desinteressiert gegenüber Erziehung, Unterricht und Bildung gerieren können.

Trotz ihrer Zukunftsprognosen, die in der politischen Beratung Gewicht haben mögen, hält die empirische Bildungsforschung gleichwohl, wenigstens auf dem Papier, konsequent am wissenschaftlichen Neutralitätsgebot fest (wenn sie nicht in Personalunion Steuerungsambitionen im Wissenschafts- oder Bildungssystem zu realisieren versucht). Dieses Gebot besagt, dass die Wissenschaft nur mit geprüften Aussagen handelt und es den anderen gesellschaftlichen Bereichen, wie der Politik und Wirtschaft, überlassen muss, mit den wissenschaftlichen Produkten so zu handeln, wie es ihre spezifische Eigenlogik erlaubt. In der Politik handelt man wissenschaftliche Produkte als Material, mit dem man Entscheidungen begründen oder kritisieren kann. In der Wirtschaft handelt man Produkte der Wissenschaft als Ver-

---

[3] Für Wilhelm Flitner ist eine Pädagogik als Wissenschaft »pragmatisch«, denn sie beginnt »mit einem ›Engagement‹ des Denkenden«, der aus der Erfahrung einer »konkreten Verantwortung geschichtlich bestimmter Lebenskreise« heraus sich der Erziehung, dem Unterricht oder der Bildung nähert (Flitner 1961/1989, S. 420). Für ihn sind pragmatische Wissenschaften, wie sie Pädagogen, Ärzte und Juristen brauchen, um einen »*ethischen Grundgedanken* zentriert«: »Sie bedürfen immer eines Einschusses von gutem Willen, von Engagement für das Gute und von ›Hoffnung‹; das ist das Utopische daran« (Flitner 1976/1989, S. 493; Hv. i. O.). Dieses Verständnis von Pädagogik als einer wissenschaftlichen »Reflexion am Standort der Verantwortung des Denkenden« hat Flitner in die berühmte Formel von der »*réflexion engagée*« gefasst (Flitner 1957/1966, S. 18; Hv. i. O.).

wertungsmasse, beispielsweise als ›Publikationen‹ oder als technisch verwertbare ›Patente‹.

Eine praxeologische Theorie relativiert das Neutralitätsgebot, indem sie den Gegenstand als menschliche Angelegenheit behandelt und ihn nicht auf eine Forschungsangelegenheit reduziert. Es dürfte daher kein Zufall sein, dass Erziehung im Kontext einer Pädagogik der Person ausdrücklich als *Praxis* bestimmt wird – und nicht als *Poiesis* (vgl. Böhm 2011). Der Umstand, dass eine Pädagogik der Person als praxeologische Theorie entworfen wird, ist unabhängig davon, ob das Personsein in diesem Zusammenhang religiös begründet wird oder nicht (vgl. Böhm 1992). Entscheidend ist vielmehr, dass die Wahl dieser Theorieform die Möglichkeit eröffnet, auch in wissenschaftlicher Einstellung für die Praxis engagiert zu sein. Das Engagement kommt darin zum Ausdruck, dass der ›Sprung‹ in die religiöse Fundierung der Theorie erlaubt ist.

Dies mag auf den ersten Blick als ›Verunreinigung‹ im Sinne des Anspruchs auf Wissenschaftlichkeit einer pädagogischen Theorie angesehen werden. Tatsächlich aber ist jede Theorie, die menschliche Angelegenheiten zum Gegenstand hat, fundiert in allgemeinen Zusammenhängen, die sie ›in Gesellschaft‹ sein lässt mit anderen Perspektiven, die auf diese Angelegenheiten eingenommen werden. Im Sinne des ›Ordnungsgedankens‹ greifen sie in einem nicht zu durchschauenden und nicht zu überblickenden Zusammenhang, genannt ›die Welt‹, zu ›Haltepunkten‹, weil ansonsten überhaupt nicht angefangen werden könnte, einen Sachverhalt sinnvoll zu besprechen. In der gesellschaftlichen Perspektivität relativieren sich die eingenommenen Perspektiven hinsichtlich ihrer Geltungsansprüche. In diesem Sinne kann eine ignatianische Pädagogik ihren Blick auf die Welt auch dann noch als einen Beitrag neben anderen Beiträgen begründen, wenn sie auf ihre religiöse Fundierung nicht Verzicht tun will. Sie steht allerdings vor der Herausforderung, ihre Fundierung im Hinblick auf die allgemeine Suche nach Orientierung zu begründen, denn das scheint der methodische ›Haltepunkt‹ zu sein, auf den man sich angesichts der Perspektivität noch am ehesten wird einigen können (vgl. Anhalt 2012a). Hier bringt sie ihre Überzeugung von einem Jenseits zur Sprache, die nur von jemandem geteilt werden dürfte, der bereit ist, Fragen zuzulassen, ›die man nicht schon mit der fertigen Antwort verbunden in die Welt schickt‹ (Rahner).

5.3.7 Erziehung als Form des Miteinanderumgehens

Die ignatianische Pädagogik hat ein Verständnis davon, wie pädagogisch gewirkt werden sollte. Man kann dies ihre ›Theorie der Praxis‹ nennen und zeigen, wie diese Theorie dazu beiträgt, eine Praxis anzuleiten und zu reflektieren und damit gleichzeitig auf Veränderungen in der Praxis reagiert. In den Beschreibungen von Erziehung, Unterricht und Bildung wird sichtbar, wie die ignatianische Pädagogik den Umstand denkt, dass man ›in Gesellschaft‹ ist, wenn man im Menschen einen ›Nächsten‹ sieht, dem man den Status ›Person‹ zuspricht. Hier sehen wir Gemeinsamkeiten mit anderen Pädagogiken, die Erziehung, Unterricht und Bildung ebenfalls als Formen des Umgangs zwischen Personen beschreiben.

5.3 Erziehung als Verhältnis von Selbstverhältnissen: Das Problem der Sozialität

Die pädagogische Praxis spricht zwar das *Lernen* des einzelnen Menschen an, um auf diesem Wege seine Vernunftbegabung zu ermitteln und anzuregen. Es ist aber verkehrt, das Lernen als die alleinige Referenz pädagogischer Bemühungen zu setzen. Das Lernen des einzelnen Menschen ist nämlich kein Selbstzweck. Das Lernen wird im pädagogischen Verständnis vielmehr funktional bestimmt. Es soll zu etwas dienen. Gleichzeitig wird das Lernen kontextsensibel zum Thema gemacht. Es wird unter Bedingungen reflektiert, die typenmäßig unterschieden werden. Aussagen über das Lernen von Kindern, von Jungen oder Mädchen, von Kleinkindern oder Jugendlichen, von Mitgliedern unterschiedlicher Kulturen usw., transportieren daher je spezifische Geltungsansprüche. Die hierbei zu beachtenden Differenzen werden im Reden über ›das Lernen‹ oft übersehen. So ist die häufig anzutreffende, aus der kognitionspsychologischen Forschung stammende Rede vom Lernen, das in Erziehung, Unterricht und Bildung im Zentrum stehen sollte, nur die halbe Wahrheit. Wer auf sie alle pädagogischen Bemühungen ausrichtet, trägt zu einer Reduktion bei.

Diese Reduktion ist u. a. erkennbar daran, dass zum Beispiel in der Didaktik die Frage der sinnvoll begründeten Wahl von Bildungsinhalten und -gehalten durch die einseitige Optimierung von Methoden zur Unterstützung von Lernen verdrängt worden ist. Das hat in zahlreichen Kontexten zu einem Orientierungsproblem geführt, denn viele Menschen wissen nicht mehr zu beurteilen, was aus welchen Gründen gelernt werden soll, wenn es ausschließlich darum geht, das Lernen zu optimieren. Dann bleibt am Ende nur noch die aus der Unternehmenstheorie stammende Parole übrig, es ginge um das ›Lernen des Lernens‹, ohne dass jemand zu sagen weiß, welche Inhalte es verdienen, gelernt zu werden, und welche Inhalte dem Lernen vorenthalten werden sollten – weil man dafür Gründe angeben kann. Vor allem aber verblasst der Gedanke, dass es darum gehen könnte, dem heranwachsenden Menschen dabei zu helfen, den an ihn gerichteten Appell, jederzeit lernbereit, -fähig und -willig zu sein, beurteilen zu können.

Im pädagogischen Verständnis ist es eine triviale Tatsache, dass beim Lernen von Inhalten auch das Lernen des Lernens im Spiel ist. In der Regel wird durch Übung eine Gewohnheit des Lernens etabliert. Nichts anderes besagt die Parole vom ›Lernen des Lernens‹ in den meisten Fällen. Idealerweise gelingt es edukativ, diese Gewohnheit reflexiv werden zu lassen, d. h. sie zum Gegenstand der Kommunikation über das Lernen zu machen. Das gelingt aber nur durch Kommunikation über den Umgang mit einem konkreten Inhalt.

Man kann, anders gesagt, das Lernen nicht aus dem Gegenstandsbezug der Aktivitäten und den Bedingungen seiner inszenierten Unterstützung herauslösen und für sich behandeln. Vor diesem Hintergrund gilt es, das ›eigentliche‹ Zentrum wieder in den Fokus der Aufmerksamkeit zu rücken. Das pädagogische Bemühen spricht zwar das Lernen des einzelnen Menschen an, dessen Lernen ist aber nicht der ›eigentliche‹ Sinn und Zweck des gemeinsamen Arbeitens. Der Anspruch an die Personen, die Verantwortung für pädagogische Angelegenheiten übernehmen, lautet vielmehr, dass sie dazu beitragen, dass Heranwachsende lernen, in der Welt zurechtzukommen, genauer: ihr Leben im Umgang mit anderen Menschen auf ›erwachsene‹ Weise zu führen (vgl. Biesta 2017, S. 7 ff.). In der Perspektive einer ignatianischen Pädagogik bedeutet dieser Anspruch letztlich nichts anderes, als Kindern und Jugendlichen dabei zu helfen, Person zu sein, wozu insbesondere auch die Fähigkeit zählt, angesichts konkreter Sachverhalte innezuhalten und zu prüfen, ob die eigenen Wünsche angesichts der spezifischen Herausforderungen und Erfordernisse denn auch wünschenswert und in diesem Sinne rechtfertigbar sind. Die Fähigkeit zu entwickeln, sich in verschiedenen sachlichen Domänen zu den eigenen Willensstrebungen in ein Verhältnis zu setzen, dürfte für Heranwachsende unumgänglich sein, damit diese sich in einer Welt zurechtfinden, die sie mit anderen gemeinsam teilen – insbesondere dann, wenn man denkt, die Welt sei komplex. Die Sprache des Lernens verstellt den Blick auf diese Aufgabe und ist darüber hinaus anfällig dafür, dass pädagogische Anliegen darauf reduziert werden, als Instrumente bzw. Werkzeuge für externe Zwecksetzungen und Sinnbestimmungen herzuhalten.

Wer in der Pädagogik nur eine Technik der Optimierung von Lernprozessen sieht, läuft Gefahr, den Menschen als Lernwerkzeug misszuverstehen, d. h. ihn zu instrumentalisieren. Er hätte nicht verstanden, dass es sich bei Erziehung um eine Praxis menschlichen Zusammenlebens handelt. Durch die Präsentation und Repräsentation von Wissen, Können und Haltung sollen die Heranwachsenden angeregt werden, sich zu einer Welt zu verhalten, die nicht nur technisch zu erobernde Natur ist. Es ist eine von Menschen gestaltete Natur, die in ihrer Anwesenheit entfaltet wird. In der Erziehung begegnen Heranwachsende dieser Natur leibhaftig, denn die Erzieher:innen sind die Art von Natur, die sich zu ihrer Natürlichkeit zu verhalten gelernt hat. Wer von heranwachsenden Menschen verlangt, sich selbst auf die Optimierung von Lernen im Sinne eines Werkzeugs zu reduzieren, darf sich nicht wundern, wenn diese Menschen ihm selbst eines Tages in genau dieser Einstellung begegnen. Er könnte ihnen noch nicht einmal Vorwürfe machen, denn auf dieses Lernen waren seine Bemühungen um Unterstützung ja beschränkt worden.

Menschen können ›aus eigener Kraft‹ eine Form des Umgangs erschaffen, der das Lernen in einen Raum hineinstellt, in dem nicht mehr nur die gegebene Natur das Sagen hat. In diesem Raum reden die Menschen in ihrer ›zweiten Natur‹ miteinander. Sie sprechen sich nicht bloß als Körper an, die physikalisch im Raum anwesend sind. Sie geben sich Namen und behandeln sich wechselseitig als *Personen*. Personen sind Lebewesen, die verstanden haben, dass sie eine Natur sind, die sich zu sich selbst verhält. Personen sind, anders gesagt, *Selbstverhältnisse*. Als Selbstverhältnisse können sich Personen sogar zu ihrer zweiten Natur noch einmal in ein Verhältnis setzen (vgl. Spaemann 1996).

Diese Form des Umgangs mit seinesgleichen kann nur ›aus eigener Kraft‹ erschaffen werden. Jede andere Genese wäre nämlich nur beschreibbar als ›Bearbeitung‹ von Objekten. Weil Menschen in sich und in ihresgleichen nicht bloß Objekte erkennen, die als Körper, physikalischen Gesetzmäßigkeiten unterliegend, im Raum anwesend sind, sondern Selbstverhältnisse, müssen sie ›aus eigener Kraft‹ die Form des Umgangs miteinander finden, zu der sie fähig sind. Dies tun sie, indem sie miteinander kommunizieren und ihre körperlichen Aktivitäten, ihre ›Interaktionen‹, kommunizierend aufeinander abstimmen. In diesen Formen entwickeln sich Selbstverhältnisse, d. h. Personen.

Wenn Selbstverhältnisse ihre Anwesenheit im Miteinanderumgehen entfalten, dann geschieht dies zwar mit und unter den Bedingungen von Körpern. Selbstver-

5.3 Erziehung als Verhältnis von Selbstverhältnissen: Das Problem der Sozialität   193

hältnisse sind aber nie nur als Körper anwesend. Körpern kann man die Form ihrer Anwesenheit vorgeben, indem man sie bearbeitet. Bildhauer tun dies, indem sie einen Marmorblock mit Werkzeugen so lange bearbeiten, bis er die Form angenommen hat, die man ihm geben will. Tiere werden so lange dressiert, d. h. verhaltenstechnisch bearbeitet, bis ihr Verhalten die Form angenommen hat, die man in ihrer Gegenwart toleriert. Geräten gibt man die Form, die man haben will, um die eigene Anwesenheit in der Welt zu unterstützen. Selbstverhältnisse entziehen sich einer solchen Bearbeitung prinzipiell. Sie können sich nämlich jederzeit aus sich heraus zu ihrer Behandlung verhalten.

Selbstverhältnisse befinden sich damit nicht einfach nur im Modus der Bearbeitung wie ein Objekt, aus dem jemand ›etwas machen‹ will. Sie sind nicht bloß ein Ding, das willkürlich manipuliert werden kann, weil es nicht mehr als ein Ding ist. Selbstverhältnisse sind auch Körper, also in gewisser Weise Dinge im Raum, zum Beispiel ein Objekt der Beobachtung. Die Modeindustrie lebt davon, dass Menschen als bewegliche Kleiderstände eingesetzt werden können. Fabriken sind letztlich das Perfektionsideal der Steuerungslogik, weil in ihnen die Beweglichkeit von Menschen gegen die Versuchung, ein Selbstverhältnis zu kultivieren, abgegrenzt werden kann. In Fabriken wird die Beweglichkeit von Menschen auf den Takt der vorgegebenen Arbeitsschritte reduziert. Ihre Selbstverhältnisse dürfen in den Pausen und in der Freizeit zum Vorschein kommen. Für den Arbeitstakt ist es nicht vorgesehen, dass Menschen in ihren Selbstverhältnissen miteinander kommunizieren.

Erziehung – so könnte man die zentrale These einer modernen Variante von ignatianischer Pädagogik auf den Punkt bringen – wird als Bearbeitung eines Objektes nicht angemessen beschrieben. Erziehung bedeutet vielmehr eine Form von Gesellschaft, die Selbstverhältnisse ›aus eigener Kraft‹ erschaffen und in der sie ihr Verhältnis zueinander abstimmen. Deshalb ist Erziehung besser als ein Verhältnis zwischen Selbstverhältnissen zu beschreiben. Eben dies kann mit dem Ausdruck ›Form des Miteinanderumgehens‹ bezeichnet werden. Und selbst dann, wenn man annehmen wollte, dass Erziehung sinnvoll als Produktion gedacht und auch gestaltet werden kann, so stellt sich immer noch die Frage, ob dies wirklich wünschenswert und in diesem Sinne auch gerechtfertigt wäre.

Ein Urteil, das ein heranwachsender Mensch formulieren lernen sollte, würde die Zusammenhänge in den Blick nehmen müssen, die es zu berücksichtigen gilt, damit keine Abhängigkeiten abgeblendet werden, in die man verstrickt ist, wenn man seine eigene Implikation in den Sachverhalt beachtet. Es ist ein Urteil, das Auskunft darüber gibt, wie man denkt, in Gesellschaft zu sein mit seinesgleichen, wie man denkt, mit ihnen in Gesellschaft sein zu können und wie man wünscht, mit ihnen in Gesellschaft zu sein. In der ignatianischen Pädagogik wird die Reflexion unter den Anspruch gestellt, die suspensio iudicii aufrechtzuerhalten, um die Grenzen zwischen den Ordnungen auch mit der Grenze aller mundanen Ordnungen zu relationieren und nach gewissenhafter Prüfung die Entscheidung zu treffen, ob der Sprung in Antworten auf Fragen, die von sich aus diese Antworten nicht mit sich führen, getan werden soll.

Schluss

In dieser Arbeit haben wir den Versuch unternommen, eine Standortbestimmung ignatianischer Pädagogik aus erziehungswissenschaftlicher Perspektive zu entwickeln, indem Ansätze zu einer solchen Pädagogik historisch-systematisch rekonstruiert sowie in die Problemgeschichte pädagogischen Denkens und Handelns eingeordnet wurden. Der Anspruch lautet, die ignatianische Pädagogik für die erziehungswissenschaftliche Theoriebildung und Forschung zu erschließen. Mit der vorgeschlagenen Standortbestimmung ist darüber hinaus die Hoffnung verbunden, zur Selbstreflexion von Akteur:innen beizutragen, die an Schulen und Hochschulen in der Trägerschaft des Jesuitenordens tätig sind.

Im Folgenden werden wir die Ergebnisse unserer Untersuchung zunächst kompakt zusammenfassen. Hierbei kommen Zusammenhänge in den Blick, die nicht aus einer Binnenperspektive, sondern allein aus der Perspektive einer externen Beobachterin erfasst werden können. Mit dieser Überlegung ist nicht die Annahmen verknüpft, eine erziehungswissenschaftliche Perspektive sei die einzig legitime externe Perspektive, die auf die ignatianische Pädagogik eingenommen werden könnte. Darüber hinaus sollte die besagte Perspektivendifferenz nicht zu der Annahme verleiten, dass allein die ignatianische Pädagogik von Seiten der Erziehungswissenschaft lernen könne. Geht man vorschnell von einer Hierarchisierung der Perspektiven aus, so geraten unter Umständen etwaige Anregungen aus dem Blick, die eine Befassung mit der ignatianischen Pädagogik für die erziehungswissenschaftliche Theoriebildung und Forschung bereithält. Solchen potenziellen Anregungen möchten wir in einem zweiten Schritt nachgehen.

Grundstrukturen ignatianischer Pädagogik

Ausgangspunkt unserer Untersuchung ist ein spezifisches *Desiderat* im Kontext der Erziehungswissenschaft. Trotz des Umstandes, dass Ignatius von Loyola teilweise als ein Klassiker der Pädagogik geführt wird, kann festgehalten werden, dass die ignatianische Pädagogik bis heute kaum zum Gegenstand erziehungswissenschaftlicher Theoriebildung und Forschung avanciert ist. Im Fokus des Interesses steht zumeist die Entwicklung des vom Jesuitenorden getragenen Schul- und Hochschulsystems, weniger jedoch die Frage, ob es eine im Kontext ignatianischer Spiritualität begründete Idee von Pädagogik gibt und, falls ja, wie diese relational zu anderen Pädagogiken bestimmt werden kann. Umgekehrt kann festgestellt werden, dass in Beiträgen zur ignatianischen Pädagogik kaum eine diskursive Auseinandersetzung mit dem aktuellen Stand erziehungswissenschaftlicher Theoriebildung und Forschung stattfindet. Folgende Grundstrukturen ignatianischer Pädagogik können aus erziehungswissenschaftlicher Perspektive festgehalten werden:

1. Die *Exerzitien* des Ignatius gelten bis heute als der maßgebliche Referenztext sowohl einer ignatianischen Spiritualität als auch einer ignatianischen Pädagogik. Die darin formulierten Überlegungen sind in ideengeschichtliche Zusammenhänge eingebettet, die vor allem in ihrer Bedeutung für eine ignatianische Pädagogik bislang kaum aufgearbeitet worden sind. In unserer Untersuchung haben wir *ideengeschichtliche Hintergründe ignatianischer Pädagogik* ›sichtbar‹ gemacht, indem in den *Exerzitien* ›Spuren‹ griechisch-römischer Philosophie (z. B. *Phronesis, Ataraxie*), christlicher Spiritualität (z. B. Gewissen) sowie einer neuzeitlichen Selbstbeschreibung des Menschen (z. B. Individualität) nachgewiesen wurden. Darüber hinaus wurden Facetten eines ignatianischen Selbst-, Welt- und Gottesverständnisses herausgearbeitet, die als Bezugspunkte einer ignatianischen Spiritualität und Pädagogik fungieren. In diesem Zusammenhang haben wir argumentiert, dass eine entsprechende Bestimmung des Bezugsrahmens einer ignatianischen Pädagogik mindestens drei Dimensionen zu berücksichtigen hat, nämlich die des Glaubens, der Praxis und der Gemeinschaft.

2. Mit Blick auf neuere Arbeiten zur ignatianischen Pädagogik im deutschsprachigen Raum wurde von uns der Vorschlag entwickelt, ignatianische Pädagogik als eine besondere *Variante einer Pädagogik der Person* aufzufassen. Menschen, so die grundlegende Voraussetzung, sind nach dem Bilde Gottes geschaffen. In dieser Gottesebenbildlichkeit gründet u. a. ihr *Personsein*, d. h. ihre grundsätzliche Möglichkeit, das eigene Leben entwerfen und gestalten zu können, und dafür auch in Verantwortung zu stehen. *Bildung* wird in diesem Zusammenhang als ›Aktuierung‹ der Person bestimmt. Der Begriff der Aktuierung bezeichnet den Prozess, in dem ein Mensch die ihm gegebene Möglichkeit, als Person in Erscheinung zu treten, ergreift und in diesem Sinne Wirklichkeit werden lässt. Ein Begriff von Bildung als Aktuierung der Person bleibt nicht ohne Konsequenzen, was die Beschreibung von *Erziehung* anbetrifft – dies jedenfalls dann, wenn Erziehung als Ermöglichung von Bildung konzipiert wird. Erziehung bedeutet dann diejenige Hilfe, die Heranwachsende erfahren, um ihr Personsein zu aktuieren.

3. Ignatianische Pädagogik kann als der Versuch interpretiert werden, im Lichte der Tradition ignatianischer Spiritualität zu erläutern und zu begründen, wie eine an der Maßgabe der Personalität orientierte Erziehung bestimmt werden kann. Aus einem ignatianischen Selbst-, Welt- und Gottesverständnis heraus kann auch im heranwachsenden Menschen Gott erkannt werden, womit sich ein beliebiger Umgang mit den Heranwachsenden verbietet. Entsprechend wird Erziehung im Kontext ignatianischer Pädagogik als eine Form des Miteinanderumgehens beschrieben, in der Heranwachsende als Personen angesprochen werden. Eine solche Adressierung ist auch von der Überzeugung getragen, dass für die Heranwachsenden nur so die Möglichkeit besteht, in ein freies Verhältnis mit Gott zu treten, um *ihre* ›Berufung‹, in der Tradition des Jesuitenordens gesprochen: um *ihr* Magis zu suchen und zu finden. Die Spannung von Freiheit und Verbindlichkeit, die insbesondere neuere Entwürfe einer ignatianischen Pädagogik durchzieht, zeigt sich hier in aller Deutlichkeit. Eine ignatianische Erziehung kann nicht *nicht* versuchen, Heranwach-

sende für die religiöse Dimension von Wirklichkeit zu erschließen. Zugleich darf eine ignatianische Erziehung Heranwachsende nicht auf eine christliche Lebensform festlegen. Heranwachsende auf ein Bekenntnis zu verpflichten, darf nicht Aufgabe einer ignatianischen Erziehung sein, wenn an der Maßgabe der Personalität Orientierung gesucht wird. Der Ansatz, für den in neueren Beiträgen zur ignatianischen Pädagogik an dieser Stelle votiert wird, lautet, Heranwachsende in die Frage nach Gott zu verstricken, ohne diese auf vorgegebene Antworten festzulegen.

4. Im Rahmen einer ignatianischen Pädagogik, die in einem spätmodernen Kontext als Pädagogik der Person konzipiert wird, wird der Erfolg einer ignatianischen Erziehung nicht länger daran festgemacht, dass es gelingt, Heranwachsende zu einer christlichen Lebensform zu bewegen, die von der Überzeugung getragen ist, durch ein gottgefälliges Leben die eigene Seele zu retten. Die Maßgabe der Personalität gebietet es vielmehr, die zukünftige Lebensorientierung von Heranwachsenden für deren Urteil offen zu halten. Im Unterschied hierzu wird im Rahmen einer *traditionellen Variante* von ignatianischer Pädagogik, wie sie insbesondere für die Frühphase des Ordens charakteristisch gewesen ist, von anderen Überzeugungen ausgegangen. Der Mensch wird als ein Wesen gedacht, dass dazu bestimmt ist, ein gottgefälliges Leben zu führen. Im Lichte dieser anthropologischen Prämisse wird ignatianische Erziehung an die Aufgabe geknüpft, Heranwachsende zu einer Lebensführung aus einem christlichen Selbstverständnis heraus zu bewegen. Dies schließt eine Befassung mit wissenschaftlichem Wissen nicht aus. Allerdings wird die Erziehung im Kontext eines traditionellen Verständnisses von ignatianischer Pädagogik von vorneherein darauf bezogen, Heranwachsende *so* in wissenschaftliches Wissen einzuführen, dass der Zusammenhang mit der Idee einer gottgefälligen Lebensführung gewahrt bleibt. Der Anspruch lautet, Heranwachsenden zu einer ›gelehrten Frömmigkeit‹ (docta pietas) zu verhelfen.

5. Ignatianische Erziehung wird auch heute oftmals noch an die Aufgabe geknüpft, Heranwachsende zu einer Lebensführung aus einer christlichen Selbstdeutung heraus zu bewegen. Eine solche Ausrichtung steht in Spannung zu dem, was in der Erziehungswissenschaft als *Eigenlogik moderner Erziehung* diskutiert wird: Im Zuge gesellschaftlicher Transformationsprozesse insbesondere in Kontinentaleuropa in der Zeit von etwa 1700 bis 1850 kristallisierte sich in pädagogischen Entwürfen zunehmend die Überzeugung heraus, dass Erziehung nicht darin aufgehen dürfe, Heranwachsende in kulturelle Sachverhalte einzuführen, sondern dieser darüber hinaus auch und vor allem die Aufgabe zukommen müsse, ›Neuankömmlingen‹ in der Welt dabei zu helfen, in der Auseinandersetzung mit dieser Welt eigene Positionen in Fragen eines gelingenden Lebens und Zusammenlebens zu suchen, zu finden und weiterzuentwickeln. Die Idee, dass Erziehung auf die *Freisetzung für ein Leben in Selbstbestimmung* ausgerichtet sein sollte, erfährt in den pädagogischen Entwürfen der sogenannten ›Sattelzeit‹ ihren Durchbruch. Erziehung wird nun fortschreitend an den Anspruch geknüpft, Bildung im Sinne von Selbstbildung zu ermöglichen. Mit dieser neuen Aufgabenstellung von Erziehung ist eine spezifische Selbstbeschreibung des Menschen als *bildsames Subjekt* verbunden. Menschen beginnen damit, sich selbst zunehmend als Wesen zu begreifen, deren Lebensorientierung nicht schon feststeht, sondern offen ist. Eine Erziehung, in der Heranwachsen-

de als bildsame Subjekte anerkannt und entsprechend adressiert werden, kann als *Aufforderung zur Selbsttätigkeit* bestimmt werden. Heranwachsende zur Selbsttätigkeit aufzufordern bedeutet, diese dazu einzuladen, so früh und so weit wie möglich an ihrer Entwicklung mitzuwirken, d. h. sich zu Geltungsansprüchen, mit denen sie sich im Kontext von Erziehung notwendigerweise konfrontiert sehen, in ein Verhältnis zu setzen.

6. Favorisiert man eine ignatianische Pädagogik nach traditionellem Muster, so konfligiert diese offensichtlich mit der Eigenstruktur moderner Erziehung. Die Festlegung auf eine christliche Lebensführung ist mit einer Aufforderung zur eigenen Positionierung von Heranwachsenden unvereinbar. In diesem Fall könnte kaum sinnvoll von einer ignatianischen *Pädagogik* im modernen Sinne gesprochen werden. Umgekehrt stellt sich mit Blick auf eine moderne Variante von ignatianischer Pädagogik die Frage, ob und, falls ja, inwiefern in diesem Zusammenhang noch sinnvoll von einer *ignatianischen* Pädagogik gesprochen werden kann, wenn das Religiöse nicht mehr allein die Ausrichtung von Erziehung bestimmt, sondern stattdessen zu einem Gegenstand im Kontext von Erziehung avanciert. Offenkundig gibt es Entwürfe, in denen Erziehung als Ermöglichung von (religiöser) Bildung konzipiert wird, *ohne* dass hierbei an einem ignatianischen Selbst-, Welt- und Gottesverständnis Orientierung gesucht wird. Ein möglicher Lösungsansatz für dieses Problem besteht darin, das Spezifikum einer ignatianischen Pädagogik nicht länger in einer originären *Beschreibung* von Erziehung zu suchen, sondern stattdessen in einer originären *Begründung* einer Beschreibung von Erziehung als Ermöglichung von Bildung. Diese Begründung besteht im Kern darin, dass auch im Heranwachsenden Gott erkannt werden kann und es der Status von Heranwachsenden als Ebenbilder Gottes gebietet, diese im Kontext von Erziehung nicht auf eine vorgegebene Ordnung festzulegen, sondern als vernunft- und freiheitsbegabte Lebewesen anzusprechen. Entscheidend an dieser Weichenstellung ist, dass sie die Möglichkeit eröffnet, die Kritik zu relativieren, dass das ignatianische Moment einer ignatianischen Pädagogik sich mehr oder weniger auflöse, wenn ignatianische Erziehung unter Berücksichtigung der Eigenlogik moderner Erziehung konzipiert wird. Stattdessen lässt sich zeigen, dass für eine Erziehung im modernen Verständnis, die Heranwachsende als bildsame Subjekte anerkennt und zur Selbsttätigkeit auffordert, auch dann votiert werden kann, wenn von einem ignatianischen Selbst-, Welt- und Gottesverständnis ausgegangen wird. Mehr noch: Interpretiert man eine ignatianische Pädagogik als eine Pädagogik der Person, so hat dies zur Konsequenz, dass ignatianische Erziehung als eine Form des Miteinanderumgehens konzipiert werden *muss*, in der Heranwachsenden die Möglichkeit eröffnet wird, sich in ein kritisch-reflexives Verhältnis zu sich selbst und zur Welt zu setzen, soll deren Personstatus nicht unterminiert werden. Pointiert formuliert: Menschen als Personen zu adressieren, schließt immer auch mit ein, diese als bildsame Subjekte anzusprechen.

7. Der Transformationsprozess, der vor allem im deutschsprachigen Raum zu einer Neuorientierung ignatianischer Pädagogik geführt hat, kann auf zweifache Art und Weise interpretiert werden. *Zum einen* ist es möglich, den Übergang von einem traditionellen hin zu einem modernen Verständnis von ignatianischer Erziehung als einen Prozess der *Pädagogisierung* zu deuten, der selbst wiederum in spezi-

fische geschichtlich-gesellschaftliche Transformationsprozesse eingebettet ist. Die These lautet, dass im Kontext ignatianischer Pädagogik gleichsam nachträglich ein Paradigmenwechsel vollzogen worden ist, der das pädagogische Denken allgemein seit dem 18. Jahrhundert maßgeblich bestimmt hat. *Zum anderen* kann der angesprochene Transformationsprozess als ein Vorgang der *Reaktualisierung ignatianischer Spiritualität* verstanden werden und – damit verbunden – als ein Prozess, in dem sich ignatianische Pädagogik als Pädagogik der Person gleichsam neu erfindet. In dieser Optik ist es zumindest auch ein theologisches Reframing in der Beschreibung von Erziehung, das eine Neuorientierung ignatianischer Pädagogik mit sich führt, wobei der Rückbesinnung auf die *Geistlichen Übungen* des Ignatius hier eine besondere Bedeutung beigemessen wird. Dabei sollte nicht übersehen werden, dass es sich bei einem solchen Rückgriff nicht um eine 1:1-Übernahme von Ideen handelt, die sich bereits bei Ignatius finden lassen. Vielmehr handelt es sich um einen kreativen Aneignungsprozess, in dem die Eigenlogik moderner Erziehung zumindest implizit als ein wichtiger Bezugspunkt fungiert. Aus dieser Einsicht lässt sich eine bedeutsame Konsequenz im Hinblick darauf ableiten, welche Stellung einer ignatianischen Pädagogik innerhalb des öffentlichen Bildungsdiskurses heute zukommen könnte. Ignatianische Pädagogik könnte in diesem Kontext eine Alternative zu aktuellen Tendenzen im Bildungssystem in den Blick rücken – nicht indem sie eine originäre Beschreibung von Erziehung offeriert, sondern indem sie unter *religiösen* Vorzeichen an ein *pädagogisches* Problemniveau erinnert, das in gesellschaftlichen Debatten weitestgehend in Vergessenheit zu geraten scheint.

8. Ignatianische Erziehung ist in der Tradition immer auch als *Erziehung des Charakters*, genauer: als Erziehung hin zu einer *tugendhaften Lebensführung* bestimmt worden. Bis heute kann in diesem Zusammenhang ein weitgehend unkritischer Rückgriff auf einen (neo-)aristotelischen Bezugsrahmen ausgemacht werden. Charaktererziehung in aristotelischer Tradition zu konzipieren bedeutet, diese als eine Form des Miteinanderumgehens zu bestimmen, in der Heranwachsende an bestimmte Charaktertugenden gewöhnt werden und diese dabei Unterstützung erfahren, die Fähigkeit zu entwickeln, im Lichte dieser Tugenden Handlungen in spezifischen Situationen zu ermessen und diese schließlich auch zu vollziehen. Wir haben in diesem Zusammenhang argumentiert, dass ein Spannungsverhältnis besteht zwischen dem Anspruch, Kinder und Jugendliche in der Aktuierung ihres Personseins zu unterstützen, und dem Anspruch, diese auf vorgegebene Tugenden zu verpflichten. Zugespitzt formuliert: Tugenderziehung nach aristotelischem Vorbild ist nicht ohne weiteres kompatibel mit einer Erziehung zur Mündigkeit, für die im Kontext einer an der Maßgabe der Personalität orientierten ignatianischen Pädagogik votiert wird. Es sollte nämlich nicht übersehen werden, dass die Übung der *Phronesis* in einen Rahmen von Charaktertugenden eingebettet ist, der als solcher auch im Zuge der fortschreitenden Entwicklung dieser epistemischen Tugend nicht zur Debatte steht – und damit auch nicht die Auffassung von einem gelingenden Leben, von der her die Charaktertugenden bestimmt und gerechtfertigt werden.

Eine Erziehung als Ermöglichung von Bildung hätte Heranwachsenden demgegenüber immer auch die Freiheit zu eröffnen, bereits entwickelte Charakterdispositionen auf den Prüfstand zu stellen, um diese so als bildsame Subjekte zu adressieren, deren Zukunft nicht festgelegt werden darf, sondern offengehalten werden muss. Eine solche kritisch-reflexive Distanzierung ist im Kontext einer Beschreibung von Tugenderziehung in (neo-)aristotelischer Tradition nicht vorgesehen, was damit zu tun haben dürfte, dass Tugenden hier gleichsam per definitionem als das universal Gute und Beständige aufgefasst werden. In der Folge erscheint es als wenig bedeutsam, wenn nicht sogar hinderlich für eine gewöhnende Erziehung, Heranwachsende dazu zu befähigen, sich gegenüber bestimmten Tugenden in ein prüfendes Verhältnis zu setzen. Eine solche Position setzt aber voraus, dass wir darum *wissen*, was ein gelingendes Leben kennzeichnet und was die Tugenden sind, in denen ein solches Leben Gestalt gewinnt. Hierbei handelt es sich um eine durchaus bestreitbare Annahme – gerade unter den Bedingungen einer spätmodernen Gesellschaft, für die eine Pluralität an Auffassungen von einem gelingenden Leben charakteristisch ist.

9. Eine Möglichkeit, auf diese Problemstellung zu reagieren, besteht darin, *alternative Bezugsgrößen* zu erwägen. Die These lautet, dass es im Lichte der Maßgabe der Personalität gute Gründe dafür gibt, Tugenderziehung unter Rückgriff auf moderne Theorieangebote zu konzipieren, in denen Tugend daran festgemacht wird, moralischen Einsichten und Urteilen handelnd zu entsprechen. Johann Friedrich Herbart hat einen entsprechenden Alternativentwurf entwickelt. Dieser erlaubt es, bestimmte Probleme, die eine aristotelische Rahmung mit sich führt, zu vermeiden, so dass ignatianische Erziehung als Hilfe zur Aktuierung des Personseins von Heranwachsenden verstanden und zugleich als Tugenderziehung konzipiert werden kann. Der Vorschlag besteht im Kern darin, Erziehung als Ermöglichung von *Charakter*bildung, genauer: der Bildung eines *moralischen Charakters* zu konzipieren. Herbart operiert nicht mit einer spezifischen Auffassung von einem gelingenden Leben. Stattdessen wird Erziehung unter den Anspruch gestellt, Heranwachsende darin zu unterstützen, eine ›Charakterstärke der Sittlichkeit‹ zu entwickeln. Moralität in diesem Sinne ist notwendig, damit Menschen sich wechselseitig die Freiräume eröffnen, die Voraussetzung dafür sind, eigene Auffassungen von einem gelingenden Leben zu suchen, zu finden und weiterzuentwickeln. In diesem Sinne ist es kein Widerspruch, Charaktererziehung einerseits *nicht* an eine spezifische Auffassung des gelingenden Lebens zu knüpfen und diese andererseits als Ermöglichung der Bildung eines moralischen Charakters zu konzipieren. Kinder und Jugendliche als unbestimmte Wesen zu begreifen, deren Entwicklung nicht auf ein spezifisches Telos hin ausgerichtet ist, *verlangt* vielmehr nach einer Erziehung, in der Heranwachsende mit einer moralischen Grundorientierung konfrontiert werden, die überhaupt erst die Spielräume herstellt und sichert, innerhalb derer Menschen eigene Auffassungen von einem gelingenden Leben und Zusammenleben entwickeln, leben und auch wieder verändern können. Umgekehrt ist Charaktererziehung im Sinne Herbarts nicht darauf bezogen, Heranwachsende auf vermeintlich sichere moralische Vorgaben festzulegen, sondern vielmehr auf die Initiierung und Unterstützung von Prozessen der eigenen Urteilsbildung sowie der Selbstverpflichtung auf überindividuelle Verbindlichkeiten hin ausgerichtet. Eine solche Beschreibung von Charaktererziehung ergreift nicht Partei für eine spezifische Auffassung von gelingendem Leben (Problem der Komplexität). Darüber hinaus konfligiert diese Beschreibung nicht mit den Prämissen einer ignatia-

nischen Pädagogik, in der Erziehung als Ermöglichung von Bildung, d. h. einer Aktuierung der Person verstanden wird (Problem der Personalität).

10. Der maßgebliche ›Haltepunkt‹ einer ignatianischen Pädagogik ist die Ausrichtung an einer *christlich reflektierten Form des Miteinanderumgehens* als der prinzipiellen Referenz. Man spricht deshalb auch nicht von der Produktion z. B. von Learning Outcomes, sondern über den Umgang von Menschen, und macht damit die eigene Gegenstandsorientierung deutlich: Im Kontext einer ignatianischen Pädagogik werden Menschen unter Präsenzbedingungen zum Gegenstand einer christlich reflektierten Betrachtung gemacht. Entsprechend wird aus der Warte einer ignatianischen Pädagogik auch auf Pädagogiken reagiert, die eine andere Gegenstandsorientierung präferieren. Zugespitzt formuliert: Wer in der Erziehung nur eine Technik der Optimierung von Lernprozessen sieht, hat nicht verstanden, dass es sich bei Erziehung um eine spezifische Form menschlichen Zusammenlebens handelt. Menschen erschaffen diese Form des Umgangs ›aus eigener Kraft‹, indem sie sich als Personen ansprechen, d. h. als Lebewesen, die sich zu sich selbst verhalten. Erziehung entsteht, wird aufrechterhalten und verändert, indem Selbstverhältnisse miteinander kommunizieren und Heranwachsende darin Unterstützung erfahren, ihr Personsein zu aktuieren.

Fragen an die Erziehungswissenschaft

Eine ignatianische Pädagogik, die als Pädagogik der Person entworfen wird, bestimmt Erziehung als ein Miteinanderumgehen von (mindestens) zwei Personen. Sie tut dies im Lichte der Idee von der Gottesebenbildlichkeit des Menschen. Ausgehend von der Rekonstruktion dieses Grundgedankens einer modernen Variante von ignatianischer Pädagogik ist es möglich, Fragen an die Erziehungswissenschaft zu formulieren, die in diesem Zusammenhang für Irritationen sorgen können. Zugleich können hierdurch mögliche Anschlüsse einer ignatianischen Pädagogik an ausgewählte Diskurse im Bereich der erziehungswissenschaftlichen Theoriebildung und Forschung in den Blick gerückt werden.

1. Im Kontext ignatianischer Pädagogik ist eine spezifische Gegenstandsorientierung maßgeblich. Es geht darum, *Erziehung* in spezifischer Hinsicht zu denken und zu gestalten. Eine solche Gegenstandsorientierung ist keineswegs selbstverständlich, wenn man die Theoriebildung und Forschung in der Erziehungswissenschaft in den Blick nimmt. Dies mag durchaus irritieren, wäre doch zu erwarten, dass die *Erziehungs*wissenschaft insbesondere mit Erziehung befasst ist. Entgegen einer solchen Erwartung ist im Fach selbst mehrfach darauf hingewiesen worden, »dass der Begriff der Erziehung keineswegs der einzige und maßgebende Grundbegriff der Disziplin ist, die sich als Erziehungswissenschaft im Wissenschaftsbetrieb etabliert hat. Ihm gegenüber oder zur Seite stehen die Begriffe der Bildung und der Sozialisation, gelegentlich auch der des Lernens« (Prange 2008, S. 193), um die Gegenstände zu bezeichnen, denen sich Erziehungswissenschaftler:innen widmen. Nimmt man den Umstand zur Kenntnis, dass Erziehung »nicht mehr ohne weiteres der maßgebende und schon gar nicht der ausschließliche Grundbegriff« (ebd., S. 194) der Erziehungswissenschaft ist, so könnte man sagen, dass die ignatianische

Pädagogik in ihrer Gegenstandsorientierung das Fach daran erinnert, seinem Namen gerecht zu werden und die Erziehung wieder verstärkt in den Mittelpunkt von Theoriebildung und Forschung zu rücken.

2. Folgt man dieser Weichenstellung, so stellt sich das Problem einer angemessenen Konzeptualisierung von Erziehung. Im Kontext einer ignatianischen Pädagogik wird Erziehung als eine spezifische *Form des Miteinanderumgehens von Menschen* bestimmt. Erziehungswissenschaftler:innen, die mit dem Begriff der Erziehung operieren, sprechen in diesem Zusammenhang ebenfalls von Erziehung als einer spezifischen Form von Kommunikation. Dabei lautet ein Vorschlag, das Spezifikum erzieherischer Kommunikation in ihrer Ausrichtung auf Lernen zu bestimmen. Zugespitzt formuliert: »Erziehung ist die Einheit der spezifisch pädagogischen Differenz von Erziehen und Lernen« (ebd., S. 196). Erzieherische Aktivitäten und Lernen fungieren in diesem Sinne als originäre Operationen, die eigens koordiniert werden müssen, soll Erziehung gelingen. Erziehung in diesem Sinne zu konzeptualisieren, hat u. a. zur Folge, dass diese spezifische Form der Kommunikation auch all die ›Eigenheiten‹ mit sich führt, die für kommunikative Zusammenhänge im Allgemeinen charakteristisch sind, und die sich gegenüber bestimmten Ambitionen, Erziehung ›in den Griff‹ zu bekommen, als widerständig erweisen. Erzieherische Aktivitäten können Lernen nämlich nicht ›produzieren‹ – und in diesem Sinne auch nicht garantieren. »Im pädagogischen Handeln richtet sich [...] das Zu-Zeigende, bestmöglich artikuliert und synchronisiert, dem lernenden Bewusstsein entgegen; jedoch der entscheidende Schritt, damit sich die Lücke im konsensuellen Bereich als Verstehen zu schließen vermag, lässt sich nicht ›machen‹ oder gar ›herstellen‹, sondern kann von der anderen Seite nur autopoietisch erfolgen. Darin liegt [...] die strukturell unvermeidbare Unsicherheit, mit der alle Professionen, die das Verhalten anderer Menschen kommunikativ zu beeinflussen versuchen, leben müssen« (Kraft 2007, S. 146 f.).

Diesem Umstand wird im Fach keineswegs durchgehend Rechnung getragen. Exemplarisch sei hier nur auf Forschungen verwiesen, die darauf gerichtet sind, nicht nur ein Wissen über Zusammenhänge zwischen bestimmten *Inputs* und bestimmten *Outputs* zu generieren, sondern darüber hinaus mit dem Anspruch verbunden sind, eine Technologie zu entwickeln, die Regeln angibt, deren Einsatz bestimmte Lernergebnisse garantieren soll. Dies stellt z. B. Hargreaves in Aussicht, wenn er im Hinblick auf den schulischen Unterricht eine Forschung für möglich hält, die nachweist, »that if teachers do X rather than Y in their professional practice, there will be a significant and eduring improvement in outcome« (Hargreaves 1997, S. 413). Eine solche Ambition ist freilich nicht unwidersprochen geblieben. Stattdessen wird darauf hingewiesen, dass in der Formulierung und Bearbeitung der Problemstellung, mittels Forschung einer permanenten Steigerung pädagogischer Produktivität zuzuarbeiten, gegenstandstheoretische Voraussetzungen im Spiel sind, in denen eine höchst problematische Konzeptualisierung von Erziehung im Allgemeinen und von Unterricht im Besonderen zum Ausdruck kommen. Zugespitzt formuliert: »Students are human beings who we encounter in educational relationships, and this encounter is a matter of communication not of production« (Biesta 2019, S. 268; Biesta 2015; zur Kritik einer evidenzbasierten Pädagogik vgl. Herzog 2016, S. 205 ff.).

Die Alternative zu einer in der Rede von Erziehung häufig implizierten »Theorie pädagogischer Produktivität« (Herzog 2007, S. 232) lautet, Erziehung in ihrer Grundstruktur als ein Verhältnis der »Bisubjektivität« zu bestimmen (vgl. Sünkel 2013, S. 29 ff.). Erziehende und Zu-Erziehende vollziehen Aktivitäten, im Falle derer sie sich *jeweils* als unhintergehbar erweisen. Im Hinblick auf die Zu-Erziehenden heißt dies, dass ihr Lernen durch erzieherische Aktivitäten nicht im strengen Sinne bewirkt, sondern immer nur ermöglicht werden kann. In diesem Sinne kann nicht allein den Erziehenden ein Subjektstatus zugesprochen werden. Vielmehr sind die Zu-Erziehenden ihrerseits »durch Subjektivität ausgezeichnet«. Das bedeutet: »Dem Ich steht nicht ein Es, sondern ein *Du* gegenüber – wie ›unmündig‹ es auch immer sein mag« (Herzog 2008, S. 22; Hv. i. O.). Dieser Umstand hat zur Folge, dass erzieherische Kommunikation nicht sinnvoll als *Über*mittlung von Wissen, Können und Wollen durch die Erziehenden an die Zu-Erziehenden verstanden werden kann, sondern stattdessen als *Ver*mittlung zwischen Zu-Erziehenden und bestimmten Tätigkeitsdispositionen bestimmt werden muss. »Kommunikation ist keine Übermittlung von irgendetwas, und sie erlaubt keine Determination von irgendetwas. Kommunikation gibt es genau deshalb, weil das Bewusstsein anderer analytisch nicht zugänglich und manipulativ nicht beherrschbar ist« (Herzog 2007, S. 249).

Aus der Warte einer ignatianischen Pädagogik wäre an eine entsprechende Ausrichtung von erziehungswissenschaftlicher Theoriebildung und Forschung die Frage zu richten, ob eine Beschreibung von Erziehung, die einem ›Produktionsparadigma‹ verpflichtet ist, letztlich nicht den Sachverhalt verfehlt, um den es geht, wenn es um Erziehung geht. Zugespitzt formuliert: »Lernende sind keine Trichter, in die man Lerninhalte hinein schüttet« (Mertes 2004, S. 15). Im Lichte der Tradition ignatianischer Spiritualität wird Erziehung als ein Miteinanderumgehen von Menschen bestimmt, das kommunikativ ›funktioniert‹, und in dem von daher immer auch um Verstehen gerungen werden muss – mit allen Unwägbarkeiten, die hier eine Rolle spielen können. Entscheidend dafür, dass im Kontext einer ignatianischen Pädagogik von einer Beschreibung von Erziehung als Produktion Abstand genommen wird, dürfte insbesondere das Votum des Ignatius sein, die Exerzitien als ein Miteinanderumgehen zu bestimmen, das auf eine Begegnung zwischen ›Schöpfer‹ und ›Geschöpf‹ hin ausgerichtet ist – eine Begegnung, die immer nur ermöglicht, nicht aber hergestellt werden kann. Indem ignatianische Pädagogik Erziehung als ein Miteinanderumgehen von Menschen bestimmt, erinnert sie die Erziehungswissenschaft daran, ihren Gegenstand sachangemessen zu konzeptualisieren.

3. Nun ist es denkbar, Erziehung als Kommunikation zwischen Menschen zu bestimmen und dennoch an der Ambition der Steuerung dieses Zusammenhangs und der ihn konstituierenden Akteur:innen festzuhalten. Die Frage lautet in diesem Fall, unter welchen Bedingungen das Miteinanderumgehen in seinen Freiheitsgraden so reduziert werden kann, dass Steuerung erwartbar erfolgreich möglich und die Produktion bestimmter Lernergebnisse sichergestellt wird. Geht man versuchsweise von der Annahme aus, dass es tatsächlich möglich sei, die Unsicherheit, die aller Erziehung eingeschrieben ist, maximal zu reduzieren, so stellt sich die Frage, ob eine solche Ausrichtung von Erziehung auch wünschenswert wäre. Indem eine ignatianische Pädagogik Erziehung als ein Miteinanderumgehen von *Personen* be-

stimmt, macht sie darauf aufmerksam, dass Erziehung bestimmten Ansprüchen Rechnung tragen muss, um als gerechtfertigt gelten zu können. Für eine ignatianische Pädagogik ist maßgeblich, dass Erziehende und Zu-Erziehende unter dem Anspruch stehen, als Personen anerkannt und entsprechend adressiert zu werden. Ein solcher Anspruch scheint nur schwer mit dem Anliegen kompatibel zu sein, das erzieherische Miteinanderumgehen möglichst vollständig in den ›Griff zu bekommen‹ – unabhängig davon, von welcher Seite aus ein solches Anliegen verfolgt wird.

So gesehen erinnert eine ignatianische Pädagogik die Erziehungswissenschaft nicht nur daran, Erziehung als eine spezifische Form von Kommunikation in den Blick zu nehmen, sondern macht sie zugleich darauf aufmerksam, dass eine Klärung der Grundstruktur von Erziehung als solche noch keine Antwort auf die Frage gibt, an welcher Aufgabe Erziehung Orientierung finden sollte. Erst eine solche Aufgabenbestimmung erlaubt es, ein Urteil darüber zu fällen, ob es auch wünschenswert wäre, in der Erziehung allein oder zumindest primär die erwartbar erfolgreiche Produktion vorab feststehender Outcomes anzustreben.

Die Antwort, die im Kontext ignatianischer Pädagogik auf diese Frage gegeben wird, fällt unterschiedlich aus – je nachdem, ob man es mit einer traditionellen oder einer modernen Variante zu tun hat. Im Rahmen einer modernen Variante von ignatianischer Pädagogik lautet der Anspruch, Heranwachsenden *Bildung* zu ermöglichen, d. h. diese darin zu unterstützen, ihr Personsein zu aktuieren. Erziehung kommt in der Folge als eine Form des Miteinanderumgehens in den Blick, in der Kinder und Jugendliche nicht nur in tradiertes Wissen und Können sowie tradierte Werte und Normen eingeführt werden, sondern diesen immer auch die Möglichkeit eröffnet wird, als eine Person in Erscheinung zu treten, die sich zu internen und externen Abhängigkeiten in ein Verhältnis setzen kann – wozu dann auch die Geltungsansprüche zählen, die von Seiten der Erziehenden präsentiert und repräsentiert werden. Ignatianische Pädagogik erinnert in ihrem Votum, Erziehende und Zu-Erziehenden als Personen anzuerkennen und entsprechend zu adressieren, an den Preis, der damit verbunden wäre, wenn Erziehung primär oder gar allein an gesellschaftlichen Ansprüchen und Erwartungen ausgerichtet wird. Dieser Preis würde darin bestehen, dass Erziehung einen Anspruch unterläuft, der für moderne demokratische Gesellschaften maßgeblich geworden ist – den Anspruch nämlich, dass Menschen sich wechselseitig als Personen ansprechen, die sich zu den Abhängigkeiten, in denen sie stehen, in ein Verhältnis setzen können.

Man mag dieser Aufgabenbestimmung von Erziehung widersprechen. Gleichwohl wäre festzuhalten: Mit ihrem Votum für eine entsprechende Ausrichtung von Erziehung konfrontiert eine ignatianische Pädagogik die Erziehungswissenschaft mit der Erwartung, sich der »Auseinandersetzung mit der offenen Frage nach der Normativität des Pädagogischen« nicht zu verweigern, sondern sich stattdessen der Frage zuzuwenden, »welche Formation des Selbst für spätmoderne Gesellschaften erforderlich wie pädagogisch wünschbar wäre« (Ricken 2019, S. 110).

4. Unsere Rekonstruktion hat gezeigt, dass eine Erziehung als Ermöglichung von Bildung in Entwürfen einer ignatianischer Pädagogik im Lichte der Idee von der Gottesebenbildlichkeit des Menschen begründet wird. Hierbei handelt es sich um einen religiösen ›Haltepunkt‹, der im Kontext eines modernen Wissenschaftsver-

ständnisses als kontingent behandelt wird. Das bedeutet, dass eine Beschreibung von Erziehung zwar von dieser Voraussetzung ausgehen kann, nicht aber ausgehen muss. Erziehung kann auch unter Einsatz anderer Voraussetzungen bestimmt und gerechtfertigt werden. Es besteht folglich keine Notwendigkeit, eine Beschreibung von Erziehung religiös zu fundieren, wie dies im Kontext einer ignatianischen Pädagogik getan wird.

Dies ist allerdings nur eine Facette der religiösen Dimension dieser Pädagogik. Das Religiöse fungiert darüber hinaus als ein spezifischer Gegenstandsbereich im Kontext einer Erziehung als Ermöglichung von Bildung. Heranwachsende darin zu unterstützen, ihr Personsein zu aktuieren, schließt immer auch mit ein, diese mit der ›Frage nach Gott‹ zu konfrontieren und ihnen dabei zu helfen, Urteilskraft auch in religiösen Fragen zu entwickeln. Vor diesem Hintergrund kann aus der Warte einer ignatianischen Pädagogik an die Erziehungswissenschaft die Frage gerichtet werden, ob diese dem Religiösen als einer spezifischen Bildungsdimension die gebührende Aufmerksamkeit widmet. Das Argument, das in diesem Zusammenhang artikuliert wird, lautet, dass das Religiöse als ein originärer Modus des Selbst- und Weltbezugs begriffen werden muss.

Sollte dies zutreffen, so handelte es sich im Falle des Religiösen um eine nicht substituierbare Dimension von Bildung – dies jedenfalls dann, wenn Bildung als ein Prozess der Ausdifferenzierung menschlichen Selbst- und Weltverhältnisses bestimmt wird. Dies aber würde bedeuten, dass dem Religiösen nicht hinreichend Rechnung getragen werden würde, wenn dieses allein im Rahmen einer konfessionell ausgerichteten Religionspädagogik thematisiert wird. Darüber hinaus käme es darauf an, diesen originären Modus des Selbst- und Weltbezugs auch im Kontext allgemeiner erziehungs- und bildungstheoretischer Zusammenhänge zu reflektieren. Die Formulierung und Bearbeitung dieser Problemstellung fristet in der Erziehungswissenschaft bis heute ein Schattendasein, wenngleich freilich festgehalten werden muss, dass im Kontext der Religionspädagogik – gleichsam kompensatorisch – elaborierte Versuche erkennbar sind, den religiösen Modus des Selbst- und Weltverhältnisses im Rahmen übergreifender erziehungs- und bildungstheoretischer Reflexionen zu bestimmen, zu begründen und auch zu problematisieren (aus katholischer Warte vgl. Kropac 2019, S. 231 ff.; von evangelischer Seite vgl. Dresser 2007, S. 25; aus einer allgemeinen erziehungs- und bildungstheoretischen Perspektive vgl. Benner 2018, S. 151; kritisch: vgl. Tenorth 1997, S. 378 ff.). Die Befassung mit einer ignatianischen Pädagogik könnte als Anregung dazu fungieren, in erziehungs- und bildungstheoretischen Entwürfen dem religiösen Modus des Selbst- und Weltverhältnisses zukünftig wieder verstärkt Beachtung zu schenken.

5. In ihrem Votum dafür, Erziehung an die Ermöglichung von Bildung zu knüpfen und die Erschließung der religiösen Dimension von Wirklichkeit als ein unverzichtbares Moment einer vielseitigen Bildung zu begreifen, wird im Kontext ignatianischer Pädagogik zu der Frage Stellung genommen, wie Erziehung heute ausgerichtet sein sollte. Dabei wird, wie wir bereits deutlich gemacht haben, eine Gegenposition eingenommen zu Bestrebungen, Erziehung vorrangig von marktökonomischen Erfordernissen und Erwartungen her zu bestimmen. In diesem Sinne konfrontiert eine ignatianische Pädagogik die Erziehungswissenschaft nicht

zuletzt mit der Frage, welche konstruktiven Vorschläge diese bereithält, um Erziehung am Beginn des 3. Jahrtausends zu denken und zu gestalten.

Im Hinblick auf diese Frage erweist es sich als unzureichend, sich in der Erziehungswissenschaft allein auf eine Beobachterposition zurückzuziehen, von der aus dann Lösungsvorschläge für das Problem der Normativität als Forschungsgegenstände behandelt werden. Es erweist sich darüber hinaus auch als zu wenig, sich in dieser Perspektive allein der Dekonstruktion normativer Entwürfe zu verschreiben – dies jedenfalls dann, wenn man die Debatten um die Ausrichtung von Erziehung nicht denjenigen ›gesellschaftlichen Mächten‹ überlassen möchte, die genau zu wissen meinen, wohin die Reise gehen soll. Dies trifft auch auf Entwürfe einer ignatianischen Pädagogik zu, weshalb es wohl ebenso verfehlt wäre, die reflexive Distanz aufzugeben, die für eine moderne Erziehungswissenschaft maßgeblich ist, um sich im gesellschaftlichen Streit um die ›richtige‹ Ausrichtung von Erziehung zu engagieren. Dennoch stellt sich die Frage, ob sich die Erziehungswissenschaft darauf beschränken sollte, Pädagogiken von einem (vermeintlich) neutralen Beobachterstandpunkt lediglich zu thematisieren und ggf. zu problematisieren, oder ob es nicht vielmehr auch zu ihrer Aufgabe zählt, alternative Entwürfe zu wagen – und in diesem Sinne als eine kritisch *und* konstruktiv operierende Erziehungswissenschaft in Erscheinung zu treten (vgl. Klafki 2007).

In diesem Sinne votiert z. B. Gert Biesta ausdrücklich für einen in kontinentaleuropäischer Tradition stehenden »interested approach«, der ausgeht »from the assumption that education is about the encounter between the generations in which the freedom of the new generation is at stake«, und der es ermöglichen soll, »to ask how educational schools or education systems are, that is, to what degree they do not just function as systems of cultural or social reproduction, but also contribute to ways in which students can be agents or subjects of their own life« (Biesta 2020c, S. 1024). Ein solcher Einsatz erscheint schon deshalb als geboten, um zu verhindern, dass hinter ein schon einmal erreichtes erziehungs- und bildungstheoretisches Niveau zurückgefallen wird, wenn heute über die Ausrichtung von Erziehung in modernen demokratischen Gesellschaften gestritten wird. Von einem solchen Rückfall sind wir nicht gefeit, wie Dietrich Benner mit Blick auf die heutige Situation ausdrücklich festhält: »Der Sinn für die Eigenlogik und Grundstruktur moderner Erziehung ist im Schwinden begriffen, nicht nur bei Eltern und in pädagogischen Berufen, sondern auch in der Erziehungswissenschaft und den Bildungswissenschaften, vor allem aber in der staatlichen Bildungspolitik« (Benner 2024, S. 7). Der Erziehungswissenschaft käme in diesem Zusammenhang mindestens die Aufgabe zu, an ein bereits erreichtes Problembewusstsein zu erinnern und dieses mit Blick auf die aktuellen Bedingungen des Aufwachsens so zu reaktualisieren, dass Erziehung im Lichte eines entsprechenden Bewusstseins gedacht und gestaltet werden kann. Eine ignatianische Pädagogik, die sich selbst als eine Pädagogik der Person entwirft, lässt sich als ein spezifischer Versuch deuten, Erziehung heute unter Berücksichtigung der ›Eigenlogik und Grundstruktur moderner Erziehung‹ zu realisieren.

Wie haben zu Beginn unserer Untersuchung behauptet, die ignatianische Pädagogik offeriere eine spezifische Antwort auf die Frage Schleiermachers, was die ältere Generation mit der jüngeren wolle. Worin besteht diese Antwort? Zunächst kann festgehalten werden, dass es nicht die *eine* Antwort gibt, die von Seiten der ignatianischen Pädagogik offeriert wird. Fokussiert man auf eine traditionelle Variante von ignatianischer Pädagogik, so dürfte die Antwort wie folgt lauten: In der Erziehung geht es darum, dass Heranwachsende sich als Christen verstehen und ihr Leben aus einer Haltung der *docta pietas* führen lernen. Eine moderne Variante von ignatianischer Pädagogik hält eine andere Antwort auf die Frage Schleiermachers bereit. Demnach soll Erziehung daraufhin ausgerichtet sein, Heranwachsende darin zu unterstützen, ihr Personsein zu aktuieren, d. h. ihre grundsätzliche Möglichkeit zu realisieren, dem eigenen Leben auf je individuelle Art und Weise Gestalt zu geben sowie an einer gesellschaftlichen Ordnung zu partizipieren, die an der Idee von der Würde der Person orientiert ist.

Literatur

Amery, C. (1972): Das Ende der Vorsehung. Die gnadenlosen Folgen des Christentums. Reinbek bei Hamburg: Rowohlt.
Ammann, K. (2020): Kinderrechte und Bildsamkeit. Ein kritisches Plädoyer aus erziehungswissenschaftlicher Perspektive. Weilerswist: Velbrück.
Anhalt, E. (1999): Bildsamkeit und Selbstorganisation. Johann Friedrich Herbarts Konzept der Bildsamkeit als Grundlage für eine pädagogische Theorie der Selbstorganisation organismischer Aktivität. Weinheim: Deutscher Studien Verlag.
Anhalt, E. (2007): Erziehungswissenschaft als Reflexion auf die Komplexität der Erziehung. In: V. Kraft (Hrsg.), Zwischen Reflexion, Funktion und Leistung. Facetten der Erziehungswissenschaft (S. 101–123). Bad Heilbrunn: Klinkhardt.
Anhalt, E. (2010): »Haltepunkte«. Zur Funktion der Problemgenerierung bei Whitehead, Cassirer, Piaget und in der Erziehungswissenschaft. In: R.L. Fetz, B. Seidenfuß, S. Ullrich (Hrsg.), Whitehead, Cassirer, Piaget. Unterwegs zu einem neuen Denken (S. 87–131). Freiburg im Breisgau, München: Alber.
Anhalt, E. (2012a): Komplexität der Erziehung, Geisteswissenschaft – Modelltheorie – Differenztheorie. Bad Heilbrunn: Klinkhardt.
Anhalt, E. (2012b): Werteorientierung und Europa. Zur Einleitung. In: E. Anhalt & K. Schultheis (Hrsg.), Werteorientierung und Wertevermittlung in Europa. Interdisziplinäre Perspektiven und Standpunkte junger Wissenschaftlerinnen und Wissenschaftler (S. 10–73). Münster: Lit.
Anhalt, E. (2023): Bildsamkeit. In: M. Feldmann, M. Rieger-Ladich, C. Voß & K. Wortmann (Hrsg.): Schlüsselbegriffe der Allgemeinen Erziehungswissenschaft. Pädagogisches Vokabular in Bewegung (S. 47–55). Weinheim, Basel: Beltz Juventa.
Anhalt, E., Rucker, Th. & Welti, G. (2018): Erziehung als Ermöglichung von Bildung. Über die originäre Problemstellung der Erziehungswissenschaft im Kontext der Bildungsforschung. Erziehungswissenschaft, 29 (56), 19–25.
Anhalt, E. & Welti, G. (2018): Operieren mit Differenzen: Zur Frage nach dem Ort der Pädagogik in der Modernisierung. In: U. Binder (Hrsg.), Modernisierung und Pädagogik – ambivalente und paradoxe Interdependenzen (S. 12–30). Weinheim, Basel: Beltz Juventa.
Anhalt, E. & Binder, U. (2020): Theismus als Therapievorschlag für die Moderne. Zur sozial- und bildungsphilosophischen Attraktivität von Religionsrestaurationen. In: N. Balzer, J. Beljan & J. Drerup (Hrsg.), Charles Taylor: Perspektiven der Erziehung und Bildungsphilosophie (S. 177–220). Paderborn: Mentis.
Appiah, K. A. (2019): Identitäten. Die Fiktionen der Zugehörigkeit. München: Carl Hanser.
Arendt, H. (2023): Denken ohne Geländer. Texte und Briefe. München: Piper Verlag.
Aristoteles (2018): Nikomachische Ethik (übers. u. hrsg. v. U. Wolf; 7. Auflage). Reinbek: Rowohlt.
Arrupe, P. (1973): Men for Others. URL: https://jesuitportal.bc.edu/research/documents/1973_arrupemenforothers [9.7.2024].
Arthur, J. (2020): The Formation of Character in Education. From Aristotle to the 21st Century. London, New York: Routledge.

Arthur, J. (2021): A Christian Education in the Virtues. Character Formation and Human Flourishing. London, New York: Routledge.
Arthur, J., Kristjánsson, K., Harrison, T., Sanderse, W. & Wright, D. (2017): Teaching Character and Virtue in Schools. London, New York: Routledge.
Assmann, A. (2022): Zeit und Tradition, Kulturelle Strategien der Dauer. Darmstadt: Wissenschaftliche Buchgesellschaft.
Augustinus (2008): Bekenntnisse. Stuttgart: Reclam.
Babiarz, M. & Mótka, M. (2013): Ignatian Pedagogy as one of the proposed models of catholic education. Informatologica, 46 (3), 215–224.
Ballauff, Th. (1970): Skeptische Didaktik. Quelle & Meyer: Heidelberg.
Ballauff, Th. & Schaller, K. (1970): Pädagogik. Eine Geschichte der Bildung und Erziehung. (Bd. 2: Vom 16. bis zum 19. Jahrhundert). Freiburg im Breisgau, München: Alber.
Bayertz, K. (2014): Warum überhaupt moralisch sein? (2. Auflage) München: C. H. Beck.
Benner, D. (2014): Bildung und Religion. Nur einem bildsamen Wesen kann ein Gott sich offenbaren. Paderborn: Schöningh.
Benner, D. (2015): Allgemeine Pädagogik. Eine systematisch-problemgeschichtliche Einführung in die Grundstruktur pädagogischen Denkens und Handelns (8. Auflage). Weinheim, Basel: Beltz Juventa.
Benner, D. (2016): Bildung und Religion ›nach‹ dem Zweiten Vatikanischen Konzil. Über ihre Beziehungen angesichts pädagogischer und theologischer Grenzen von personaler Mündigkeit, emanzipativer Aufklärung und positivierbarer Mündigkeit. In: C. Böttigheimer & R. Dausner (Hrsg.): Vaticanum 21. Die bleibenden Aufgaben des Zweiten Vatikanischen Konzils im 21. Jahrhundert (S. 491–512). Freiburg im Breisgau: Herder.
Benner, D. (2018): Religion im Kontext öffentlicher Bildung und Erziehung. In: S. Müller & W. Sander (Hrsg.): Bildung in der postsäkularen Gesellschaft (S. 144–162). Weinheim, München: Beltz Juventa.
Benner, D. (2019a): Sind katholische Schulen heute noch möglich? In: J. Könemann & D. Spiekermann (Hrsg.): Katholische Schulen. Herausgeforderte Identität (S. 173–192). Paderborn: Schöningh.
Benner, D. (2019b): Über die eigenlogische Normativität der Erziehung und ihre Bezüge zu anderen Normativitätsansprüchen. Vierteljahresschrift für wissenschaftliche Pädagogik, 95 (3), 317–332.
Benner, D. (2024): Studien zur Eigenlogik moderner Erziehung und ihre Vernachlässigung in Bildungsforschung und Bildungspolitik. Weinheim, München: Beltz Juventa.
Benner, D. & Brüggen F. (2011): Geschichte der Pädagogik. Vom Beginn der Neuzeit bis zur Gegenwart. Stuttgart: Reclam.
Benner, D. & Brüggen, F. (2014): Die Bildung pädagogischer Urteils- und Handlungskompetenz als Aufgabe des Pädagogikunterrichts im öffentlichen Schulsystem. In: R. Bolle & J. Schützenmeister (Hrsg.), Die pädagogische Perspektive. Anstöße zur Bestimmung pädagogischer Bildung und zur Profilierung des Pädagogikunterrichts (S. 77–98). Baltmannsweiler: Schneider.
Biesinger, A. & Kießling, K. (2005): Was gewinnen Kinder durch religiöse Erziehung? Wege zum Menschen, 57 (3), 222–228.
Biesta, G. (2015): On the two cultures of educational research, and how we might move ahead: Reconsidering the ontology, axiology and praxeology of education. European Educational Research Journal, 14 (1), 11–22.
Biesta, G. (2017): The Rediscovery of Teaching. London, New York: Routledge.
Biesta, G. (2019): Reclaiming Teaching for Teacher Education: Towards a Spiral Curriculum. Beijing International Review of Education, 1 (2/3), 259–272.
Biesta, G. (2020a): Can the prevailing description of educational reality be considered complete? On the Parks-Eichmann paradox, spooky action at a distance and a missing dimension in the theory of education. Policy Futures in Education, 18 (4), 1011–1025.

Biesta, G. (2020b): Risking Ourselves In Education. Qualification, Socialization, and Subjectification Revisited. Educational Theory, 80 (1), 89-104.

Biesta, G. (2020c): What constitutes the good of education? Reflections on the possibility of educational critique. Educational Philosophy and Theory, 52 (10), 1023-1027.

Biser, E. (2007): Gotteskindschaft. Die Erhebung zu Gott. Darmstadt: Wissenschaftliche Buchgesellschaft.

Blackburn, C. (2000): Harvest of Souls. The Jesuit Missions and Colonialism in North America, 1632-1650. Montréal/Kingston: McGill-Queen's University Press.

Blankertz, H. (2000): Theorien und Modelle der Didaktik (14. Auflage). Weinheim, München: Juventa.

Blaschke-Nacak, G., Stenger, U. & Zirfas, J. (2018): Kinder und Kindheiten. Eine Einleitung. In: G. Blaschke-Nacak, U. Stenger & J. Zirfas (Hrsg.), Pädagogische Anthropologie der Kinder. Geschichte, Kultur und Theorie (S. 11-33). Weinheim, Basel: Beltz Juventa.

Böckenförde, E.-W. (2006): Die Entstehung des Staates als Vorgang der Säkularisation. In: E.-W. Böckenförde, Recht, Staat, Freiheit. Studien zur Rechtsphilosophie, Staatstheorie und Verfassungsgeschichte (erweiterte Ausgabe, S. 92-114). Frankfurt am Main: Suhrkamp.

Boehm, O. (2023): Radikaler Universalismus. Jenseits von Identität. Berlin: Ullstein.

Böhm, W. (1988/1997a): Bildsamkeit und Bildung. In: W. Böhm, Entwürfe zu einer Pädagogik der Person. Gesammelte Aufsätze (S. 149-168). Bad Heilbrunn: Klinkhardt.

Böhm, W. (1988/1997b): Kritische Reflexion zum Begriff der Selbstverwirklichung als postmodernes Bildungsziel. In: W. Böhm, Entwürfe zu einer Pädagogik der Person. Gesammelte Aufsätze (S. 41-60). Bad Heilbrunn: Klinkhardt.

Böhm, W. (1990/1997): Erziehung und Lebenssinn. In: W. Böhm, Entwürfe zu einer Pädagogik der Person. Gesammelte Aufsätze (S. 61-71). Bad Heilbrunn: Klinkhardt.

Böhm, W. (1992/1997): Über die Unvereinbarkeit von Erziehung und Therapie. In: W. Böhm, Entwürfe zu einer Pädagogik der Person. Gesammelte Aufsätze (S. 169-191). Bad Heilbrunn: Klinkhardt.

Böhm, W. (1992): Was heißt: christlich erziehen? Fragen - Anstöße - Orientierungen. Würzburg: Echter.

Böhm, W. (1992/2015): Schon das Kind ist Person. In: W. Böhm, E. Schiefelbein & S. Seichter (Hrsg.), Projekt Erziehung. Ein Lehr- und Lernbuch (4., überarbeitete und aktualisierte Auflage, S. 179-182). Paderborn: Schöningh.

Böhm, W. (1997/1997): Die Person als Maß der Erziehung. In: W. Böhm, Entwürfe zu einer Pädagogik der Person. Gesammelte Aufsätze (S. 113-134). Bad Heilbrunn: Klinkhardt.

Böhm, W. (1998): Das Subjekt ist tot. Es lebe die Person. Pädagogische Rundschau, 52 (3), 291-301.

Böhm, W. (2003): Die Würde der Person in Erziehung und Bildung. Existenz und Logos. Zeitschrift für sinnzentrierte Therapie, Beratung, Bildung, 11 (1), 107-129.

Böhm, W. (2005): Zum Problem der christlichen Pädagogik in einer postmodernen Welt. Engagement. Zeitschrift für Erziehung und Schule, 23 (3), 219-231.

Böhm, W. (2006): Europäisches und nordamerikanisches Denken über Erziehung. In: J. Bellmann et al. (Hrsg.): Perspektiven Allgemeiner Pädagogik (S. 103-112). Weinheim, Basel: Beltz.

Böhm, W. (2007): Geschichte der Pädagogik. Von Platon bis zur Gegenwart (2. Auflage). München: Beck.

Böhm, W. (2011): Theorie und Praxis. Eine Einführung in das pädagogische Grundproblem (3., verbesserte Auflage). Würzburg: Königshausen & Neumann.

Böhm, W., Schiefelbein, E. & Seichter, S. (2015): Projekt Erziehung. Ein Lehr- und Lernbuch (4., überarbeitete und aktualisierte Auflage). Paderborn: Schöningh.

Böhme, G. (1994): Einführung in die Philosophie, Weltweisheit - Lebensform - Wissenschaft. Frankfurt am Main: Suhrkamp.

Bohnsack, R. (2020): Professionalisierung in praxeologischer Perspektive. Zur Eigenlogik in Lehramt, Sozialer Arbeit und Frühpädagogik. Opladen: Verlag Barbara Budrich.

Brändle, R. (1997): Johannes Chrysostomus I. In: E. Dassmann (Hrsg.): Reallexikon für Antike und Christentum. Lieferung 139/140 (Sp. 426–503). Stuttgart: Anton Hiersemann.

Brandom, R. B. (2002): Tales of the Mighty Dead, Historical Essays in the Metaphysics of Intentionality. Cambridge: Harvard University Press.

Brandom, R. B. (2016): Begründen und Begreifen, Eine Einführung in den Inferentialismus. Frankfurt am Main: Suhrkamp.

Brecht, B. (1961): Flüchtlingsgespräche. Frankfurt am Main: Suhrkamp.

Brinkmann, M. (2008): Über-sich-selbst-siegen und Sein-Leben-ordnen. Pädagogische Anmerkungen zu Macht, Anthropologie und Didaktik in den Geistlichen Übungen von Ignatius von Loyola. In: Ch. Thompson & G. Weiß (Hrsg.), Bildende Widerstände – widerständige Bildung (S. 99–120). Bielefeld: transcript.

Brinkman, M. (2012): Pädagogische Übung, Praxis und Theorie einer elementareren Lernform. Paderborn: Schöningh.

Brinkmann, M. (2021): Die Wiederkehr des Übens, Praxis und Theorie eines pädagogischen Grundphänomens. Stuttgart: Kohlhammer.

Brüggen, F. (1989): Über das Verhältnis von Pädagogik und Politik – Zur Normativitätsstruktur erzieherischen Handelns. In: T. Olk & H.-U. Otto (Hrsg.): Soziale Dienste im Wandel (Bd. 2: Entwürfe sozialpädagogischen Handelns, S. 95–112). Frankfurt am Main: Luchterhand.

Brüggen, F. (1998): Bildsamkeit und Mündigkeit des Subjekts. Bildungsgeschichtliche und bildungstheoretische Überlegungen zu einer (nicht nur) pädagogischen Idee. Franz-Fischer-Jahrbücher, 3, 111–125.

Bunge, M. J. (2001): Introduction. In: M. J. Bunge (Hrsg.), The Child in Christian Thought (S. 1–28). Cambridge: William B. Eerdmans Publishing Co.

Butzer, G. (2008): Soliloquium. Theorie und Geschichte des Selbstgesprächs in der europäischen Literatur. München: Fink.

Carr, D. (2021): Where's the Educational Virtue in Flourishing? Educational Theory, 71 (3), 389–407.

Castro Varela, M. & Dhawan, N. (2015): Postkoloniale Theorie. Eine kritische Einführung (2. Auflage). Bielefeld: transcript.

Clayton, M., Mason, A., Swift, A. & Wareham, R. (2018): How to regulate faith schools? Impact: Philosophical Perspectives on Educational Policy 25.

Conrad, A. (2000): Stifterinnen und Lehrerinnen. Der Anteil von Frauen am jesuitischen Bildungswesen. In: R. Berndt (Hrsg.), Petrus Canisius SJ (1521–1597). Humanist und Europäer (S. 205–224). Berlin: Akademie Verlag.

Coreth, E. (2001): Gott im philosophischen Denken. Stuttgart: Kohlhammer.

Curren, R. (2015): Virtue Ethics and Moral Education. In: L. Besser-Jones & M. Slote (Hrsg.), The Routledge Companion to Virtue Ethics (S. 459–470). London, New York: Routledge.

Curzer, H. J. (2002): Aristotle's Painful Path to Virtue. Journal of the History of Philosophy, 40 (2), 141–162.

De Certeau, M. (2010): Mystische Fabel, 16. bis 17. Jahrhundert. Berlin: Suhrkamp.

De Mello, A. (2013): Gott suchen in allen Dingen. Die Spiritualität des Ignatius von Loyola. Freiburg im Breisgau: Herder.

Delp, A. (2020): Im Angesicht des Todes. Würzburg: Echter.

Depner, M. (2020): Seele und Gesundheit, Existenzielle Grundlagen (Bd. 3). Norderstedt: Books on Demand.

Donahue, J. A. (1990): Jesuit Education and the Cultivation of Virtue. In: W. O'Brien (Hrsg.), Education and the Cultivation of Virtue (S. 53–71). Washington, D.C.: Georgetown University Press.

Dressler, B. (2007): Bildung und Religion. Welterschließung als Unterscheidungsvermögen. In: G. Guttenberger & B. Husmann (Hrsg.), Begabt für Religion. Religiöse Bildung und Begabungsförderung (S. 15-30). Göttingen: Vandenhoeck & Ruprecht.
Dressler, B. (2013): Fachdidaktik und die Lesbarkeit der Welt. Ein Vorschlag für ein bildungstheoretisches Rahmenkonzept der Fachdidaktiken. In: K. Müller-Roselius & U. Hericks (Hrsg.), Bildung – Empirischer Zugang und theoretischer Widerstreit (S. 183-202). Opladen: Barbara Budrich.
Dressler, B. (2015): Schule im Spannungsfeld von religiöser und kultureller Pluralität. In: H. Schluss, S. Tschida, Th. Krobath & M. Domsgen (Hrsg.), Wir sind alle ›andere‹. Schule und Religion in der Pluralität (S. 37-48). Göttingen: Vandenhoeck & Ruprecht.
Dressler, B. (2018): Religionsunterricht. Bildungstheoretische Grundlegungen. Leipzig: Evangelische Verlagsanstalt.
Duhr, B. (Hrsg.) (1599/1896): Die Studienordnung der Gesellschaft Jesu (Bibliothek der katholischen Pädagogik, Bd. 9). Freiburg im Breisgau: Herder.
Engel, U. (2022): Dem »Lebensglauben« Aktionsräume öffnen. Systematische und spiritualitätstheologische Bedingungen für eine säkulare Pastoral. In: F. Knoll, H. Heil & U. Engel (Hrsg.), Bewährtes bewahren – Neues wagen. Innovative Aufbrüche in der Seelsorge und darüber hinaus (S. 71-80). Stuttgart: Kohlhammer.
Englert, R. (2021): Lässt sich mit Tugenden heute noch etwas anfangen. Katechetische Blätter, 146 (1), 12-17.
Erlinghagen, K. (1979/2000): Ignatius von Loyola (1491-1556). In: R. Funiok & H. Schöndorf (Hrsg.), Ignatius von Loyola und die Pädagogik der Jesuiten. Ein Modell für Schule und Persönlichkeitsbildung (S. 90-104). Donauwörth: Auer.
Fagin, G. M. (2010): Putting on the Heart of Christ. How the Spiritual Exercises Invite Us to a Virtuos Life. Chicago: Loyola Press.
Fellmann, F. (2015): Phänomenologie zur Einführung. Hamburg: Junius.
Forst, R. (2005): Die Würde des Menschen und das Recht auf Rechtfertigung. Deutsche Zeitschrift für Philosophie, 53 (4), 589-596.
Fichte, J. G. (1796/1971): Grundlage des Naturrechts nach Prinzipien der Wissenschaftslehre. In: Johann Gottlieb Fichte's sämtliche Werke (Hrsg. v. I. H. Fichte, Bd. 3, S. 1-385). Berlin: De Gruyter.
Ficino, M (2014): Über die Liebe oder Platons Gastmahl. Hamburg: Meiner.
Fischer, A. (2017): Manipulation. Zur Theorie und Ethik einer Form der Beeinflussung. Berlin: Suhrkamp.
Flitner, W. (1957/1966): Das Selbstverständnis der Erziehungswissenschaft in der Gegenwart (4. Auflage). Heidelberg: Quelle & Meyer.
Flitner, W. (1961/1989): Pädagogik. In: K. Erlinghagen, A. Flitner & U. Herrmann (Hrsg.), Wilhelm Flitner. Gesammelte Schriften (Bd. 3: Theoretische Schriften. Abhandlungen zu normativen Aspekten und theoretischen Begründungen der Pädagogik. Besorgt u. mit einem Nachwort versehen v. U. Herrmann, S. 413-421). Paderborn: Ferdinand Schöningh.
Flitner, W. (1976/1889): Rückschau auf die Pädagogik in futuristischer Absicht. In: K. Erlinghagen, A. Flitner & U. Herrmann (Hrsg.), Wilhelm Flitner. Gesammelte Schriften (Bd. 3: Theoretische Schriften. Abhandlungen zu normativen Aspekten und theoretischen Begründungen der Pädagogik. Besorgt u. mit einem Nachwort versehen v. U. Herrmann, S. 487-498). Paderborn: Ferdinand Schöningh.
Flores d'Arcais, G. (1992): Auch das Kind ist Person. In: B. Fuchs & W. Harth-Peter (Hrsg.), Alternativen frühkindlicher Erziehung. Von Rousseau zu Montessori (S. 157-162). Würzburg: Königshausen & Neumann.
Flores d'Arcais, G. (2002): Person als Prinzip der Erziehung. In: W. Harth-Peter, U. Wehner & F. Grell (Hrsg.), Prinzip Person: Über den Grund der Bildung (S. 37-51). Würzburg: Ergon.

Flores d'Arcais, G. (2017): Die Erziehung der Person. Grundlegung einer personalistischen Erziehungstheorie (aus dem Italienischen übers. v. W. Böhm, hrsg. von S. Seichter). Paderborn: Ferdinand Schöningh.

Forschner, M. (2006): Thomas von Aquin. München: C. H. Beck.

Foster Wallace, D. (2011): Das hier ist Wasser (aus d. amerik. Engl. v. U. Blumenbach). Köln: Kiepenheuer & Witsch.

Friedrich, M. (2020): Die Jesuiten. Aufstieg, Niedergang, Neubeginn. München: Piper.

Friedrich, M. (2021): Die Jesuiten. Von Ignatius von Loyola bis zur Gegenwart: München: C. H. Beck.

Fuchs, Th. (2002): Der Begriff der Person in der Psychiatrie. Der Nervenarzt, 73 (3), 239–246.

Funiok, R. & Schöndorf, H. (Hrsg.) (2000): Ignatius von Loyola und die Pädagogik der Jesuiten. Ein Modell für Schule und Persönlichkeitsbildung. Donauwörth: Auer.

Gill, N. (2010): Educational Philosophy in the French Enlightenment: From Nature to second Nature. Farnham, Surrey: Burlington.

Gentner, U., Spermann, J. & Zimmermann, T. (2019): Humanismus+. Persönlichkeitsbildung auf der Basis der Ignatianischen Pädagogik. Ludwigshafen: Zentrum für Ignatianische Pädagogik.

Görtz, P. (2015): Eine Meinung haben ist nicht genug. In: J. Spermann, U. Gentner & T. Zimmermann (Hrsg.), Am Anderen wachsen. Wie Ignatianische Pädagogik junge Menschen stark macht (S. 176–189). Freiburg im Breisgau: Herder.

Grethlein, Ch. (2022): Christliche Lebensform, Eine Geschichte christlicher Liturgie, Bildung und Spiritualität. Berlin: de Gruyter.

Grom, Bernhard (2000): Religionspädagogische Psychologie des Kleinkind-, Schul- und Jugendalters (5., vollständig überarbeitete Auflage). Düsseldorf: Patmos.

Gronemeyer, R. (2019): Tugend. Über das, was uns Halt gibt. Hamburg: Körber.

Habermas, J. (1999/2022): Replik auf Beiträge zu einem Symposon der Cardozo Law School. In: J. Habermas, Die Einbeziehung des Anderen. Studien zur politischen Theorie (5. Auflage, S. 309–398). Frankfurt am Main: Suhrkamp.

Habermas, J. (2001): Glauben und Wissen (Friedenspreis des Deutschen Buchhandels 2001. Laudatio: Jan Philipp Reemtsma. Sonderdruck) Frankfurt am Main: Suhrkamp.

Habermas, J. (2005): Zwischen Naturalismus und Religion. Philosophische Aufsätze. Frankfurt am Main: Suhrkamp.

Hadot, P. (1995): Philosophy as a Way of Life, Spiritual Exercises from Socrates to Foucault. Malden: Blackwell Publishing.

Hallensleben, B. (1994): Theologie der Sendung. Die Ursprünge bei Ignatius von Loyola und Mary Ward. Frankfurt am Main: Josef Knecht.

Hallensleben, B. (1995): Pädagogik aus dem Geist der Exerzitien: Die Bildungskonzeption des Ignatius von Loyola. Rottenburger Jahrbuch für Kirchengeschichte, 14, 11–24.

Hand, M. (2003): A philosophical objection to faith schools. Theory and Research in Education, 1 (1), 89–99.

Hand, M. (2004): The problem with faith schools. A reply to my critics. Theory and Research in Education, 2 (3), 343–353.

Hargreaves, D. H. (1997): In Defence of Research for Evidence-based Teaching: a rejoinder to Martyn Hammersley. British Educational Research Journal, 23 (4), 405–419.

Harrison, T. (2016): Cultivating cyber-phronesis: a new educational approach to tackle cyberbullying. Pastoral Care in Education, 34 (4), 232–244.

Harrison, T., Morris, I. & Ryan, J. (2016): Teaching Character in the Primary Classroom. London: Sage.

Harth-Peter, W. (1991): Das Kind im Lichte personalistischer Pädagogik. Das Kind, 10, 38–53.

Harth-Peter, W., Wehner, U. & Grell, F. (2002): Zur Einführung. In: W. Harth-Peter, U. Wehner & F. Grell (Hrsg.), Prinzip Person. Über den Grund der Bildung (S. 7–15). Würzburg: Ergon.

Hartmann, N. (1965): Zur Grundlegung der Ontologie (4. Auflage). Berlin: Walter de Gruyter & Co.
Hartmann, M. (2022): Die Praxis des Vertrauens. Berlin: Suhrkamp.
Haub, R. (2002): Franz Xaver, Aufbruch in die Welt. Limburg: Lahn Verlag.
Hauss, F. (1959): Biblische Gestalten. Die Menschen der Bibel als Zeugen Gottes. Eine Konkordanz (2. Auflage). Neuhausen-Stuttgart: Hänssler-Verlag.
Haut, J. (1854): Geschichte der k. Studien-Anstalt Dillingen in den ersten hundert Jahren, von ihrer Entstehung bis zum westphäl. Frieden 1548–1648, nach den Quellen dargestellt. Dillingen: Kränzle.
Hegel, G. W. F. (1811/1971): Gymnasialrede am 2. September 1811. In: G. W. F. Hegel, Sämtliche Werke (Hrsg. v. H. Glockner, Bd. 3, S. 264–280). Stuttgart: Frommans.
Heitger, M. (1986): Christliche Erziehung – Hoffnung für diese Welt. Engagement. Zeitschrift für Erziehung und Schule, 4 (1), 17–26.
Heitger, M. (2003): Systematische Pädagogik – wozu? Paderborn: Schöningh.
Henz, H. (1992): Ethische Erziehung. Ethische Fundamentalpädagogik für Lehrer, Erzieher und Eltern. München: Michael Arndt.
Herbart, J. F. (1804/1964): Über die ästhetische Darstellung der Welt, als das Hauptgeschäft der Erziehung. In: Joh. Fr. Herbart's Sämtliche Werke in chronologischer Reihenfolge (Hrsg. v. K. Kehrbach u. O. Flügel, Bd. 1, S. 259–274). Aalen: Scientia.
Herbart, J. F. (1806/1964): Allgemeine Pädagogik aus dem Zweck der Erziehung abgeleitet. In: Joh. Fr. Herbart's Sämtliche Werke in chronologischer Reihenfolge (Hrsg. v. K. Kehrbach u. O. Flügel, Bd. 2, S. 1–139). Aalen: Scientia.
Herbart, J. F. (1808/1964): Allgemeine praktische Philosophie. In: Joh. Fr. Herbart's Sämtliche Werke in chronologischer Reihenfolge (Hrsg. v. K. Kehrbach und O. Flügel, Bd. 2, S. 329–458). Aalen: Scientia.
Herbart, J. F. (1841/1964): Umriss pädagogischer Vorlesungen. In: Joh. Fr. Herbart's Sämtliche Werke in chronologischer Reihenfolge (Hrsg. v. K. Kehrbach und O. Flügel, Bd. 10, S. 65–206). Aalen: Scientia.
Herbart, J. F. (1919): Die ältesten Hefte. In: Johann Friedrich Herbarts Pädagogische Schriften (Hrsg. v. O. Willmann u. Th. Fritzsch, 3. Ausg., Bd. 3, S. 504–540). Osterwieck, Leipzig: Zickfeldt.
Herzog, W. (2007): Erziehung als Produktion. Von der anhaltenden Verführbarkeit des pädagogischen Denkens durch die Politik. In: C. Crotti, P. Gonon & W. Herzog (Hrsg.), Pädagogik und Politik. Historische und aktuelle Perspektiven (S. 229–259). Bern: Haupt.
Herzog, W. (2008): Unterwegs zur 08/15-Schule? Wider die Instrumentalisierung der Erziehungswissenschaft durch die Bildungspolitik. Schweizerische Zeitschrift für Bildungswissenschaften, 30 (1), 13–31.
Herzog, W. (2016): Kritik der evidenzbasierten Pädagogik. In: J. Bauert & K-J. Tillmann (Hrsg.), Empirische Bildungsforschung. Der kritische Blick und die Antwort auf die Kritiker (S. 201–213). Wiesbaden: VS.
Hilpert, K., Leimgruber, S., Sautermeister, J. & Gunda, W. (Hrsg.) (2020): Sexueller Missbrauch von Kindern und Jugendlichen im Rahmen von Kirche. Analysen – Bilanzierungen – Perspektiven. Freiburg im Breisgau: Herder.
Höffding, H. (1922): Sören Kierkegaard als Philosoph (Übers. v. A. Dorner u. Chr. Schrempf, 3. dt., nach der letzten (1919) dän. Ausg. geänd. Aufl.). Stuttgart: Fr. Frommanns Verlag.
Höffe, O. (1998): Aristoteles' universalistische Tugendethik. In: K. P. Rippe & P. Schaber (Hrsg.), Tugendethik (S. 42–68). Stuttgart: Reclam.
Höffe, O. (2014a): Aristoteles. München: Beck.
Höffe, O. (2014b): Die Macht der Moral im 21. Jahrhundert. Annäherungen an eine zeitgemäße Ethik. München: Beck.

Honnefelder, L. (1997): Natur und Status des menschlichen Embryos. Philosophische Aspekte. In: M. Dreyer & K Fleischhauer (Hrsg.): Natur und Person im ethischen Disput (S. 259–285). Freiburg im Breisgau: Alber.

Hopfner, J. (2006): Versuchsperson oder Versuche der Person. Über Erziehung und Selbsterziehung. In: W. Eykmann & W. Böhm (Hrsg.), Die Person als Maß von Politik und Pädagogik (S. 131–142). Würzburg: Ergon.

Horn, K.-P. (2003): Katholische Pädagogik vor der Moderne. Pädagogische Auseinandersetzungen im Umfeld des Kulturkampfs in der zweiten Hälfte des 19. Jahrhundert. In: J. Oelkers, F. Osterwalder & H.-E. Tenorth (Hrsg.), Das verdrängte Erbe. Pädagogik im Kontext von Religion und Theologie (S. 161–185). Weinheim: Beltz.

Hoyer, T. (2005): Tugend und Erziehung. Die Grundlegung der Moralpädagogik in der Antike. Bad Heilbrunn: Klinkhardt.

Hübner, J. (2013): Über das Werden und Vergehen der Tugenden. In: W. Mesch (Hrsg.), Glück – Tugend – Zeit. Aristoteles über die Zeitstruktur des guten Lebens (S. 117–138). Heidelberg. Springer.

Hüdelpol, G. (2015): Nur wer Ich sagen kann, kann auch Wir sagen. In: J. Spermann, U. Gentner & T. Zimmermann (Hrsg.), Am Anderen wachsen. Wie Ignatianische Pädagogik junge Menschen stark macht (S. 60–75). Freiburg. Herder.

Hügli, A. (2006): Ethos und ethische Erziehung. Kritische Anmerkungen zur Tugendethik und Tugendpädagogik. In: A. Dörpinghaus & K. Helmer (Hrsg.), Ethos, Bildung, Argumentation (S. 45–64). Würzburg: Königshausen & Neumann.

Ikäheimo, H. (2014): Anerkennung. Berlin: de Gruyter.

ICAJE (Internationale Kommission für das Apostolat jesuitischer Erziehung) (1986/1998): Grundzüge jesuitischer Erziehung – Auszüge. In: T. Neulinger (Hrsg.), Wissen – Gewissen – Gespür. Dokumente zur Ignatianischen Pädagogik (S. 11–95). Thaur: Druck- und Verlagshaus Thaur.

ICAJE (Internationale Kommission für das Apostolat jesuitischer Erziehung) (1993/1998): Ignatianische Pädagogik. Ansätze für die Praxis. In: T. Neulinger (Hrsg.), Wissen – Gewissen – Gespür. Dokumente zur Ignatianischen Pädagogik (S. 97–142). Thaur: Druck- und Verlagshaus Thaur.

ICAJE (The International Commission on the Apostolate on Jesuit Education) (2020): Jesuit Schools: A living tradition in the 21st century (2. Auflage). Rom: SJ Educatio.

ICAJE (The International Commission on the Apostolate on Jesuit Education) (2024): Summary of Statistics 2024. Jesuit Global Network of Schools. From ICAJE Reports 2024. URL: https://www.jesuits.global/sj_files/2024/06/JGNS-Statistics-2024-240507.pdf [9.7.2024]

Jaeggi, R. (2020): Kritik von Lebensformen. Frankfurt am Main: Suhrkamp.

Jaspers, K. (2019): Die maßgebenden Menschen, Sokrates, Buddha, Konfuzius, Jesus. München: Piper.

Der Jesuiten Sacchine, Juvencius und Kropf Erläuterungsschriften zur Studienordnung der Gesellschaft Jesu (1898) (Übers. v. J. Stier, R. Schwickerath, F. Zorell, S. J., Bibliothek der katholischen Pädagogik, Bd. 10). Freiburg im Breisgau: Herder.

Joas, H. (2004): Braucht der Mensch Religion? Über Erfahrungen der Selbsttranszendenz. Freiburg im Breisgau: Herder.

Joas, H. (2011): Die Sakralität der Person. Eine neue Genealogie der Menschenrechte. Frankfurt am Main: Suhrkamp.

Joas, H. (2012): Glaube als Option: Zukunftsmöglichkeiten des Christentums. Freiburg im Breisgau: Herder.

Joas, H. (2017): Die Macht des Heiligen. Eine Alternative zur Geschichte von der Entzauberung. Berlin: Suhrkamp.

Kainulainen, J. (2018): Virtue and Civic Virtues in Early Modern Jesuit Education. Journal of Jesuit Studies, 5 (4), 530–548.

Kant, I. (1788/1913): Kritik der praktischen Vernunft. In: Kant's Werke (hrsg. v. d. Königl. Preuß. Akademie d. Wissenschaften. Bd. V, S. 1–164). Berlin: Georg Reimer.
Kant, I. (1803/1982): Über Pädagogik. In: I. Kant: Werkausgabe (hrsg. v. W. Weischedel, Bd. 12, S. 697–761). Frankfurt am Main: Suhrkamp.
Kant, I. (1998a): Logik Hechsel. In: Logik-Vorlesung. Unveröffentlichte Nachschriften II (bearb. v. T. Pinder, S. 269–502). Hamburg: Felix Meiner.
Kant, I. (1998b): Warschauer Logik. In: Logik-Vorlesung. Unveröffentlichte Nachschriften II (bearb. v. T. Pinder, S. 503–662). Hamburg: Felix Meiner.
Kerber-Ganse, W. (2009): Die Menschenrechte des Kindes: die UN-Kinderrechtskonvention und die Pädagogik von Janusz Korczak. Versuch einer Perspektivenverschränkung. Opladen, Farmington Hills: Barbara Budrich.
Kerner, I. (2021): Postkoloniale Theorien. Zur Einführung. Hamburg: Junius Verlag.
Kessler, S. Ch. (1999/2000): Die »Geistlichen Übungen« des Ignatius von Loyola und die Studienordnung der Jesuiten: Pädagogik aus den Exerzitien. In: R. Funiok & H. Schöndorf (Hrsg.), Ignatius von Loyola und die Pädagogik der Jesuiten. Ein Modell für Schule und Persönlichkeitsbildung (S. 44–53). Donauwörth: Auer.
Kiechle, S. (2006): Was ist »ignatianisch«? Geist und Leben, 79 (4), 241–248.
Kierkegaard, S. A. (2003a): Der Begriff Angst. Vorworte (Übers. v. E. Hirsch. Gesammelte Werke und Tagebücher Bd. 7. 11. u. 12. Abt.). Simmerath: Grevenberg Verlag Dr. Ruff & Co. OHG.
Kierkegaard, S. A. (2003b): Abschließende unwissenschaftliche Nachschrift zu den Philosophischen Brocken. 2. Bd. (Übers. v. H. M. Junghans. Gesammelte Werke und Tagebücher Bd. 11. 16. Abt.). Simmerath: Grevenberg Verlag Dr. Ruff & Co. OHG.
Klafki, W. (1970): Normen und Ziele in der Erziehung. In: W. Klafki, G. M Rückriem, W. Wolf, R. Freudenstein, H.-K. Beckmann, K.-C. Lingelbach, G. Iben & J. Diederich: Funkkolleg Erziehungswissenschaft (Bd. 2, S. 15–51) Weinheim: Beltz.
Klafki, W. (1994/2020): Pädagogische Erfahrung und pädagogische Theorie bei Johann Friedrich Herbart. In: W. Klafki, Pädagogisch-politische Portraits (hrsg. v. K.-H. Braun, F. Stübig u. H. Stübig, S. 21–44). Wiesbaden: Springer.
Klafki, W. (2007): Neue Studien zur Bildungstheorie und Didaktik. Zeitgemäße Allgemeinbildung und kritisch-konstruktive Didaktik (6. Auflage). Weinheim, Basel: Beltz.
Knauer, P. (2006): Hinführung zu Ignatius von Loyola. Freiburg im Breisgau: Herder.
Koch, L. SJ (1934): Internatserziehung. In: Jesuiten-Lexikon. Die Gesellschaft Jesu einst und jetzt (Sp. 882–887). Paderborn: Bonifacius-Druckerei.
Koch, L. SJ (1934): Jesuitenmoral. In: Jesuiten-Lexikon. Die Gesellschaft Jesu einst und jetzt (Sp. 920–925). Paderborn: Bonifacius-Druckerei.
Koerrenz, R., Kenklies, K., Kaufhaus, A. & Schwarzkopf, M. (2017): Geschichte der Pädagogik. Paderborn: Brill, Schöningh.
Koinzer, T. (2015): Die Frage des Propriums. Ansprüche und Herausforderungen christlich-konfessioneller Privatschulen als ›gute Schulen‹ und Orte ›gelebten Glaubens‹. In: M. Kraul (Hrsg.), Private Schulen (S. 107–121). Wiesbaden: Springer.
Kolvenbach, P.-H. (1993/1998): Ignatianische Pädagogik heute. Ansprache an die Teilnehmerinnen und Teilnehmer des Internationalen Workshops zum Thema »Ignatianische Pädagogik. Ansätze für die Praxis«, Villa Cavaletti, 29. April 1993. In: Th. Neulinger (Hrsg.), Wissen – Gewissen – Gespür. Dokumente zur Ignatianischen Pädagogik (S. 147–165). Thaur: Druck- und Verlagshaus Thaur.
Kraft, V. (2007): Operative Triangulierung und didaktische Emergenz: Zur Zeigestruktur der Erziehung. In: J. Aderhold & O. Kranz (Hrsg.), Intention und Funktion. Problem der Vermittlung psychischer und sozialer Systeme (S. 140–158). Wiesbaden: VS.
Kristjánsson, K. (2015): Aristotelian character education. London, New York: Routledge.
Kristjánsson, K. (2017): Recent Work on Flourishing as the Aim of Education: A Critical Review. British Journal of Educational Studies, 65 (1), 87–107.

Kristjánsson, K. (2020): Flourishing as the Aim of Education. A Neo-Aristotelian View. London, New York: Routledge.
Kropac, U. (2019): Religion, Religiosität, Religionskultur. Ein Grundriss religiöser Bildung in der Schule. Stuttgart: Kohlhammer.
Kropac, U. (2021): Religiöse Bildung. In: U. Kropac & U. Riegel (Hrsg.), Handbuch Religionsdidaktik (S. 17–28). Stuttgart: Kohlhammer.
Kügler, J. (2022): Paulus und die Frauenordination. In: F. Knoll, H. Heil & U. Engel (Hrsg.), Bewährtes bewahren – Neues wagen. Innovative Aufbrüche in der Seelsorge und darüber hinaus (S. 32–38). Stuttgart: Kohlhammer.
Kühnhold, C. (1975): Der Begriff des Sprungs und der Weg des Sprachdenkens. Eine Einführung in Kierkegaard. Berlin und New York: Walter de Gruyter.
Kurdziałek, M (1971): Der Mensch als Abbild des Kosmos. In: A. Zimmermann (Hrsg.), Der Begriff der repraesentatio im Mittelalter. Stellvertretung, Symbol, Zeichen, Bild (S. 35–75). Berlin und New York: Walter de Gruyter.
Ladenthin, V. (2008): Werterziehung als Aufgabe des Unterrichts. In: V. Ladenthin & J. Rekus (Hrsg.), Werterziehung als Qualitätsdimension von Schule und Unterricht (S. 17–35) Münster: Aschendorff.
Längle, A. (2014): Die Aktualisierung der Person. Existenzanalytische Beiträge zur Personierung der Existenz. Existenzanalyse, 31 (2), 16–26.
Larmore, Ch. (1998): Person und Anerkennung. Deutsche Zeitschrift für Philosophie, 46 (3), 459–464.
Leeten, L. (2019): Redepraxis als Lebenspraxis, Die diskursive Kultur der antiken Ethik. Freiburg im Breisgau: Karl Alber.
Leppin, V. (2007): Die christliche Mystik. München: C.H. Beck.
Lundberg, M. (1966): Jesuitische Anthropologie und Erziehungslehre in der Frühzeit des Ordens (ca. 1540 – ca. 1650). Uppsala: Almquist & Wiksells.
Luhmann, N. (1984): Soziale Systeme. Grundriss einer allgemeinen Theorie. Frankfurt am Main: Suhrkamp.
Luhmann, N. (1997): Die Gesellschaft der Gesellschaft. Frankfurt am Main: Suhrkamp.
Marcuse, L. (1972): Philosophie des Glücks, Von Hiob bis Freud. Zürich: Diogenes.
Marinoff, L. (2020): Therapy for the Sane. How Philosophy Can Change Your Life. Cardiff: Waterside Productions.
März, F. (2000): Personengeschichte der Pädagogik. Ideen – Initiativen – Illusionen (2. Auflage). Bad Heilbrunn: Klinkhardt.
Mertes, K. (2004): Verantwortung lernen. Schule im Geist der Exerzitien. Würzburg: Echter.
Mertes, K. (2009): Jesuitenschulen – warum? Engagement. Zeitschrift für Erziehung und Schule, 27 (3), 280–286.
Mertes, K. (2021): Den Kreislauf des Scheiterns durchbrechen: Damit die Aufarbeitung des Missbrauchs am Ende nicht wieder am Anfang steht. Ostfildern: Patmos 2021.
Mertes, K. & Siebner, J. (2010): Schule ist für Schüler da. Warum Eltern keine Kunden und Lehrer keine Eltern sind. Freiburg im Breisgau: Herder.
Mertes, K. & Thierse, W. (2023): Immer mehr katholische Schulen werden geschlossen. Frankfurter Allgemeine Zeitung (Nr. 109 vom 11. Mai 2023, S. 6).
Merz, V. (1994): Ein Wort zuvor. In: V. Merz (Hrsg.), Alter Gott für neue Kinder? (S. 7–10). Freiburg: Paulusverlag.
Mikhail, Th. (2016): Pädagogisch handeln. Theorie für die Praxis. Paderborn: Schöningh.
Molina, J. M. (2015): Spirituality and Colonial Governmentality: The Jesuit Spiritual Exercises in Europe and Abroad. In: P. C. Ingham & M. R. Warren (Hrsg.), Postcolonial Moves: Medieval through Modern (S. 133–152). New York: Palgrave Macmillan.
Mollenhauer, K. (2003): Vergessene Zusammenhänge. Über Kultur und Erziehung (6. Auflage). Weinheim, München: Juventa.

Molzberger, M. (2015): »Not macht keine Termine, Not erhofft offene Türen« – Umgang mit krisenhaften Situationen an einem Jesuitenkolleg. In: J. Spermann, U. Gentner & T. Zimmermann (Hrsg.), Am Anderen wachsen. Wie Ignatianische Pädagogik junge Menschen stark macht (S. 159–175). Freiburg im Breisga: Herder.

Müller, J. (2021): Becoming a Good Human Being: Aristotle on Virtue and Its Cultivation. In: C. Halbig & F. Timmermann (Hrsg.), Handbuch Tugend und Tugendethik (S. 123–145). Wiesbaden: Springer.

Müllner, I. (2007): Über die Kunst, im Tun das Lassen zu üben. Biblisch-theologische Glücksmomente. In: T. Hoyer (Hrsg.), Vom Glück und glücklichen Leben. Sozial- und geisteswissenschaftliche Zugänge (S. 122–142). Göttingen: Vandenhoeck & Ruprecht.

Neulinger, T. (1998) (Hrsg.): Wissen – Glauben – Gespür. Dokumente zur Ignatianischen Pädagogik. Thaur: Druck- und Verlagshaus Thaur.

Niquet, M. (1991): Transzendentale Argumente, Kant, Strawson und die sinnkritische Aporetik der Detranszendentalisierung. Frankfurt am Main: Suhrkamp.

Nohl, H. (1957): Die pädagogische Bewegung in Deutschland und ihre Theorie (4. Auflage). Frankfurt a. M: Schulte-Bulmke.

Oser, F. & Gmünder, P. (1988): Der Mensch – Stufen seiner religiösen Entwicklung: Ein strukturgenetischer Ansatz (zweite, überarbeitete Auflage). Gütersloh: Gütersloher Verlagshaus Gerd Mohn.

Paschen, H. (1997): Pädagogiken. Zur Systematik pädagogischer Differenzen. Weinheim: Deutscher Studien Verlag.

Pavur, C. N. (2017): The Historiography of Jesuit Pedagogy: Jesuit Historiography Online. URL: http://dx.doi.org/10.1163/2468-7723_jho_COM_194129 [19.7.2019].

Pelluchon, C. (2019): Ethik der Wertschätzung, Tugenden für eine ungewisse Welt. Darmstadt: Wissenschaftliche Buchgesellschaft.

Peng-Keller, S. (2021): Klinikseelsorge als spezialisierte Spiritual Care, Der christliche Heilungsauftrag im Horizont globaler Gesundheit. Göttingen: Vandenhoeck & Ruprecht.

Philipp, Th. (2013): Gott in mir, Geist, der Leben weckt. Würzburg: Echter.

Pico della Mirandola, G. (1990): Über die Würde des Menschen. Hamburg: Meiner.

Pico della Mirandola, G. (2018): Neunhundert Thesen. Hamburg: Meiner.

Pieper, J. (2018): Über das christliche Menschenbild (4. Auflage). Freiburg: Einsiedeln.

Plessner, H. (1913/2003): Die wissenschaftliche Idee. Ein Entwurf über ihre Form. In: Gesammelte Schriften I: Frühe philosophische Schriften 1 (hrsg. v. G. Dux, O. Marquard u. E. Ströker, S. 7–142). Frankfurt am Main: Suhrkamp.

Plessner, H. (1920/2003): Untersuchungen zu einer Kritik der philosophischen Urteilskraft. In: Gesammelte Schriften II: Frühe philosophische Schriften 2 (hrsg. v. G. Dux, O. Marquard u. E. Ströker, S. 7–322). Frankfurt am Main: Suhrkamp.

Poltrum, M. (2016): Philosophische Psychotherapie, Das Schöne als Therapeutikum. Berlin: Parodos Verlag.

Pöppel, K. G. (1994): Bildendes Lernen in der offenen Gesellschaft – Elemente einer nachkonziliaren Theorie der katholischen Schule. Engagement. Zeitschrift für Erziehung und Schule, 12 (1), 3–14.

Porter, A. (2017): The Jesuit Pupil Profile. Virtue and Learning in the Ignatian Tradition. London: Jesuit Institute.

Prange, K. (2007): Schlüsselwerke der Pädagogik (Bd. 1: Von Platon bis Hegel). Stuttgart: Kohlhammer.

Prange, K. (2008): Erziehung als pädagogischer Grundbegriff. In: G. Mertens, U. Frost, W. Böhm & V. Ladenthin (Hrsg.), Handbuch der Erziehungswissenschaft (Bd. 1: Grundlagen – Allgemeine Erziehungswissenschaft, S. 193–207). Paderborn: Schöningh.

Prange, K. & Strobel-Eisele, G. (2014): Die Formen des pädagogischen Handelns (2. Auflage). Stuttgart: Kohlhammer.

Priesner, C. (2011): Geschichte der Alchemie. München: Beck.

Rahner, H. (1964): Ignatius von Loyola als Mensch und Theologe. Freiburg: Herder.
Rahner, K. (1956): Die Ignatianische Logik der existentiellen Erkenntnis. Über einige theologische Probleme in den Wahlregeln der Exerzitien des heiligen Ignatius. In: F. Wulf (Hrsg.): Ignatius von Loyola. Seine geistliche Gestalt und sein Vermächtnis 1556–1956. Würzburg: Echter-Verlag, S. 343–405.
Rahner, K. (2019): Im Alltag nicht alltäglich werden. Oder: Wie der Alltag zum Gebet wird. Ostfildern: Grünewald.
Rahner, K. (2022): Jesus nachfolgen – anders als gedacht. Ostfildern: Grünewald.
Rahner, K & Vorgrimler, H. (1966/1990): Kleines Konzilskompendium. Sämtliche Texte des Zweiten Vatikanums mit Einführungen und ausführlichem Sachregister (22. Auflage, S. 335–348). Freiburg im Breisgau: Herder.
Rapp, Ch. (2010): Was heißt ›Aristotelismus‹ in der neueren Ethik? Information Philosophie, 1 (10), 20–30.
Rapp, Ch. (2016): Metaphysik. Eine Einführung. München: C. H. Beck.
Rapp, Ch. (2019): Taugt Aristoteles als Vorbild der Kommunitarier? In: W. Reese-Schäfer (Hrsg.), Handbuch Kommunitarismus (S. 31–54). Wiesbaden: Springer VS.
Rappel, S. (1996): »Macht euch die Erde untertan«. Die ökologische Krise als Folge des Christentums? Paderborn: Schöningh.
Reble, A. (1993): Geschichte der Pädagogik (17. Auflage). Stuttgart: Klett-Cotta.
Ricken, N. (2019): Bildung und Subjektivierung. Bemerkungen zum Verhältnis zweier Theorieperspektiven. In: N. Ricken, R. Casale & C. Thompson (Hrsg.), Subjektivierung. Erziehungswissenschaftliche Theorieperspektiven (S. 96–118). Weinheim, Basel: Beltz Juventa.
Rosa, H. (2023): Demokratie braucht Religion. Über ein eigentümliches Resonanzverhältnis. München: Kösel.
Roser, T. (2017): Spiritual Care. Der Beitrag von Seelsorge zum Gesundheitswesen. Stuttgart: Kohlhammer.
Rousseau, J.-J. (1755/1984): Diskurs über die Ungleichheit (kritische Ausgabe des integralen Textes, neu edit., übers. u. komm. v. H. Meier). Paderborn: Schöningh.
Rousseau, J.-J. (1762/1998): Emil oder Über die Erziehung. Paderborn: Schöningh.
Rucker, Th. (2014): Komplexität der Bildung. Beobachtungen zur Grundstruktur bildungstheoretischen Denkens in der (Spät-)Moderne. Bad Heilbrunn: Klinkhardt.
Rucker, Th. (2017): Allgemeine Didaktik als Reflexionsinstanz. Versuch einer wissenschaftstheoretischen Grundlegung. Zeitschrift für Pädagogik, 63 (5), 618–635.
Rucker, Th. (2018): Unterricht als Praxis des Gründe-Gebens und Nach-Gründen-Verlangens. Über die methodische Grundstruktur eines Unterrichts mit Bildungsanspruch. Pädagogische Rundschau, 72 (4), 465–484.
Rucker, Th. (2019): Erziehender Unterricht, Bildung und das Problem der Rechtfertigung. Zeitschrift für Erziehungswissenschaft, 22 (3), 647–663.
Rucker, Th. (2020): Theorie des erziehenden Unterrichts. Ein Vorschlag zur allgemeindidaktischen Rahmung fachdidaktischer Theoriebildung und Forschung. Jahrbuch für Allgemeine Didaktik 2019. Baltmannsweiler: Schneider, 30–43.
Rucker, Th. (2021a): Erziehung zur Moralität in einer komplexen Welt. Zeitschrift für Erziehungswissenschaft, 24 (6), 1573–1593.
Rucker, Th. (2021b): Moderne Gesellschaft, nichtaffirmative Erziehung und das Problem der Kontroversität. Pädagogische Rundschau, 75 (2), 135–156.
Rucker, Th. (2023): Knowledge, Values and Subject-ness: Educative Teaching as a Regulative Idea of School Development in the Twenty-First Century. In: M. Uljens (Hrsg.), Non-affirmative Theory of Education and Bildung (S. 63–81). Cham: Springer.
Rucker, Th. & Anhalt, E. (2017): Perspektivität und Dynamik, Studien zur erziehungswissenschaftlichen Komplexitätsforschung. Weilerswist: Velbrück.
Rucker, Th., Anhalt E. & Ammann, K. (2021): Der Subjektstatus des Schülers/der Schülerin. Erziehungstheoretische Überlegungen. Zeitschrift für Bildungsforschung, 11 (1), 19–33.

Ruhloff, J. (2006): Bildung und Bildungsgerede. Vierteljahresschrift für wissenschaftliche Pädagogik, 82 (3), 287–299.
Schaeffler, R. (1983): Religionsphilosophie. Handbuch Philosophie (hrsg. v. E. Ströker u. W. Wieland). Freiburg im Breisgau, München: Alber.
Scheuerl, H. (1994): Personalität als Erziehungsnorm. In: M. Ambrosy (Hrsg.), Divium et Humanum. Religionspädagogische Herausforderungen in Vergangenheit und Gegenwart (S. 15–31). Frankfurt am Main: Peter Lang.
Schleiermacher, F. (1826/2000): Texte zur Pädagogik. Kommentierte Studienausgabe (Bd. 2., hrsg. v. M. Winkler u. J. Brachmann). Frankfurt am Main: Suhrkamp.
Scholem, G. (2020): Die jüdische Mystik in ihren Hauptströmungen. Frankfurt am Main: Suhrkamp.
Schönberger, R. (1998): Thomas von Aquin zur Einführung. Hamburg: Junius.
Schweidler, W. (2011): Der Personbegriff aus Sicht der Philosophie. Zur Aktualität des Personbegriffs. In: A. Hackl, O. Steenbuck & G. Weigand (Hrsg.), Werte schulischer Begabtenförderung. Begabungsbegriff und Werteorientierung (S. 26–31). Frankfurt am Main: Karg-Stiftung.
Schweidler, W. (2012): Über Menschenwürde. Der Ursprung der Person und die Kultur des Lebens. Wiesbaden: Verlag für Sozialwissenschaften.
Schweitzer, F. (2000): Das Recht des Kindes auf Religion. Ermutigungen für Eltern und Erzieher, Gütersloh: Gütersloher Verlagshaus.
Schwickerath, R. (1903): Jesuit Education. Its History and Principles Viewed in the Light of Modern Educational Problems. St. Louis: Herder.
Seichter, S. (2012): »Person« als Grundbegriff der Erziehungswissenschaft. Vierteljahresschrift für wissenschaftliche Pädagogik, 88 (2), 309–318.
Seneca (2022): Briefe an Lucilius. Stuttgart: Reclam.
Shelton, P. J. (2014): An Ignatian Approach to Virtue Education. URL: https://dlib.bc.edu/islandora/object/bc-ir:105022 [9.7.2024]
Sherman, N. (1989): The Fabric of Character: Aristotle's Theory of Virtue. Oxford: University Press.
Siegel, H. (2004): Faith, knowledge and indoctrination. A friendly response to Hand. Theory and Reseach in Education, 2 (1), 75–83.
Sintobin, N. (2023): Lernen zu unterscheiden. Herz, Geist und Wille. Würzburg: Echter.
Snyders, G. (1964): La pédagogie en France aux 17e et 18e siècles. Paris: Presses universitaires de France.
Spaemann, R. (1996): Personen. Versuche über den Unterschied zwischen »etwas« und »jemand«. Stuttgart: Klett Cotta.
Spermann, J., Gentner, U. & Zimmermann, T. (2015): Lebensräume statt Lernkasernen. Woher Ignatianische Pädagogik kommt und was sie ausmacht. In: J. Spermann, U. Gentner & T. Zimmermann (Hrsg.), Am Anderen wachsen. Wie Ignatianische Pädagogik junge Menschen stark macht (S. 11–27). Freiburg im Breisgau: Herder.
Stavemann, H. H. (2015): Sokratische Gesprächsführung in Therapie und Beratung. Weinheim: Beltz.
Stötzel, A. (1984): Kirche als ›neue Gesellschaft‹. Die humanisierende Wirkung des Christentums nach Johannes Chrysostomus (Münsterische Beiträge zur Theologie 51). Münster: Aschendorff.
Sünkel, W. (2013): Erziehungsbegriff und Erziehungsverhältnis. Allgemeine Theorie der Erziehung (2. Auflage). Weinheim und München: Beltz Juventa.
Taylor, Ch. (2007/2009): Ein säkulares Zeitalter. Frankfurt am Main: Suhrkamp.
Teilhard de Chardin, P. (2022): Der Mensch im Kosmos. München: Beck.
Tenorth, H.-E. (1997): Reform – Pädagogik – Religion. Der Evangelische Erzieher. Zeitschrift für Pädagogik und Theologie, 49 (4), 376–384.

Tenorth, H.-E. (2017): Was heißt es, eine ›katholische‹ Schule zu betreiben? Skeptische Rückfragen aus der Perspektive der Erziehungswissenschaft. In: M. Reitemeyer & W. Verburg (Hrsg.), Bildung – Zukunft – Hoffnung. Warum Kirche Schule macht (S. 168–179). Freiburg im Breisgau: Herder.

Tenorth, H.-E. (2023): ›Katholische Bildung‹ – Ist wiederherstellbar, was verloren ist? In: G. Geiger (Hrsg.), Katholische politische Bildung. Ein Aufruf zur Diskussion (S. 73–80). Opladen: Barbara Budrich.

The Society of Jesus in the United States (2007): What Makes a Jesuit School Jesuit? The Relationship between Jesuit Schools and the Society of Jesus. Distinguishing Criteria for Verifying the Jesuit Nature of Contemporary Schools (2. Version). Washington, DC. URL: http://www.jesuit.org/jesuits/wp-content/uploads/what-makes-a-jesuit-school-jesuit.pdf [24.6.2024]

Tillich, P. (1962): Die verlorene Dimension. Not und Hoffnung unserer Zeit. Hamburg: Furche Verlag.

Trillhaas, W. (1961): Zum Problem ›Metaphysische und religiöse Ordnung‹. Neue Zeitschrift für Systematische Theologie und Religionsphilosophie, 3 (3), 112–128.

Trismegistos, H. (2014): Corpus Hermeticum, Der Weg des Menschen. Birnbach: Rosenkreuz.

Tugendhat, E. (1993): Vorlesungen über Ethik. Frankfurt am Main: Suhrkamp.

von Balthasar, H. U. (2019): Glaubhaft ist nur Liebe. Einsiedeln, Freiburg: Johannes Verlag.

von Loyola, I. (1544/2008): Geistliche Übungen (nach dem spanischen Autograph übers. v. P. Knauer SJ). Regensburg. Echter.

von Loyola, I. (1556/1998): Satzungen der Gesellschaft Jesu (Text B). In: I. v. Loyola, Deutsche Werkausgabe (Bd. 2: Gründungstexte der Gesellschaft Jesu, übers. v. P. Knauer SJ, S. 580–827). Würzburg: Echter.

von Loyola, I. (1993): Briefe und Unterweisungen (übers. v. P. Knauer SJ). Würzburg: Echter.

von Loyola, I. (2002): Bericht des Pilgers (übers. u. komm. v. P. Knauer SJ). Würzburg: Echter.

von Nettesheim, A. (2021): Die magischen Werke, und weitere Renaissancetraktate. Wiesbaden: Marixverlag.

Vorgrimler, H. (2000): Neues Theologisches Wörterbuch (2. Auflage). Freiburg: Herder.

Vorgrimler, H. (2011): Karl Rahner, Zeugnisse seines Lebens und Denkens. Kevelaer: Butzon & Bercker.

Wagner, A. (2017): Menschenverständnis und Gottesverständnis im Alten Testament. Gesammelte Aufsätze 2. Göttingen: Vandenhoeck & Ruprecht.

Weigand, G. (2004): Die Schule der Person. Zur anthropologischen Grundlegung einer Theorie der Schule. Baden-Baden: Ergon.

Whitmore, T. D. & Winright, T. (1997): Children. An Undeveloped Theme in Catholic Teaching. In: M. A. Ryan & T. D. Whitmore (Hrsg.), The Challenge of Global Stewardship (S. 161–185). Notre Dame: University of Notre Dame Press.

Winkler, K. (2000): Seelsorge. Berlin: de Gruyter.

Wittgenstein, L. (2014): Tractatus-logico-philosophicus. In: L. Wittgenstein: Werkausgabe (Bd 1: Tractatus-logico-philosophicus, Tagebücher 1914–1916, Philosophische Untersuchungen, S. 7–86). Frankfurt am Main: Suhrkamp.

Wohlgenannt, R. (1993): Aufklärung. In: R. Wohlgenannt, Philosophische Betrachtungen und Wissenschaftstheoretische Analysen (S. 151–154). Wien: Springer. Verlag.

Wood, D. (1994) (Hrsg.): The Church and Childhood. Oxford: Blackwell

Yousefi, H. R. (2016): Einführung in die islamische Philosophie, Eine Geschichte des Denkens von den Anfängen bis zur Gegenwart. Paderborn: Fink.

Ziemer, J. (2015): Seelsorgelehre. Göttingen: Vandenhoeck & Ruprecht.

Zdarzil, H. (2012): Vom Ethos christlicher Erziehung. Vierteljahresschrift für wissenschaftliche Pädagogik, 8 (1), 194–205.

Ziebertz, H.-G. (2018): Religion und Erziehung. In: D. Pollack, V. Krech, O. Müller & M. Hero (Hrsg.), Handbuch Religionssoziologie (S. 809–831). Wiesbaden: Springer.

Zimmermann, T. (2009): Wie wir Schule machen und was Schule mit uns macht. Engagement. Zeitschrift für Erziehung und Schule, 27 (1), 64-72.
Zimmermann, T. (2015): Die Würde der Schüler ist unantastbar – und die der Lehrenden auch. In: J. Spermann, U. Gentner & T. Zimmermann (Hrsg.), Am Anderen wachsen. Wie Ignatianische Pädagogik junge Menschen stark macht (S. 76-92). Freiburg im Breisgau Basel Wien: Herder.
Zimmermann, T., Spermann, J. & Gentner, U. (2017): Was christliche Schulen ausmacht. In: J. Spermann, U. Gentner & T. Zimmermann (Hrsg.), Der Spur der Sehnsucht folgen. Wie ignatianische Spiritualität und Schulseelsorge gelingen (S. 12-27). Freiburg im Breisgau: Herder.